KB059503

프로테스탄트 윤리와 자본주의 정신

막스 베버

박성수 옮김

Die Protestantische Ethik und der Geist des Kapitalismus

Max Weber

Die Protestan-
tische Ethik
und der
Geist des
Kapitalismus

■ ● 문예인문클래식

프로테스탄트 윤리와 자본주의 정신

막스 베버

박성수 옮김

🐝 문예출판사

옮긴이의 말

막스 베버의 《프로테스탄트 윤리와 자본주의 정신*Die Protestantische Ethik und der Geist des Kapitalismus*》은 이미 두 종의 번역서가 나와 있었고, 본 역자가 번역을 끝낸 얼마 후에 또 다른 번역서가 나왔다. 이전의 두 종에 대한 수정, 보완이라는 의도 아래서 이 책의 번역이 시작되었지만, 또 다른 새로운 번역은 그 의도에 해당하지 않는다. 단, 새로운 번역과 본 번역 간의 문장상의 차이 때문에 이 책을 출판하게 되었다.

베버의 이 책은 역사 해석(또는 설명)의 문제나 사회학적 인과 관계의 문제 등과 관련하여 상당히 흥미로운 저작이며, 실상 출판 당시에도 그러한 점에서 많은 논쟁을 불러일으켰고 그러한 쟁점은 현재에도 지속되고 있다. 유물론적 역사관에 대한 도식적 파악에 대비하여 부각된 베버의 논지는 그의 다원주의적 설명에 있다. 베버는 단순한 유물론적 설명이든 관념론적 설명이든 그것이 환원주의적 입장에 서는 한 부정한다. 사회를 규정하는 데는 여러 원인이 있다고 보는 베버는 이 저작 자체도 관념적 동기가 자본주의라는 생산 양식을 만들어냈다는 의도에서가 아니라, 단지 근대 자본주의라는 독특한 역사적 개체가 성립되는 데 관념적, 종교적 동기가 주요한 상호적 원인의 하나로 작용했다는 소극적 주장에 한정된다고 말하고 있다. 그 때문에 이 저작에서는 베버의 주장을 정확히 이해하는 것이 중요하다. 마르크스의 자본주의 연구라는 포괄적 틀 안으로 베버의 본 저작을 조화시키는 것도 가능하다는 주장을 제기할 수 있다.

이와 관련해서 또는 그 자체로서 제기되는 몇 가지 비판이 있을 수 있다. 첫째, 베버는 프로테스탄트 윤리의 이념형을 구성하는 데 그 근거를 당대의 프로테스탄트 교도들의 생활에서 구하지 않고 몇몇 대표적 이론가와 설교가에 국한했다. 따라서 그는 종교적, 윤리적 사상을 그것이 대표하는 사회적 행위 일반과 동일시했다. 그러나 그러한 연속성이 실제로 존재하는가는 매우 중요한 문제다. 그리고 사상과 실천 일반 간의 일치 여부라는 이러한 문제 이외에도 더욱 특수하게는 그러한 대표자들 자신의 사상과 실천 간의 일치 여부가 문제 될 수 있다.

본 번역서는 《Die Protestantische Ethik und der Geist des Kapitalismus》(Gesammelte Aufsäze zur Religionssoziologie, Bd. 1, J. C. B. Mohr, Tübingen, 1920)를 텍스트로 삼았다. 그리고 '프로테스탄트 윤리와 자본주의 정신'이 처음 실린 《종교사회학 논문집 Gesammelte Aufsäze zur Religionssoziologie》 전체에 대해 쓴 베버의 서문을 실었으며, 독자들의 이해를 쉽게 하기 위해서 탈코트 파슨스가 옮긴 영어판(George Allen & Unwin, 1976)에 실린 앤서니 기든스의 해설을 함께 수록했다.

비전공자로서 감히 번역을 맡음으로써 생길 수 있는 오역은 앞으로 수정해나가겠다.

박성수

차례

일러두기

1. 본문의 각주는 모두 옮긴이 주이며 미주는 원주다.
2. 원어 병기는 처음 한 번을 원칙으로 했으나 내용 이해를 돕기 위해 예외를 두기도 했다.
3. 번역은 《*Die Protestantische Ethik und der Geist des Kapitalismus*》(Gesammelte Aufsäze zur Religionssoziologie, Bd. 1, J. C. B. Mohr, Tübingen, 1920)를 저본으로 삼았다.

보편사의 어떤 문제를 연구하든, 근대 유럽 문명의 산물은 다음과 같은 문제를 자문하게 만든다. 즉 (우리가 보통 그렇게 생각하듯이) '보편적' 의의와 가치를 지닌 발전 선상에 놓여 있는 듯한 문화적 현상이 서구 문명에서 그리고 오직 서구 문명에서만 나타났다는 사실을 어떤 일련의 환경들에 귀속시킬 수 있는가 하는 점이다.

　오직 서구에만 우리가 오늘날 타당한 것으로 인정하고 있는 발전 단계에 오른 과학이 존재한다. 경험적 지식, 우주와 삶의 문제에 대한 반성, 가장 심오한 종류의 철학적이고 신학적인 지혜 등은 서구에만 국한되지 않는다. 물론 이슬람과 인도의 몇몇 종파에서는 단지 단편적 신학만이 존재했기 때문에 앞에 말한 종류의 지혜가 체계적 신학으로 만개하여 발전한 것은 헬레니즘의 영향 아래서 기독교에만 국한되지만 말이다. 간단히 말해서 매우 세련된 지식과 관찰은 다른 곳, 특히 인도, 중국, 바빌론, 이집트 등에도 존재했다. 그러나 바빌론이나 다른 곳에서는 천문학에 그리스인들이 최초로 수용한 수학적 기초가 빠져 있었다. 그래서 그 발전을 더욱 놀랍게 여기기는 하지만 말이다. 또 인도의 기하학에는 아무런 합리적 증명도 없었다. 이러한 증명도 역학과 물리학의 창시자인 그리스적 지성이 낳은 또 다른 산물이었다. 인도의 자연과학도 비록 관찰은 잘 발달했지만 실험 방법은 결여되어 있었다. 이 방법은 고대에 시작되었다는 점 말고는 본질적으로 근대의 실험실과 마찬가지로 르네상스의 산물이었다. 그러므로 특히 인도에서 약학이 경험적 기술에서는 매우 발달했을지라도 생물학적 토대, 특히 생화학적 토대를 결하고 있었다. 합리적 화학은 서구를 제외한 어떤 문화 영역에도 존재하지 않았다.

중국의 고도로 발전된 역사 연구도 투키디데스의 방법을 가지고 있지는 못했다. 인도에 마키아벨리의 선구자가 존재한 것은 사실이다. 그러나 모든 인도의 정치사상에는 아리스토텔레스의 것에 비견할 만한 체계적 방법이 없었으며 실제로 합리적 개념의 소유라는 점에서 그러했다. 인도의 모든 선구적 업적(미맘사학파*)도, 특히 근동의 광범한 성문화 작업도, 또 인도와 다른 곳의 법률서들도 엄격한 체계적 형식의 사고를 갖지 못했다. 이러한 사고는 로마법의, 그 영향을 받은 서구 법률의 합리적 법학의 본질적인 면이다. 교회법과 같은 구조는 단지 서구에만 알려져 있다.

예술도 마찬가지다. 다른 국민의 음악적 귀는 어쩌면 우리보다 더 감각적으로 발달했을지도 모른다. 분명 덜 발달하지는 않았다. 다양한 종류의 다성 음악이 지구상에 널리 퍼져 있었다. 여러 악기의 협연과 여러 음부의 합창은 다른 곳에도 존재했다. 우리가 알고 있는 모든 합리적 음계를 다 알고 있었고 계산했다. 그러나 합리적인 화성 음악, 대위법과 화음, 3도 음정을 지닌 세 화음에 근거한 음의 조작,

---

* 힌두교의 정통 육파 철학 중 하나다.

공간에 따라 해석하지 않고 르네상스 이후 화음으로 해석한 반음계와 미세 음계, 현악 사중주를 핵심으로 하는 오케스트라, 관악 합주의 조직, 베이스 반주, 근대적 음악 작품의 작곡과 생산을 가능하게 하고 따라서 그것의 생존 자체를 가능하게 한 기보 체계, 소나타, 심포니, 오페라, 마지막으로 이 모든 것의 수단이 되는 우리의 기본적인 악기인 오르간, 피아노, 바이올린 등 모든 것은 단지 서양에만 존재한다. 설령 표제 음악, 음률 시, 음조의 반음계 등이 표현 수단으로서 다양한 음악적 전통 안에 존재했다 하더라도 그렇다.

건축의 경우 뾰족한 아치는 고대와 아시아에서도 장식의 수단으로 사용한 적이 있다. 아마도 뾰족한 아치와 십자 아치의 둥근 천장은 동양에는 알려지지 않았던 것 같다. 그러나 압력을 배분하는 수단으로 고딕식 둥근 천장의 사용과 무엇보다도 거대한 기념 건물의 구성 원칙으로서 그리고 중세에 이루어진 것처럼 조각과 회화에까지 확장된 스타일의 토대로서 모든 형태의 지붕 공간의 합리적 사용 등은 다른 곳에서는 이루어지지 않았다. 우리 건축의 기술적 토대는 동양에서 유래했다. 그러나 동양은 르네상스가 우리에게 제공한 모든 예술의 (예를 들어 회화의 경우 선과 공간적 원근법의 합리적 사용을 통한) 고전적 합리화 유형과 돔 문제의 해결 등이 빠져 있었다. 중국에도 인쇄는 있었다. 그러나 '단지' 인쇄를 위해서 그리고 오직 인쇄를 통해서만 디자인된 인쇄 문헌, 특히 신문과 정기 간행물은 단지 서양에서만 출현했다. 모든 가능한 유형의 고등 교육 기관, 심지어 우리의 대학 혹은 적어도 아카데미와 피상적으로만 유사한 유형의 기관이 존재했다(중국과 이슬람). 그러나 훈련되고 전문화된 인원을 갖추고 이루어지는 합리적이고 체계적이며 전문화된 과학의 추구는 우리 문화에서 현재 차지하고 있는 지배적 위치에 근접한 의미에서 볼 때 단지 서구에만 존재했다. 무엇보다도 근대 국가와 서구의 경제생활 모두에서 기둥 역할을 하는 훈련된 관리는 진정으로 그러하다. 훈련된 관리란 지금까지 단지 암시만 되었을 뿐, 사회 질서에 현재와 같은 중요성으로는 접근한 적도 없는 유형을 구성한다. 물론 관리, 그것도 전문화된 관리란 매우 다양한 사회에서 매우 오래된 구성 인자다. 그러나 어떤 나라도 어떤 시대도 근대 서양과 동일한 의미에서 특별히 훈련된 관리들의 '조직'에 그 전적인 존재를 그리고 그 삶의 정치적, 기술적, 경제적 조건을 절대적이고도 완전하게 의존해본 적은 없다. 사회적 일상생활의 가장 중요한 기능이 기술적으로, 상업적으로, 특히 법적으로 훈련된 정부 관리의 손에 들어오게 되었다.

봉건 계급 내에서 정치적이고 사회적인 집단들의 조직은 일상적이었다. 그러나 서구적 의미에서 '법에 따라 통치한다'는 봉건 국가마저도 서양 문화에만 알려져 있었다. 의회에 책임을 지는 각료인 정당 지도자와 선동가들이 이끄는 정부와 함께 정기적으로 선출되는 대표들의 의회는 더욱더 서양에만 있는 특유한 것이다. 비록 영향력을 행사하고 정치권력에 대한 통제를 획득하기 위한 조직이라는 의미의 정당이 세계 전역에 걸쳐 존재했다 해도 그러하다. 사실상 합리적 성문 헌법과 합리적으로 정비된 법률, 합리적 규칙이나 법에 따른 행정 등을 갖춘 정치적 결사체란 의미의, 훈련된 관리들이 움직이는 국가 자체는 그 모든 유사물에도 이러한 특징이 결합한 형태로는 단지 서양에만 알려져 있다.

이는 우리의 근대적 삶에서 가장 강력한 힘인 자본주의도 마찬가지다. 획득하려는 충동, 이윤과 화폐, 가능한 한 많은 양의 화폐에 대한 추구 그 자체는 자본주의와 관계가 없다. 이 충동은 웨이터, 의사, 마부, 예술가, 창녀, 부패 관리, 군인, 귀족, 십자군, 도박꾼, 거지 등에게도 존재하고 있으며 존재해왔다. 아마도 이 충동은 그 객관적 가능성이 있는 혹은 있었던 곳이라면 지구상의 모든 나라에, 모든 시대에 모든 종류와 조건의 인간들에게 공통된 거라고 말할 수 있다. 자본주의에 대한 이러한 소박한 생각을 단적으로 포기해야 하고 이는 문화사의 초기에 가르쳐야 한다. 획득을 위한 무제한의 탐욕은 결코 자본주의와 동일하지 않으며 자본주의 정신과는 더욱더 동일하지 않다. 자본주의는 '아마도' 이러한 비합리적 충동의 절제, 아니면 적어도 그러한 충동의 합리적 완화와는 동일할 수 있을지 모르겠다. 그러나 자본주의는 지속적이고 합리적인 자본주의적 경영을 통한 이윤 추구 그리고 영원히 '재생되는' 이윤의 추구와 동일하다. 이는 반드시 그러해야만 하는데, 왜냐하면 전적으로 자본주의적인 사회 질서 안에서 이윤 획득을 위해 자신의 기회를 이용하지 않는 개별적인 자본주의 기업은 소멸할 수밖에 없기 때문이다.

이제 일반적으로 사용하는 것보다 더 주의 깊게 우리의 용어들을 정의하자. 우리는 자본주의적 경제 행위를 교환 기회의 사용, 즉 (형식적으로) 평화적 이윤 기회의 사용을 통해 이윤 기대에 의존하는 행위라고 정의할 것이다. 강제를 통한 획득(형식적으로 그리고 실제로)도 나름의 독특한 법률을 따르는데, 이러한 획득을 종국적으로 교환에서 이윤을 지향하는 행위와 같은 범주 안에 두는 일은 (아무도 금지할 수는 없는 일이지만) 적절하지 않다. 자본주의적 획득을 합리적으로 추구하는 경우에 그에 조응하는 행위는 자본이 하는 계산에 적응된다. 이것은 그 행위가 재화와 인간의 용역을 다음과 같은 방식으로 획득 수단으로서 체계적으로 사용하도록 적응된다는 의미다. 그 방식이란 한 기업의 회기 종결 때 화폐 자산으로 (혹은 연속적 경영이라면 주기적으로 평가된 자산의 화폐 가치로) 본 기업의 수지 균형이 자본, 즉 획득을 위해 교환에 사용한 물질적 생산 수단의 평가 가치를 상회하도록 하는 방식을 말한다. 그것이 운송 상인에게 '현물로' 위탁된 양의 재화(이는 아마도 거래로 얻은 다른 '현물' 재화로 구성될 것이다)를 포함하건 아니면 건물, 기계, 현금, 원료, 부분적으로 혹은 완전히 제조된 재화(이것들은 부채로 상계된다) 등으로 이루어진 자산인 제조업체를 포함하건 아무런 차이도 없다. 중요한 사실은 항상 자본의 추정이 근대의 부기 방식으로든, 아니면 어떤 원시적이고 조야한 다른 방식으로든 간에 화폐를 통해서 이루어진다는 점이다. 모든 것은 수지 균형의 용어로 행해진다. 경영의 시초에 최초의 수지, 즉 모든 개별적 결정 이전에 자신의 개연적 예상 이윤에 대한 평가 추정이 있고 마지막에는 얼마나 많은 이윤을 얻었는가를 확인하는 최종 수지가 있다. 예를 들어서 한 코멘다commenda 거래의 최초 수지는 투자된 자산에 대한 화폐 가치를 결정한다(그 자산들이 아직 화폐 형태를 취하지 않고 있는 한). 그리고 마지막 수지는 최종적인 이윤과 손실의 분배를 근거 짓는 평가를 하게 된다. 거래가 합리적인 한 추정은 거래 상대자의 모든 행위를 근거 짓는다. 실제로 정확한 추정이나 평가가 존재하지 않는다든지 그 과정이 순수한 추측에 불과하다거나 단순히 전래적이고 관례적이라든지 하는 일은, 오늘날에도 엄격한 정확성을 요구하지 않는 여건이라면 모든 형태의 자본주의적 기업에서도 일어난다. 그러나 이것은 단지 자본주의적 취득의 합리성의 '정도'에만 영향을 미친다.

이러한 방식의 사고가 이루어지기 위해서 중요한 것은 아무리 원시적인 형태로라도 경제 행위를 화폐 소득과 화폐 지출의 비교에 적응시키는 일이 일어나야 한다는 점이다. 그런데 이런 의미에서 자본주의와 자본주의적 경영은 자본주의적 계산의 상당한 합리화를 갖춘 식으로 경제적 문헌들이 우리의 판단을 허용하는 한에서 이미 지구상의 모든 문명화된 나라에 존재했다. 근대뿐 아니라 중국, 인도, 바빌론, 이집트, 고대 지중해, 중세에도 존재했다. 단지 고립적 시도들만이 아니라 자본주의적 사업의 지속적 갱신과 지속적 작동에 전적으로 의존하는 경제적 기업들이 있었다. 그러나 특히 무역은 오랫동안 우리의 경우처럼 지속적이지 않았고 본질적으로 일련의 개별적 사업들이었을 뿐이다. 단지 거대 상인들의 행위들도 (지부 조직화 등과 함께) 점차 내적인 응집력을 얻어갔을 뿐이다. 어떤 경우든 자본주의적 경영과 자본주의적 기업가, 즉 일시적 기업가가 아니라 상시적 기업가는 모두 매우 오래되었고 또 매우 널리 퍼져 있었다.

그러나 이제 서양은 자본주의를 양적인 정도로 그리고 (이 양적 발전과 더불어) 이전에는 다른 곳에 존재한 적이 없는 유형과 형태 및 방향으로 발전시켰다. 전 세계에 걸쳐 도매상인, 소매상인 혹은 지역 상인, 해외 무역에 종사하는 상인들이 있었다. 모든 종류의 대부가 이루어졌으며 적어도 16세기에는 우리의 은행에 비견할 만한 매우 다양한 기능을 가진 은행들이 존재했다. 해운 대부, 코멘다, 무역 및 합자 회사와 유사한 결사체 등이 널리 퍼져 있었고 상시적인 기업으로 그러했다. 공공 단체의 화폐 재정이 존재하던 때라면 언제나 바빌론, 헬라스, 인도, 중국, 로마 등지에서처럼 화폐 대부자들이 등장했다. 그들은 전쟁과 해적질, 모든 종류의 계약과 건축에 재정을 댔다.

해외 정책에서 그들은 식민지 기업가로서 노예를 갖거나 직간접적으로 강제된 노동을 사용하는 농장주로서 기능했으며 영토, 기업, 세금 등을 도급했다. 그들은 선거에서 정당 지도자들에게 돈을 댔으며 내란 상황에서는 용병의 재정을 담당했다. 그리고 마지막으로 모든 종류의 금전적 소득을 위한 기회에 투기를 했다. 이런 종류의 기업가, 즉 자본주의적 모험 상인들은 어느 곳에든 존재했다. 무역과 신용 및 은행 거래를 제외하고는 그들의 행위는 비합리적이고 투기적 성격이 강했으며, 혹은 강제를 통한 획득, 주로 전쟁에서 직접적 방식으로건 신민들에 대한 지속적 착취를 통한 재정적 노획으로건 어쨌든 노획을 통한 획득을 지향했다.

프로모터들, 대규모 투기자들, 양여물 획득을 위해 애쓰는 자들의 자본주의, 평화적인 시기의 많은 근대적 금융 자본주의, 그러나 무엇보다도 특별히 전쟁을 이용하는 데 관심이 있는 자본주의는 근대적인 나라에서도 이와 같은 징표를 가지고 있다. 그리고 대규모의 국제 무역 일부는, 단지 일부지만, 언제나처럼 오늘날에도 그러한 것들과 관련이 있다.

그러나 근대에 서양에서는 이에 더하여, 다른 어떤 곳에서도 나타난 적이 없던 매우 다른 형태의 자본주의가 발전했다. 즉 (형식적으로) '자유로운 노동'의 합리적인 자본주의적 조직화가 그것이다. 그와 같은 것을 상기시키는 정도의 것은 다른 곳에서도 발견된다. 부자유스러운 노동의 조직화조차도 플랜테이션의 경우에는 상당한 정도의 합리화에 도달했으며 제한된 정도로는 고대의 '에르가스테리아'에서도 발견되었다. 장원에서 그리고 장원 부속 작업장이나 농노 노동을 갖춘 영지의 가내 산업에서 합리화가 어느 정도 덜 발달했던 것 같다. 자유노동을 갖춘 실질적인 가내 산업조차도 서양 이외에서는 매우 고립된 경우에만 존재했다는 점이 분명히 입증되었다. 일용노동자의 빈번한 사용은 매우 드문 경우(특히 국가 독점의 경우, 그러나 근대적 사업 조직과 상당히 다르다)에 제조업 조직이라는 열매를 맺었지만 결코 서양 중세의 것과 같은 수공업상의 합리적 도제 조직에는 도달하지 못했다.

이윤을 위한 정치적 기회나 합리적이지 못한 투기적 기회가 아니라 정기적 시장에 맞춰진 합리적 산업 조직은, 서구 자본주의에서만 나타나는 독특함이다. 자본주의적 경영의 근대적인 합리적 조직은 그 발전에서 다른 두 가지 중요한 요소가 없었다면 불가능했을 것이다. 즉 근대적 경제생활을 전적으로 지배하는 가사와 사업의 분리, 이와 긴밀히 연결된 합리적 부기가 그것이다. 거주 장소와 노동 장소의 공간적 분리는 동양의 시장이나 다른 문화의 에르가스테리아의 경우처럼 다른 곳에도 존재한다. 나름의 회계를 지닌 자본주의적 결사체의 발달은 극동, 근동, 고대에도 존재했다. 그러나 기업 경영의 근대적 독립성에 비하면 단지 조그마한 시작에 불과하다. 그 이유는 특히 이러한 독립을 위해 불가결한 선결 요건, 즉 서구의 합리적인 기업 부기 및 개인적 소유와 기업의 법적인 분리가 전적으로 결여되었거나 단지 발달의 초기 상태일 뿐이었기 때문이다. 다른 모든 곳에서 드러난 경향은 탐욕적인 기업이 왕실의 가사oikos 혹은 장원의 '가사'의 일부로서 성장하는 것이었다. 이는 로트베르투스*가 지적했듯이 그 모든 피상적 유사성에도 근본적으로 다른, 심지어는 반대되는

---

* 　Johann Karl Rodbertus, 1805~1875. 독일의 경제학자이자 사회주의자다.

발달이었다.

그러나 서구 자본주의의 이러한 모든 특이성은 결국 노동의 자본주의적 조직화와 결부되었다는 데서 그 중요성을 얻는다는 점이다. 일반적으로 상업화라고 부르는 것, 즉 유통 증권의 발달과 투기의 합리화 및 교환 등도 그것과 연결되어 있다. 왜냐하면 노동의 합리적인 자본주의적 조직화가 없다면 이 모든 것이 가능하다 해도 그와 연관된 근대 서양의 특수한 모든 문제에 대해서, 특히 사회적 구조에 대해서 중요성이 지금과 동일할 수는 없기 때문이다. 다른 모든 것의 토대가 되는 정밀한 계산은 단지 자유로운 노동의 토대에서만 가능하다.

세계에서 근대 서양을 제외하고는 노동의 합리적 조직화가 존재하지 않았듯이 혹은 존재하지 않았기에 합리적 사회주의도 존재하지 않았다. 물론 도시 경제, 도시의 식료 공급 정책, 중상주의와 군주의 복지 정책, 배급, 경제생활의 통제, 보호주의, (중국에서처럼) '자유방임' 이론 등이 존재했다. 그리고 다양한 종류의 사회주의적, 공산주의적 실험도 있었다. 이를테면 가족적 혹은 종교적, 군사적 공산주의, (이집트의) 국가사회주의, 독점적 카르텔, 소비자 조직 등이 알려져 있다. 그러나 비록 모든 곳에 도시 시장의 특권, 회사, 길드, 모든 종류의 도시와 농촌 간의 법적인 차이 등이 존재했다 해도 시민이라는 개념은 서양 이외에는 존재하지 않았다. 그리고 근대 서양 이외에는 부르주아의 개념도 존재하지 않았다. 마찬가지로 계급으로서 프롤레타리아도 존재할 수 없었다. 왜냐하면 규칙적인 훈련 아래 있는 자유로운 노동의 합리적 조직화가 존재하지 않았기 때문이다. 채권자 계급과 채무자 계급, 영주와 토지 없는 농노나 소작인, 상업 이익과 소비자 혹은 영주 간의 계급 투쟁은 다양하게 결합하여 어느 곳에나 존재했다. 그러나 대부자와 그의 노동자 간의 서구적인 중세적 투쟁조차도 다른 곳에서는 단지 초기에만 존재했을 뿐이다. 대규모 산업의 기업가와 자유로운 임금 노동자 간의 근대적 갈등은 전적으로 결여되어 있었다. 그러므로 사회주의와 같은 문제는 있을 수가 없었다.

따라서 보편적 문화사에서 우리에게 핵심적 문제는 결국 순전히 경제적 관점에서 보더라도 상이한 문화에서 단지 형태적(모험가적 유형, 혹은 이윤의 원천으로서 무역, 전쟁, 정치, 행정상의 자본주의)으로만 다른 자본주의적 활동 자체의 발전이 아니다. 오히려 자유로운 노동의 합리적 조직화를 갖춘 착실한 부르주아 자본주의의 기원이 문제가 된다. 문화사의 용어로 말하자면 문제는 서구 부르주아 계급과 그 독특성의 기원에 대한 것이다. 이 문제는 분명 노동의 자본주의적 조직화의 기원과 긴밀히 결부되어 있지만 바로 그 문제만은 아니다. 왜냐하면 계급으로서의 부르주아는 특별히 근대적인 형태의 자본주의의 발전 이전에도 비록 서반구에서만 그랬지만 어쨌든 존재했기 때문이다.

이제 자본주의의 특별한 근대 서구적인 형태는 언뜻 보기에 기술적 가능성의 발달에 강한 영향을 받아온 것 같다. 그 자본주의의 합리성은 오늘날 본질적으로 가장 중요한 기술적 요인들의 계산 가능성에 의존하고 있다. 그렇지만 이것의 근본적인 의미는 그 자본주의가 근대 과학의 독특함, 특히 수학에 근거한 자연과학과 정밀하고 합리적인 실험 등에 의존한다는 사실이다. 다른 한편으로 이러한 과학과 그 과학에 의존하는 기술의 발달은 다시 실제로 적용된 자본주의적 이해관계에 중요한 자극을 받는다. 물론 서구 과학의 기원이 그러한 이해관계에 있다고 말할 수는 없다. 십진법을 갖춘 계산과 대수학은 십진법을 고안한 인도에서 이미 수행했다. 그러나 서구의 발전하는 자본주의에서만 그러한 계산을 이용하고 인도에서는 어떤 근대적 대수학이나 부기로도 귀결시키지 못했다. 수학이나 역학의 기원이 자본주의적 이해관계로 결정되지는 않았다. 그러나 대중의 생활 조건에 그렇게도 중요한 과학적 지식의 '기술적' 사용은 분명 서양에서 매우 우호적이던 경제적 고려를 통해 촉진된 것은 분명하다. 그런데 이러한 촉진은 서양의 사회 구조가 가진 특이함에서 도출되었다. 그러므로 우리는 그 구조의 '어떤' 부분에서 도출되었는지를 질문해야만 한다. 왜냐하면 그 구조의 모든 부분이 동등하게 중요하지는 않기 때문이다.

의심할 바 없이 중요한 것에는 법률과 행정의 합리적 조직을 들수 있다. 왜냐하면 근대의 합리적 자본주의는 단지 기술적 생산 수단만이 아니라 형식적 규칙에 따라 계산 가능한 법적 체계와 행정도 필요하기 때문이다. 없어도 모험적이고 투기적인 무역 자본주의와 모든 종류의 정치적으로 규정된 자본주의는 가능하지만 결코 고정 자본을 갖추고 계산의 확실성을 지닌 개인적 창의가 만들어낸 합리적 기업은 존재할 수 없다. 그와 같은 법적 체계와 행정은 오직 서양에서만 비교적 잘 이루어진 법적이고 형식주의적인 완성도를 가지고 경제 활동에 이용되었다. 그러므로 우리는 그러한 법률이 어디에서 유래했는가를 물어야 한다. 여러 다른 환경 중에서도 자본주의적 이해관계가 다시 거꾸로 법과 행정에서 특별히 합리적 법률로 훈련된 법관 계급의 우세를 위한 길을 준비하는 데 일조했다. 물론 이것만이 유일하거나 주된 것이었다는 말은 아니다. 그런데 이러한 이해관계 자체가 법률을 만든 것은 아니었다. 이러한 법률의 발전에는 여러 가지 상이한 힘들이 작용했다. 그런데 왜 자본주의적 이해관계가 중국이나 인도에서는 같은 결과를 낳지 못했을까? 왜 그곳에서는 과학적, 예술적, 정치적, 경제적 발전이 서양처럼 독특한 합리화의 길에 들어서지 못했을까?

위의 모든 경우에서 문제가 되는 것은 서구 문화의 특수하고 독특한 합리화다. 이제 다음의 논의가 반복적으로 보여주듯이 이 합리화라는 말은 매우 상이한 것들을 의미한다. 예를 들어 신비적 명상의 합리화가 있다. 즉 삶의 다른 부분에서 보자면 특히나 비합리적인 태도의 합리화가 있다. 마찬가지로 경제생활, 기술, 과학적 탐구, 군사훈련, 법과 행정 등에 대한 합리화가 있다. 게다가 이러한 분야의 각각은 매우 다른 궁극적 가치와 목적에 따라 합리화될 수 있으며, 한 관점에서 합리적인 것이 다른 관점에서는 비합리적일 수도 있다. 그러므로 매우 다양한 성격의 합리화가 삶의 다양한 영역과 문화의 모든 부문에 존재한 것이다. 문화사의 관점에서 각각의 차이점을 특징짓기 위해서는 어떤 부분이 어떤 방향으로 합리화되었는가를 아는 것이 필요하다. 그와 같은 설명의 시도는 언제나 경제적 요인의 중요성을 인정하면서 무엇보다도 경제적 조건을 고려해야 한다. 그렇지만 동시에 대립하는 상관관계들도 도외시해서는 결코 안 된다. 왜냐하면 경제적 합리주의의 발달이 부분적으로는 합리적 기술과 법률에 의존한다 해도, 그와 동시에 그러한 발달은 일정한 유형의 실천적인 합리적 행위를 채택하는 인간들의 능력과 성향으로도 결정되기 때문이다. 이러한 유형들이 정신적 장애로 방해를 받으면 합리적인 경제 행위의 발전 역시 심각한 내적 저항에 부딪히게 된다. 마술적이고 종교적인 힘들, 그것에 토대를 둔 윤리적 의무의 관념 등은 과거에 항상 행위에 영향을 미치는 가장 중요한 형성 요인 중 하나였다. 여기에 수록한 연구들에서 우리는 이러한 힘들을 다룰 것이다.

두 편의 오래된 논문을 앞에다 실었는데 이 글들은 한 가지 중요한 점에서 일반적으로 포착하기 가장 어려운 문제의 측면에 접근하려는 시도다. 즉 일정한 종교적 관념이 경제적 정신이나 경제 체계의 에토스의 발전에 미치는 영향의 문제가 그것이다. 이 경우에 우리는 근대적 경제생활의 정신과 금욕적 프로테스탄티즘의 합리적 윤리 간의 연관성을 다룬다. 그러므로 여기서는 단지 인과 연쇄의 한 측면만을 다룬다. 세계 종교의 경제 윤리에 관한 그다음의 연구들은 가장 중요한 종교들이 경제적 삶과 그 환경 안에서 사회적 계층화에 대한 관계의 조사라는 형식으로 서양과의 비교점을 찾는 것이 필요한 한에서 양면적인 인과 관계를 추적해나간다. 왜냐하면 오직 이런 식으로 해야만 어느 정도 수용할 만한 근접성에 도달할 거라고 희망하면서, 다른 종교들과 구별해주는 서양 종교의 경제 윤리 요소들에 대한 인과적 평가를 내릴 수 있기 때문이다. 그러므로 이 연구들은 아무리 간단한 형태라고 해도 결코 문화에 대한 완성된 분석이라고는 주장하지 않는다. 오히려 이 연구들은 각각의 문화에서 서양 문명과 구별해주는 요소들을 매우 사려 깊게 강조한다. 따라서 이 연구들은 '이러한' 관점에서 서양 문화를 이해하는 데 중요하다고 여기는 문제들을 지향한다. 우리의 대상을 보건대 다른 어떤 절차도 가능한 것 같지 않다. 그러나 오해를 피하기 위해 여기서 우리 목적의 한계를 특별히 강조해야만 한다.

다른 측면에서 적어도 초보자들은 이러한 연구의 중요성을 과장해서는 안 된다. 중국학 전문가, 인도학 전문가, 셈학 전문가, 이집트학 전문가들은 물론 여기서 다루는 것들을 다 알고 있다. 우리는 단지 본질적인 점에서 우리가 결정적 잘못을 범하지 않았기를 바랄 뿐이다. 비전문가가 할 수 있는 한 이러한 이상에 어느 만큼이나 가까이 갈 수 있는지를 필자는 알지 못한다. 아주 분명한 것은 번역에 의존할 수밖에 없고 또 기념비, 사료, 다른 자료 문헌 등의 사용과 평가에 의존해야 하는 사람이라면 결국은 때로 매우 논쟁의 여지가 많고 그 가치를 정확히 판단할 수 없는 전문적인 문헌에 의지할 수밖에 없다는 것이다. 그러한 필자는 자신의 저작에 대해 겸손한 주장을 해야만 한다. 사실적 사료의 이용할 수 있는 번역의 수가, 특히 중국처럼 중요한 원전 자료들에 비해 아직도 번역이 적은 경우에는 더욱 그러하다. 이 모든 이유 때문에 결국 이러한 연구들은, 특히 아시아를 다루는 부분에서 분명히 잠정적이라는 특징이 있다. 단지 전문가만이 최종적인 판단을 내릴 수 있다. 그리고 당연한 말이지만 현재의 이 연구와 같은 글들을 쓰는 이유는 단지 아직도 이러한 독특한 관점에서 이러한 특수한 목적으로 이루어진 전문적 연구가 없기 때문이다. 이런 글들은 모든 학문적 저작에 대해 일반적으로 이야기하는 것보다 더 중요한 의미에서 결국은 이후의 다른 글들에 자리를 빼앗기게 된다. 그런데 아무리 반박당하더라도 다른 특수한 분야로 넘어드는 것은 비교 연구에서 불가피한 일이다. 그러한 글의 저자는 자신의 성공도에 상당한 회의가 생기는 것을 감수하겠다는 각오를 해야만 한다.

오늘날 우리는 유행과 학자들의 빗나간 열망 때문에 전문가들이 그다지 많지 않아도 좋다거나 관찰자 정도의 수준에 종속되는 상태로 전락해도 좋다고 생각하는 경향이 있다. 거의 모든 과학은 딜레탕트에게 어느 정도 신세를 지고 있으며 종종 매우 귀중한 관점을 신세 지기도 한다. 그러나 딜레탕티슴을 지도 원리로 삼는다면 과학의 종말이 될 것이다. 그저 보기를 열망하는 사람은 영화를 보러 가는 편이 낫다. 비록 현재의 연구 분야에서도 그와 같은 것을 문학적 형식으로 엄청나게 제공하고 있긴 하지만. 그렇더라도 이러한 태도만큼 이 글들처럼 철저하게 진지한 연구와 거리가 먼 것은 없다. 그리고 덧붙이건대 설교를 원하는 사람은 비밀 종교 집회에 가는 편이 낫다. 여기서 비교하는 문화들의 상대적 가치에 대한 문제에서만큼은 하나의 대답이란 없다. 사실상 인간 운명의 길은 그 운명의 일부를 탐사하는 사람을 섬뜩하게 한다. 그렇지만 마치 바다의 풍경이나 위엄 있는 산을 본 사람이 적어도 예술적 또는 예언적 형식으로 그것을 표현할 자질이 없을 때 그렇듯이, 적어도 사소하나마 개인적 주석을 달아보는 것도 좋을 듯하다. 다른 모든 경우에 직관적으로 파악한 사실을 엄청나게 많은 말로 표현하는 것은 대상에 대한 조망이 결여되었음을 숨기는 일에 불과하다. 또한 인간에 대한 조망도 결여되었음을 보여준다.

민족지적 자료가 실상 거의 연구 전체에 걸쳐서, 특히 아시아 종교의 경우에 당연히 요구할 수 있는 만큼 사용하지 않았다는 사실에는 몇 가지 정당화가 필요하다. 이 같은 제한의 이유는 인간의 작업 능력에 한계가 있기 때문만이 아니다. 이러한 누락을 관용할 수 있는 또 다른 이유는 우리가 여기서 어쩔 수 없이 각 나라의 문화 담지자인 계급의 종교적 윤리를 다루고 있기 때문이기도 하다. 그 계급의 행위가 미친 영향에 관심을 가진 것이다. 그런데 이러한 것들은 사실 단지 민족지와 민속에서 얻은 사실들이 그것과 비교되는 경우에만 상세하게 인식하게 된다. 그러므로 우리는 이 점이 민속지학자들이 정당하게 이의를 제기할 수 있는 결함이라는 사실을 명백하게 인정하며 또 강조해야만 한다. 나는 종교사회학에 대한 체계적 연구에서 이러한 결함을 보완할 수 있는 어떤 기여를 하기 희망한다. 그렇지만 그러한 시도는 뚜렷하게 제한된 목적을 가진 이러한 연구의 한계를 넘어서는 일일 것이다. 그래서 가능한 한 우리 서양 종교와 비교점을 제시하는 정도로 만족해야 했다.

　마지막으로 우리는 그 문제의 '인류학적' 측면을 언급할 수 있다. 겉으로 보기에 서로 독립적인 삶의 부문들에서조차 일정한 유형의 합리화가 서양에서 그리고 오직 그곳에서만 발전했음을 거듭 발견하게 되면 가장 중요한 이유가 유전상의 차이에 있지 않을까라고 생각하는 것은 당연하다. 필자에게 생물학적 유전의 중요성을 매우 크게 생각하는 경향이 있음을 인정한다. 그러나 인류학적 조사의 현저한 성취에도 필자는 지금까지 이 분야가 성취한 발전에서 유전이 미친 영향의 정도 혹은 무엇보다도 영향의 형식을 정확히 아니면 대략이나마 측정할 수 있는 방법을 찾지 못했다. 환경 조건에 대한 반응이라는 면에서 만족스럽게 설명할 수 있는 모든 영향과 인과 관계를 우선 분석하는 것은 사회학적이고 역사적인 연구의 과제 중 하나가 분명하다. 인종에 관한 비교신경학과 비교심리학이 매우 다양한 방식으로 앞날이 밝은 현재의 초기 수준을 넘어서는 때에만, 오직 그때에만 우리는 그러한 문제에 대한 만족스러운 답변의 개연성이나마 기대할 수 있다. 그런데 그러한 조건은 필자가 보건대 존재하지 않으며, 따라서 유전에 호소하는 일은 현재 얻을 수 있는 지식의 가능성의 성급한 포기를 포함하며 이는 문제를 (현재까지) 아직 알려지지 않은 요인으로 밀어버리는 일에 불과하다.

1.   종파와 계층[1]

여러 종파가 혼합된 지방의 직업 통계를 보면 특히 한 가지 현상이 빈번하게[2] 나타난다. 가톨릭계 신문이나 문헌에[3] 자주 등장하고 독일의 가톨릭 회의에서 활발히 논의된 현상으로, 자본 소유자와 경영자층, 상급의 숙련 노동자층, 특히 근대적 기업에서 높은 기술적 또는 상인적商人的 훈련을 받은 구성원들이 매우 현저한 프로테스탄트적 특징을 보인다는 점이다.[4] 그러한 현상은 동부 독일의 독일인과 폴란드인처럼 종파의 차이가 국적의 차이 및 문화 발달 수준과 일치하는 경우뿐 아니라 개화기의 자본주의 발전이 주민을 그 발전의 필요에 따라 사회적으로 계층화하고 직업적으로 분화시킨 거의 모든 곳에서 종파의 통계 수치를 통해 확인할 수 있고 직업적 분화가 심할수록 더욱 분명하게 나타났다. 물론 대규모의 근대적 상공업에서 자본 소유[5]와 경영, 고급 노동에 종사하는 프로테스탄트의 백분율이 전 인구의 구성 비율보다 현저하게 높은 것은[6] 부분적으로는 먼 과거로 소급되는 역사적 이유에 기인하며,[7] 따라서 특정 종파에 소속된 것은 경제적 현상의 '원인'이 아니라 어느 정도는 '결과'라고 볼 수 있다.

그러한 경제적 분야에서 일한다는 것은 부분적으로 자본의 소유나 비용이 많은 드는 교육이 전제되어야 하며 대개는 이 두 가지 모두가 전제되어야 한다. 그리고 오늘날에는 이러한 분야에 종사하는 것은 유산 소유나 일정한 부富와 결부되어 있다. 자연이나 교통 조건을 통해 번성하고 경제적으로 발전한 부유한 여러 지역, 특히 많은 부유한 도시들이 16세기에 프로테스탄트로 개종했고 그 결과 프로테스탄트는 오늘날에도 경제적 생존 경쟁에서 유리한 상황에 있다. 그러나 곧 다음과 같은 역사적 질문이 뒤따른다. 경제적으로 발전된 지역이 특별히 종교 개혁을 받아들일 소지가 있었던 이유는 무엇일까? 그리고 이에 대한 답변은 생각처럼 그렇게 간단하지 않다.

물론 경제적 전통주의에서 탈피한 것이 종교적 전통에 대한 회의와 전통적 권위 일반에 대한 거부 경향을 본질적으로 밑받침하는 하나의 계기인 듯이 보인다. 그러나 그 경우 오늘날 종종 망각하는 사실을 고려해야만 한다. 즉 종교 개혁은 삶 전반에 대한 교회의 지배를 배제한 것이 아니라 오히려 그때까지의 삶의 형식을 다른 형식으로 대체하는 것을 뜻한다. 물론 이는 극도로 순응적이고 실제로 당시에 거의 느낄 수가 없었던, 여러 면에서 형식적이었던 가톨릭교회의 지배를 대대적으로 사생활과 공적 생활에 파고들어 삶의 모든 영역을 매우 부담스럽고 진지하게 통제하는 프로테스탄트로 대체한 것이다. '이단을 벌하고 죄인에게는 온화하게'(이는 현재보다 당시에 더욱 그랬다)라는 가톨릭교회의 지배는 현재 철저하게 근대적인 경제적 특성을 가진 사람들도 감당하고 있으며, 따라서 15세기 말경에 출현한 부유하고 경제적으로 발전된 지역에서는 감당하기 더욱 쉬웠다.

16세기 제네바와 스코틀랜드에서, 16세기에서 17세기로 넘어가는 시기 네덜란드의 대부분에서, 17세기 뉴잉글랜드에서, 또 한때는 영국 본토에서 세력을 얻은 칼뱅주의의 지배는 우리가 보기에 개인에게 할 수 있는 교회의 통제 중 가장 견디기 힘든 형태였던 것 같다. 실제로 제네바, 네덜란드, 영국 등에서 당시의 구 도시 귀족의 광범한 계층 역시 칼뱅주의를 감당하기 어려워했다. 경제적으로 발전된 지역에서 일어선 종교 개혁가들이 비난한 것은 삶에 대한 교회적, 종교적 지배가 과다하다는 것이 아니라 부족하다는 것이었다. 그렇다면 그 당시 바로 이렇게 경제적으로 발전된 나라들, 나중에 보게 되겠지만 이러한 나라 안에서 경제적으로 상승하던 '부르주아적' 중산 계급이 전대미문의 그러한 청교도적 전제專制를 받아들인 데 그치지 않고 칼라일*이 정당하게 '우리 최후의 영웅주의'라 부른 전무후무한 영웅주의를 바로 부르주아 계급이 변화 및 발전시켰다는 사실은 어찌 된 것일까?

더욱이 종종 주장하듯이 프로테스탄트가 자본을 소유하고 근대 경제에서 지도적 위치에 많이 참여한다는 사실은 그들이 평균적으로 많은 재산을 역사적으로 물려받은 결과라고 부분적으로 이해할 수 있다 해도, 그러한 인과 관계가 분명히 성립하지 않는 현상들도 있다. 몇 가지 예만 들어보면, 바덴과 바이에른, 헝가리 등에서는 가톨릭계 부모들이 프로테스탄트계 부모들과 달리 자식에게 시키는 중등 교육의 종류에서 지적할 만한 매우 일반적인 현상이 있다. '중

---

* 　Thomas Carlyle, 1795~1881. 영국의 사상가이자 역사가다. 물질주의와 공리주의에 반대하여 인간 정신을 중시하는 이상주의를 제창했다.

등' 교육 기관의 학생 중 가톨릭이 차지하는 비율이 전체 인구에서 그들이 차지하는 비율보다 매우 뒤처진다는 점[8]은 물론 상당 부분 위에서 언급한 유산의 차이에 기인한다. 그러나 고등학교 졸업 시험에 응시하는 가톨릭 학생 중에서도 기술적 연구와 상공업 관련 직업을 준비하는 근대적 기관, 즉 실업고등학교, 실업중학교, 고등공민학교 등과 같이 부르주아적 영리 활동을 위해 설립한 기관의 출신자들이 차지하는 비율은 역시 프로테스탄트에 훨씬 못 미치는 반면에,[9] 인문계 고등학교가 제공하는 예비 교육에서는 가톨릭이 우세하다. 이는 앞서 말한 이유로는 설명할 수 없는 현상이며 오히려 왜 자본주의적 영리 활동에 가톨릭이 적게 참여하는지를 설명하는 하나의 이유로 여겨야 한다.

근대적 대기업에서 가톨릭이 차지하는 비율이 낮은 이유를 이해시켜줄 또 하나의 현저한 사실이 있다. 공장이 자신의 숙련 노동력을 수공업에 종사하는 젊은이들에게서 상당 부분 취하고, 따라서 공장에 필요한 노동력의 연마를 수공업에 위임하며 숙련이 끝나면 그 노동력을 취하는 것은 잘 알려진 현상이다. 그런데 이러한 현상은 본질적으로 가톨릭의 수공업 노동자보다는 프로테스탄트에게서 더 뚜렷이 나타난다. 달리 말해 수공업의 도제 중에서 가톨릭교도는 수공업에 그대로 남으려는 경향이 더 크며 따라서 수공업의 장인匠人이 될 가능성이 상대적으로 크다. 반면에 프로테스탄트는 상대적으로 공장으로 흘러 들어가 그곳에서 숙련 노동자층과 경영 관리층의 상층부를 채우는 경향이 짙다.[10] 이 경우 분명히 습득된 정신적 특성, 특히 고향과 집의 종교적 분위기가 규정한 교육 방향이 직업 선택과 그 이후의 진로를 결정한다는 인과 관계가 있다.

독일에서 근대적 영리 생활에 가톨릭의 참여가 저조하다는 것은 예부터[11] 그리고 현재에도 익숙한 다음의 경험적 사실과 상치하기 때문에 더욱 시선을 끈다. 즉 '지배 집단'인 다른 집단에 대해 '피지배자'로서 대립하는 민족적 혹은 종교적 소수는 자의건 타의건 간에 정치적으로 영향력 있는 자리에서 배제되기 때문에 상당한 정도로 영리 활동에 몰두하는 경향이 있으며, 그 소수 중 재능이 뛰어난 자들은 관직에서 실현할 수 없는 공명심을 영리 활동에서 만족을 얻으려 한다. 이는 자신들이 통치하는 갈리시아 지방에서와는 달리 분명한 경제적 진보를 이룬 러시아와 동부 프러시아의 폴란드인들, 더 일찍이는 프랑스 루이 14세 치하의 위그노교도들, 영국의 비국교도들과 퀘이커교도들, 2000년 동안의 유대인들에게서 볼 수 있다.

그렇지만 독일의 가톨릭에서는 그러한 모습을 전혀 볼 수 없거나 아니면 현상이 뚜렷하게 드러나지 않는다. 그리고 과거에도 가톨릭교도들은 네덜란드나 영국에서 박해받거나 관용받던 시기의 프로테스탄트와 달리 두드러진 경제 발전도 전혀 이룩하지 못했다. 오히려 실제로 프로테스탄트(특히 나중에 특별히 다루게 될 그들 중의 몇몇 분파)는 지배층으로서든 피지배층으로서든, 다수로서든 소수로서든 경제적 합리주의를 향한 특수한 경향을 보였지만, 가톨릭은 어느 경우든 간에 동일하게 그러한 경향을 보이지 못했고 현재도 그러하다.[12] 따라서 행동에서 차이가 생긴 원인은 대체로 종파가 그때그때 처한 외적인 역사적, 정치적 상황이 아니라 지속되어온 내적 특성에서 찾아야만 한다.[13]

따라서 우선 앞서 서술한 방향으로 작용했고 또 작용하고 있는 종파적 특성의 요소가 무엇인지를 탐구해야 한다. 피상적 관찰과 몇 가지 근대적 인상에 근거해서 그러한 대립을 다음과 같이 이해할 수도 있다. 즉 가톨릭의 강한 '비세속성', 가톨릭의 최고 이상인 금욕적 성격이 신자들을 현세의 재물에 더 강하게 무관심하도록 만들 수밖에 없었다는 것이다. 이러한 원인 설명은 오늘날 두 종파가 상대방을 평가하는 데 대중적으로 사용하는 도식과 일치한다. 프로테스탄트 측에서는 이러한 견해를 가톨릭적인 삶의 영위가 가진 (실제로건 말뿐이건) 금욕적 이상에 대한 비판에 이용하며, 가톨릭 측은 프로테스탄티즘 때문에 모든 삶의 내용이 세속화한 결과로 '물질주의'가 생겨났다고 비난한다.

최근의 한 저술가 역시 영리 활동에 대한 두 종파의 태도에서 나타나는 대립을 다음과 같이 규정할 수 있다고 생각했다.

"가톨릭은…… 평온하고 영리 충동이 더 적기 때문에, 위험하고 자극적이지만 종국에는 명예와 부를 가져다주는 삶보다 아무리 적은 수입이라도 가능한 한 안정된 삶의 방향을 택한다. 익살맞은 속담 가운데 '잘 먹든지 아니면 편히 자든지'라는 말이 있다. 이 경우 프로테스탄트는 매우 잘 먹기를 바라며 가톨릭은 편히 자기를 바란다."[14]

실제로 '잘 먹기를 바란다'는 표현은 현재 독일의 프로테스탄트 중 종교에 냉담한 부류의 동기를 불완전하기는 하지만 적어도 일정 부분 올바르게 표현하고 있다.

그러나 과거에는 상황이 달랐다. 즉 영국, 네덜란드, 미국의 청교도들은 주지하다시피 '현세적 쾌락'과는 정반대였고 나중에 다시 보겠지만 이는 우리가 매우 중요시해야 할 그들의 특징 중 하나였다. 그뿐 아니라 예를 들어 프랑스의 프로테스탄티즘은 종교 전쟁 시기에 칼뱅파 교회, 특히 그들의 '십자가 아래로'에서 여실히 드러난 특성을 매우 오랫동안, 어느 정도는 지금까지도 보존하고 있다. 그럼에도 아니, 아마도 바로 그런 이유 때문에 프랑스 프로테스탄티즘은 잘 알려져 있듯이 프랑스의 산업과 자본주의 발전의 가장 중요한 담당자 중 하나였고 박해를 견뎌낸 일부는 아직도 그러하다.

이러한 엄숙함과 생활을 강력히 지배하는 종교적 관심을 '비세속성'이라 부른다면, 프랑스의 칼뱅주의자들은 적어도 지구상의 어느 민족에게서도 유례를 찾아볼 수 없을 정도로 가톨릭교에 열렬한 북부 독일의 가톨릭만큼 비세속적이었고 현재도 그러하다. 그리고 이 두 종파 모두 해당 나라의 지배적인 종교 분파와는 구별되었다. 즉 프랑스의 칼뱅주의자들은 하층은 극히 삶을 즐기고 상층은 종교를 극단적으로 적대하던 프랑스의 가톨릭과 달랐고 독일의 가톨릭교도들은 현재 상층이 세속적 영리 활동에 몰두하며 종교에 현저하게 무관심한 프로테스탄트와 달랐다.[15] 이러한 평행 관계가 극명하게 보여주는 것은 (소위!) 가톨릭의 '비세속성'이나 프로테스탄티즘의 유물론적 '세속성' 따위처럼 모호한 표상으로는 이 문제 해결을 위한 아무런 출발점도 찾을 수 없다는 점이다. 왜냐하면 그러한 표상은 과거나 현재에 조금도 합당치 않기 때문이다. 그럼에도 그 표상을 계속 사용하려 한다면 앞서 말한 것 이외의 다른 많은 관찰 사실에 곧바로 부딪히게 될 것이다. 심지어는 비세속성, 금욕, 종교적 경건성 등과 자본주의적 영리 활동에 대한 참여 간의 대립이 오히려 상호 간의 내적 친근성으로 전도되는 것은 아닌가 하는 생각마저 들 수밖에 없다.

몇 가지 매우 외적인 측면에서 시작하면, 실제로 기독교 신앙의 가장 내면적인 형태의 대표자들 가운데 상당수가 상인 계층에서 유래한다는 사실이 눈에 띈다. 특히 경건파 중 가장 진지한 신자들의 대다수가 이 상인 계층 출신이다. 이는 경우에 따라서 상인 직업에 맞지 않는 내면적 본성을 가지고 있어서 '배금주의'에 대한 반작용으로 그런 결과가 나왔다고 생각할 수도 있으며, 분명히 아시시의 성 프란체스코*의 경우처럼 여러 경건주의자가 자신의 '개종' 과정을 그렇게 설명해왔다. 마찬가지로 세실 로즈**에까지 이르는 대단한 자본주의 기업가들이 목사 집안 출신이라는 독특한 현상도 청소년기의 금욕적 교육에 대한 일종의 반동으로 설명할 수 있다.

그러나 이러한 설명 방식은 뛰어난 자본주의적 영리 감각이, 전체 삶을 관통하면서 지배하는 가장 강렬한 형태의 경건성과 함께 한 사람 내부에, 한 집단 내부에 병존하고 있는 경우에는 부적절하다. 그런데 이러한 경우는 드물지 않으며 역사상 중요한 프로테스탄트 교회와 분파의 모든 집단에서 드러나는 특징이다. 특히 칼뱅주의는 등장하는 모든 곳에서[16] 이러한 결합이 보인다. 종교 개혁이 전파되던 시기에 칼뱅주의는 (다른 프로테스탄트 종파와 마찬가지로) 일정한 나라에서 특정한 개별적 계급과 결부되는 일이 거의 없었던 만큼, 프랑스 위그노 교회의 개종자들 가운데 수도승과 산업가(상인, 수공업자) 등이 수적으로 많았고 박해의 시기에도 여전히 그러했다는 것은 특징적 사실인 동시에 어떤 의미에서는 '전형적' 사실이다.[17]

---

* Franz von Assisi, 1182~1226. 이탈리아 가톨릭교회의 성인이다. 아시시 출신으로 프란체스코 수도회 및 수녀회를 설립했으며, 청빈주의를 기본으로 수도 생활의 이상을 실현했다.
** Cecil John Rhodes, 1853~1902. 영국의 정치인으로 남아프리카 식민지의 총독을 지냈고 거대한 다이아몬드 광산 회사를 설립했다.

이미 스페인 사람들은 '이단'(즉 네덜란드의 칼뱅주의)이 '상인 정신을 고쳐시킨다'는 사실을 알고 있었고 이는 윌리엄 페티 경*이 네덜란드에서 자본주의가 비약적으로 발전한 이유를 논하면서 제시한 견해와 완전히 일치한다. 칼뱅주의자들이 퍼져 사는 지역을 '자본주의 경제의 묘판苗板'이라고 한 고트하인**[18]의 지적은 옳다.[19] 이 경우 그런 칼뱅주의자들이 대개 프랑스와 네덜란드에서 이주해왔고 이 두 나라는 경제 관련 문화가 우월했다는 점을 결정적 이유로 들 수도 있으며, 또는 망명이나 전통적 생활 관계에서 분리된 데에서 심각한 영향을 받았다고 그 이유를 댈 수도 있다.[20] 그러나 콜베르***의 투쟁에서 알 수 있듯이 17세기에 프랑스 본토에서도 사정은 마찬가지였다. 다른 나라는 접어두고라도 오스트리아조차도 때에 따라서는 프로테스탄트 제조업자들을 직접 받아들였다. 물론 모든 프로테스탄트 교파가 이 방향으로 동일하게 움직인 것은 아닌 듯 보인다.

독일에서도 칼뱅주의는 이러한 방향으로 분명하게 움직였다. '개혁' 종파[21]는 부퍼탈****과 다른 지방에서 다른 종파의 신자들에 비해 자본주의 정신의 발전에 이바지한 것으로 보인다. 예를 들어 루터교보다 많은 이바지를 했음은 특히 부퍼탈 지방에서 전반적 혹은 개별적 비교를 통해 잘 보여준다.[22] 스코틀랜드에 대해서는 버클*****이,

---

* Sir William Petty, 1623~1687. 영국의 경제학자로 근대 경제학의 선구자다. 노동 가치설을 주장했으며 경제 통계학 분야에서도 많은 업적을 남겼다.
** Eberhard Gothein, 1863~1923. 독일의 경제학자이자 역사가다.
*** Jean-Baptiste Colbert, 1619~1683. 프랑스 루이 14세 시대의 재무장관으로 그가 실행한 경제 재건 계획으로 프랑스가 유럽의 강대국이 될 수 있었다.
**** 독일 북서부에 있는 도시 이름이다.
*****Henry Buckle, 1821~1862. 영국의 역사학자로《영국 문명사》를 집필했다.

영국 시인 가운데에서는 특히 키츠*가 이 관계를 강조했다.[23] 익히 알려진 더욱 놀라운 사실은, '비세속성'뿐 아니라 그들이 가진 부와 더불어 평판이 높았던 종파들, 특히 퀘이커교와 메노파** 거의 모두에서 종교적 생활 규제가 영리 감각의 강력한 발전과 관련되어 있다는 사실이다. 퀘이커교도가 영국과 북미에서 행한 역할은 메노파 교도가 네덜란드와 독일에서 한 역할과 같다. 동프로이센에서 프리드리히 빌헬름 1세조차도 병역을 절대적으로 거부한 메노파 교도들을 산업에 없어서는 안 될 담당자라 여겨 보호한 사실은 앞서 말한 사실을 보여주는 잘 알려진 여러 사례 중 하나일 뿐이다. 프리드리히 빌헬름 1세의 성격을 감안하면 매우 강력한 증거이기도 하다.

마지막으로 경건파 신도들도 강렬한 신앙과 마찬가지로 강력히 발달한 영리 감각과 성공을 결합한 것은[24] 주지의 사실이다. 이 점은 라인 지방의 상황과 칼브***를 보더라도 쉽게 알 수 있다. 그러므로 전적으로 예비적인 논의인 이 글에서는 사례를 더 제시하지 않아도 되리라 생각한다. 왜냐하면 지금까지 말한 몇 가지만으로도 다음과 같은 사실을 충분히 보여주기 때문이다. 즉 '노동의 정신' 또는 '진보의 정신', 아니면 그 무엇이라 부르든지 프로테스탄티즘이 환기시켰다는 그 정신을 '세속성'이나 '계몽주의적' 의미로 이해해서는 안 된다.

---

* John Keats, 1795~1821. 영국의 낭만주의 서정시인으로 18세기 영국 낭만주의 전성기의 3대 시인 중 한 사람이다.
** 16세기 종교 개혁의 급진적 개혁 운동인 재세례파에서 발생한 프로테스탄트 교회다. 네덜란드 재세례파의 온건파 초기 지도자였던 메노 시몬스의 추종자들이 세웠다.
*** 독일 남서부에 있는 작은 도시다.

루터Martin Luther, 칼뱅Jean Calvin, 녹스,* 보에티우스** 등의 초기 프로테스탄티즘은 오늘날 '진보'라 부르는 것과는 전혀 무관했다. 오늘날 가장 극단적인 종교가들도 없어서는 안 된다고 인정하는 근대적 삶의 모든 측면에 초기의 프로테스탄티즘은 정면으로 적대적이었다. 따라서 초기 프로테스탄트 정신의 일정한 특징과 근대의 자본주의적 문화 사이에서 어떤 내적인 친화성을 찾으려 한다면, 우리는 좋건 나쁘건 간에 그러한 친화성을 (소위) 다소간 유물론적인 혹은 반금욕적인 '세속성'에서가 아니라 순수한 종교적 성격에서 찾아야만 한다. 몽테스키외Charles Montesquieu는 영국인들이 '세 가지 사항에서 다른 모든 민족을 능가하는데 그것은 신앙, 상업, 자유'라고 말한 바 있다(《법의 정신》 XX권 7장). 영국인들이 상업 활동에서 우월하다는 것이, 다른 맥락이기는 하지만 영국이 자유로운 정치 제도에 적응했다는 것이 몽테스키외가 인정한 바 있는 저 경건함과 관련 있는 것은 아닐까?

이렇게 문제를 제기하면 막연히 느껴지던 가능한 모든 관계가 즉시 부각된다. 그렇다면 이제 과제는, 여기서 불분명하게 떠오르는 것을 모든 역사적 현상에 포함되어 있기 마련인 무한한 다양성에도 가능한 한 명료하게 정식화하는 것이다. 그러나 그렇게 하려면 지금까지 우리가 다뤄온 모호한 일반적 표상의 영역을 떠나서 기독교의 여러 형태에서 역사적으로 주어진 위대한 종교 사상의 특성과 차이를

---

* John Knox, 1514~1572. 스코틀랜드의 칼뱅주의 종교 개혁가다.
** Gisbertus Voetius(네덜란드 이름 Gijsbert Voët), 1589~1676. 네덜란드의 칼뱅주의 종교 개혁가다.

세밀하게 탐구해야 한다.

그러나 그에 앞서 몇 가지 언급이 필요하다. 우선은 역사적 설명이 문제가 되는 대상의 독특성에 관한 것이며, 다음은 그러한 설명이 도대체 이러한 탐구의 테두리 안에서 가능하다는 것이 어떤 의미인가다.

2.　　자본주의 '정신'

이 연구의 제목에는 약간 야심적인 듯이 보이는 '자본주의 정신'이라는 개념을 사용했다. 이 개념은 무엇을 뜻할까? 이 개념을 '정의'하려면 곧 이 연구 목적의 본질에 내재한 어려움에 부딪치게 된다.

　이 표현의 사용에 의미를 줄 수 있는 대상을 발견할 수 있다면 그것은 바로 '역사적 개체'에 국한될 것이다. 다시 말해 문화적 의미라는 관점에서 개념적으로 결합해 하나의 전체로 만든 역사적 현실의 복합적인 관계다.

　그러나 그러한 역사적 개념은 내용에서 그 자체의 개별적 특성 때문에 의미 있게 된 현상과 관련이 되므로 '근류近類, genus proximum + 종차種差, differentia specialis'라는 도식으로 정의('한정')할 수 없으며 오히려 역사적 현실에서 취해질 개별적 구성 요소로부터 점차로 합성되어야 한다. 그러므로 그 개념은 탐구의 시초가 아니라 탐구의 마지막에 확정적으로 파악할 수 있다. 다시 말해 우리가 이 자리에서 자본주의 '정신'이 뜻하는 것을 어떤 식으로 가장 잘, 즉 우리가 여기서 관심을 가지고 관점에 가장 적합하게 정식화할 수 있을까는 논의가 진행됨에 따라, 또 그 논의의 본질적 결과가 지적하는 바에 따라 정해진다.

물론 이러한 관점(이 부분은 후술하겠다)만이 우리가 고찰하는 역사적 현상을 분석할 수 있는 유일한 관점은 아니다. 다른 관점 역시 다른 모든 역사적 현상에서처럼 여기서도 다른 '본질적' 특성을 드러낼 것이다. 여기에서 드러나는 결론은 자본주의 '정신'이라는 말이 '우리가' 본질적으로 여기는 것만을 결코 뜻하지 않으며 또 그럴 수도 없다는 사실이다. 이는 '역사적 개념 구성'의 본질 때문인데, 역사적 개념 구성이란 그 방법적인 목적상 현실을 추상적 유類 개념에 끼워 맞추지 않고 언제나 그리고 불가피하게 특수한 개별적 색채를 띠는 구체적인 발생적 연관으로 분석하는 것을 말한다.

그럼에도 분석하고 역사적으로 설명하려는 대상을 확정해야 한다면, 개념적 정의가 아니라 여기서 자본주의 '정신'이 뜻하는 바를 적어도 잠정적으로나마 '예시'하는 것이 중요하다. 실제로 그러한 예시는 탐구 대상에 대한 이해를 위해 없어서는 안 된다. 이를 위해 우리는 그러한 '정신'이 표현된 하나의 기록을 곧 보게 될 것이다. 이 기록은 거의 고전적인 순수한 형태로 그 정신을 포함하고 있을 뿐 아니라 모든 종교와도 직접적 관계가 없다는, 그러므로 우리가 다룰 주제에서도 '무전제적'일 수 있다는 장점이 있다.

시간이 돈임을 잊지 마라. 매일 노동으로 10실링을 벌 수 있는 자가 반나절을 산책하거나 자기 방에서 빈둥거렸다면, 그는 오락을 위해 6펜스만을 지출했다 해도 그 돈만 계산해서는 안 된다. 그는 그 외에도 5실링을 더 지출한 것이다. 아니 갖다 버린 것이다.

신용이 돈임을 잊지 마라. 누군가가 자기 돈을 찾아갈 기한이 지났는데도 찾으러 오지 않고 내게 맡겨두었다면 그는 내게 이자를 준 것이거나 아니면 내가 그 기간 동안 그 돈으로 할 수 있을 만큼의 무엇을 준 것이다. 신용이 좋고 그러한 자신의 신용을 잘 이용한다면 대단한 액수의 돈을 쌓을 수 있다.

돈은 "번식력이 있고 그 결실을 맺는 성격이 있다"는 점을 잊지 마라. 돈은 돈을 낳을 수 있으며 그 새끼가 또다시 번식해나간다. 5실링은 6실링이 되고 다시 7실링 3펜스가 되어 결국 100파운드가 된다. 돈이 많으면 많을수록 돈은 더욱 늘어나며 결국 효용은 더 급속하게 증가한다. 한 마리의 암퇘지를 죽이는 것은 그 암퇘지에서 번식할 1,000마리의 새끼 돼지를 죽이는 것이다. 5실링의 화폐를 사장하는 자는 그 돈이 생산해낼 모든 것, 즉 수천 파운드를 없애는 것이다(!).

속담에도 있듯이 돈을 잘 갚는 사람이 모든 돈주머니의 주인이라는 사실을 잊지 마라. 약속 날짜에 맞춰 돈을 갚는다고 소문난 사람은 친구가 가진 여윳돈 모두를 언제든지 빌릴 수 있다.

이는 때로 매우 유용하다. 근면과 검소 외에 모든 일에서 시간을 엄수하고 공정한 것보다 젊은이를 출세시켜주는 것은 없다. 그러므로 빌린 돈은 결코 약속한 시간보다 한 시간이라도 지체하지 마라. 돈을 늦게 갚은 데 분노하여 당신 친구가 영영 돈주머니를 닫지 않도록 말이다.

신용에 영향을 주는 거라면 아주 사소한 행위도 조심해야 한다. 당신의 채권자가 오전 5시나 오후 8시에 당신이 일하는 망치 소리를 듣는다면 채권자는 6개월을 유예해줄 것이다. 그러나 당신이 일해야 할 시간에 당구장에서 당신을 보거나 주점에서 당신의 목소리를 듣는다면, 바로 이튿날 상환을 독촉할 것이며 당신이 그 돈을 쓰기도 전에 다시 내놓으라고 할 것이다.

또한 망치 소리는 당신이 당신의 채무를 잊지 않고 있다는 사실을 드러내며, 그렇게 해서 당신은 조심스럽고도 존경할 만한 사람으로 보이게 된다. 따라서 당신의 신용도 늘어난다.

당신이 가진 모든 것이 당신의 재산이라 생각하고 그에 따라 살려고 하지 마라. 신용을 가진 많은 사람이 이러한 착각에 빠져 있다. 이런 점에 주의하려면 당신의 지출과 소득을 정확히 알고 있어야 한다. 일단 세부적인 부분까지 주의하려 노력한다면 다음과 같은 좋은 결과를 얻을 수 있다. 즉 당신은 매우 사소한 지출이 모이면 엄청나게 불어난다는 사실을 발견하게 되고, 무엇을 저축할 수 있었고 또 앞으로 무엇을 저축할 수 있을지 알게 된다.

당신이 영리하고 성실한 사람으로 알려져 있다면 당신은 1년에 6파운드를 100파운드로 사용할 수 있다. 날마다 10펜스를 낭비하는 사람은 1년에 6파운드를 낭비하는 것이며 이는 100파운드를 이용할 수 있는 기회를 버리는 것이다. 날마다 5실링에 해당하는 시간(단지 몇 분에 지나지 않을 수도 있다)을 버리는 사람은 1년에 100파운드를 사용할 특전, 달리 계산하면 하루를 상실하는 것이다. 5실링에 해당하는 시간을 낭비하는 사람은 5실링을 잃는 것이며 5실링을 바다에 던져 넣는 것과 똑같다. 5실링을 잃는 자는 단지 그 총액만이 아니라 그 돈을 사용해서 벌 수 있는 모든 것을 잃는 것이다. 젊은이가 나이가 들 정도까지 되면 상당한 액수에 달할 것이다.

이 글에서 설교하고 있는 사람은 벤저민 프랭클린Benjamin Franklin이다.[1] 페르디난트 퀴른베르거*는 풍자적이고 독설적인 자신의 책

---

* Ferdinand Kürnberger, 1821~1879. 오스트리아의 작가로 오스트리아 혁명과 드레스덴 반란에 참여했다.

《미국 문화의 모습Amerikanisches Kulturbild》에서 이 글을 소위 양키의 신앙 고백이라며 조롱했다.[2] 플랭클린이 특징적인 방식으로 말한 것이 '자본주의 정신'임은 누구도 의심치 않을 것이다. 물론 이 글에 그 '정신'이라는 말로 이해할 수 있는 모든 것이 들어 있다고는 주장할 수 없다. 퀴른베르거가 《미국에 지친 사람Der Amerikamüde》에서 "소에서는 피지분을 짜내고 사람에게서는 돈을 짜낸다"라는 말로 요약한 처세술을 담고 있는 앞의 글 일부를 살펴보면, 신용 있는 신사의 이상은 이 '탐욕의 철학'에서 눈에 띄게 독특하며, 특히 여기에는 자신의 목적이라고 전제한 자본 증대에 대한 관심을 개인의 의무로 여기는 생각이 담겨 있다.

그러나 실제로 여기서는 단순한 처세술을 설교하는 것이 아니라 독특한 '윤리'를 설파하고 있다. 이 윤리의 불이행을 태만일 뿐만 아니라 일종의 의무 망각으로 취급하는데 바로 이 점이 이 문제의 본질이다. 이 글이 가르치는 것은 단지 '사업의 지혜'가 아니다(그런 것은 다른 곳에서도 충분히 찾아볼 수 있다). 이 글이 표현하는 것은 하나의 에토스이며 우리가 관심을 두는 점도 바로 이러한 특성이다.

야코프 푸거*는 은퇴한 사업상의 동료가 이제 돈을 충분히 벌었으니 다른 사람에게도 돈 벌 기회를 주자며 은퇴를 권고하자 그것은 무력한 짓이라며 "나는 달리 생각하며 될 수 있는 한 돈을 더 벌겠다"[3]고 대답했는데, 여기에서 표현된 '정신'은 프랭클린의 것과 분명히 구별된다. 즉 전자는 상인적 모험과 도덕적으로는 무관한 개인적 성벽을 표현했지만,[4] 후자에는 윤리적 색채를 띤 생활 영위의 격

---

*   Jakob Fugger, 1459~1525. 독일의 은행가다.

률이라는 성격이 있다. 여기서는 이러한 특별한 의미에서 '자본주의 정신'이라는 개념을 사용할 것이다.[5] 물론 이는 근대 자본주의의 정신이다. 왜냐하면 문제 제기의 성격상 여기서는 단지 이러한 서구적, 미국적 자본주의만 언급하는 것이 자명하기 때문이다. '자본주의'는 중국, 인도, 바빌론 그리고 고대와 중세에도 존재했다. 그러나 이 자본주의에는 우리가 보게 될 독특한 에토스가 없다.

물론 프랭클린의 모든 도덕적 훈계에는 공리주의적 지향이 들어 있다. 정직은 신용을 낳기 때문에 유용하며 시간 엄수, 근면, 검소 등도 모두 마찬가지다. 그래서 그것들은 미덕美德이다. 여기에서 특히 다음과 같은 결론이 나올 수 있다. 예를 들어 정직한 척하는 것만으로도 정직한 것과 같은 효과를 얻을 수 있다면 그것으로 충분하며, 프랭클린이 보기에는 이러한 미덕을 지나치게 많이 갖는 것은 비생산적 낭비로 비난받을 거라는 점이다. 그런데 실제로 그의 자서전에서 앞서 말한 미덕으로 전향하는 데 대한 이야기[6]나 겸손한 외양과 자신의 이익에 짐짓 연연해하지 않는 듯한 태도를 엄격히 고수하는 것이 일반적으로 인정을 받는 데 얼마나 유용한지에 대한 상술을[7] 읽어본 사람이라면, 프랭클린이 모든 미덕과 마찬가지로 앞서 말한 미덕도 오직 구체적으로 개인에게 유용한 한에서 미덕으로 여겼으며 가장된 태도라는 대용물도 같은 효과를 가지는 한에서만 족하다고 생각했다고 결론을 내릴 수밖에 없다. 이는 실제로 엄격한 공리주의의 불가피한 결론인데, 독일인들이 미국풍의 미덕에서 '위선'이라고 느끼는 것이 여기에 노골적으로 나타나 있는 듯하다. 그러나 사실은 그렇게 단순하지 않다.

자서전에 나타난 희귀한 정직성에서 보여준 벤저민 프랭클린의 고유한 성격과, 그가 미덕의 '효용성'만을 문제 삼는다는 사실 자체를 그를 미덕으로 향하게 만든 신의 계시로 환원했다는 점 등을 감안한다면, 분명한 것은 순수한 자기중심적 격률의 장식에 불과하지만은 않다는 사실이다. 오히려 이 '윤리'의 '최고선'은 다음과 같다. 즉 돈을 벌고 더욱더 많은 돈을 버는 것이다. 모든 적나라한 향락을 엄격히 피하면서 행복주의적이고 쾌락주의적인 모든 단점에서 완전히 벗어나, 돈 버는 것 자체를 목적으로 여기므로 개인의 '행복'과 '효용'에 대립하는 완전히 초월적이고 단적으로 비합리적인 것으로[8] 보일 정도다. 인간은 돈벌이를 자신의 물질적 생활 욕구를 만족시키기 위한 수단이 아니라 삶의 목적 자체로 여긴다.

그런데 우리가 보통 말하는 '자연적' 사태를 이처럼 있는 그대로의 감각이 보기에 무의미할 정도로 전도시키는 것이 바로 자본주의의 추진 동기다. 이는 자본주의의 입김을 쐬지 않은 사람들에게는 낯설다. 동시에 그러한 전도는 일정한 종교적 표상과 밀접히 닿아 있는 일련의 감각을 포함하고 있다. 즉 도대체 '인간에게서 돈을 짜내야' 할 이유가 무엇인가라고 물었을 때 벤저민 프랭클린은 비록 자신이 종파적 색채가 없는 이신론자理神論者이지만 자신의 자서전에서 성경 구절로 대답한다. 그 구절은 그가 말한 대로 엄격한 칼뱅교도였던 그의 아버지가 그가 어렸을 때 계속해서 주입한 것, 즉 "네가 자기의 일에 능숙한 사람을 보았느냐 이러한 사람은 왕 앞에 서리라"[9]였다. 돈을 버는 것은 합법적 방법이기만 하다면 근대적 경제 질서 안에서 직업상 유능함의 표현이며, 이 유능함은 쉽게 알 수 있듯이 프랭클린 도덕의 실질적인 알파이자 오메가다. 이는 인용된 구절과 그 밖의 모든 구절에서 예외 없이 드러난다.[10]

사실상 오늘날 익숙하지만 실제로는 결코 자명하지 않은 직업 의무라는 독특한 사상은 개인이 받아들여야만 하는, 즉 자신의 '직업적' 활동과 무관하게 받아들여야만 하는 의무다. 이 의무는 직업이 무엇이든, 특히 그 직업이 자신의 순수한 노동력의 사용인지 아니면 자신의 소유물('자본'으로서)의 사용인지와 무관하게 성립한다. 이러한 사상은 자본주의 문화의 '사회 윤리'의 특징이며 어떤 의미에서는 그 윤리를 구성하는 데 중요한 요소다. 물론 이러한 사상은 자본주의 토대에서만 성장하지 않았으며 우리는 그 사상을 멀리 과거까지 추적해볼 수 있다. 마찬가지로 현재의 자본주의가 개별적 담당자들, 예를 들어 근대적 자본주의 기업의 경영자나 노동자들이 이러한 윤리적 격률을 주관적으로 획득하는 한에서만 존속할 수 있다고 주장하는 것도 아니다. 현대의 자본주의적 경제 질서는 개인들이 태어나는 방대한 우주이며, 이 우주는 적어도 개인들에게 그들이 살아가야만 하는 현실의 불변적인 구축물로 나타난다. 그 우주는 시장의 연관에 얽혀 있는 개인들에게 자신의 경제적 거래의 규범을 강제한다. 규범에 적응할 수 없거나 적응하려 하지 않는 노동자가 실직하여 거리로 쫓겨나듯이 이 규범과 지속적으로 대립하는 공장은 경제 질서에서 예외 없이 제거된다.

따라서 경제생활을 지배하게 된 현재의 자본주의는 경제적 자연도태 과정에서 자신이 필요로 하는 경제 주체, 즉 기업가와 노동자를 교육하고 만들어낸다. 그러나 바로 여기에 역사적 현상을 설명하는 수단으로서 '자연 도태' 개념의 한계가 있다. 자본주의적 특성에 적응된 생활 영위 방식과 직업관이 '자연 도태'를 통해 잔존할 수 있으려면 먼저 존재하고 있어야만 한다. 물론 고립된 개인의 내부에서가 아니라 인간을 통해 집단적으로 유지될, 일종의 세계관의 형태로 존재해야 한다. 그런데 그것이 어떻게 존재하게 되었는가 하는 점이 바로 설명해야 할 대상이다. 그런 종류의 '사상'이 경제적 조건의 '반영'이나 '상부 구조'로 발생한다는 소박한 사적 유물론의 견해는 나중에 자세히 말하겠다.

이 자리에서는 어쨌든 벤저민 프랭클린의 출생지(매사추세츠)에서 분명히 (우리가 취하고 있는 의미의) '자본주의 정신'이 '자본주의적 발전'에 앞서 존재했다는 사실을(이미 1632년에 미국의 다른 지방과 달리 뉴잉글랜드에서는 탐욕적으로 이윤을 추구하는 특정 현상에 대한 불평이 있었다), 예컨대 나중에 미국의 남부 주가 된 인근 식민지에서는 자본주의 정신이 비교가 안 될 정도로 발달하지 못한 상태였다는 사실을 지적하는 것만으로도 충분하다. 왜냐하면 남부 식민지들은 대자본가들이 사업 목적으로 세웠지만 뉴잉글랜드 식민지는 프티 부르주아, 수공업자, 자영농 등과 함께 목사나 신학교 졸업자들이 종교적인 동기에서 세웠기 때문이다. 여하튼 이 경우에 드러난 인과관계는 '유물론적' 관점에서 보는 것과는 정반대다. 그러한 사상의 발생 초기는 '상부 구조' 이론가들이 가정하는 것보다 훨씬 더 고난에 가득 찼고 그 사상의 발전도 사상이 꽃 피는 보통의 과정과는 달랐다.

우리가 지금까지 규정해온 의미의 자본주의 정신은 적대적인 힘과 세계에 대항하는 어려운 투쟁에서만 관철될 수 있었다. 인용한 벤저민 프랭클린의 글에 표현되어 있고 모든 사람의 찬사를 받는 그러한 생각은 고대와 중세[11]에는 추잡한 탐욕과 매우 상스러운 생각의 표현이라며 배척했다. 그뿐만 아니라 오늘날에도 이러한 생각은 근대적 자본주의 경제의 특징과 거의 관련이 없거나 그 경제에 거의 적응하지 못하는 사회 집단에 대체로 배척당하고 있다. 그 이유는 흔히 말하듯 전前자본주의 시대에는 '영리 충동'이 알려지지 않았거나 발달하지 않았기 때문만은 아니다. 또 근대 낭만주의자들이 상상하듯이 당시에 (아마 현재도) '금전욕'이 일정한 자본주의적 영역 내부에서보다 덜했기 때문도 아니다. 자본주의적 '정신'과 전자본주의적 '정신'의 차이는 여기서 찾을 수 없다. 중국의 관리와 고대 로마의 귀족, 근대의 농민들의 소유욕은 비할 바 없이 마찬가지다. 나폴리의 마부나 선원, 아시아의 유사한 직업 종사자들, 남부 유럽이나 아시아 여러 나라의 수공업자들의 '금전욕'은 누구나 알 수 있었고, 심지어는 같은 상황에 놓인 영국인보다도 훨씬 심각하고 특히 파렴치하게 드러났다.[12]

돈을 벌 때 절대적으로 파렴치하게 자기 이익을 추구하는 현상이 보편적인 것은 바로 서양의 발전에 비추어 부르주아적, 자본주의적 발전이 '뒤처지는' 나라의 매우 지배적인 특징이다. 모든 공장주가 알고 있듯이 그러한 나라의 노동자들에게는 '양심'이 결여되어 있다.[13] 이 점은 예를 들어 독일과 달리 이탈리아에서 자본주의 발달을 가로막는 주요 원인이었고, 현재에도 어느 정도는 그러하다. 자본주의는 훈련되지 않은 채 '자유로운 결정'을 내리는 사람들을 노동자로 사용할 수 없으며, 이미 프랭클린에게서 알 수 있듯이 단적으로 파렴치한 행동을 보이는 사업가도 필요하지 않다. 따라서 화폐에 대한 어떤 '충동'이 어느 정도 발달했느냐 하는 점에 차이가 있는 것은 아니다. 금전욕은 인류의 역사만큼 오래되었다. 앞으로 보게 되겠지만 금전욕에 거리낌 없이 매달리는 사람, 예를 들어 "이익을 위해서라면 지옥이라도 항해할 것이며 설령 돛이 불탄다고 해도 마찬가지다"라고 말한 네덜란드인 선장 같은 사람은 결코 대중 현상인 특정한 근대 자본주의의 '정신'(문제는 바로 이것이다)을 낳은 경향의 대표자가 아니었다.

무분별하고 아무런 규범과도 내면적 관련이 없는 영리 활동은 실제로 가능한 경우에는 역사의 모든 시대에 존재했다. 전쟁과 해적질처럼 규범에 얽매이지 않는 자유 교역도 이민족이나 공동체 외부인과의 관계에서는 방해받지 않았고, '동포 사이'에서는 금지된 일들이 이런 관계에서는 '대외적 도덕'으로 허용되었다. 화폐와 유사한 재산 형태가 존재하고 그것을 이윤 획득을 위해 코멘다, 조세 청부, 국가 대부 그리고 전쟁, 궁정, 관리에 대한 융자의 방법으로 사용할 수 있는 모든 경제 조직에는 외면적으로 '모험가'로서의 자본주의적 영리 활동이 내재해 있다. 그리고 이러한 자본주의적 영리 활동이 이뤄지는 모든 곳에는 윤리의 제한을 무시하는 내면적인 모험가 정신도 도처에 존재한다. 때로는 절대적이고 의도적인 무분별한 이윤 추구가 바로 가장 엄격한 전통의 구속과 나란히 자리하기도 했다.

그리고 전통이 파괴되고 사회 조직의 내부에까지 자유로운 영리 활동이 어느 정도 파고들었을 때도 반드시 이러한 새로운 현상을 윤리적으로 긍정하거나 채색하지는 않았고, 실제로는 단지 윤리적으로 무관하거나 아니면 환영할 만하지는 않지만 유감스럽게도 불가피한 것으로 관용했을 뿐이다. 자본주의 이전의 시대에는 이것이 모든 윤리 이론의 일반적 입장이었을 뿐 아니라 일반인의 실천적 태도였으며, 본질적으로 더 중요한 것은 후자다. 여기서 '자본주의 이전'이라는 말은 합리적인 경영 방식에 맞는 자본 이용과 합리적인 자본주의적 노동의 조직화가 아직 경제적 거래의 지향점이 되지 못했음을 의미한다. 그런데 위의 그러한 태도가 바로 부르주아 자본주의적 경제 조직의 모든 전제에 적응하는 것을 도처에서 가로막는 가장 강력한 내면적 장애 중 하나였다.

'윤리'의 옷을 입고 등장하는, 규범 부여적인 일정한 생활 양식이라는 의미에서 자본주의 '정신'이 우선으로 싸워야만 했던 적수는 전통주의라 부를 수 있는 관점과 태도였다. 이 말에 대해서도 일단 완전한 '정의'를 내리는 것을 (물론 잠정적이기는 하지만) 보류하고 그 말이 뜻하는 것을 몇 가지 특수한 경우에 비추어서, 이하에서는 우선 노동자의 경우에 비추어서 명료화시켜보자. 근대적 기업가가 '그가 고용한' 노동자에게서 가능한 한 극대의 노동 성과를 올리기 위해, 즉 노동 강도를 증대시키기 위해 사용하는 보통의 기술적 수단 중 하나는 성과급이다. 예를 들어 농업의 경우 일반적으로 수확기에는 노동 강도를 극단적으로 강화하는 게 절실하며, 특히 기후가 불확실할 때는 수확 속도에 따라 매우 심각한 손익 차이가 난다. 그래서 농업에서는 거의 성과급을 적용한다.

그리고 수익과 경영 강도가 증가하면서 수확의 속도에 대한 경영자의 관심이 대체로 좀 더 고조되기 때문에, 당연히 성과급을 높이 책정하여 짧은 시간 안에 매우 큰 벌이를 할 기회를 얻은 노동자에게 그들의 노동 성과를 제고시키려 하게 마련이다. 그런데 여기에는 고유한 난점이 있다. 즉 성과급의 비율을 상향시키면 동일 시간의 노동 성과는 증대하지 않고 감소하는 결과가 뚜렷이 나타난다. 왜냐하면 성과급을 인상했을 때 노동자는 하루 노동량을 늘이지 않고 줄이는 반응을 하기 때문이다. 예를 들어 1모르겐의 수확량당 1마르크의 보수를 줄 때 하루에 2.5모르겐을 수확하여 2.5마르크를 벌던 노동자는 1모르겐당 성과급이 25페니히 더 오른 뒤에는 기대처럼 더 많은 벌이 기회를 맞아 (예를 들어) 3모르겐을 수확하여 3.75마르크를 버는 것(물론 이런 일도 충분히 가능하다)이 아니라 단지 하루에 2모르겐만을 수확한다. 그 이유는 종전처럼 2.5마르크를 벌고 성경 말씀처럼 "그것에 만족해버리기"* 때문이다.

잉여 수입보다는 노동을 적게 하는 것이 더 직접적으로 작용한다. 즉 노동자는 자신이 노동을 극대화하면 매일 얼마를 벌 수 있는지를 묻지 않고, 자기가 지금까지 벌었고 또 자신의 전통적 필요에 알맞던 액수인 2.5마르크를 벌려면 하루에 얼마나 일해야 하는지를 묻는다. 이것이 바로 '전통주의'라 부르는 태도의 한 사례다. 다시 말해 인간은 '본성상' 더 많은 돈을 벌려고 하기보다 단지 자신이 살아온 대로 살고 그에 필요한 만큼만 벌려고 한다. 근대 자본주의가 노동 강도의 제고를 통해 인간의 노동 '생산성'을 제고하기 시작한 모든 곳에서 자본주의는 전자본주의적 경제 노동을 이끌어온 이러한 전통주의의 무한히 끈질긴 저항에 부딪혔다. 그리고 오늘날에도 자본주의의 토대로 여기는 노동 계급이 (자본주의적 관점에서) '후진적'인 곳일수록 도처에서 더 끈질긴 저항에 부딪히고 있다.

앞의 예로 다시 돌아가자. 높은 보수를 통해 '영리 감각'에 호소하는 방법이 실패하면 이제 정반대의 수단을 시도할 가능성이 높다. 즉 보수의 비율을 낮춰서 노동자가 지금까지의 수입을 유지하기 위해 더 많이 일하게 만드는 것이다. 물론 그럴듯한 말이다. 외면상으로

* 《디모데전서》6장 6절

볼 때 현재도 낮은 임금과 높은 이윤 간에 상호 관계가 있는 듯 보이며, 임금으로 지불한 만큼 이윤이 감소한다고 분명하게 여긴다. 자본주의는 초기부터 이 방법을 항상 사용했으며 수 세기 동안 저임금이 '생산적'이라는 신조, 즉 저임금이 노동 성과를 높인다는 신조가 통용되어왔다. 나중에 보겠지만 이는 전적으로 초기 칼뱅주의 정신의 틀 안에서 생각한 것으로, 이미 피터르 드 라 카우르트*가 말했듯이 대중은 오직 빈곤한 경우에만 노동한다는 것이다.

그러나 일견 매우 확실한 듯이 보이는 이 수단의 효과도 한계가 있다.[14] 물론 자본주의는 발전하려면 싼값으로 노동 시장에서 고용할 수 있는 잉여 인구의 존재가 필요하다. 그러나 물론 '예비군'의 과다가 상황에 따라서는 양적인 확장을 촉진했지만 질적인 발전, 특히 노동을 집약적으로 이용하는 경영 방식으로 이행하는 것을 저지했다. 저임금과 싸구려 노동은 결코 동일하지 않다. 이미 순수한 양적 관찰을 통해 보더라도, 어떤 상황에서든 생리적으로 불충분한 임금은 노동 성과를 감소시키고 그러한 상황이 지속되면 바로 (적자생존이 아닌) '최부적자最不適者 생존'으로 귀결되기도 한다. 오늘날의 평균적인 슐레지엔 사람은 아무리 노력해도 같은 시간 안에 좀 더 보수가 좋고 영양 상태가 좋은 포메른 사람이나 메클렌부르크 사람이 수확하는 토지의 3분의 2 이상을 넘어서지 못한다.

폴란드 사람들은 동부 출신일수록 독일 사람에 비해 육체적 능력

---

* Pieter de la Court, 1618~1685. 네덜란드의 경제학자이자 사업가로 자유시장 공화주의 이론가다. 《네덜란드 공화정의 진정한 이익과 정치적 금언》에서 군주제를 신랄하게 비판하고 회계와 자유시장을 통한 경제 관리가 네덜란드 경제에 어떻게 원동력이 되었는지를 상세히 서술했다.

이 달린다. 그리고 순수한 영리적 관점에서도 일종의 숙련된 노동이나 예컨대 비용이 많이 들고 파손되기 쉬운 기계의 사용 또는 일반적으로 고도의 주의력과 창의력 등이 필요한 생산물의 제조가 중요한 곳이라면, 저임금은 어디에서든 자본주의 발달의 지주로서 역할하는 데 실패한다. 이런 경우에는 저임금이 이윤을 낳는 것이 아니라 의도와는 반대의 결과를 낳는다. 왜냐하면 이런 일에는 상당한 책임감이 있어야 할 뿐만 아니라 적어도 작업 '중'에 끊임없이 떠오르는 생각, 즉 어떻게 하면 되도록 편안하고 적게 일해서 정해진 보수를 받을 수 있을까 하는 생각에서 떠나 그 일이 마치 절대적인 자기목적, 즉 '직업(소명)'인 양 여기는 것이 필수적이기 때문이다. 그런데 그러한 정신은 자연적으로 주어지지 않는다. 또한 고임금이나 저임금을 통해 직접적으로 얻을 수도 없다. 오직 길고도 지속적인 교육과정의 산물이다.

오늘날 확고한 지위를 얻은 자본주의는 모든 산업 국가에서, 한 나라의 모든 공업 지대에서 비교적 쉽게 노동자를 충원할 수 있다. 그러나 과거에는 때마다 매우 어려운 문제였다.[15] 오늘날에도 때에 따라 자본주의가 생성되던 시대에 조력해준(나중에 다시 논하겠다) 강력한 보조자의 지지 없이는 그 목적을 달성하기 힘들다. 이 말이 무슨 뜻인지를 다시 예를 통해 살펴보자. 후진적인 전통주의적 형태의 노동은 오늘날 특히 '부녀' 노동자, 그중에서도 미혼 노동자들에게서 쉽게 찾아볼 수 있다. 미혼 여성, 특히 독일의 미혼 여성은 일단 습득한 전통주의적 노동 방식을 다른 좀 더 실제적인 노동을 위해 포기하고, 새로운 노동 형태에 적응하고 학습하고 이해력을 집중시키거나 아니면 맡은 모든 일을 해낼 능력과 의지가 절대적으로 결여되어 있다. 그리고 이는 이들을 고용한 고용자들의 거의 보편적인 고충이다.

노동을 쉽고 특히 수익성 있게 할 가능성에 대해 설명해도 미혼 여성 노동자에게는 전혀 먹혀들지 않는다. 성과급 비율의 인상도 습관의 벽에 부딪혀 아무 소용이 없다. 그런데 (이 점은 우리의 고찰에서 중요한데) 대체로 특정한 종교적 양육을 받은 미혼 여성, 특히 종교적으로 경건파에 속하는 지방의 미혼 여성들은 다른 경향을 보인다. 이러한 범주에 속한 미혼 여성 노동자에게는 경제 교육을 하는 것이 훨씬 용이했다는 말을 종종 들을 수 있고, 때로는 통계로도 확인할 수 있다.[16] 사고의 집중력과 '노동을 의무시하는' 절대적으로 중요한 태도는 특히 이들의 경우에 자주 수입과 그 액수를 산정하는 엄격한 경제적 성격, 작업 능률을 상당히 제고해주는 냉철한 자제 및 절제 등과 결합하여 나타난다. 이렇게 노동을 자기 목적, 즉 자본주의가 요구하듯이 '직업(소명)'으로 파악하는 것은 주로 종교적 교육의 결과로서 전통주의적 구습을 극복하는 최선의 기회다.

현재의 자본주의에 대한 이러한 고찰로도[17] 어쨌든 자본주의적 적응력과 종교적 계기가 도대체 그 초기에 어떻게 형성되었는가를 묻는 것이 무용한 일이 아님을 알 수 있다. 왜냐하면 그 관련이 당시에도 유사한 방식으로 성립하고 있었다는 것을 많은 개별적 현상에서 추론할 수 있기 때문이다. 예컨대 감리교 노동자들이 18세기에 혐오와 박해를 받았는데 결코 그들의 종교적 괴벽과 전적으로 또는 주로 관련되는 것은 아니다. 그러한 괴벽은 영국에서 많이 그리고 현저하게 나타났는데, 이미 자료에 자주 나오는 감리교 노동자들이 사용하던 수공업 기구의 빈번한 파괴에서 알 수 있듯이 요즘 말로 한다면 그들의 특별한 '노동 의욕'과 관련 있다.

일단 여기서는 다시 현재로 돌아와 '전통주의'의 의미를 명료화하기 위해 기업가들의 경우를 보자.

베르너 좀바르트*는 자본주의의 생성에 관한 그의 논의[18]에서 경제사를 움직여온 두 극인 양대 '동기', 즉 '욕구 충족'과 '영리'를 구별하고 경제 활동의 방식과 방향을 결정하는 것은 개인적 욕구의 범위 아니면 그것의 한계를 넘어선 이윤과 이윤 획득 가능성의 추구라고 말한다. 그가 '욕구 충족의 경제 체계'라 부르는 것은 언뜻 보기에 이 책에서 '경제적 전통주의'로 대충 규정된 것과 일치하는 듯하다. '욕구'라는 개념을 '전통적 욕구'와 동일시한다면 그럴 수 있다. 그러나 그렇지 않다면 좀바르트가 그 책의 다른 구절에서[19] 제공한 '자본주의'의 정의에서 볼 때도 '자본주의적' 조직 형태를 가졌다고 볼 수 있는 매우 많은 경제가 '영리' 경제의 영역에서 밀려나 '욕구 충족 경제'의 영역에 속하게 된다. 즉 사기업가가 자본(화폐 또는 화폐 가치가 있는 재화)을 전환하는 형태로 생산 수단의 구매와 생산물의 판매를 통해 이윤을 얻고자 경영하는, 따라서 분명히 '자본주의적 기업'으로 경영되는 경제도 '전통주의적' 특징을 가지고 있을 수 있다.

이는 좀 더 최근의 경제사 진행 과정에서도 단지 예외적인 현상이 아니라 ('자본주의 정신'의 더 새롭고 강력한 침투에 따라 계속 중단되었지만) 정상적인 경우였다. '자본주의적' 형태의 경제와 이 경제를 운용하는 자본주의 정신은 물론 일반적으로 볼 때 '적합'한 관계이지만

---

* Werner Sombart, 1863~1941. 독일의 경제학자 및 사회학자로 1904년부터 베버와 함께 《사회과학 및 사회정책 저널》을 편집했다.

'법칙적'으로 상호 의존하는 관계는 아니다. 그럼에도 우리가 이 책에서 벤저민 프랭클린의 글에서 분명히 본 방식대로 직업을 통해 체계적이고 합리적으로 정당한 이윤을 추구하려는 정신적 태도를 잠정적으로 '(근대) 자본주의 정신'[20]이라고 표현한다면, 여기에는 역사적 이유가 있다. 왜냐하면 그 정신적 태도는 근대의 자본주의 기업에서 가장 적합한 형태를 발견했고 반면 자본주의 기업은 그 정신에서 가장 적합한 정신적 추진력을 찾았기 때문이다.

그러나 그 자체로서 그 두 가지는 분리될 수 있다. 벤저민 프랭클린은 그의 인쇄업이 형태상 어떠한 수공업과도 구별되지 않던 시대에 '자본주의 정신'으로 가득 차 있었다. 그리고 나중에 말하겠지만 대체로 근대 초에 우리가 여기서 '자본주의 정신'이라 부르는 정신적 태도를 담당하던 것은, 오직 상업 귀족 계급의 자본주의적 기업가가 다거나 그들이 주가 아니라 오히려 상승하려 노력하던 상업적 중간 계층이었다.[21] 19세기에도 그 정신의 고전적 대표자는 예로부터 상인 재산을 물려받은 리버풀이나 함부르크의 상류 신사가 아니라 흔히 별 볼 일 없는 신분에서 상승한 맨체스터나 라인 베스트팔렌의 벼락부자들이었다. 그리고 16세기에도 상황은 비슷했다. 그 당시 새로이 출현한 공업은 대부분 벼락부자들이 이뤄냈다.[22]

예를 들어 은행, 수출업, 대규모 소매업, 마지막으로 가내 공업 형태로 제조하는 상품의 선대제先貸制* 등은 분명히 오직 자본주의적 기업의 형태로만 가능했다. 그럼에도 이들은 모두 엄격히 전통주의

---

* 상인이 수공업자에게 미리 원료와 기구 등을 대주고 물건을 만들게 한 뒤에 삯을 치르고 그 물건을 도맡아 팔던 제도다.

적인 정신으로 운용되었다. 당연히 대규모의 은행권 발행업은 자본주의적 형태 외의 다른 방식으로는 운영될 수 없다. 해외 무역은 어느 시대에든 강한 전통적 성격을 가진 독점과 조례에 입각하여 행해졌다. 그런데 소매업의 경우(여기서 말하는 것은 오늘날 국가 보조를 외치고 있는 무자본의 어중이떠중이가 아니다)에는 현재도 옛 전통주의에 종식을 고하는 혁명이 한창 진행 중이다. 이전 형태의 선대제를 파괴한 것도 이 변혁 과정이었으며, 과거의 선대제는 단지 그 형식에서만 근대적인 가내 노동과 유사할 뿐이다. 이 혁명이 어떻게 진행되었고 무엇을 의미하는지는 잘 알려져 있지만 다시 구체적 예를 들어 분명히 해보자.

지난 세기 중엽까지 대륙의 직물 공업의 많은 부문에서 선대업자의 삶은 적어도[23] 오늘날의 우리가 파악할 때 매우 평온했다. 그들의 삶의 과정은 다음과 같이 생각할 수 있다. 아마포를 예로 들면, 농부는 자신이 만든 직물(대개는 주로 혹은 전적으로 자가 생산한 재료로 만든 것)을 가지고 선대업자가 사는 도시에 온다. 그러면 선대업자가 직물의 품질을 면밀하게, 때로는 공적으로 검사한 뒤에 통상적인 가격을 지불했다. 선대업자의 고객은 먼 지역에 가져가 파는 중간 상인들이었는데, 이들 역시 견본을 보고 온 것이 아니라 그동안 봐온 품질을 믿고 선대업자에게 직접 와서 창고에서 구매했다. 또 미리 오래전에 주문하는 경우에는 농부에게 직접 재주문하는 경우도 있었다.

처음에는 고객이 직접 찾아오는 것이 일반적이었지만 점차 장기간에 한 번 정도로 드물어졌고 대신 통신으로도 충분했다. 그리고 견본을 보내는 것도 서서히 늘어났다. 적정한 영업 시간은 대략 하루에 대여섯 시간이었고 때로는 그보다 훨씬 적었다. 단, 대목에는 그 이상이었다. 그럭저럭 적당히 생활해나갈 만큼의 시간이었고 호황일 때는 재산을 약간 쌓기에도 충분했다. 대체로 상호 경쟁은 영업 원칙에 대한 합의가 상당히 이뤄져 있었고 '자금의 원천'이 되는 고객이 끊임없이 방문했기에 비교적 평온했다. 그 외에도 경쟁을 완화시켜준 데는 밤늦도록 마시는 술, 동호인 모임, 여유로운 생활 흐름 등이 있었다.

업자들의 순수한 상업적 성향, 영업에 자본을 반드시 도입해야 한다는 점, 경제적 과정의 객관적 측면, 부기 방식 등을 볼 때 선대업은 모든 점에서 '자본주의적' 조직 형태였다. 그러나 업자들을 지배하던 정신은 '전통주의적' 경제였다. 즉 전통적 생활 태도, 전통적 이윤율, 전통적 노동량, 전통 방식의 경영, 노동자 및 본질적으로 전통적인 고객군, 고객 위치, 판매 방식 등에 대한 관계의 전통적 성격 등이 영업을 지배했고, 이러한 업자들의 '에토스'를 근거 짓고 있었다고 말할 수 있다.

그러나 이러한 평온함은 갑자기 파괴되었다. 그것도 대개는 그 조직 형태의 어떤 원칙적 변화, 예를 들어 폐쇄적 경영이나 동력 기계로 이행하는 일 등이 일어나지 않고 파괴되었다. 오히려 다음과 같은 일이 일어났을 뿐이다. 즉 선대업에 종사하는 어느 가족의 한 청년이 도시에서 농촌으로 내려와 자신의 필요에 맞는 직물공을 엄선하고, 그 청년에 대한 직물공들의 의존성과 통제를 점차 강화하여 그들을 농민에서 노동자로 교육했다. 또 한편, 다른 면으로는 최종 구매자인 소매업자와 가능한 한 직접 접촉해 손수 판매하고 고객을 직접 확보하고 매년 정기적으로 고객을 방문하며, 특히 생산물의 품질을 전적으로 고객의 요구와 희망에 맞추고 고객의 '구미에 맞추는' 동시에

'박리다매'의 원칙을 실행하기 시작했다. 그렇게 되자 그러한 '합리화' 과정에 당연히 수반되는 결과가 여기서도 즉시 나타났다. 즉 올라가지 못하는 자는 몰락할 수밖에 없었다.

치열한 경쟁이 시작되자 목가적 분위기는 붕괴하고 상당한 재산을 모아도 이자를 노리는 대부로 사용하지 않고 재차 사업에 투자했다. 안락하고 쾌적한 옛 생활 방식은 박정한 냉혹함에 굴복했다. 그 이유는 합리화 과정에 참여하여 성공한 사람들은 돈을 쓰지 않고 벌려고만 했고, 옛 방식을 고수한 사람들은 소비를 줄일 수밖에 없었기 때문이다.[24] 그리고 (이 점이 가장 중요한데) 이 경우 대부분 이러한 변혁을 야기한 것은 예컨대 새로운 화폐의 유입이 아니라 그와 관련된 새로운 '정신', 즉 '근대 자본주의 정신'이었다. 필자가 알고 있는 많은 경우에도 친척에게 빌린 몇천 안 되는 자본으로 그 같은 전체적 혁명 과정이 이루어졌다.

근대 자본주의의 추진력은 우선 자본주의적으로 사용할 수 있는 자본 축적이 아니라 자본주의 정신의 발달이었다. 자본주의 정신이 개화하여 작용하는 곳에서는 축적된 자본을 자신의 힘을 발휘하는 수단으로 변형시켰으며, 그 거꾸로가 아니다.[25] 그렇지만 그러한 정신의 도래가 대체로 평화적이지는 않았다. 대개는 그러한 혁신자에게 수많은 불신, 때로는 증오, 특히 도덕적 분노가 따라왔으며 (필자는 그러한 경우를 많이 알고 있는데) 종종 그러한 혁신자의 전력에 내재된 어두운 비밀에 관한 본격적인 풍문이 번지기도 했다. 아무리 객관적인 태도를 취한다 해도 다음과 같은 사실을 유쾌하게 말할 수는 없다. 즉 그러한 '새로운 방식'의 기업가들이 냉정한 자제심을 잃지 않고 도덕적, 경제적 파탄에 빠지지 않기 위해서는 비상하게 굳건한 성격이 필요했다. 그러한 혁신 과정에서 필수 불가결한 고객과 노동자의 신뢰를 얻어내고 무수한 저항을 극복하도록 활력을 유지해 주며, 특히 이제부터 기업가에게 안락한 생활 향락을 허용하지 않는, 무한히 집중적인 노동 능력을 가능케 한 엄격하고도 단호한 '윤리적' 자질이 명석한 시야와 추진력 못지않게 필요했다. 단적으로 그것은 과거의 전통에는 맞지 않는 특별히 다른 방식의 윤리적 자질이었다.

그러므로 겉으로는 잘 드러나지 않지만 경제생활에 이러한 새로운 정신을 관철시키는 데 결정적 전환을 이룬 사람들은, 경제사의 모든 시대에 볼 수 있는 무모하고 파렴치한 투기업자나 경제적 모험가들 또는 단순한 '부호'가 아니라, 대체로 엄격한 시민적 관점과 '원칙'을 갖고 냉정한 인생의 학교에서 자라나 신중하고도 과감하게, 특히 '공정하고 성실하게' 일에 몰두하는 사람들이었다.

이러한 개인적 도덕성이 어떤 윤리적 격률이나 종교적 사상 자체와는 아무런 관계도 없다고 생각하기 쉬우며 오히려 그와 반대되는 것, 즉 전통과 결별할 수 있는 능력, 따라서 무엇보다도 자유주의적 '계몽'이 그러한 영리적 생활 태도의 적합한 토대라고 여기는 경향이 있다. 실제로 오늘날의 상황은 대부분 그러하다. 일반적으로 생활 태도는 종교적 출발점과 무관할 뿐 아니라 설령 관계가 있다고 해도 적어도 독일에서는 부정적 관계가 통례다. 그처럼 '자본주의 정신'으로 가득 찬 사람들은 종교에 적대적이지는 않더라도 그저 무관심할 뿐이다.

천국의 경건한 무위도식에 대한 사상은 그런 사람들에게 거의 매력이 없으며, 종교는 인간을 지상의 노동에서 떼어놓는 수단으로 여겼다. 만일 그들에게 지금의 재산을 결코 즐기지 않고 쉼없이 부를 축적하려는(바로 순수한 현세적 삶의 태도로 보더라도 매우 무의미한 일이 아닐 수 없다) 이유를 묻는다면 그들은, 과연 대답할 수 있다면 "후손을 먹여 살리기 위해"라고 대답할지도 모른다. 아니면 앞에서 말한 이유는 분명히 그들에게만 고유한 것이 아니고 '전통주의적인' 사람에게도 마찬가지로 적용할 수 있으므로, 대개는 좀 더 정확히 그저 성실한 노동이 '삶의 불가결한' 부분이기 때문이라고 답할지도 모른다. 실제로 이게 유일하게 정확한 동기이며 개인적 행복이라는 관점에서 보았을 때 이러한 생활 태도의 매우 비합리적인 성격을 표현하고 있다. 즉 일이 인간을 위해 존재하지 않고 인간이 일을 위해 존재하게 되어버린 것이다. 물론 소유한다는 단순한 사실이 보장해주는 권력과 명성의 매력도 작용하고 있다. 즉 미국처럼 온 국민의 상상력이 순전히 양적 크기를 지향하는 곳에서는 이러한 숫자의 낭만주의가 저항할 수 없는 매력을 가지며 상인 가운데 '대변자'에게 작용한다. 그러나 그렇지 않은 경우에는 그러한 낭만주의에 빠진 사람이 지도적 기업가, 특히 지속적으로 성공을 거두고 있는 사업가였던 적이 거의 없다.

독일의 자본주의적 벼락부자들이 그러는 것과 마찬가지로, 세습 재산을 얻거나 명목상 귀족이 되고 나면 자식들을 대학이나 장교단에 집어 넣어 자신의 출신을 은폐하려 하며, 이는 벼락부자들의 퇴폐적 산물이다. 자본주의 기업가의 '이념형'[26]은 몇몇 탁월한 실례에서 나타나듯이 비천하건 세련되건 그러한 벼락부자 근성과는 전혀 다르다. 이념형의 기업가는 과시, 불필요한 낭비, 권력의 고의적 사용 등을 꺼리며 자기가 받는 사회적 존경이 겉으로 표현되는 것을 오히려 부담스러워한다. 그의 생활 태도는 달리 말해, 곧 중요한 현상의 역사적 의미에 대해 말하자면, 앞서 인용한 프랭클린의 '설교'에 분명하게 나타나듯이 일종의 금욕주의적 특징이 있다. 이런 사람에게서는 벤저민 프랭클린이 매우 계산적으로 추천한 신중함보다 본질적으로 더욱 정직하고 냉정한 겸손이 매우 빈번히 나타나며, 이는 결코 드문 일이 아니다. 그는 자신을 위해 재산을 '조금도 사용치 않으며' 단지 완벽한 '직무 완수'라는 비합리적 감각만을 가지고 있다.

그런데 바로 이 점이 자본주의 이전의 사람들에게는 매우 이해하기 힘들고 수수께끼 같았으며, 불결하고 경멸할 만한 것으로 보였다. 누구든 막대한 양의 화폐와 재화를 가지고만 있다가 죽어서 무덤 속으로 들어가는 것이 일생 동안 노동의 목적이라 본다면, 이는 단지 '금전욕'이라는 도착적인 충동의 산물로밖에는 설명할 수 없는 듯했다.

현재의 경제에 고유한 구조와 기업 형태를 가진 지금과 같은 정치, 사법, 유통 제도 아래서는 흔히 언급하듯 자본주의 '정신'을 순수한 적응의 산물로 이해할 수 있을지 모른다. 자본주의적 경제 질서는 화폐 증식을 '직업(소명)'으로 여기고 여기에 몰두해야 한다. 이 같은 몰두는 현 경제 구조에 매우 적합하고 경제적 생존 경쟁에서 승리하는 것과 밀접히 관련 있는 재화 취급 태도이기 때문에, 그러한 '화폐 증식적' 생활 방식이 현재 어떤 통일적 '세계관'과 필연적 관련이 있다고는 더 말할 수 없다. 즉 그러한 생활 방식은 이제 어떤 종교적 힘의 승인이 필요하지 않으며, 교회 규범이 경제생활을 간섭하는 것은 (그러한 간섭이 어쨌든 존재한다고 생각되면) 국가 간섭과 마찬가지로 장애라고 여긴다. 그러므로 상업 정책적, 사회 정책적인 이해관계의 상황이 '세계관'을 결정한다.

생활 방식을 자본주의적인 성공 조건에 맞춰 적응시키지 못한 자는 몰락하거나 아니면 성공할 수 없다. 그러나 이는 근대 자본주의가 승리를 거두고 이전의 발판에서 해방된 뒤의 현상이다. 한때 근대 자본주의가, 형성 중이던 근대적 국가 권력과 결탁해 중세적 경제 질서의 옛 형태를 부수고 나왔다면 (잠정적으로 말해서) 같은 현상이 종교적 세력에 대한 근대 자본주의의 관계에도 적용할 수 있을지 모른다. 실제로 그러했는지, 어떤 의미에서 그러했는지 바로 이 자리에서 탐구해야만 한다. 왜냐하면 화폐 취득을 인간의 의무적인 자기 목적, 즉 '직업(소명)'으로 여기는 것은 모든 시대의 윤리 감각과 상치한다는 사실을 증명할 필요가 거의 없기 때문이다. 교회법에서도 채택했고 당시 (이자에 관한 복음서의 구절과 마찬가지로)[27] 정당하다고 인정받은 구절인 "신에게 용납받기는 지난하다"는 상인들의 활동에 적용되었다. 그리고 토마스 아퀴나스Thomas Aquinas는 (불가피한 이윤 활동, 따라서 윤리적으로 허용되는 이윤을 포함하여) 이윤 추구를 표현할 때 '비천turpitudo'이라고 표현했다. 상당히 광범위하게 퍼져 있던 급진적인 화폐 증식에 대한 사람들의 반대 견해와 달리, 이러한 구절과 표현에는 이미 교회와 정치적으로 밀접히 관련된 이탈리아 도시의 화폐 세력의 이익에 대한 가톨릭 교리의 상당한 '호응'이 포함되어 있다.[28]

그리고 예를 들어 피렌체의 안토니노*의 경우에서 보듯이 교리가 좀 더 현실에 적용하더라도 영리를 자기 목적으로 추구하는 활동은, 일단 성립한 삶의 질서로 관용할 필요는 있으나 치욕이라는 근본적

---

*   Antonino Pierozzi, 1389~1459. 가톨릭교회에서 성 안토니우스로 추앙받고 있다. 피렌체의 대주교를 지냈고 현대 도덕 신학과 그리스도교 사회윤리학의 기초를 다졌다.

인 인상을 완전히 불식시키지는 못했다. 특히 유명론 학파의 몇몇 윤리학자는 다시 자본주의적 기업 형태의 발달된 단초를 기정사실로 인정하고 그것을 허용된 것으로, 특별히 상업에 필요한 것으로 입증하고 거기서 발달된 '근로' 개념을 정당한 이익 원천으로, 윤리적으로 어긋나지 않는 것으로 입증하려 했다. 그렇지만 모순되게도 지배적 이론은 자본주의적 영리 '정신'을 불명예스럽다면서 거부하거나 적어도 윤리적으로는 긍정적으로 평가할 수 없다고 생각했다.

벤저민 프랭클린 같은 '윤리적' 관점은 결코 생각할 수 없었다. 더구나 이러한 생각은 자본주의에 관여하고 있는 사람들의 견해였다. 그들의 활동은 교회적 전통에 입각하는 한 기껏해야 도덕적으로 무관하다고 관용되었지만, 항상 교회의 이자 금지령과 충돌할 위험 때문에 구원받기는 힘들었다. 사료史料에 따르면 부유한 사람이 사망했을 때 상당한 금액의 돈이 '양심의 대가'라는 명목으로 교회 기관에 흘러 들어갔고, 때로는 부당하게 취한 '이자'라 하여 이전의 채무자에게 되돌려주기도 했다. 다만 (이단이나 위험시된 교파와 함께) 내면적으로는 전통과 결별한 도시 귀족의 일단만은 달랐다. 그렇지만 회의적이고 비교회적인 생각을 가졌더라도 사후의 불확실한 상황에서 벗어날 수 있는 편이 훨씬 좋았고, 실제로 (적어도 널리 유포된 안이한 견해에 따라) 교회의 명령에 외면적으로 복종하는 것만으로도 구원을 얻기에 충분했기 때문에 배상액을 내고 되도록 교회와 타협하는 것이 일반적이었다.[29] 바로 이런 사실에서 그들이 자신의 행위를 스스로 윤리 외적인 것, 심지어 반윤리적인 것으로 생각했다는 점이 분명하게 드러난다. 그렇다면 기껏해야 윤리적으로 관용받는 것에 불과하던 이러한 태도가 어떻게 벤저민 프랭클린의 의미에서 하나의 '직업(소명)'이 되었을까?

당시 세계적인 자본주의 발달의 중심지였던 14~15세기의 피렌체에서, 즉 모든 정치권력의 화폐 시장이나 자본 시장이었던 피렌체에서는 도덕적으로 위험하거나 기껏해야 관용받는 정도로 여겨졌다. 그런데 순전한 화폐 부족 때문에 줄곧 경제가 자연적 교환 상태로 위축될 위험에 처해 있고 대기업이라고는 흔적도 없으며 은행은 단지 시작에 불과하던 18세기 펜실베이니아의 산골짜기 소시민적 상황에서는 이윤 추구 활동을 윤리적으로 칭송하고, 심지어 의무적인 생활 태도로 여길 수 있었다는 것을 역사적으로 어떻게 설명할수 있을까? 이에 대해 '물적' 관계가 '사상의 상부 구조'에 '반영'된 거라는 말은 전혀 무의미하다. 그러므로 외면적으로 이윤 추구 활동에 불과한 것을 개인이 의무로 느끼는 '직업'의 범주에 넣는 것은 어떤 사상의 세계에서 유래했을까? 이렇게 묻는 이유는 이 사상이야말로 '새로운 유형'의 기업가의 생활 방식에 윤리적 하부 구조와 입지점을 제공하기 때문이다.

일반적으로, 특히 좀바르트가 유효적절하게 논했듯이 근대 경제의 기본 동기는 '경제적 합리주의'라고 설명해왔다. 이 말이 생산 과정을 과학적 관점에서 분화시키고 이를 통해 자연적으로 주어진 인간의 '유기체적' 한계에서 생산 과정을 해방한 노동 생산성의 확대를 뜻한다면 전적으로 옳은 말이다. 이 합리화 과정은 분명히 근대 시민 사회의 '생활의 이상' 중 중요한 부분을 조건 짓는다. 즉 '자본주의 정신'의 대표자들은 인간의 물질적 재화의 공급을 합리적으로 형성하기 위한 작업을 자신의 생애 동안 해야 하는 노동의 방향을 제시해주는 목적이라고 생각했다. 예를 들어 필라델피아 지방의 개선을 위한 자신의 노력을 묘사한 프랭클린의 글만 읽어보더라도 이 자명한 진리는 쉽게 파악할 수 있다.

많은 사람에게 '일거리를 주었고' 자본주의가 그 말에 부여한 의미에서, 즉 인구수와 거래의 수를 증가시킨다는 의미에서 고향 도시의 경제적 '번영'에 기여했다는 기쁨과 긍지는 분명히 근대적 기업가 집단이 가진 '이상주의적'이고 특수한 삶의 기쁨에 속한다. 그리고 경제가 농부의 단순히 먹고사는 것에 그치는 경제, 옛 길드 수공업자의 특권적인 관례, 정치적 기회와 비합리적 투기를 지향하는 '모험가 자본주의' 등과 달리 엄밀한 '회계적' 계산의 토대 위에서 합리화되고, 계획적이고 냉정하게 추구된 경제적 성공을 지향한다는 점은 자본주의 사경제의 기본 특성 중 하나가 틀림없다.

따라서 '자본주의 정신'의 발달은 합리주의의 전체적 발전의 부분 현상으로 간단히 이해할 수 있고, 또 궁극적인 삶의 문제에 대한 합리주의적 원리의 입장에서 도출되어야 하는 듯이 보인다. 그렇게 되면 프로테스탄티즘은 단지 순수한 합리주의적 인생관의 '설익은 결실' 따위의 역할을 하는 한에서만 역사적인 고찰 대상이 될 것이다. 그러나 진지하게 탐구해보면, 그처럼 단순한 문제 설정은 합리주의의 역사가 결코 여러 생활 영역에서 평행하며 나아가지 않았기 때문에, 이 이유만으로도 즉시 부적절하다는 사실이 드러난다. 예를 들어 사법의 합리화를 법률적 주제의 개념적 단순화와 분화로 이해한다면, 합리화는 고대 말의 로마법에서 최고의 형태에 도달했으며 경제적으로 가장 합리화된 나라, 특히 영국에서는 그러한 합리화가 가장 지체되었다. 이런 나라에서 로마법의 르네상스는 유력한 법률가 조합의 힘에 부딪혀 좌절된 반면, 남부 유럽의 가톨릭 지방에서는 로마법의 지배가 계속해서 지속되었다.

순수한 세속의 합리적 철학은 18세기에 단지 자본주의적으로 매우 발달한 나라에서만 발생한 것이 결코 아니며, 심지어 그런 나라에서 주로 발생한 것도 아니다. 볼테르주의는 오늘날까지도 로마 가톨릭의 나라에 있는 광범한 상층 계급과 중간 계급에 보급되어 있으며, 중간 계급에도 보급되었다는 사실이 실제로 더 중요하다. '실천적 합리주의'라는 말을 철저하게 세계를 개별적 자아의 세속적 이익과 관련시켜 그 이익에 비추어 평가하는 방식의 생활 태도로 이해한다면, 그러한 생활 방식은 이탈리아인이나 프랑스인에게 피와 살이 되어 있는 것처럼 '자유의사'를 존중하는 국민의 전형적인 특징이었고 현재도 그러하다. 그런데 분명한 것은 이들 나라는 자본주의가 필요로 하는, 즉 임무로서 '직업(소명)'과 인간의 관계가 두드러지게 성장한 토양이 결코 아니었다.

이처럼 삶은 매우 다양한 궁극적 관점에서 그리고 매우 다양한 방향으로 '합리화'할 수 있다. 이 간단한 명제를 종종 망각하기 때문에 '합리주의'를 다루는 모든 연구에서 이 명제를 강조해야 한다. '합리주의'란 대립하는 내용을 무수히 안고 있는 역사적 개념이다.

그러므로 우리가 탐구해야 할 것은 자본주의 문화의 특징적 구성 요소 중 하나였고 지금도 그러한 요소인 그 '직업' 사상과 (앞서 말했듯이 순수한 행복주의적인 개인적 이해관계에서 보면 그토록 불합리한) 직업 노동에 대한 헌신을 낳은 구체적인 '합리적' 사고와 삶의 형식이 어떤 종류이냐 하는 점이다. 이 책에서 우리의 관심 대상은 모든 직업 개념에 내재해 있기는 하지만 특히 이 직업 개념에 들어 있는 비합리적 요소의 근원이다.

3.   루터의 직업 개념과 탐구의 과제

이미 독일어의 '직업Beruf'이라는 단어에, 어쩌면 좀 더 분명하게 영어의 'calling'이라는 단어에 종교적 내용, 즉 신에게서 받은 임무가 적어도 함축되어 있다는 사실은 간과할 수 없으며, 이 말은 구체적인 사례를 통해 강조하면 할수록 훨씬 분명하게 감지된다. 그리고 그 말을 역사적으로 여러 문명 언어들과 비교하여 추적해보면, 우선 드러나는 사실은 우리가 (사회적 위치, 일정한 노동 분야라는 의미에서) '직업'이라고 부르는 것과 유사한 색조의 표현을 가톨릭 계열의 민족에게서는 쉽게 찾아볼 수 없으며 고전적 고대[1] 시대에도 마찬가지인 반면, 주로 프로테스탄트 계열의 모든 민족에게는 그러한 표현이 존재한다는 점이다.

또 하나는 그러한 현상의 원인이 해당 언어의 어떤 인종적 특성, 예를 들어 '게르만의 민족정신' 같은 표현에 있지 않다는 사실이다. 오히려 현재와 같은 의미에서 그 말은 성경 번역에서 유래했다. 물론 성경 자체의 함축된 정신이 아니라 번역자의 정신에서 유래했다는 점이다.[2] 그 단어는 루터가 《집회서Sirach》를 번역하는 중에 11장 20~21절에서 현재의 의미로 처음 사용한 것 같다.[3] 그 이후로 곧 그 말은 모든 프로테스탄트 민족의 일상어에서 현재의 의미를 갖게 되었다. 반면에 그 이전에는 어떤 세속적 문헌에서도 단어의 의미를 그와 같이 사용한 단초를 찾아볼 수 없으며, 종교 문헌에서도 단지 루터에게 영향을 주었다고 알려진 한 독일 신비주의자에게서만 그러한 의미로 사용한 것을 볼 수 있다.

단어의 의미가 그러하듯이 그 사상도 새로운 것이었고 종교 개혁의 산물이었으며, 이는 대체로 잘 알고 있는 내용이다. 물론 이러한 직업 개념에 포함된 세속적인 일상적 노동에 대한 평가의 일정한 단초가 중세, 더군다나 (헬레니즘 말기의) 고대에 전혀 없었던 것은 아니다. 여기에 대해서는 나중에 말하겠다. 그러나 분명히 새로운 사실 하나는 세속적 직업에서 의무를 이행하는 것이 최고의 도덕적 증명이라고 평가한 점이다. 여기에서 세속적인 일상적 노동이 종교적 의미를 가지게 되었고 그 결과로 그러한 의미의 직업 개념이 최초로 형성되었다. 그러므로 '직업' 개념에는 모든 프로테스탄트 교파의 중심 교리가 들어 있다. 이 교리는 도덕적 계율을 '명령'과 '권고'로 나누는 가톨릭적 태도를 거부하고, 신을 기쁘게 하는 유일한 방법은 수도승적 금욕주의를 통해 현세적 도덕을 경시하는 것이 아니라 오직 현세적 의무를 완수하는 거라고 보았다. 이러한 현세적 의무는 각 개인의 사회적 지위에서 발생하며 이는 곧 '직업'이 된다.

루터는[4] 이러한 사상을 종교 개혁 활동을 하던 처음 10년 동안 발전시켰다. 처음에 그는 예컨대 토마스 아퀴나스가 주장했듯이[5] 현저히 중세적인 전통적 생각에서, 세속적 노동이 아무리 신의 의욕이라고 해도 피조물에 속한다고 보았고 마치 먹고 마시는 것처럼 도덕적으로 무관한 신앙생활의 불가결한 자연적 토대라고 보았다.[6] 그러나

'오직 신앙뿐'이라는 사상이 좀 더 분명하게 철저히 적용되었고, 그럼으로써 '악마가 강제'했다고 본 수도원 생활에 대한 가톨릭의 '복음주의적 권고'와 점차 첨예하게 대립하게 되자 직업의 중요성이 점점 더 커졌다. 수도승적인 생활 방식은 이제 신 앞에서 자신을 변호하는 데는 전적으로 무가치할 뿐 아니라 세속적 의무를 회피한 이기적인 냉혹함의 산물로 여겼다.

이와 대조적으로 세속적인 직업 노동은 이웃 사랑의 외적 표현으로 여겼다. 물론 여기서 이웃 사랑은 세상 물정과는 동떨어진 방식이었고, 특히 분업이 모든 사람을 타인을 위해 노동하도록 만든다고 지적한 점에서 애덤 스미스Adam Smith[7]의 명제와 대립하는 괴상한 방식으로 정초되었다. 그러나 이처럼 본질적으로 스콜라적인 정초는 곧 사라지고 점차 다음과 같은 지적을 강조하기 시작했다. 즉 세속적 의무의 이행은 모든 경우에 신을 기쁘게 하는 유일한 방법이며 그것만이 신의 뜻이고, 따라서 허용된 모든 직업은 신 앞에서 단적으로 같은 가치를 갖는다는 점이다.[8]

세속적인 직업 생활에 대한 이러한 도덕적 규정이 종교 개혁, 특히 루터의 영향력 있는 업적 중 하나라는 사실은 사실 의심의 여지가 없으며 마침내 상식이 되었다고도 할 수 있다.[9] 이러한 견해는 파스칼의 명상적 태도가, 현세적 활동은 오직 허영과 교활로서만 설명할 수 있다는 깊은 확신에서 그러한 활동을 거부할 때 보인 혐오와는 너무나 거리가 멀었다.[10] 물론 예수회의 개연주의가 수행한 세상에 대한 관대하고 공리주의적인 적응과는 더욱더 멀었다. 그런데 프로테스탄티즘의 그러한 업적이 갖는 실제적 중요성에는 구체적으로 무엇이 있는가라는 점은 대체로 분명하다기보다 모호하게 감지되고 있을 뿐이다.

우선 새삼스럽게 지적할 필요가 없는 것은 예컨대 루터가 지금까지 우리가 사용해온 의미의 '자본주의 정신'과 유관하다든지, 혹은 (어떤 의미로든지 도저히) 내면적으로 유사하다고는 말할 수 없다는 사실이다. 이미 종교 개혁의 '업적'을 열렬히 찬양하고 있는 현재의 교파도 대체로 어떤 의미에서는 자본주의의 동조자가 아니다. 아마 루터 자신도 분명히 프랭클린에게 나타나는 것과 같은 생각에 대한 모든 유사성을 단적으로 거부할 게 분명하다. 물론 이를 증명하기 위해 대상인인 푸거家[11] 등에 대한 루터의 불만을 그 증후로 끌어대서는 안 된다. 왜냐하면 16~17세기에 몇몇 거대한 무역 회사가 가진 법적 혹은 사실적인 특권적 지위에 대한 투쟁은 기껏 현대의 트러스트*에 대한 투쟁과 비교할 뿐이지, 결코 전통주의적 사상의 표현이 아니기 때문이다.

이러한 상업 회사, 롬바르디아인, '환전 상인', 영국과 프랑스에서 왕과 의회, 국교회의 비호를 받던 독점가, 대규모 투기업자, 은행가들에 대항하여 청교도의 위그노교도들도 치열한 투쟁을 벌였다.[12] 크롬웰**은 1650년 9월 던바 전투가 끝난 후 장기 의회에 "모든 직업의 남용을 중지하기 바란다. 다수를 빈곤케 하면서 소수를 부유케 하는 자가 있다면 그것은 국가를 이롭게 하는 것이 아니다"라고 써 보

---

* 개별 기업의 독립성은 거의 상실된 상태로 같은 업종의 기업끼리 시장 독점을 위해 결합하는 일을 말한다.
** Oliver Cromwell, 1599~1658. 청교도 혁명이 일어났을 때 국왕 찰스 1세에 맞선 의회 진영의 장군 중 하나로 국왕을 처형하고 공화제를 실시했다. 후에 스스로 호국경 護國卿의 위치에 올라 독재 정치를 행했다.

냈다. 그럼에도 다른 면에서는 그가 완전히 '자본주의적' 사고방식으로 가득 차 있었던 것은 분명하다.[13] 그와 달리 고리대금과 이자 취득에 반대하는 루터의 수많은 구절에서는 후기 스콜라학파에 비해 (자본주의적 관점에서) '뒤떨어진' 방식의 자본주의 영리 활동관이 두드러진다.[14] 특히 루터가 예컨대 피렌체의 안토니노의 경우 이미 해결한 화폐의 비생산성 논의를 재주장한 점이 이에 속한다.

그러나 이 책에서는 개별적인 점까지 다루지는 않았다. 왜냐하면 먼저 종교적 의미의 '직업' 사상은 현세적 생활 방식에 대한 영향에서 그 형태가 매우 다양할 수 있기 때문이다. 종교 개혁 자체의 업적은 우선 가톨릭의 견해와 대조적으로 현세의 소명으로 받은 노동에 대한 윤리적 강조와 종교적 보상을 강화한 데 불과하다. 이를 표현한 '직업' 개념이 어떻게 계속 발전해갔는가는 개별적인 종교 개혁에서 어떤 식으로 이 신앙이 좀 더 구체화되었는가에 달려 있다. 루터가 직업 사상의 근원이라 믿은 성경의 권위는 그 자체로는 대체로 전통주의적 표현법에 유리했다. 특히 그 순수한 예언서에는 현세적 윤리를 전혀 부각하지 않았고, 또 있다고 해도 오직 단편적으로, 단초적으로만 나타나는 구약은 엄격히 전통주의적 의미와 유사한 종교 사상을 담고 있다.

각자는 자신의 '생업'에 머물고 이익 추구는 신 없는 자에게 맡겨두어라. 바로 이것이 직접적으로 세속적 활동을 다룬 모든 구절의 의미다. 다만 《탈무드 *Talmud*》만은 이 점에서 부분적(근본적인 것은 아니다)으로 다른 입장에 선다. 예수의 개인적 입장은 전형적인 고대의 동양적인 기도문인 "우리에게 일용할 양식을 주옵시고"에 고전적인 순수함의 형태로 표현되어 있으며, 그가 '불의의 재물'이라고 표현한 철저한 현세 거부의 태도는 근대적 직업 사상을 예수 개인에게 직접적으로 결부시키는 것을 불가능하게 한다.[15]

신약에 나타난 사도 시대의 기독교인, 특히 바울 시대의 기독교인들은 초대 기독교인들을 가득 채우고 있던 종말론적 기대 때문에 세속적인 직업 생활에 무관심하거나, 아니면 본질적으로 전통주의적인 태도를 보였다. 즉 모든 이가 주의 재림을 기대했기 때문에 각자는 자신들이 주의 '부르심'을 받을 그 신분과 세속적 활동에 머문 채로 지금까지와 마찬가지로 일하면 되었다. 일해야 하는 이유는 가난하여 형제에게 부담이 되지 않아야 하기 때문인데 물론 이것도 잠시뿐이다. 루터는 당시 자신의 관점으로 성서를 읽었고, 이 관점은 1518년부터 1530년경에 이르는 발전 과정에서 계속 전통주의적이었을 뿐 아니라 더욱더 전통주의적이 되었다.[16]

루터는 종교 개혁 활동 초기에 직업을 본질적으로 피조물의 것이라고 평가했기 때문에, 현세적 활동 방식에 관해 루터를 지배한 관점은 《고린도전서Korinthos前書》7장에 표현된 바울의 종말론적 무관심과[17] 내면적으로 유사했다. 즉 사람은 모든 신분에서 구원받을 수 있으며 삶의 짧은 순례길에서 직업의 종류에 연연하는 것은 무의미했다. 그러므로 자신의 필요를 넘어서는 물질적 이익의 추구는 은총을 받지 못했다는 징후로 여겼고, 더군다나 타인의 희생 위에서만 가능하다는 이유로 직접적인 비난을 받았다.[18] 자신이 세속의 잡무에 점점 얽혀 들어가면서 루터는 직업 노동의 중요성을 점점 높이 평가하게 되었다.

그러나 그와 동시에 루터는 각 개인의 구체적 직업을 신의 섭리에 따라 개인에게 '그러한' 구체적 위치를 충족시키라는 신의 특별한 명령으로 보았다. 그리고 '광신자'와 농민 폭동에 대항해 싸우고 난 뒤에는 각자 신에게 지정받은 객관적인 역사적 질서를 점점 신의 뜻의 직접적 현시라고 생각했기 때문에[19] 삶의 사소한 일에서마저 섭리를 강조했고 그 결과 점차 '운명' 사상에 대응하는 전통주의적 색채를 강화해나갔다. 개개인은 근본적으로 신이 일단 정해준 그 직업과 신분에 머물러야 하며 지상의 노력은 주어진 삶의 지위가 정해준 한계 안에 머물러야 했다. 경제적 전통주의가 처음에 바울이 취한 무관심의 산물이었다면, 나중에는 신에 대한 무조건적 복종을[20] 주어진 처지에 대한 무조건적 순종과 동일시하는 섭리론을 통해 점차 강화되었다.[21] 당연히 루터는 이런 식으로는 근본적으로 새롭거나 원칙적 근거에 입각하는 직업 노동과 종교적 원리의 결합에 도달할 수 없었다.[22] 루터는 1520년대의 투쟁 이후에 점차 교리의 순수성을 교회가 유일하게 오류를 범하지 않을 수 있는 부동의 기준이라고 확신했고, 교리의 순수성을 고수하려는 태도 자체가 이미 윤리적 영역에서 새로운 관점의 발전을 방해했다.

이처럼 루터의 직업 개념은 전통주의에 머물렀다.[23] 인간이 신의 섭리로 직업을 받았고 그 섭리에 '순응해야' 한다. 이러한 특징은, 직업 노동은 신이 부여한 임무, 아니 유일한 임무라는 그의 또 다른 사상을 가려버렸다.[24] 게다가 정통 루터교의 발전은 이러한 특징을 더욱 발전시켰다. 그 결과 윤리적 분야에서 루터는 소극적인 내용의 수확만을 거두었다. 즉, 금욕주의적 의무가 현세적 의무보다 우위에 있다는 신앙을 버렸는데도 주어진 처지에서 당국과 운명에 복종하게 했기 때문이다.[25] 나중에 중세의 종교적 윤리에 관해 말하면서 다시 언급하겠지만 이러한 루터파의 특성이 담긴 직업 사상은 독일 신비주의자들에게서 이미 상당한 정도로 완성되었고, 특히 타울러*는 종교적 직업과 세속적 직업을 원칙적으로 동등하게 보았고 신의 성령을 영혼을 통해 무아적, 명상적으로 받아들이는 것만을 매우 중요시했기 때문에 전통적 형태의 금욕적인 노력 봉사를 낮게 평가했다.[26]

더욱이 루터(루터 교회는 더 심하다)는 합리적 직업 윤리에 대한 심리적 토대가 신비주의자들(여기에 대한 신비주의자들의 관점은 여러 면에서 부분적으로 경건주의적 신앙 심리를, 또 부분적으로는 퀘이커의 신앙 심리를 떠오르게 한다)[27]보다 상당히 불안정하다는 측면에서 루터주의는 신비주의자들보다 퇴보한 것을 의미했다. 특히 후술했듯이 루터가 금욕적 자기 연마의 경향을 위선이라고 의심했고 따라서 루터 교회에서는 더욱더 뒷전으로 밀렸기 때문이다.

그러므로 루터주의적 의미에서 단순한 '직업' 사상(이 점만은 이 자리에서 분명히 해야 한다)[28]은 현재 알려진 한에서 우리가 탐구하는 것에 대해 기껏해야 불확실한 중요성밖에 갖지 못한다. 그렇다고 종교 생활을 루터주의적 형태로 재편성한 것이 우리의 고찰 대상에 아무런 실천적 중요성도 없다는 말은 아니다. 그와는 정반대다. 단지 세속적 직업에 대한 루터와 루터 교회의 태도에서 직접적으로 도출되지 않으며 일반적으로 다른 프로테스탄트 교파에서 나타나는 정도로 그렇게 쉽게 파악되지 않는다는 점에서 중요하다.

그러므로 우리는 우선 생활 실천과 종교적 출발점 간의 관련을 루터주의보다 쉽게 탐구할 수 있는 형태의 프로테스탄티즘을 고찰하는 것이 좋다. 이미 앞에서 칼뱅주의와 여러 프로테스탄트 교파가 자

---

* Johann Tauler, 1300(?)~1361. 독일의 신비주의자이자 가톨릭 신학자다.

본주의 발달사에서 차지한 현저한 역할을 언급한 바 있다. 루터가 츠빙글리에게서 자신과는 '다른 정신'이 살아 숨 쉬는 것을 보았듯이 루터의 정신적 후예들은 특히 칼뱅주의에서 그러한 것을 보았다. 바로 그 때문에 옛날부터 그리고 지금에 이르기까지 가톨릭은 칼뱅주의를 진정한 적으로 여겨왔다.

우선 여기에는 순수한 정치적 이유가 있다. 즉 종교 개혁이 루터 개인의 종교적 발전 없이는 생각할 수 없고 또한 정신적으로도 루터의 인격을 통해 지속적으로 규정되었듯이, 칼뱅주의가 없었다면 종교 개혁의 성과가 외적으로 지속되지 못했을 것이다. 그러나 가톨릭교도와 루터교도들이 칼뱅주의에 보내는 혐오의 근거는 칼뱅주의의 윤리적 독특성에도 있다. 매우 피상적으로 관찰하더라도 칼뱅주의에서는 종교 생활과 지상의 활동 간의 관계가 가톨릭이나 루터주의와는 전혀 다르다. 단지 특수한 종교적 동기에서 쓰인 문학에서조차 그 점이 드러난다. 예를 들어 시인이 천국에서 신의 신비를 더할 나위 없는 만족으로 응시하면서 글을 이어가는 《신곡La divina commedia》의 마지막 부분을 '청교도주의의 신곡'이라 부르는 《실낙원Paradise Lost》의 마지막 부분과 비교해보자. 존 밀턴John Milton은 낙원에서 추방된 장면을 묘사한 뒤 《실낙원》의 마지막 부분을 다음과 같이 맺고 있다.

두 사람은 고개를 돌리고 낙원의 동쪽을 바라본다.

지금까지 그들의 행복의 자리

그 위에 화염의 칼 휘둘리고

문에는

무서운 얼굴과 불 무기 가득하다.

눈물이 저절로 흘렀으나,

즉시 씻는다.

'안주의 땅을 택하도록

세계는 온통

그들 앞에 있다.

섭리는 그들의 안내자.'

두 사람은 손에 손을 잡고 방랑의 발 무겁게

에덴을 통과해서 그 쓸쓸한 길을 간다.

이보다 조금 앞서 천사 미카엘이 아담에게 이렇게 말한다.

……다만 보태라, 지식에 부합되는 행위를,

보태라 덕과 인내, 절제를.

보태라 사랑, 즉 그 밖의 일체의 혼인,

'인애'의 이름으로 불리는 사랑을

'그러면 그대 이 낙원을 떠남을 마다치 않고

한층 행복한 낙원을 그대 마음속에 영유하리라.'

   진지한 청교도적 현세 지향성, 즉 현세적 삶을 임무로 평가하는 태도의 이러한 강력한 표현이 중세 저술가의 입에서는 나올 수 없다는 것을 누구든 쉽게 알 수 있다. 그리고 예컨대 루터와 파울루스 게르하르트*의 찬송가에 나타난 것과 같은 루터주의에도 그러한 표현

---

*   Paulus Gerhard, 1607~1676. 독일의 찬송가 작가다.

은 어울리지 않는다. 이제 이러한 막연한 인상을 좀 더 정확한 사고로 정식화하고 그러한 차이의 내적 근거를 탐구해야 한다. '민족성'을 그 이유로 대는 것은 무식을 드러내는 것뿐만 아니라 이 경우에는 전혀 근거가 없다. 17세기의 영국인에게 어떤 통일적인 '민족성'을 귀속시키는 것은 역사적으로 단적인 오류다.

'왕당파'와 '의회파'는 서로를 단지 두 개의 당파로 보지 않고 철저히 구별되는 종류의 인간으로 느꼈으며, 이는 주의 깊게 관찰하면 누구나 인정하지 않을 수 없는 사실이다.[29] 반면에 중세 말 독일인과 영국인 사이에서 그들의 상이한 정치적 운명이 직접 설명해줄 수 있는 것 외에 보다 깊은 다른 차이를 발견할 수 없듯이, 영국의 모험 상인과 옛 한자 동맹 도시민 간의 성격적 차이는 거의 눈에 띄지 않는다.[30] 이 경우 우리가 현재 목도하는 차이를 낳은 것은 종교 운동의 힘이었다. 물론 종교 운동의 힘만은 아니지만 우선은 그러하다.[31]

그런 이유로 옛 프로테스탄트 윤리와 자본주의 정신의 발전 간의 관계를 탐구할 때 칼뱅, 칼뱅주의, 그 밖의 다른 '청교도' 교파 등의 저작에서 출발하지만, 그렇다고 이러한 종교 공동체의 창시자나 대표자 가운데 한 사람에게서 '자본주의 정신'이라 불리는 것의 환기가, 필생의 작업 목적으로 발견될 거라 기대한다는 뜻은 아니다. 세속적 재화에 대한 추구를 그들 중 누군가가 자기 목적으로 생각하고 윤리적 가치로 통용했다고는 결코 생각할 수 없다. 그들 모두에 대해 분명히 확언할 수 있는 것은, 윤리적 개혁 강령을 핵심적 관점으로 여긴 사람은 이 개혁가들(이들 중에 우리의 고찰을 위해서 메노,* 조

---

*   Menno Simonszoon, 1496~1561. 네덜란드 재세례파의 온건파 초기 지도자다.

지 폭스,* 웨슬리** 같은 사람도 포함시켜야 한다) 가운데 아무도 없었다는 점이다. 이들은 결코 '윤리적 문화' 단체의 창설자나 인도주의적 사회 개혁 추구, 문화적 이상 등의 대표자가 아니었다. 영혼의 구원, 이것만이 그들의 생애와 활동의 중심이었다. 그러므로 우리는 종교 개혁의 문화적 결과가 상당 부분, 아마 우리의 특정한 관점에서 보면 대부분 예상치 못하고 심지어는 원하지 않았던 종교 개혁의 작용 결과였고, 종종 종교 개혁이 상상하던 것과는 거리가 멀고 또 대립하기까지 했다는 사실을 명심해야 한다.

그러므로 이하의 연구는 아마도 일반적으로 '이념'이 역사에서 작용하는 방식을 분명히 하는 데 다소나마 기여할 수 있으리라 생각한다. 그러나 이처럼 순수한 이념적 동기의 작용을 주장하는 저의에 대해 혹시 있을 수 있는 오해를 막기 위해, 지금까지와 같은 서론적 논의의 결론으로서 그 점에 대해 약간의 지적을 해도 좋을 것이다.

우선 분명히 지적할 것은 이러한 연구에서는 결코 종교 개혁의 사상 내용을 어떤 의미에서든 사회 정치적으로나 종교적으로 평가하려는 게 아니라는 점이다. 우리는 연구의 목적을 위해 항상 고유한 종교적 의식에는 주변적이고, 심지어 외적으로 보일 게 분명한 종교 개혁의 측면들에 관심을 가진다. 왜냐하면 우리의 의도는 수많은 역사적 개별 동기에서 성장한 근대의 특수한 '현세' 지향적 문화의 복잡한 발전 과정에서 어떠한 종교적 동기가 일조했는지를 좀 더 분명히 하려 하기 때문이다. 따라서 우리가 묻는 것은 단지 이 문화의 일

---

*   George Fox, 1624~1691. 잉글랜드의 설교가, 선교사, 퀘이커교(프렌드회) 창설자다.
**   John Wesley, 1703~1791. 감리교회의 창시자다.

정한 특징적 내용 가운데 무엇이 역사적 원인으로서 종교 개혁의 영향에 귀속될 수 있는가 하는 점이다. 이 경우 우리는 물론 종교 개혁을 경제적 변화로부터 '발전사적 필연성을 통해' 경제적 변화가 종교 개혁으로 연결될 수밖에 없다는 견해를 버려야만 한다. 새로이 발생한 교회들이 존속하려면 '경제 법칙'뿐 아니라 어떤 종류의 경제적 관점에도 짜 맞출 수 없는 무수한 역사적 정황, 특히 순수한 정치적 사건 등이 함께 작용해야만 했다.

그러나 다른 한편으로 (물론 이 책에서 잠정적 의미로 사용하고 있는) '자본주의 정신'은 종교 개혁의 일정한 영향에 따른 결과로만 발생할 수 있었다든가, 경제 체계로서 자본주의는 종교 개혁의 산물이라는 등의 마찬가지로 어리석은 공론적 테제[32] 역시 결코 옹호받을 수는 없다. 이미 종교 개혁 훨씬 이전에 몇 가지 중요한 자본주의적 영리 기업의 형태가 있었다는 사실은 그러한 견해를 단적으로 부인한다. 오직 다음과 같은 것만을 확인할 필요가 있다. 즉 그 '정신'의 질적 규정과 세계로의 양적 팽창에서 종교적 영향이 함께 작용했는지, 작용했다면 어느 정도인지 하는 점과, 자본주의적 토대에 입각하는 문화의 어떤 구체적 측면이 종교적 영향에 소급되는지 하는 점이다.

그러므로 이러한 문제에서 물질적 하부 토대나 사회적, 정치적 조직 형태 등과 종교 개혁적 문화 시대의 정신적 내용 간의 상호 영향은 매우 복잡하기 때문에, 우선은 일정한 형태의 종교적 신앙과 직업 윤리 간의 '친화성'을 인식할 수 있는지 여부와 그 정도를 탐구하는 것에 그칠 수밖에 없다. 그와 동시에 그러한 친화성에 따라서 종교 운동이 물질적 문화의 발달에 어떤 식으로 작용했고 일반적으로 어느 방향으로 발전시켰는지가 분명해질 것이다. 이 점이 어지간히 분명하게 확정된 뒤에야 근대적 문화의 내용이 그 역사적 생성에서 어느 정도 그러한 종교적 동기에 귀속되고, 또 어느 정도 다른 동기에 귀속되는지 평가를 시도할 수 있다.

1.　　현세적 금욕주의의
　　　　종교적 토대

(이 책에서 사용하는 의미의) 금욕적 프로테스탄티즘의 역사적 담당자는 네 가지로 크게 나뉜다. 첫 번째는 칼뱅주의가 특히 17세기에 자신의 주요 전도 지역에서 취한 형태, 두 번째는 경건주의, 세 번째는 감리교, 네 번째는 침례교 운동에서 발생한 교파들이다.[1] 이 운동들은 서로 절대적으로 분리되어 있지 않았고, 비금욕적인 프로테스탄트 교회와도 분리가 엄격히 이루어지지는 않았다.

　감리교는 18세기 중반에 가서야 영국 국교회 내부에서 발생했는데 그 창시자들은 새로운 교회를 바랐다기보다는 옛 국교회 내부의 금욕적 정신을 새로이 환기하자는 거였고, 그 발전 과정에서 특히 미국으로 전파된 이후에야 영국 국교회에서 분리되었다. 경건주의는 영국, 특히 네덜란드의 칼뱅주의적 토대 위에서 처음 성장했는데 정통파와 유대 관계를 눈에 띄지 않게 끊어가다가, 17세기 말경에 슈페너*의 영도 아래 루터주의에 흡수되어 교리도 부분적으로 수정되었다. 경건주의는 루터 교회 내부 운동의 하나로 남아 있었는데, 단

---

*　　Philipp Jakob Spener, 1635~1705. 독일 경건주의의 주도적 인물이다.

지 한편으로는 친첸도르프*를 추종하면서 다른 한편으로는 후스파와 칼뱅주의의 영향을 받아 모라비아 형제단**에 합류한 분파인 '헤른후트파'만이 자신의 의사와 달리 감리교처럼 독특한 방식의 교파를 형성하게 되었다. 칼뱅주의와 침례교는 발전 초기에 첨예하게 대립했지만 17세기 말의 침례교회에서는 상호 밀접하게 관련을 맺었고, 이미 그 이전인 17세기 초에 영국과 네덜란드의 독립파에서는 이행이 점진적으로 이루어졌다. 경건주의가 루터교로 이행한 것이 점진적이었듯이, 그 외면적 성격과 신도들의 철저한 정신에서 볼 때 가톨릭과 유사한 영국 국교회와 칼뱅주의의 관계도 마찬가지다.

가장 넓은 의미에서 '청교도주의'라고 표현되는 금욕주의적 운동[2]의 신도 대중과 특히 그 철저한 옹호자들이 영국 국교회의 근거를 공격한 것은 사실이지만, 이 경우에도 투쟁 중에 둘의 대립이 점진적으로 첨예화되었다. 그리고 이 책에서는 그다지 중요하지 않은 제도와 조직에 대한 문제를 일단 전적으로 도외시한다 해도(아니 바로 그렇게 하면) 사정은 마찬가지다. 교리상의 차이, 특히 예정설이나 의인설 같은 가장 중요한 교리상의 차이도 상호 혼합되어 매우 다양한 형태를 띠기 때문에 17세기 초에는 이미 교회의 단합을 유지하는 것이 대체로 불가능했다. 물론 예외가 없지는 않았다. 특히 우리에게 중요한 현상인 윤리적 생활 태도는 앞서 말한 주요 네 개의 종파 또는 몇몇 종파가 결합하여 생겨난 매우 다양한 분파의 신도들에게서

---

* Nikolaus Ludwig von Zinzendorf, 1700~1760. 독일 경건주의 운동을 일으킨 종교, 사회 개혁가로 모라비아 교회(보헤미아 형제단)의 지도자다.
** 모라비아 교회(보헤미아 형제단)를 가리킨다. 18세기에 창설된 개신교 교파로, 15세기 보헤미아와 모라비아에서 후스파 운동을 일으킨 보헤미아 형제단이 기원이다.

동일한 방식으로 나타난다.

우리는 유사한 윤리적 격률이 서로 다른 교리의 토대와 결합할 수 있음을 곧 보게 될 것이다. 또한 사제직 수행을 위해 쓰인 영향력 있는 지침서, 특히 모든 종파의 결의론적 요강 등은 시간이 경과하면서 서로 영향을 미쳤기 때문에 현저히 다른 실제적 생활 태도에도 그러한 문서에서는 큰 유사점을 발견할 수 있다. 이렇게 본다면 교리의 토대나 윤리적 이론을 전혀 무시하고, 확인할 수 있는 한에서 순전히 윤리적 실천만을 주목하는 것을 최선으로 생각할 수도 있다. 그러나 전혀 그렇지가 않다. 물론 금욕적 윤리의 상이한 교리적 토대는 끔찍스러운 투쟁 이후에 붕괴했다. 하지만 그러한 교리에 원래 뿌리를 두고 있었다는 점이 이후의 '비교리적' 윤리에 강력한 영향을 남겼을 뿐 아니라, 원래의 사상 내용을 알아야만 어떻게 그 윤리가 당시의 가장 내면적인 사람들을 절대적으로 지배하던 내세 사상과 결합할 수 있었는지를 이해할 수 있다.

내세 사상의 막강한 힘이 없었다면 그 당시 생활 실천에 진지한 영향을 주던 윤리적 쇄신은 결코 작용할 수 없었을 것이다. 왜냐하면 우리가 문제 삼는 것은 분명 그 당시 윤리적 요강에서 이론적 혹은 공식적으로 가르치던 것이 아니라(물론 이런 것도 계율, 사제직, 설교 등의 영향으로 실천적으로 중요하기는 하다³) 그와는 전혀 다른 것, 즉 종교적 신앙과 종교 생활의 실천을 통해 형성되어 생활 방식에 방향을 제시하고 개인을 지배하던 심리적 동인動因을 탐구하는 것이다. 그런데 이러한 동인은 일단 종교적 신앙 내용의 독특성에도 그 기원을 상당히 두고 있다. 그 당시 사람들은 일견 추상적으로 보이는 교리에 대한 숙고를 그치지 않았는데, 그 정도가 어떠했는가는 우리가 그 교리들과 실천적, 종교적 관심 사이의 상관관계를 통찰하지 못하면 이해할 수 없을 정도다.

몇 가지 교리[4]의 고찰을 비신학적 독자는 어렵게 느끼고 신학적 지식을 갖춘 독자는 경솔하고 피상적이라는 인상을 받을 게 분명하지만, 이 책에서는 불가피한 일이다. 이를 위해 우리는 종교적 사상을 역사적 현실에서는 거의 찾아보기 어려운 '이념형'의 구성물로 만들 수밖에 없다. 왜냐하면 역사적 현실에서 분명한 한계를 긋는 것이 불가능하다는 바로 그 이유로 우리는 오직 그 현실의 가장 순수한 구성 형태를 탐구할 때만 그것들이 끼친 특수한 영향에 접근하는 것을 기대할 수 있기 때문이다.

그런데 16세기와 17세기에 자본주의적으로 가장 발달한 문화 국가인 네덜란드, 영국, 프랑스에서 칼뱅주의가 위대한 정치 투쟁과 문화 투쟁을 수행했고 따라서 제일 먼저 다루어야 할 신앙[5]은 칼뱅주의다.[6] 그 당시에 그리고 대체로 현재에도 가장 특징적인 칼뱅주의의 교리는 예정설이다. 물론 예정설이 프로테스탄트 교회의 '가장 본질적인' 교리인지, 아니면 '부차적인' 교리인지는 논란이 있을 수 있다. 그런데 어떤 역사적 현상의 본질을 판단하는 방법에는 두 가지가 있다. 첫째는 가치 판단, 즉 신앙 판단으로 그 현상 중 '관심을 끄는 면'이나 지속적으로 '가치 있는 면'만을 본질적인 것으로 여기는 경우다. 두 번째로는 어떤 역사적 현상이 다른 역사적 사건에 영향을 미치는 '인과적' 중요성을 본질적인 것으로 여기는 경우인데, 여기서 문제는 역사적 인과 구명이다. 이 책에서처럼 후자의 관점에서 출발하여 문화사적 영향에 따라 그 교리에 어떤 중요성을 매길 수 있는가를 묻는다면, 그 영향은 분명히 크다고 하지 않을 수 없다.[7]

올덴바르네펠트*가 이끈 문화 투쟁은 이 교리에 부딪혀 와해되었고, 바로 이 예정설을 두고 왕실과 청교도주의가 교리상으로 분열된 이래 제임스 1세 치하에서 영국 교회의 분열은 화해 불가능하게 되었으며, 대체로 무엇보다도 예정설 때문에 칼뱅주의가 국가에 위험하다는 견해가 나오면서 당국의 공격을 받았다.[8] 17세기의 대규모 종교 회의, 특히 도르트레히트 종교 회의와 웨스트민스터 종교 회의, 그 밖의 수많은 소규모 종교 회의의 핵심 의제는 예정설에 표준 교리의 타당성을 부여하는 일이었다. '전투적 교회'의 수많은 영웅이 그 교리를 확고한 발판으로 삼았으며, 18세기와 19세기에는 그 교리가 교회의 분열을 야기하고 거대한 신앙 부흥을 이끄는 함성의 역할을 했다. 이는 간과할 수 없는 것이며, 오늘날 모든 교양인이 그것을 알고 있다고는 할 수 없으므로 우선 1647년의《웨스트민스터 신앙 고백The Westminster Confession of Faith》의 권위 있는 조항에서 그 내용을 알아보자. 그 점에서는 독립파나 침례파의 신앙 고백도《웨스트민스터 신앙 고백》을 단순히 되풀이한 것에 지나지 않는다.[9]

9조 자유의지에 관하여

3항 인간은 죄의 상태로 타락함으로써 정신적 선과 구원으로 인도하는 의지의 모든 능력을 상실했다. 따라서 선을 완전히 저버리고 죄 속에서 죽는 자연적 인간은 회개할 수 없으며 아니면 회개를 준비할 수조차 없다.

---

* Johan van Oldenbarnevelt, 1547~1619. 네덜란드 정치가이자 네덜란드 독립 투쟁에서 중요한 역할을 한 혁명가다.

3조 신의 영원한 결단에 관하여

3항 신은 당신의 영광을 계시하기 위해 당신의 결단으로 어떤 이는…… 영원한 삶으로 예정하셨고predestinated 또 어떤 이는 영원한 죽음으로 예정하셨다foreordained.

5항 인류 중 영원한 생명으로 예정된 자들은, 세계의 토대가 세워지기 전에 신이 당신의 영원하고 불변적인 의도와 은밀한 결의와 임의적인 의지에 따라 그리스도 중에서 영원한 영광으로 선택한 자들로서 이는 순수하게 자유로운 은총과 사랑에서 나온 것이지, 예를 들어 신앙이나 선행 또는 이것 중 하나에 대한 지속, 그 밖의 피조물에서 볼 수 있는 다른 어떤 것 등에 대한 기대가 그러한 선택의 조건이나 원인은 결코 아니다. 그것은 단지 당신의 영광스러운 은총을 찬미하기 위해서일 뿐이다.

7항 신은 당신의 피조물을 능가하여 당신의 무한한 힘을 원하시는 대로 칭송하기 위해 당신이 은총을 베풀기도 하고 거절하기도 하시는, 헤아릴 길 없는 의지의 권고에 맞추어 나머지 인간들을 그 죄에 대한 치욕과 분노로 정하시어 당신의 영광스러운 의로움을 찬미하심을 기뻐하신다.

10조 유효한 소명에 관하여

1항 신은 당신이 정하신 생명으로 정하신 자들, 오직 그들만을 당신이 정하신 알맞은 시간에 당신의 말씀과 성령을 통해 유효하게 소명하심을 기뻐하신다. …… 그리하여 신은 그들의 돌처럼 굳은 마음을 치우시고 보다 신선한 마음을 주시며, 그들의 의지를 새롭게 하고 당신의 전능한 힘으로 그들을 의로움에 정하신다…….

5조 섭리에 관하여

6항 의로운 심판자이신 신께서 그 이전의 죄 때문에 눈멀게 하시고 모질게 만드신 악하고 신 없는 자들에 대해서 말한다면, 신은 그들로부터 그들의 오성을 밝히고 감동케 할 수 있는 당신의 은총을 거둬들이셨을 뿐 아니라, 때로는 그들이 갖고 있던 천성도 거둬들이사 그들의 타락이 죄악의 기회를 만들 그러한 대상과 그들을 관계시키며 더 나아가 그들을 자신의 욕정, 세계의 유혹, 사탄의 힘 등에 맡겨버리신다. 그렇게 하여 그들은 신께서 다른 이들을 유순케 하기 위해 사용하시는 바로 그 수단으로 더욱더 모질어진다.[10]

'설령 지옥에 간다 해도 그러한 신은 결코 나의 존경을 강요하지 못할 것이다.' 이 말은 예정설에 대한 밀턴의 유명한 평가다.[11] 그러나 우리가 문제 삼는 것은 그 교리의 평가가 아니라 역사적 지위다. 이 교리가 어떻게 성립되었고 칼뱅주의 신학과 어떠한 사상적 연관이 있느냐 하는 문제는 간단히 언급하는 것에 그칠 수밖에 없다. 이 교리는 두 가지 경로를 통해 가능했다. 아우구스티누스 이래로 기독교의 역사가 낳은 매우 능동적이고 정열적인 위대한 많은 기도자에게 종교적 구원 감정이라는 현상은 다음과 같은 확고한 인상과 결부되어 있었다. 즉 모든 것은 객관적 힘의 유일한 작용에 달려 있지, 그 어떤 것도 그 자신의 가치에 따른다고 생각해서는 안 된다. 그들 죄의식의 끔찍한 발작으로 폭발한 강력하고 희열에 가득 찬 확신이 아무런 매개 없이 그들을 엄습하여, 이러한 엄청난 은총이 자기 자신의 노력에 부분적으로 기인한다든지, 아니면 자신의 신앙이나 기원의 공적이나 성질과 관련될 수 있다는 생각의 가능성을 근절시켜버렸던 것 같다.

  루터 역시 종교적 천재성이 최고조에 달하던 시기에 쓴《기독교인의 자유*Freiheit eines Christenmenschen*》에서 신의 '은밀한 결의'를 자신의 종교적 은총을 가장 확고히 보장하는 절대적으로 유일한 근거로 여겼다.[12] 이후에도 그는 이 생각을 완전히 포기하지는 않았다. 물론 그가 책임 있는 교회 정치가로서 점차 '현실 정치적'으로 되어가면서 그 사상은 그에게서 중심적 지위를 얻지 못하고 점차 뒷전으로 밀려났다. 멜란히톤*은 이 '위험하고 어두운' 이론을《아우크스부르크 신앙 고백*Augsburger Konfession*》**에 채택하는 것을 의도적으로 회피했고, 루터교의 교부들은 은총이 '상실될 수amissibilis' 있고 또 하나님의 말씀과 성례를 참회의 마음으로 받들고 신앙으로 믿는다면 다시 얻을 수 있다는 점을 교리로 확립하고 있었다.

  이와는 정반대로 칼뱅[13]에서는 교리상의 적대자에 대한 논쟁 과정에서 그 이론의 중요성을 감지할 수 있을 정도로 증대되었다. 그 이론은 칼뱅의《그리스도교 강요*Institutio*》 제3판에 이르러 완전히 발전되었으며, 그의 사후에 도르드레흐트와 웨스트민스터의 종교 회의가 종식하려 한 대규모 문화 투쟁에서 중심적 위치를 얻게 되었다. 칼뱅에게 이 '가공할 신의 결정decretum horribile'은 루터의 경우처럼 삶에서 체험하는 것이 아니라 안출案出, 즉 생각해낸 거라는 바로 그 이

---

* Philipp Melanchton, 1497~1560. 독일의 인문주의자로 루터의 종교 개혁 운동을 도왔으나 후에는 루터 정통파와 대립했다.

** 종교 개혁 시기 1530년 신성 로마 제국의 아우크스부르크 제국 회의에 제출한 루터교회 제후 세력과 제국 자유 도시의 신앙 고백서다. 멜란히톤이 작성하고 루터가 감수했다.

유 때문에, 인간이 아니라 신에게만 쏠리는 그의 종교적 관심의 방향에서 사상적 철저화가 진전될수록 그 이론의 중요성이 더해갔다.[14] 신이 인간을 위해 있는 것이 아니라 인간이 신을 위해 있으며 칼뱅이 결코 의심하지 않았던, 즉 오직 소수의 사람만이 부름을 받는다는 것을 포함하여 이 세계의 모든 일은 오직 신의 위엄을 영광케 한다는 목적을 위한 수단으로서만 의미가 있다. 신만이 자유롭고, 즉 아무런 법칙에도 종속되지 않으며 신의 결단은 신이 우리에게 알려서 좋다고 생각하시는 한에서만 이해될 수 있고 알 수 있기 때문에, 지상의 '정의'의 척도로 신의 지고한 섭리를 측정하려는 것은 무의미할 뿐 아니라 신의 위엄을 침범하는 일이다.[15]

우리는 영원한 진리의 이러한 단편에만 의지할 수밖에 없고, 그 밖의 모든 것(우리의 개인적 운명이 갖는 의미)은 어두운 비밀에 둘러싸여 있으며 그것을 탐구한다는 것은 불가능하고도 외람된 것이다. 예컨대 신에게 버림받은 자가 자신의 운명이 부당하다고 호소하는 것은 짐승이 인간으로 태어나지 못했음을 불평하는 것과 비슷하다. 왜냐하면 모든 피조물은 메울 수 없는 심연으로 신과 갈라져 있으며, 신이 당신의 위엄을 영광케 하기 위해 다른 결단을 내리지 않는 한 모든 피조물에게는 오직 영원한 죽음만이 있기 때문이다. 우리가 알고 있는 것은 단지 인간의 일부는 구원받고 나머지는 저주받았다는 사실뿐이다. 이러한 운명의 결정에 인간의 공적이나 죄과가 함께 작용한다는 생각은 영원한 과거부터 부동不動의 것인 신의 절대적으로 자유로운 결정이 인간의 관여로 변경될 수 있다고 여기는 것으로, 이는 불가능한 생각이다. 다시 찾은 은화 한 닢을 기뻐하는 여인처럼 한 죄인의 회개를 기뻐한다고 인간적으로 이해하는 신약의 '하나님

아버지'는, 여기서 모든 인간적 이해 능력을 떠나 영원한 과거에서부터 전혀 헤아릴 길 없는 결정에 따라 각 개인에게 그 운명을 나누어주고 우주의 가장 사소한 것마저 정해버린 초월적 존재가 된다.[16] 신의 결정은 번복할 수 없으므로 신의 은총은 그 은총을 받을 자가 잃을 수 없고, 그 은총을 거부당한 자가 얻을 수 없다.

이 이론은 그 격앙된 비인간성을 통해 그 장엄한 결론에 몸을 맡긴 한 세대의 감정에 하나의 결과를 가져왔고, 그것은 바로 전대미문의 개인적인 내적 고립감이었다.[17] 종교 개혁 시대의 인간들에게 결정적이었던 삶의 관심사, 즉 영원한 구원을 위하여 인간은 태초부터 정해져 있는 운명을 향해 홀로 길을 가는 수밖에 없었다. 아무도 그를 도울 수 없다. 설교자도 도울 수 없다. 왜냐하면 오직 선택된 자만이 신의 말씀을 영적으로 이해할 수 있기 때문이다. 성례聖禮도 도울 수 없다. 왜냐하면 성례는 신의 영광을 더하기 위해 신이 명령한 거라서 엄수해야 하는 게 사실이지만, 신의 은총을 얻게 해주는 수단이 아니라 단지 사람들의 주관적인 신앙의 '외적 보조 수단'에 지나지 않았기 때문이다.

교회도 도울 수 없었다. 왜냐하면 참된 교회를 멀리하는 자는 결코 신의 선택을 받은 자에 속할 수 없다는 의미에서 "교회 밖에서는 구원이 없다"라는 말이 유효하지만,[18] 신의 버림을 받은 자도 (외적인) 교회에는 속하며 또한 속해야 하고 규율을 따라야 한다. 하지만 그것은 구원을 얻기 위해서가 아니라(이는 불가능하다) 그들도 신의 영광을 위해 신의 계율을 지켜야만 하기 때문이다. 마지막으로 신조차 도움이 안 된다. 왜냐하면 그리스도 역시 선택된 자들을 위해 죽은 것일 뿐이며,[19] 신이 영원한 과거에 이미 선택된 자들을 위한 속죄의 죽음을 결정했기 때문이다. 이렇게 교회와 성례를 통해 구원받을 수 있다는 이론의 완전한 폐기(루터교에서는 이 부분이 결코 철저하게 이뤄지지 못했다)는 칼뱅주의가 가톨릭과 구별되는 절대적이고 결정적인 차이였다.

옛 유대의 선지자가 시작하고 헬레니즘의 과학적 사고와 결합하여 모든 마술적 구원 추구 수단을 미신과 불경不敬으로 비난한 저 위대한 종교사적 과정, 즉 세례를 마법에서 해방하는 과정은 여기서 그 결말을 보았다. 독실한 청교도는 매장을 할 때도 모든 종교적 예식의 흔적마저 거부했고 노래나 음악도 없이 이웃을 매장했다. 그것은 단지 마술적, 성례적 종류의 구원 효과, 즉 '미신'을 믿지 않기 위해서였다.[20] 신이 은총을 주지 않기로 결정한 자가 다시 은총을 받을 수 있는 마술적 수단은 없을 뿐 아니라 그런 수단 자체가 있을 수가 없다.[21]

모든 피조물이 신과 무한히 멀리 있고 또 무가치하다는 단적인 이론과 결합하여 이러한 인간의 내면적 고립은, 한편으로 문화와 주관적 종교성에 내재하는 모든 육체적, 감정적 요소에 대한 청교도주의의 절대적인 부정적 태도의 근거가 되었다. 왜냐하면 그러한 요소는 구원에 무익하고 감상적인 환상과 피조물 숭배적 미신을 장려하기 때문이다. 따라서 인간의 내면적 고립은 모든 감각적 문화 일반에 대한 근본적 혐오의 근거가 되었다.[22] 그러나 그러한 고립은 다른 한편으로 청교도주의적인 과거를 가진 민족의 '국민성'과 제도에서 오늘날에도 작용하고 있는 저 비환상적이고 비관주의적인 색조의 개인주의의 뿌리가 되었다.[23] 이는 후에 '계몽주의'가 인간을 보던 관점과는 전적으로 단호하게 대립한다.[24] 예정설의 이러한 영향은 우리가 누리고 있는 시대의 생활 방식과 인생관에서 분명히 감지되며, 더욱

이 그 교리적 타당성이 이미 사라진 곳에서조차 감지된다.

예정설도 결국은 우리가 분석하려는 신에 대한 믿음의 배타성을 보여주는 가장 극단적 형태일 뿐이다. 예를 들어 특히 영국의 청교도적 문헌에 현저히 자주 나타나는 인간적 도움이나 우정을 신뢰하지 말라는 경고가 그러하다.[25] 가장 가까운 친구도 믿지 말라는 깊은 불신을 온건한 백스터*조차 권하고 있으며, 베일리**는 아무도 믿지 말고 자신을 위태롭게 할지도 모를 것은 절대로 남에게 알리지 말라고 단적으로 충고하고 있다. 오직 신만이 믿을 수 있는 존재라는 것이다.[26]

이러한 생활 분위기와 관련해서, 루터주의와는 정반대로 칼뱅주의가 극성인 지역에서는, 칼뱅이 단지 성례를 오해할 소지가 있다고 하여 위험시했을 뿐인 개인적 참회가 소리도 없이 사라져버렸다. 이는 매우 중요한 의의가 있는 사건이다. 우선 그러한 종교심의 작용 방식을 보여주는 징후로서 의의가 있다. 그러나 또한 그 윤리적 태도에 대한 심리적 발달 자극으로서도 의의가 더 크다. 감정적으로 강화된 죄의식을 주기적으로 '진정시키는' 수단이 사라져버린 것이다.[27]

윤리적인 일상적 실천에 대한 결과는 뒤에 다시 말하겠다. 그러나 인간의 종교적인 전체 상황에 대한 영향은 쉽게 찾아볼 수 있다. 구원을 위해서는 참된 교회에 속하는 것이 필요한데도[28] 칼뱅주의자들은 신과의 교섭을 깊숙한 내면적 고립 상태에서 수행했다. 이러한 독특한 분위기의 특수한 결과[29]를 직접 보기를 원하는 사람은 가장 널리 읽힌 순수한 청교도적 문헌인 버니언John Bunyan의 《천로역정

---

*   Richard Baxter, 1615~1691. 영국의 청교도 지도자이자 시인, 신학자다.
**   Lewis Bayly, 1575~1634. 영국 국교회 주교다.

Pilgrim's Progress》[30] 중에서, '타락의 도시'에 살고 있다는 각성을 하고 하늘의 도시로 지체없이 순례를 떠나라는 부름을 받자 '기독교도'의 서두르는 행동을 묘사한 부분을 보면 된다. 처자식이 붙잡는데도 손가락으로 귀를 막고 "생명, 영원한 생명!"이라고 외치면서 들판을 가로질러 뛰어간다.

오직 자신만을 염두에 두고 자신의 구원만을 생각하는 청교도의 생각을 옥중에서 저술하여 종교계의 찬사를 받은 이 땜장이의 소박한 감각은 어떠한 세련된 필치도 능가하며, 그 기독교도가 길을 가다가 자신과 같은 구도자와 함께 나눈 고트프리트 켈러*의《의로운 빗제조공*Die drei gerechten Kammacher*》을 상기시키는 감동적인 대화에 청교도의 그러한 생각이 표현되어 있다. 그 기독교는 자신의 걱정이 모두 사라진 뒤에야 가족과 함께 있었으면 좋았을 거라는 생각을 한다. 이는 될링거**가 묘사한 알폰소 리구오리***의 곳곳에서 볼 수 있는 죽음과 죽음 이후에 대한 고통스러운 불안이다. 이는 마키아벨리가 교황과 파문에 대항해 싸우면서, '영혼의 구제에 대한 걱정보다는 자신이 태어난 도시에 대한 사랑이 앞섰던' 피렌체의 시민을 기리며 표현한 자긍적인 현세적 정신과는 천양지차이며, 또한 리하르트 바그너****가 최후를 맞이한 지그문트의 입을 빌려 말한 "보탄에게 안부를 전하고 발할에게도 전하라……. 그러나 발할의 시치미 뗀 환희

---

*   Gottfried Keller, 1819~1890. 독일 태생의 스위스 소설가로 19세기 후반 사실주의 문학의 가장 위대한 작가다.

**   Ignaz von Döllinger, 1799~1890. 독일의 사학자이자 뛰어난 로마 가톨릭 신학자다.

***   Alfonso of Liguori, 1696~1787. 이탈리아의 가톨릭 주교이자 영성 작가, 신학자다.

****   Wilhelm Richard Wagner, 1813~1883. 독일의 오페라 작곡가다.

는 제발 나에게 말하지 말라"와 같은 감정과는 더욱 거리가 멀다. 물론 그러한 불안도 버니언과 리구오리에게서는 매우 다르게 나타났다. 그 불안은 가능한 한 모든 면에서 리구오리를 자기 비하로 몰아갔지만, 버니언에게는 부단하고 체계적으로 삶과 투쟁하도록 박차를 가했다. 이 차이는 어디서 오는 걸까?

개인을 세계와 밀접하게 연결하는 유대에서 개인을 내면적으로 분리하는 경향에 어떻게 사회 조직상의 칼뱅주의의 분명한 우월성이 결합할 수 있었을까 하는 것은 처음에는 수수께끼같이 보인다.[31] 그러나 그처럼 처음에는 불가능해 보이던 조직적 우월성은 바로, 칼뱅주의 신앙을 통한 개인의 내면적 고립 압력 아래서 기독교적 '이웃 사랑'이 취할 수밖에 없는 특정한 색채에서 나온다. 그러한 우월성은 우선 교리에서도 나온다.[32]

세계는 (오직) 신의 자기 영광에 봉사하도록 정해져 있고, 선택된 기독교는 (오직) 신의 율법을 집행하여 세계에 신의 영광을 각자의 몫만큼 증대시키도록 정해져 있다. 그러나 신은 기독교도의 사회적 실행을 요구한다. 왜냐하면 신은 삶의 사회적 형성이 자신의 율법에 맞게 이루어져 그 형성이 자신의 목적에 일치하기를 요구하기 때문이다. 세상에서 이뤄지는 칼뱅교도들의 사회적[33] 노동은 오직 '신의 영광을 더하기 위한' 노동일 뿐이다. 그러므로 모든 이의 현세적 삶에 봉사하는 직업 노동에도 역시 그러한 성격이 있다.

이미 우리는 루터의 '이웃 사랑'에서 분업적 직업 노동의 도출을 보았다. 그러나 그에게 좀 더 불확실하고 순수한 구성적, 사상적 단초에 머물렀던 것이 칼뱅주의자에 와서는 그들의 윤리 체계의 특징적 일부가 되었다. '이웃 사랑'은, 그것이 피조물의 영광이 아니라 신[34]의 영광에 봉사할 수 있을 뿐이므로[35], 우선 자연법으로 주어진 직업 임무의 이행에서 드러나며 그 경우 이웃 사랑은 본질적으로 사물적이고 비인격적인 성격, 즉 인간을 둘러싼 사회적 우주의 합리적 형성에 이바지한다는 성격을 띤다. 성서의 계시에 따라, 자연적 통찰에 따라 인류의 '효용'에 봉사하기 위해 만들어진 게 분명한 이 우주의 놀라운 합목적적 형성과 질서는, 이러한 비인격적인 사회적 효용을 위한 노동이 신의 영광으로서 장려되고 또 그러한 것으로 신이 의욕한 것임을 알려주기 때문이다.

변신론의 문제와 그 밖의 다른 종교들이 해결하려 고심하던 세계와 삶의 '의미'에 대한 문제를 전적으로 배제하는 것이 청교도들에게는 (전혀 다른 근거에서는 유대인들에게도) 전적으로 자명했다. 그리고 그 외에도 어떤 의미에서는 신비주의적이 아닌 기독교 신앙 일반에도 마찬가지였다. 칼뱅주의에서 이처럼 가능한 일에만 힘을 쏟는 힘의 경제에 더하여 같은 방향으로 작용하는 또 다른 특성이 추가되었다. 칼뱅주의가 종교적 사항에서 모든 결정권을 개인에게 일임했는데도 '개인'과 '윤리' 간의 분열(쇠렌 키르케고르Søren Kierkegaard의 의미에서)이 칼뱅주의에는 없었다. 그 이유와 이 관점이 칼뱅주의의 정치적, 경제적 합리주의에 대해 갖는 의미를 분석하는 것은 이 자리에서 할 바가 아니다. 칼뱅주의 윤리의 공리주의적 성격의 근원이 그 점에 있으며, 마찬가지로 칼뱅주의적 직업 개념의 중요한 특성이 거기에서 유래한다.[36] 이 자리에서는 우선 예정설에 대한 고찰로 다시 돌아가자.

왜냐하면 우리에게 결정적인 문제는, 우선 내세가 더 중요할 뿐 아니라 여러 면에서 현세적 삶의 모든 관심보다 훨씬 확실하던 시대에 이러한 이론을 어떻게 감수했는가[37]다.[38] 분명히 하나의 문제가 모든 신자에게 떠올랐을 테고 다른 모든 관심사를 뒷전에 밀어놓았을 것이 분명하다. 즉 나는 선택되었는가? 선택되었다면 나는 그 선택을 어떻게 확신할 수 있는가?[39] 그러나 칼뱅 자신에게는 이것이 전혀 문제가 되지 않았다. 그는 자신을 '도구'라고 여겼고 자신의 구원을 확신했다. 따라서 그는 개인이 무엇을 통해 자신의 선택을 확신할 수 있는가라는 문제에 대해 근본적으로 다음과 같은 대답밖에는 할 수 없었다. 즉 우리는 신의 결정에 대한 지식과 참된 신앙을 통해 결과된 그리스도에 대한 지칠 줄 모르는 신뢰에 만족해야 한다는 것이다.

그는 원칙적으로 타인의 행동을 보고 선택되었는지 버림받았는지를 알 수 있다는 생각을 신의 비밀에 관여하려는 주제넘은 시도라며 비난했다. 선택된 자는 외적으로 현세에서 버림받은 자와 구별되지 않으며,[40] 선택된 자의 모든 주관적 경험도 '끝까지' 지속되는 신앙이라는 유일한 예외 말고는 ('성령의 장난'에 따라) 버림받은 자에게도 가능한 것이다. 따라서 선택된 자는 신의 보이지 않는 교회 안에 있다.

그러나 당연하게도 일찍이 그를 추종한 베자*와 같은 계승자들과 특히 광범한 층의 평신도들에게는 사정이 전혀 달랐다. 이들에게는 구원의 '인식' 가능성이라는 의미에서 '구원의 확신'이 절대적으로 중요한 의미를 갖게 되었고,[41] 예정설이 확립된 곳이라면 어디서든 '선택된 자'에 속함을 인식할 수 있는 확실한 표지의 존재 여부에 대한 질문이 곧 제기되었다. 개혁파 교회의 토대 위에서 최초로 성장한

---

*   Theodore Beza, 1519~1605. 프랑스의 칼뱅주의 개신교 신학자다.

경건주의의 발전에서 이 문제가 지속적인 핵심적 중요성이 있었고, 어떤 의미에서는 일시적으로 그 발전을 구성하기도 했다. 그뿐만 아니라 우리가 개혁파 성찬식의 교리와 실천이 갖는 정치적, 사회적으로 매우 중요한 의미를 고찰한다면 17세기 전반에 걸쳐 경건주의 이외의 종파에서조차 개인적 구원의 확인 가능성이, 예컨대 그 개인을 성찬식, 즉 참가자의 사회적 지위에 중요한 핵심적 예식 행위에 허용하느냐 마느냐 하는 물음에 어떤 역할을 수행했는지 언급해야만 할 것이다.

적어도 '각자의' 구원 문제가 제기되는 한 지칠 줄 모르는 신앙이 은총의 표시를 나타내는 자기 증거라는 칼뱅의 입장에 머물러 있는 것은 불가능했다[42](물론 칼뱅주의의 정통 교리가 원칙적으로 이 입장을 명백하게 포기한 적은 결코 없다).[43] 특히 모든 면에서 그 교리가 낳은 고통과 관련되어 있던 목회 활동에서는 그것이 불가능했다.[44] 그 경우 구원의 선택을 달리 해석하고 완화하고 근본적으로 포기하지 않는 이상[45] 특히 두 가지 상호 결부된 목회적 권고가 특징적으로 드러난다.

첫째는 자신을 선택된 자로 여기고 모든 의심을 악마의 유혹으로 보고 거절하는 것이 단적으로 의무화된다.[46] 왜냐하면 자기 확신의 결여는 불충분한 신앙의 결과이고 따라서 은총이 불충분한 결과이기 때문이다. 자신이 부르심을 받았음을 '확실히 하라'는 사도의 권고를 여기서는 일생의 투쟁에서 자신이 선택받았다는 주관적 확신과 증명에 도달하라는 의무로 해석했다. 루터가 은총을 약속한 죄를 회개하고 신을 믿는 참회하는 죄인 대신에, 우리가 자본주의의 영웅적 시기에 강철같이 굳건한 청교도 상인에게서 볼 수 있고 현재에도 개별적인 사례에서 재발견할 수 있는 자신감 넘치는 '성도聖徒'가 육성되었다.[47] 둘째로 자기 확신에 '도달하기' 위한 가장 탁월한 수단으로 부단한 '직업 노동'을 엄명했다.[48] 이러한 노동만이 종교적 회의를 씻어버리고 구원의 확실성을 제공한다는 것이다.

세속적 직업 노동이 '이러한' 작용을 할 수 있다는 것, 달리 말해 세속적 노동을 종교적 불안감을 진정시키는 데 적합한 수단으로 여길 수 있다는 것은 개혁파 교회에 널리 퍼져 있던 종교적 감정의 뿌리 깊은 특성에 그 근거를 두고 있다. 루터교와 대립하는 이 특성은 의인義認 신앙의 본질에 대한 교리에서 가장 분명하게 나타난다. 이 구별은 슈네켄부르거*의 탁월한 강연에서 매우 훌륭하게 그리고 모든 가치 판단을 보류한 채 순수하게 객관적으로 분석되어 있기 때문에[49] 이하의 간략한 논급은 본질적으로 그의 설명에 따르겠다.

특히 17세기에 발전된 루터교 신앙이 추구한 최고의 종교적 체험은 신성과의 '신비적 합일Unio mystica'이다.[50] 물론 개혁파 교리에서는 이러한 표현법을 사용하지 않았지만 어쨌든 이 표현이 시사하는 바에 따르면 중요한 것은 신에 대한 실체적 감각이다. 즉 신자의 영혼에 신성이 실질적으로 들어왔다는 감정으로, 이는 성격상 독일 신비가의 명상 작용과 같은 종류이며 신 안에서 느끼는 평온에 대한 열망을 충족시키려는 그 수동적 성격과 순수한 감정적 내면성이 특징이다.

물론 신비적으로 기울어진 신앙 자체는 철학사에서 잘 알 수 있듯

---

* Matthias Schnekenburger, 1804~1848. 독일의 개신교 신학자로 신약 현대사의 창시자로 불린다.

이 경험적 소여所與의 영역에서 매우 실재론적인 현실 감각과도 잘 조화되며 심지어는 변증법적 이론을 거부하고 종종 그 현실 감각의 직접적 토대가 되기도 한다. 또한 신비주의는 간접적으로나마 합리적 생활 방식에 분명 도움을 줄 수도 있다. 그러나 당연한 일이지만 세계에 대한 신비주의의 관계에는 외적인 활동에 대한 적극적 평가가 결여되어 있다. 더욱이 루터주의에는 '신비적 합일'이 원죄에 따라 인간은 무가치하다는 깊은 감정과 결합되어 있었다. 이 감정이 속죄를 위해 불가결한 겸손과 소박을 유지하려는 루터교도의 '일상의 회개'를 지속시켰다. 이에 반해 전형적인 개혁파 신앙은 애초부터 파스칼의 정적주의적 세계 도피나 위와 같이 순수하게 내면을 향한 루터파의 감정적 신앙을 거부하며 대립했다.

인간의 영혼에 신성이 실질적으로 들어온다는 것은 모든 피조물에 대한 신의 절대적 초월성에 입각해 배제되었다. 즉 '유한은 무한에 도달할 수 없다.' 오히려 신과 은총을 받은 자들 간의 합일은 오직 신이 그들 안에 '작용하고operatur' 그들이 그것을 의식하는 경우, 즉 그들의 행위가 신의 은총의 결과인 신앙에서 유래하고, 다시 이 신앙이 그 행위의 특질을 통해 신의 결과로 정당화되는 경우에만 성립할 수 있다. 이 점에 모든 실천적 종교심 일반을 분류하는 데 적용되는, 결정적 구원 상태의[51] 차이가 표현되어 있다. 종교적 대가들은 자신의 구원을 스스로가 성령의 그릇이라 느낌으로써 확신하든가, 아니면 성령의 도구라는 느낌으로써 확신할 수 있다.

전자의 경우 그의 종교 생활은 신비주의적인 정감적 문화로 기울었고, 후자의 경우에는 금욕적 행위로 기울었다. 첫 번째 유형에 루터가 가까이 있었고 두 번째 유형에는 칼뱅주의가 속했다. 물론 개혁

교도들도 '신앙만으로' 구원받기를 원했다. 그러나 이미 칼뱅의 견해에 따르면 모든 단순한 감정과 기분은 그것이 아무리 숭고해 보일지라도 기만적이었기에,[52] 구원의 확신에 대한 좀 더 확실한 근거가 되기 위해서는 신앙을 객관적 '결과'로 증명해야 한다. 즉 신앙은 '유효한 신앙'[53]이어야 하고 구원에 대한 소명은 '유효한 소명'('사보이 선언'의 표현)이어야 한다.

더 나아가 이제 개혁파가 도대체 '어떤' 열매에 비추어 올바른 신앙을 확실하게 인식할 수 있는가라고 묻는다면 그 대답은 다음과 같다. 즉 신의 영광을 더하기 위해 봉사하는 기독교도의 생활 방식이라고. 신의 영광을 더하는 것이 무엇인가는 성서에 직접 계시되어 있는 신의 의지나 신이 창조한 합목적적 세계의 질서(자연법)[54]에서 간접적으로 간취해낼 수 있는 의지에서 알 수 있다. 특히 성서에서 그의 영혼 상태가 선택된 자로 언급된, 예컨대 장로와 비교함으로써 자신의 구원을 검사할 수 있다.[55] 선택된 자만이 실제로 유효한 신앙을 가지며[56] 그런 자만이 부활regeneratio과 그에 따른 전 생애의 성화聖化, sanctificatio에 힘입어 가상적이 아닌 현실적 선행을 통해 신의 영광을 더할 수 있다. 그리고 자신의 품행이 (적어도 기본적 성격과 지속적 의도에 따라) 신의 영광을 더하기 위해 자신의 내부에 살아 있는 힘[57]에 근거하는 것이고, 따라서 신이 의욕한 것일 뿐 아니라 우선 신이 작용한 것이라는 의식을 하게 되면[58] 그는 이러한 신앙이 추구한 최고선, 즉 구원의 확신에 도달한다.[59]

그러한 구원의 확신에 도달할 수 있음은 《고린도후서Korinthos後書》 13장 5절에서 입증되었다.[60] 그러므로 선행이란 구원을 얻는 수단으로는 절대적으로 부적절하지만(왜냐하면 선택된 자도 피조물일 뿐이며 따라서 그가 하는 모든 것이 신의 요구에 비하면 무한히 뒤처지기 때문에) 그래도 선택의 표지로는 불가결한 것이다.[61] 선행은 구원을 얻는 기술적 수단이 아니라 구원에 대한 불안을 떨쳐버리는 기술적 수단이다. 이런 의미에서 선행은 종종 '구원에 불가결한' 것[62]이라 표현되거나 '구원의 소유'와 결부되었다.[63] 그런데 근본에서 이것이 실천적으로 의미한 것은 신은 스스로 돕는 자를 돕는다[64]는 것, 따라서 종종 표현되듯이 칼뱅주의자들은 자신의 구원, 정확히 말해 구원의 확신을 스스로 '창조한다'[65]는 것이다. 그러나 이 창조는 가톨릭의 경우처럼 개개의 공적을 점진적으로 쌓아가는 데 있는 게 아니라, 매순간 선택되는가 버림받는가라는 양자택일 앞의 체계적인 자기 검토에 있다. 이제 우리는 우리의 고찰에서 매우 중요한 점에 도달한다. 개혁파의 교회와 종파에서 점차 명료하게[66] 형성되어간 이 사고방식을 루터파에서는 항상 '위선'이라고 비난한 것은 주지의 사실이다.[67]

이 비난은 (그러한 공격을 받는 자들이 자신들의 교리적 입장을 가톨릭의 교리와 동일시하는 것을 반박한 게 아무리 정당하다고 해도) 개혁파 평신도들의 일상생활에 대한 실천적 결과에서 보자면 동일시도 분명 정당하다.[68] 왜냐하면 아마도 칼뱅주의보다 신도들에게 더 강력한 형태로 도덕적 행위를 평가한 것을 찾아볼 수 없기 때문이다. 그러나 이러한 종류의 '위선'이 갖는 실천적 의미에서 결정적인 것은 그것과 일치하는 생활 방식을 특정 짓고 그 생활 방식을 중세 평신도의 일상생활과 구별해주는 특징을 인식하는 것이다. 아마 이렇게 말할 수 있을지 모른다. 일반적인 중세 가톨릭 신도[69]는 윤리적 측면에서 분명 '손에서 입으로'의 생활을 했을 것이다. 그는 우선 전통적 의무를 성실하게 이행했다. 그러나 그 이상을 넘어서는 '선행'이라 해도 필연적 관련이 없는 개별적 행위였거나, 아니면 기껏해야 합리화된 일련의 생활 체계에 필연적으로 속하는 것이 아닌 개별적 행위로서 때에 따라, 예를 들어 구체적 죄를 속죄하기 위해 혹은 사제의 영향을 받아, 또는 임종에 이르러 말하자면 보험료로 수행된 행위였다.

물론 가톨릭의 윤리는 '의도'의 윤리였다. 그러나 개별적 행위의 구체적 '의도intentio'가 행위의 가치를 결정했다. 그리고 좋은 것이건 나쁜 것이건 개별적 행위는 행위자에 그 책임을 물었고 그의 현세적 또는 내세적 운명에 영향을 주었다. 그와 동시에 교회는 매우 현실주의적으로, 인간이 결코 절대적으로 확실하게 결정되어 평가받는 통일체가 아니며 인간의 윤리적 삶은 (대개) 상충하는 동기의 영향을 받아 매우 모순적이기도 한 상태라는 점을 인정했다. 물론 교회도 인간에게 이상으로서 원칙적인 삶의 변화를 요구했다. 그러나 이러한 요구조차도 교회의 가장 중요한 권력 수단이자 교육 수단인 고해성사를 통해 (대체로) 약화되었다. 이 고해성사의 기능은 가톨릭 신앙의 가장 내밀한 특성과 깊이 관련 있다.

세계의 '탈마법화', 즉 구원 수단으로서 마술을 배제하는 것[70]이 가톨릭 신앙에서는 청교도적 (그리고 그 이전에는 오직 유대교에만 있는) 경건성에서와 같이 철저히 수행되지 않았다. 가톨릭 신자[71]에게 자신의 교회는 주로 성례의 은총으로 자신의 부족함을 메워주는 곳이었다. 사제는 변체의 기적을 수행하고 교황의 징계권을 장악한 마술사였다. 신도들은 회개와 참회로 사제에게 바랄 수 있었고, 그러면 사제는 죄를 사해주고 구원의 희망을 베풀고 면죄의 확신을 심어주었으며, 이를 통해 빠져나올 수도 없고 무엇으로도 위안받을 수 없는 칼뱅주의자들의 운명이 겪어야 했던 저 엄청난 긴장에서 벗어나게 해주었다.

칼뱅주의자들에게는 우호적이고 인간적인 위안이란 존재하지 않았으며, 가톨릭과 루터주의자들처럼 결함과 경솔의 시간을 다른 시간의 고양된 선의지로 보상한다는 것을 바랄 수도 없었다. 칼뱅주의의 신은 신도에게 개별적 '선행'을 요구했을 뿐 아니라 체계로 끌어올려진 선한 생활을 요구했다.[72] 죄, 회개, 속죄, 평안, 또다시 새로운 죄 사이의 지극히 인간적인 가톨릭의 기복起伏이라든지, 전 생애의 결산을 현세적 형벌로 속죄하고 교회의 구원 수단을 통해 청산한다는 것 등은 있을 수 없는 일이었다. 이처럼 일상인의 윤리적 실천은 그 무계획성과 비체계성을 벗어버리게 되었고 전 생활 방식의 일관된 방법으로 발전되었다. '감리교(방법주의자methodists)'라는 명칭을 18세기 청교도 사상의 마지막 위대한 부흥에 붙이고, 또 17세기의 그 정신적 선구자에게 철저히 같은 종류의 의미를 지닌 '엄격주의자'라는 명칭을 사용한 것은 결코 우연이 아니다.[73] 왜냐하면 매순간 모든 행동에서 근본적 변화를 통해서만[74] 인간을 자연 상태에서 은총의 상태로 고양하는 은총의 작용을 보증할 수 있기 때문이다.

'성도'의 삶은 오직 초월적 목적인 구원을 향해 있으며 오히려 바로 그 이유 때문에 현세의 과정에서 철저히 합리화되고 오로지 한 가지 관점, 즉 지상에서 신의 영광을 더한다는 관점에서 지배를 받는다. 그리고 삶이 '모든 것은 신의 영광을 더하기 위해'라는 관점에서 이보다 더 절실하게 이루어진 적은 없었다.[75] 그러나 지속적인 반성을 통해 인도된 삶만이 자연 상태의 극복으로 여겨질 수 있다. 데카르트의 "생각한다, 고로 나는 존재한다"는 당대의 청교도들에게 윤리적으로 변형되어 수용되었다.[76] 이제 이러한 합리화는 개혁파 신앙에 특수한 금욕주의적 특징을 부여했고 가톨릭과의 특정한 대립과 더불어 내적 유사성[77]의 근거가 되었다. 왜냐하면 당연한 일이지만 그러한 유사한 것이 가톨릭에도 전혀 낯설지 않았기 때문이다.

기독교적 금욕주의는 분명 외관상으로 보나 내용상으로 보나 극도의 다양성을 포함한다. 그러나 서양에서는 이미 그것의 합리적 성격이 중세에 최고의 형태로 나타났으며, 또 많은 면에서 이미 고대에도 나타났다. 서양에서 수도승적 생활 방식의 세계사적 의미는 동양의 수도 생활과 달리 (물론 전체가 아니라 그 일반적 유형에서) 이 점에 근거한다. 서양의 수도승적 생활 방식은 원칙에서 이미 성 베네딕트Benedikt의 규칙에서, 클뤼니cluny파에서는 그보다 더, 시토citeaux파에서는 그보다 한층 더, 마지막으로 예수회에서는 결정적으로 무계획적 운둔과 대가인 척하는 고행에서 해방되었다. 그 생활 방식은 체계적으로 형성된 합리적 생활 방식의 방법이 되었으며, 그 목적은 자연 상태를 극복하고 인간에게 비합리적 충동의 힘과 세계 및 자연에 대한 의존을 탈피케 하여 계획적 의지의 우선성에 부속시킴으로써[78] 그의 행위를 지속적인 자기 통제와 그 행위의 윤리적 효과의 숙고 아래 두는 것이며, (객관적으로) 수도승을 신의 왕국에 봉사하는 노동자로 교육시키고 그리하여 다시 (주관적으로) 그의 구원을 확신시키는 것이다. 이러한 (능동적) 자제自制는 성 이그나티우스Ignatius의 '훈육'의 목적이자 매우 합리적인 형태의 수도승 덕목 일반의 목적이었고[79] 또한 청교도주의의 결정적인 생활 실천의 이상이었다.[80]

오늘날의 영국과 미국 '신사gentleman'의 최고 유형으로 대변되는 겸손한 자제에 대한 평가는, 이미 청교도 순교자의 심문에 관한 기록에 보이듯이 귀족 출신의 주교와 관리들의 자제를 잃은 법석을 신도의 냉정하게 절제된 침착함과 대비하여 드러낸 깊은 경멸에서도[81] 나타난다.[82] 우리에게 익숙한 말로 한다면[83] 청교도적 금욕주의는 모든 '합리적' 금욕주의와 마찬가지로 '일시적 감정'에 대하여 자신의 '지속적 동기', 특히 금욕으로 '연마된' 동기를 유지하고 관철하는 작용을 했다. 따라서 이와 같은 형식적, 심리적 의미의 '인격'으로 훈육하는 작용을 했다. 많은 사람이 흔히 생각하는 것과 달리 금욕의 목적은 뚜렷이 의식된 청명한 삶을 영위(충동적인 삶의 향락을 근절하는 것이 가장 시급한 과제였다)할 수 있는 데 있었으며 금욕주의를 따르는 사람의 생활 방식에 질서를 부여하는 것이 금욕주의의 가장 중요한 수단이었다.

이 모든 결정적 관점은 가톨릭 수도 방식의 규칙에서와 마찬가지로[84] 칼뱅주의자들의 생활 방식의 원칙에서도 분명하게 나타난다.[85] 이렇게 전인소人을 방법적으로 파악한 데에서 이 두 종교 자체의 엄청난 현세 극복의 힘이 기인하며, 특히 칼뱅주의가 루터주의와 달리 '전투적 교회'로서 프로테스탄티즘의 존속을 확립할 수 있는 힘도 여기에 기인한다.

반면에 중세의 금욕주의에 대한 칼뱅주의적 금욕주의의 대립이 어디에 있는지를 쉽게 알 수 있다. 이는 '복음의 권고'가 없어진 것과 금욕주의가 순수한 현세적인 것으로 바뀐 것이다. 물론 가톨릭에서 '방법적' 삶이 수도원의 골방에만 한정되어 있다는 말은 아니다. 이론적으로도 결코 그렇지 않으며 실천에서도 그렇지 않았다. 오히려 이미 밝혔듯이 가톨릭이 비교적 강하게 윤리적인 절제를 요구했는데도 윤리적으로 비체계적인 삶은 가톨릭이 (세속적 삶에서조차) 형성한 최고의 이상에 못 미쳤다.[86] 예를 들어 성 프란체스코의 제3교단은 일상생활을 금욕주의적으로 조직하려는 강력한 시도였으며, 주지하듯이 그러한 시도는 그 외에도 또 있었다. 물론 《그리스도의 모방 Nachfolge Christi》* 과 같은 저작이 자체의 강한 영향을 통해 보여 준 바는, 거기서 설교하는 생활 방식이 얼마나 최소한으로 만족하는 일상적 윤리에 비해 높이 위치하는가를 느끼게 했으며, 일상 도덕 역시 청교도주의가 요구한 척도에는 미치지 못했다. 그리고 어떤 교회적 제도의 실천, 특히 면죄부 같은 것은 언제나 체계적인 세속적 금욕주의의 단초를 방해했고, 면죄부가 종교 개혁 시대에 사소한 남용으로 받아들여지지 않고 결정적인 근본 해악으로 여겨진 것도 그 때문이었다.

그러나 중요한 것은 다음과 같은 점이다. 종교적 의미에서 방법적으로 살아간 사람은 다른 누구도 아닌 바로 수도승뿐이었고, 따라서 금욕이 한 개인을 강하게 사로잡으면 잡을수록 그는 더욱더 일상생활에서 멀어져갔다. 왜냐하면 특별히 성스러운 삶은 바로 세속적 윤리의 극복에 있었기 때문이다.[87] 이 점을 최초로 배척한 것은 (물론 어떤 '발전 경향'의 집행자로서가 아니라 순전히 개인적인 경험에서 출발하여, 처음에는 대체로 실천적 결과에 동요했지만 곧 정치적 상황을 통해 추진한) 루터였고, 칼뱅주의는 단지 루터에게 그것을 물려받았을 뿐이다.[88] 이미 세바스티안 프랑크** 가 이제 모든 그리스도 교인이 일생

---

* 15세기 초에 '공동생활 형제단' 가운데 한 사람이 지은 책으로 원죄, 처벌, 구원의 필요성을 부인하여 기존 교회의 탄압을 받았다.
** Sebastian Frank, 1499~1543(?). 16세기 독일의 자유사상가, 인본주의자, 급진적 개혁가다.

동안 수도승이 되어야 한다는 점에 종교 개혁의 의미가 있다고 했을 때 그것은 그러한 신앙의 핵심을 찌른 말이다. 세속적 일상생활에서 금욕이 유출되는 것을 막는 방벽이 세워졌고, 지금까지 수도 생활에 자신의 최선의 대표자들을 공급해온 정열적인 진지함을 내면에 갖춘 사람들은 이제 세속적 직업 생활 안에서 금욕적 이상을 추구하게 되었다.

그러나 칼뱅주의는 발전 과정에서 적극적인 것을 추가했다. 즉 세속적 직업 생활에서 신앙을 증명할 필요가 있다는 사상이 그것이다.[89] 이로써 칼뱅주의는 종교적으로 지향된 광범한 층의 사람들에게 금욕에 대한 적극적 동인을 제공했고, 자신의 윤리를 예정설에 근거를 둠으로써 수도승의 탈속세적인 종교적 귀족주의를 영원한 과거부터 신이 예정한 성도들의 세속적인 종교적 귀족주의로 대체했다.[90] 변경 불가능하다는 특징을 가진 이 귀족주의는 영원한 과거부터 버림받은 여타의 인간들과 원칙적으로 메울 길 없고 밑이 보이지 않는 소름끼치는 심연으로 분리되어 있다.[91] 이는 외면적으로 세상과 분리된 중세의 수도승보다 훨씬 더한 것으로서, 모든 사회적 감각에 예리하게 패어 있는 심연이다. 왜냐하면 선택된 자와 성도가 가진 신의 은총에서 보자면 자신의 약점을 고려하여 이웃의 죄를 동정적으로 자비롭게 대하는 것이 아니라, 영원한 저주의 표시를 가진 신의 적으로서 증오와 경멸을 보내는 것이 적합하다고 여겼기 때문이다.[92] 이러한 감각이 때로는 강화되어 상황에 따라서는 분파 형성을 일으킬 수도 있었다. 이는 실제로 17세기 '독립파'의 경우처럼 신의 영광을 위해서는 버림받은 자를 교회가 율법에 복종시킨다는 순수한 칼뱅주의 신앙이, 부활을 얻지 못한 자가 그들의 집회에 참여하고 성례에 참석하고 심지어 (임명된 목사가) 성례를 주재하는 것을 신에 대한 모독으로 확신해버리는 경우에 발생했다.[93]

한마디로 칼뱅주의 침례파에서 그러했듯이 증명 사상의 결과로 도나투스주의적인 교회 개념이 부상하게 되면 그렇다는 것이다. 그리고 거듭난 자로 증명된 사람들의 공동체로서 '순수한' 교회에 대한 요구가 그 완전한 결론인 새로운 종파 형성을 낳지 못한 경우라 해도, 거듭난 기독교도와 거듭나지 못한, 즉 성례에 참석할 정도로 성숙하지 못한 기독교도를 구별하여 전자에게만 교회의 지배 또는 특수한 지위를 맡기고, 목사직도 그들에게만 허용하는 등의 시도에서 교회 제도의 다양한 형태가 발생했다.[94]

그런데 이러한 금욕적 생활 태도가 항상 의거할 수 있고 또 분명 필요로 하던 확고한 규범은 물론 성서를 통해 받았다. 물론 종종 언급되는 칼뱅주의의 '성서주의' 중에 우리에게 중요한 것은, 구약도 그 도덕적 계율이 오직 유대 민족의 역사적 상황을 위해서만 규정되었거나 그리스도가 분명히 폐지한 것이 아닌 한에서 신약과 마찬가지로 성령을 통한 것이므로 권위에서 신약과 동등한 대우를 받았다는 점이다. 예를 들어 율법은 신도들에게 결코 도달할 수는 없지만 타당한 이상적 규범으로 주어졌다.[95]

반면에 루터는 그와 반대로 처음에는 율법의 예속에서 벗어나는 것이 신도의 특권이라 칭송했다.[96] 청교도들이 가장 많이 읽은 책인 솔로몬의《잠언The Proverbs》과 많은《시편Psalms》에 담겨 있는, 신에 열렬하면서도 매우 냉철한 히브리인의 인생 교훈의 영향은 청교도들의 모든 생활 분위기에서 감지된다. 특히 신앙의 신비적 측면, 아니 모든 정감적 측면을 억제하는 합리적 특성은 이미 샌퍼드

Sanford[97]가 정당하게 귀속시켰듯이 구약의 영향이다. 그렇지만 이러한 구약적 합리주의 자체는 본질적으로 소시민적인 전통주의적 성격을 가지며, 선지자나 《시편》의 강력한 열정뿐 아니라 이미 중세의 특정한 정감적 신앙의 발전에 접합점을 제공한 구성 요소와도 병존했다.[98] 따라서 자신의 구미에 맞는 구약적 경건성의 구성 요소를 선택하여 동화시킨 것은 칼뱅주의 자체의 고유한 기본 성격, 특히 금욕적 기본 성격이었다.

칼뱅주의적 프로테스탄티즘의 금욕주의가 가톨릭의 교단생활의 합리적 형식과 공유하는 윤리적 생활 방식의 체계화는 이미 '엄격한' 청교도가 자신의 구원을 지속적으로 검증하던 방식에서 외적으로도 나타나 있다.[99] 물론 죄와 유혹, 은총에서 이루어진 진보 등이 순서대로 혹은 일람표식으로 적혀 있는 종교적 일기는 우선 예수회가 성립한 근대적 가톨릭 신앙(특히 프랑스)과 종교적으로 매우 열렬했던 개혁파에[100] 공통된 것이었다. 그러나 가톨릭에서는 그러한 일기가 참회의 완성이라는 목적에 봉사했거나 아니면 '영혼의 지도자'들에게 신도, (특히) 여신도를 권위적으로 지도할 수 있는 토대를 제공한 반면, 개혁파 기독교도는 그 일기의 도움을 받아 스스로 "자신의 맥박을 쟀다." 모든 중요한 도덕 신학자들이 그러한 일기에 대해 언급했지만, 특히 벤저민 프랭클린이 개별적 덕목에서 자신의 발전을 일람표적, 통계적으로 기재한 것은 그에 대한 고전적 실례를 제공해준다.[101] 다른 한편으로 옛 중세의 (이미 고대에도) 신을 기록한다는 생각은 버니언에 이르러서는 무취미한 성격이 강화되어 죄인과 신의 관계는 고객과 가게 주인의 관계에 비유될 정도였다. 즉 한 번 빚을 지면 자기가 벌어들인 모든 소득으로도 그동안 늘어난 이자만을 갚

을 수 있지, 총액은 결코 갚을 수 없다는 것이다.[102]

후기의 청교도는 자신의 행동뿐 아니라 신의 행동도 검사했고 삶의 모든 세부에서 신의 손길을 보았다. 그리고 칼뱅의 순수한 이론과 반대로 청교도는 왜 신이 이러저러한 일을 했는지도 알았다. 따라서 삶을 성스럽게 하는 것은 거의 영리 활동의 성격을 가질 정도였다.[103] 인간의 전 존재를 철저히 기독교화하는 것은 칼뱅주의가 루터교와 대립해 강요한 윤리적 생활 방식의 이러한 방법의 결과였다. 이 방법이 삶에 결정적 영향을 미쳤다는 사실은 칼뱅주의의 작용 방식을 올바르게 이해하기 위해서 항상 염두에 두어야 한다. 한편으로 이 사실에서 나오는 결론은 우선 칼뱅주의적 형태만이 그러한 영향을 행사할 수 있었다는 것이고, 다른 한편에서 나오는 결론은 다른 종파도 이 결정적인 사항인 증명 사상의 면에서 그 윤리적 동인이 같은 경우에는 역시 같은 방향의 결과를 낳을 수밖에 없었다는 것이다.

지금까지 우리는 칼뱅주의적 신앙의 토대 위에서만 논했고, 따라서 예정설을 방법적으로 합리화된 윤리적 생활 방식이란 의미의 청교도적 윤리의 교리적 배경으로 가정해왔다. 그렇게 가정한 이유는 이 교리를 실제로 모든 면에서 엄격히 칼뱅의 토대를 고집해온 일단의 종파, 즉 '장로파'를 훨씬 넘어서서 개혁파 교리의 초석으로 신봉했기 때문이다. 즉 1658년 독립파의 사보이 선언뿐 아니라 1689년 침례파인 핸서드 놀리스*의 신앙 고백도 역시 이 교리를 포함하고 있다. 그리고 감리교 내에서도 물론 그 운동의 조직적 천재였던 존 웨슬리는 은총의 보편성을 믿었지만, 감리교도 운동 첫 세대의 위대

---

* Hanserd Knollys, 1599~1691. 영국의 개혁 침례교 목사다.

한 선동가이자 가장 철저한 사상가였던 휘트필드*, 헌팅던 부인** 주위에 몰려들었던 사람들은 일시적이긴 했지만 분명 영향력이 컸던 '은총 특수주의'의 추종자들이었다.

17세기라는 변화무쌍한 시대에 '거룩한 삶'의 전투적 대표자들에게 그들이 신의 무기이며 섭리의 집행자라는 사상을[104] 유지시켜준 것, 합리적이고 이상적인 목적을 위해 그러한 전대미문의 희생을 하게 할 수는 결코 없었을 단순한 현세적 지향을 통해 전적으로 공리주의적인 위선에 조급히 빠져버리지 않도록 한 것 등은 모두 이 교리의 장엄한 폐쇄성에 기인한다. 그리고 이 교리가 나름의 교묘한 형태로 만들어낸, 무조건적으로 타당한 규범에 대한 신앙과 절대적 결정론, 초감각적 존재의 완전한 초월성 등의 결합은 동시에 (원리상) 신마저 도덕 법칙에 종속시킨, 감정에 좀 더 적합하고 온화한 교리보다 훨씬 더 '근대적'인 것이었다.

그러나 무엇보다도, 계속 반복해서 지적하겠지만, 우리의 고찰에 기본적인 증명 사상을 방법적 윤리의 심리적 출발점으로 보고 바로 예정설에 비추어 그리고 일상생활에 대해 그것이 갖는 의미에 비추어 '순수 배양'의 방법으로 연구해야만 했기 때문에 우리는 가장 완벽한 형태의 교리에서 출발할 수밖에 없었다. 즉 신앙과 윤리를 결합하는 도식인 이 사상은 앞으로 계속 고찰할 종파에서도 거의 같은 형태로 반복되기 때문이다. 프로테스탄티즘 내부에서 예정설이 그

---

*   George Whitefield, 1714~1770. 영국의 칼뱅주의 감리교 교파의 설교자다.
** Countess of Huntingdon, 1707~1791. 칼뱅주의 감리교 교파인 헌팅던 백작부인파를 설립했다.

최초 추종자들에게 금욕적인 생활 방식의 형성을 가져올 수밖에 없었던 모든 결과가 루터주의의 (상대적인) 도덕적 무능과 가장 근본적으로 대립한다.

참회를 통해 언제든지 다시 획득할 수 있는 루터주의의 '상실 가능한 은총'은 그 자체 안에 분명히 우리가 이 책에서 금욕적 프로테스탄티즘의 산물로서 중요시하는 것, 즉 윤리적인 삶 전체의 체계적인 합리적 형성에 아무런 동인도 포함하고 있지 않다.[105] 따라서 루터주의 신앙은 충동적 행위와 소박한 감정생활의 제어되지 않은 활력을 그대로 풀어놓았다. 루터주의에는 칼뱅주의의 그 섬뜩한 교리가 포함하고 있는 것과 같은 지속적 자기 검토의 동인과 일반적으로 자신의 삶에 대한 계획적 규제의 동인이 결여되어 있었다. 루터 같은 종교적 천재는 이와 같은 자유로운 세계 개방성의 분위기에서 막힘없이 살았고 (자신의 활동력이 미치는 한!) '자연 상태'로 타락할 위험이 없었다. 그리고 많은 최고 유형의 루터교도들을 장식한 평범하고 우아하며 특히 정감 넘치는 형태의 신앙은, 그 율법에서 자유로운 도덕성과 마찬가지로 순수한 청교도주의의 토양에서 거의 찾아볼 수 없으며 예컨대 후커*와 칠링스워스** 같은 온건한 영국 국교회 안에서만 그에 비견할 만한 것을 찾을 수 있다. 그러나 루터교 평신도들과 명철한 신도들에게도 가장 분명한 점은 그가 개개의 참회나 설교의 영향이 미치는 한 자연 상태에서 벗어나는 것이 잠시뿐이라는 것이다. 잘 알려져 있듯이 동시대인들에게 개혁과 궁정의 도덕적 수준과

---

*   Richard Hooker, 1554(?)~1600. 영국 국교회 성직자다.
**   William Chillingworth, 1602~1644. 영국 국교회 성직자다.

폭음, 난잡에 자주 빠져 있던 루터파 궁정의 대비는 현저했고[106] 또한 루터파 성직자들이 침례파의 금욕주의 운동에 순수한 신앙 설교 이외에는 아무 대처도 하지 못한 것 역시 분명한 사실이었다.

오늘날에도, '자연 상태'의 솔직함을 철저히 근절한 결과로 나타난 (심지어 사람들의 표정에서도) 영국 및 미국의 생활 분위기와 대조적으로 독일인에게서 느껴지는 '여유'와 '소박', 독일인이 영국 및 미국인의 생활 방식에서 일반적으로 편협과 부자유, 내적 속박 등으로 불쾌하게 여기는 것 등은 본질적으로 칼뱅주의와 달리 루터주의가 삶을 좀 더 덜 금욕적으로 관철시킨 데서 유래하는 생활 방식의 대립이다. 금욕적인 것에 대한 소박한 '세속적 인간'의 반감이 그러한 인상에서 나타난다. 특히 나름의 은총 교리 때문에 루터주의에는 삶의 방법적 합리화를 밀어붙인, 생활 방식이 체계성을 갖추도록 하는 심리적 동인이 존재하지 않았다.

신앙의 금욕적 성격을 규정하는 이러한 동인 자체는 물론 곧 보게 되듯이 다양한 종류의 종교적 동기를 통해 규정된다. 즉 칼뱅주의의 예정설은 여러 가지 가능성 중 하나에 불과하다. 그렇지만 우리는 물론 칼뱅주의의 예정설이 매우 특출한 결과를 낳았을 뿐 아니라 매우 탁월한 심리적 효과를 가졌다는 사실을 확신한다.[107] 그 이후의 비칼뱅주의적 금욕주의 운동은, 순전히 그 금욕주의의 종교적 동기라는 관점에서만 보면, 칼뱅주의의 내적 철저성이 약화된 형태로 여겨진다.

그러나 역사적 발전의 현실에서도 물론 철저하게 그런 것은 아니지만 대체로 사정은 마찬가지기 때문에, 그러한 형태의 개혁파 금욕주의는 다른 금욕주의 운동으로 모방되거나 혹은 그 형태에서 벗어나거나 그 형태를 넘어서는 독자적 원칙을 발전시키며 비교 및 보완되면서 채택되었다. 다른 종류의 신앙적 토대에도 동일한 금욕적 결과를 낳은 경우도 있었는데, 대체로 교회 제도의 결과로서 이에 대해서는 다른 맥락에서 논하겠다.[108]

어쨌든 역사적으로 예정 사상은 보통 '경건주의'라 불리는 금욕적 종파의 출발점이었다. 이 운동이 개혁파 교회에 머무른 한에서 경건주의적 칼뱅주의와 비경건주의적 칼뱅주의 간에 분명한 선을 긋는 것은 거의 불가능하다.[109] 청교도주의의 거의 모든 명료한 대표자들은 종종 경건주의자로 간주되었고, 예정설과 증명 사상 간의 모든 관련을 앞서 말한 바 있는 주관적 '구원의 확신'을 획득하려는 근본적 관심과 함께 순수한 칼뱅 교리의 경건주의적 연장으로 간주하는 견해도 당연히 성립할 수 있었다. 개혁파 공동체 내부, 특히 네덜란드에서 금욕주의적 부흥의 성립은 거의 언제나 일시적으로 잊혔고 또는 약화된 예정설의 재연再燃과 결부되었다. 그러므로 대체로 영국에는 '경건주의'라는 개념을 거의 사용하지 않는다.[110] 그러나 대륙의 개혁파(네덜란드, 라인강 하류 지역) 경건주의도 주요점에서는 어느 정도 베일리의 신앙과 똑같이 개혁파 금욕을 강화한 게 분명하다. '경건한 실천'을 매우 강조했기 때문에 교리적 정통성은 뒷전으로 밀려났고 때로는 전혀 관심의 대상이 되지 못했다.

다른 죄인들의 경우처럼 선택된 자들도 때로는 교리상의 오류를 범할 수 있으며, 경험이 가르치는 바와 같이 전문적 신학을 전혀 모르는 많은 기독교도가 분명한 신앙의 열매를 낳은 반면 다른 면에서는 단순한 신학적 지식만으로는 품행에서 신앙의 증명을 확신시킬 수 없음도 나타났다.[111] 그러므로 선택은 결코 신학적 신학적 지식으로 증명할 수 없었다.[112] 따라서 경건주의는 공식적으로 속해 있던(이 점이 경건주의의 한 특징인데) 신학자들의 교회에 대한 깊은 불신에서[113] 현세와 동떨어져 '경건한 실천'의 추종자들을 '가정 집회'로 모으기 시작했다.[114] 경건주의는 보이지 않는 성도의 교회를 지상에 끌어내려 보이게 만들려 했고, 새로운 분파를 형성하는 결과를 낳지 않은 채 교회 공동체에 남아 세상의 영향에 냉담하고 모든 세부 사항에서 신의 의지를 지향하는 삶을 영위하려 했으며, 그렇게 해서 생활 방식의 일상적인 외적 특성 안에서도 자신의 거듭남을 확신하려 했다. 진정한 참회자들의 '작은 교회'는 (역시 모든 특정한 경건주의에 공통되는데) 좀 더 강화된 금욕으로 현세에서조차 신과의 합일이라는 축복을 맛보려 했다. 이러한 노력은 루터주의적인 '신비적 합일'과 내면적인 유사성을 갖기 때문에 매우 빈번히, 개혁파 평신도에게 정상적으로 나타나는 것보다 훨씬 강한 종교의 정감적 측면으로 기울었다. 우리의 관점에서 보는 한 이것은 개혁파 교회에 입각한 '경건주의'의 결정적 특징으로 언급할 수 있다. 왜냐하면 칼뱅주의 신앙 전반에서는 근본적으로 낯선 것인 반면, 중세의 특정한 종교성과는 내적인 유사성이 있는 이러한 감정의 측면은 실천적 신앙을, 내세의 미래에 대한 확신을 얻으려는 금욕주의적 투쟁 대신에 현세적 열락을 누리려는 방향으로 이끌었기 때문이다.

그래서 감정이 앙양되면 신앙은 직접적으로 히스테릭한 성격을 갖게 되고, 다음에는 수많은 사례로 잘 알려져 있으며 신경병리학적으로도 설명된 바 있는 반¥의식적 종교적 황홀 상태와 '신과 멀어진' 듯이 느껴진다는 정신적 허탈의 시기가 교체되어 일어남으로써, 결국 청교도의 체계화된 신성한 삶이 인간에게 부과한 냉정하고 엄격한 규율에 정반대되는 것이 육성되었다. 즉 칼뱅주의자들의 합리적 인격이 '감정'을 막기 위해 세운 '장애물'이 약화된 것이다.[115] 그리고 피조물의 타락성에 대한 칼뱅주의적 사상 역시 감정적으로 파악됨으로써(예를 들어 소위 '벌레라는 느낌'의 형태로) 직업 생활에서 실행력을 절멸시키는 경우도 있었다.[116] 그리고 예정 사상도 칼뱅주의적인 합리적 신앙의 순수한 경향과 달리 정서적, 감정적 수용의 대상이 되면 숙명론으로 변질되는 경우도 있었다.[117] 그리고 마지막으로 성도와 세속의 분리 충동도 감정적으로 강력하게 고양되면 반¥공산주의적 특성을 가진 일종의 수도원 공동체 조직을 낳는 경우도 있었다. 실제로 이는 경건주의에서 재차 나타난 현상이며, 개혁파 교회에서도 나타났다.[118]

그러나 감정적 성격을 향한 강조를 통해 규정된 이러한 극단적 결과가 생기지 않는 한, 따라서 개혁파 경건주의가 세속적 직업 생활 안에서 자신의 구원을 확신하려 했던 한, 경건주의적 원칙의 실천적 결과는 '독실한' 경건주의자들이 2류의 기독교도로 여긴 평범한 개혁파 기독교도의 단순한 세속적 '명예'가 발전시킬 수 있었던 것보다 훨씬 강력하게 생활 방식을 직업에서 금욕주의적으로 통제하고 좀 더 확고하게 직업 윤리를 종교적으로 정초시켰다.

모든 개혁파 금욕주의의 발전 과정에서 진지하게 간주할수록 좀 더 분명하게 주장한 성도의 종교적 귀족주의는 곧 (네덜란드의 경우처럼) 교회 내부에서 자발적으로 집회 형성의 형태로 조직되었으며, 영국 청교도주의에서는 부분적으로 교회 제도 안에서 능동적 신자와 수동적 신자라는 형식적 구별을 낳고 부분적으로 (앞서 말한 바에 대응해서) 종파 형성으로 치달았다.

슈페너, 프랑케,* 친첸도르프 등의 이름과 결합하여 루터교의 토대 위에 서 있는 독일 경건주의의 발전은 예정설의 토대에서 벗어났다. 그러나 그렇다고 해서 예정설을 최고 정점으로 삼는 그 사상 경향의 영역에서 벗어났다는 것은 결코 아니다. 이는 실제로 슈페너가 영국과 네덜란드의 경건주의에 영향을 받았다는 사실로도 증명되며, 예컨대 초기의 가정 집회에서 베일리를 읽은 데서도 나타난다.[119] 어쨌든 우리의 특수한 관점에서 보건대 경건주의가 의미하는 것은 단지 방법적으로 지향되고 통제된, 따라서 금욕적인 생활 방식이 칼뱅주의적이 아닌 신앙의 영역에서 파고들었다는 점이다.[120] 그러나 루터주의는 이러한 합리적 금욕을 생소한 것으로 볼 수밖에 없었고, 독일 경건주의 교리에 철저함이 결여된 것은 여기서 연유한 난점의 결과였다.

슈페너는 체계적인 종교적 생활 방식을 교리적으로 정초하기 위해, 루터주의적 사상 경향을 선행 자체가 '신의 영광을 의도하여' 이루어진 것이라는 개혁파의 특성[121] 그리고 거듭난 자의 상대적인 기독교적 완성에 도달할 수 있다는 마찬가지로 개혁파적인 신앙과 결합시켰다.[122] 결여된 것은 이론의 철저함뿐이었다. 즉 슈페너의 경건주의에서도 본질적이었던 기독교적 생활 방식의 체계적 성격은, 신비주의자에게 강한 영향을 받았던[123] 그에게서 정초되기보다는 매우 불확실하여 본질적으로 루터주의적인 방식으로 서술되는 쪽으로 기울었으며, 구원의 확신도 성별에서도 도출하지 않고 오히려 증명 사상 대신에 앞서 말한 바와 같이 신앙과 느슨하게 루터주의적

---

* August Hermann Francke, 1663~1727. 독일의 종교가, 교육가로 경건주의적 교육을 시행했다.

으로 결합하는 것을 그 설명으로 선택했다.[124] 그러나 경건주의 내의 합리적, 금욕적 요소가 정감적 측면보다 우위를 점하게 되면, 우리의 관점에서 볼 때 결정적인 사상들이 항상 자신의 권리를 찾지 않을 수 없었다. 즉 ① 율법에 비추어 검증될 좀 더 높은 확실성과 완전성을 향해 자신의 성덕을 방법적으로 발전시키는 것이 은총의 지표이며,[125] ② 신의 섭리는 당신이 감내의 기대와 방법적 숙고에 대한 조언을 줌으로써 그처럼 완성된 자들에 작용한다.[126]

직업 노동은 프랑케에게서도 최고의 금욕적 수단이었다.[127] 즉 신 자신이 노동의 결과로 신도에게 축복을 준다는 생각을 확신했는데, 이는 청교도에서도 볼 수 있다. 그리고 경건주의는 '이중적 신의 명령'을 대체하는 생각을 만들어냈는데, 이 생각은 앞서 칼뱅주의를 묘사한 심리적 결과를 모두 가지는 이중적 신의 명령이라는 이론보다는 약하지만 본질적으로는 동일한 방식으로 신의 특수한 은총에 입각하는 거듭난 자의 귀족주의[128]를 확립했다. 예를 들어 이러한 생각 중에는 경건주의의 반대자들이 (물론 부당하게) 경건주의에 뒤집어 씌운 이른바 '기한주의',[129] 즉 은총은 보편적으로 주어지지만 각자에게 그 은총은 생애의 일정 순간에 단 한 번 있거나 아니면 생애 중 언젠가 최후의 한 번이라는 가정이 있다.[130] 따라서 이 순간을 놓친 자는 은총 보편주의가 더는 소용이 없다. 그는 칼뱅주의 교리에서 신이 간과한 자와 같은 처지에 있었다. 결과적으로 예를 들어 프랑케가 개인적인 체험에서 추출하여 경건주의에 널리 유포한 (현재도 지배적이라고 할 수 있는) 가정, 즉 은총은 특별히 일회적이고 비길 데 없는 현상 가운데서만, 달리 말해 '참회 투쟁'을 거친 후에만 '돌발'할 수 있는 거라는 가정이 이 이론과 상당히 유사한 점이다.[131]

경건주의자의 고유한 견해에 따르면, 모두가 이러한 체험에 지정된 것이 아니기 때문에 그러한 체험을 낳는 데 사용할 금욕적 방법을 경건주의적으로 실천했음에도 그러한 체험을 하지 못한 자는 거듭난 자들이 보기에 일종의 수동적 기독교도였다. 반면에 '참회 투쟁'을 유발하는 방법이 만들어짐으로써 결국 신의 은총에 도달하는 것도 인간의 합리적 계획의 대상이 되었다. 또한 모든 경건주의자라고는 할 수 없지만(예를 들어 프랑케가 그 경우다) 많은 경건주의자가, 특히 그들이 슈페너에 빈번히 의존했다는 사실에서 알 수 있듯이 경건주의 목사들이 보인 개인적 참회에 의혹을 품은 것도 이러한 은총 귀족주의에서 발생했으며, 또한 루터주의에서도 그러한 이유에서 개인적 참회의 뿌리가 뽑히는 데 일조했다. 즉 참회로 얻은 사면의 허용 여부는 은총이 신성한 품행에 가시적으로 나타나는 것만으로 결정할 수 있으며, 따라서 그러한 사면을 받기 위해서는 단순한 '참회'만으로는 절대로 불충분하다는 것이다.[132]

친첸도르프의 종교적 자기 판단은 정통파의 공격에 동요되면서도 결국 '도구' 사상으로 귀결되었다. 그러나 그 밖의 점에서는 물론, 리츨*이 그에게 사용한 명칭을 빌리면, 이 탁월한 '종교적 호사가'의 사상적 관점을 우리가 중요하게 여기는 점에서 명확히 파악하기란 불가능할 것 같다.[133] 그는 스스로 항상 '율법'을 고집하는 '경건주의적, 야곱적 경향'에 대립하는 '바울적, 루터주의적 경향'의 대표자로 자처했다. 그렇지만 자신이 항상 강조한 루터주의에도[134] 허용하고 장려한 형제단 자체와 그 실천은 이미 1729년 8월 12일자 공식 문서에

---

*   Albrecht Benjamin Ritschl, 1822~1889. 독일의 개신교 신학자다.

나타난 바와 같이 많은 점에서 철저히 칼뱅주의적 성도 귀족주의와 일치하는 관점에 입각해 있다.[135] 많이 언급된 바 있는, 1741년 11월 12일 장로의 권한은 오직 예수에게만 있다는 결정은 그와 유사한 것을 외적으로 표현한 것이다.

형제단의 세 가지 '경향' 중에 칼뱅주의자와 모라비아파는 처음부터 본질적인 점에서 개혁파의 직업 윤리를 지향했다. 친첸도르프도 완전히 청교도적인 방식으로 존 웨슬리와 대립하여, 의로움을 얻은 자 자신은 모르더라도 타인들은 그의 처신 방식에서 그의 의인을 인식할 수 있다는 견해를 폈다.[136] 그러나 다른 한편으로 특별히 헤른후트파적 신앙에서는 감정적 계기가 매우 강하게 전면에 등장했고, 특히 친첸도르프 개인은 항상 자신의 공동체 안에서 청교도적 의미의 금욕주의적 성별 경향을 단호히 저지하려 했으며[137] 행위를 신성시하는 위선을 루터주의적으로 건강부회하려 했다.[138] 또한 가정 집회의 부정과 고해 행위의 유지에서 영향을 받아 본질적으로 루터주의적인 생각인 성례로 구원받는 구원 매개를 따르게 되었다. 게다가 친첸도르프에게 특수한 다음과 같은 원칙도 작용했다. 즉 종교적 감정의 천진성은 그 감각이 진실하다는 사실을 보여주는 특징이며, 또한 신의 의지를 계시하는 수단으로 추첨을 사용한 것 등은 생활 방식의 합리주의와 첨예하게 대립한다. 그리고 대체로 친첸도르프 백작의 영향이 미친 한에서[139] 헤른후트파 신앙의 반합리적이고 정감적인 요소는 그런 영향이 미치지 않았을 경우보다 훨씬 더 경건주의를 지배했다.[140] 슈팡엔베르크*의《신앙의 형제라는 이상*Idea fidei fratrum*》

---

* August Spangenberg, 1704~1792. 독일의 신학자로 모라비안 교회의 주교였다.

에서도 도덕과 면죄의 결합은 루터교 일반의 경우와 마찬가지로 취약했다.[141]

감리교도들의 완성 추구에 대한 친첸도르프의 거부는 (다른 모든 경우처럼 여기서도) 근본적으로 행복주의적인 그의 이상과 부합한다. 그 이상이란 인간이 합리적 노동 그 자체를 통해 내세의 확신을 얻도록 인도하는 대신에 이미 현세[142]에서 구원(그는 '지복'이라고 했다)을 정감적으로 느끼게 하는 것이다.[143] 반면에 형제단의 결정적 가치에는 다른 교회와 달리 기독교적 삶의 적극성과 선교, (이와 관련된) 직업 노동[144]에 있다는 사상도 살아 있었다. 게다가 효용의 관점에서 삶을 실천적으로 합리화시키는 것 역시 친첸도르프 인생관에 매우 본질적인 구성 요소였다.[145] 이러한 합리화를 그는 (경건주의의 다른 대표자들처럼) 한편으로 신앙에 위험한 철학적 사변에 대한 격렬한 혐오와 이에 대응하는 경험적 개별 지식에 대한 선호[146] 등에서 이끌어냈으며, 다른 한편으로는 직업적 전도사의 처세 감각에서 도출했다. 형제단은 선교의 중심인 동시에 기업 경영도 했으므로 구성원들을 현세적 금욕의 방향으로 이끌었으며, 구성원들은 삶 일반에서도 우선은 '임무'를 추구했고 이러한 관점에서 삶을 냉정하고 계획적으로 형성했다. 그러나 그 경우 신의 '예정'을 통해 선택된 '제자'[147]들이 사도들의 전도 생활을 모범으로 삼아 사도의 무소유를 은혜로 찬미함으로써 항상 장애물이 나타났다. 이는 또한 부분적으로는 '복음적 권고'의 재등장의 야기를 의미했다. 이로써 칼뱅주의적인 방식의 합리적 직업 윤리 형성은 (침례파 운동의 변화 과정이 보여주듯이) 완전히 배제된 것은 아니고 오히려 '직업을 위해서'만 노동한다는 사상을 통해 내적으로 강한 지반을 구축한 것은 사실이지만, 재차 저지당하게 되었다.

전체적으로 보아 우리가 이 자리에서 문제가 되는 관점으로 독일 경건주의를 고찰한다면, 그것의 금욕주의가 종교적으로 정초되는 데 칼뱅주의의 철두철미한 결과에 현저히 못 미치는 동요와 불확실성을 확인하지 않을 수 없는데 이는 부분적으로 루터주의의 영향에 기인하며 또 부분적으로는 그 신앙의 감정적 성격에 기인한다. 왜냐하면 이러한 감정적 요소를 루터주의와 대립시켜 경건주의에만 특수하다고 하는 주장은 분명 지나친 단견이기 때문이다.[148]

그러나 칼뱅주의와 비교한다면 생활의 합리화가 갖는 강도가 약할 수밖에 없다. 그 이유는 영원한 미래를 보증하는 구원은 항상 새로이 증명되어야 한다는 사상의 내적 동인이 감정적 방식으로 현재로 향하기 때문이며, 선택된 자들이 부단하고 결실 있는 직업 노동에서 항상 새로이 획득해야 할 것으로 여기던 자기 확신 대신에 부분적으로는 순수하게 내면적 체험을 향한 감정적 흥분의 결과이자 또 부분적으로는 경건주의가 누차 심한 의혹의 대상으로 삼으면서도 대개는 인정한 루터주의적 고해 제도의 결과인 저 겸손과 존재의 연약함[149]이 들어섰기 때문이다.[150] 왜냐하면 이 모든 것에는 바로 실천적 '성별'이 아니라 '죄의 사면'을 더 중요시하는 루터주의의 특수한 구원 추구 방식이 나타나 있기 때문이다. 미래(내세)의 구원에 관한 확실한 지식을 획득 및 확인하는 계획적이고 합리적인 추구가 여기서는 지금(현세에서) 신과 화해와 합일을 느끼고자 하는 요구로 대체된다. 그러나 경제생활에서 현재를 즐기려는 경향이, 바로 미래를 위한 배려에 그 뿌리를 두는 '경제'의 합리적 형성과 대립하듯이, 어떤 의미에서는 종교 생활의 영역에서도 마찬가지다. 따라서 현재의 내면적 감정에 종교적 욕구를 지향시키는 것이 개혁파 '성도'의 내세만을 향한 증명의 욕구에 비해 현세적 행위를 합리화하는 추진력을 감소시켰음이 분명하다. 반면에 어쨌든 전통주의적으로 말씀과 성례에 얽매여 있는 정통 루터파의 신앙에 비해서는 생활 방식을 방법적으로 종교적 구성에 맞추어 발전시킬 능력이 좀 더 컸던 것도 사실이다. 대체로 프랑케와 슈페너에서 친첸도르프에 이르는 경건주의는 점차로 감정적 성격을 강조하는 방향으로 나아갔다.

그러나 그러한 운동이 보여준 것은 경건주의에 내재한 어떤 '발전 경향'이 아니었다. 오히려 그러한 차이는 그 지도적 대표자들을 배출한 종교적 (그리고 사회적) 환경의 대립적 성격에서 나왔다. 그 문제는 이 자리에서 다룰 수는 없으며, 또한 독일 경건주의의 특성이 어떻게 사회적, 지리적 전파 과정에서 표현되었는가 하는 점도 말할 수는 없다.[151] 우리가 이 자리에서 다시 한번 기억해야 할 것은 청교도의 종교적 생활 방식과 이러한 감정적 경건주의 사이에는 무수한 중간 단계가 당연히 있다는 점이다. 그러한 차이가 낳은 실천적 결과 중 하나를 잠정적으로나마 특징지어 본다면, 경건주의가 육성한 덕은 한편으로 '직업에 충실한' 관리, 종업원, 노동자, 가내 공업자 등을 발전시키고,[152] 다른 한편으로는 주로 신을 만족시키는 겸손한 (친첸도르프 식으로) 태도의 가부장적 고용주를 발전시켰다고 말할 수 있다. 그에 비해 칼뱅주의는 부르주아 - 자본주의 경영자의 엄격하고 정직하며 적극적인 정신에 더 가까운 듯이 보인다.[153] 결국 이미 리츨[154]이 지적했듯이 순수한 감정적 경건주의는 '유한계급'을 위한 종교적 도락이었다. 이러한 특징 부여는 결코 완전하지 않지만 이 두 가지 금욕주의 종파 중 하나에서 영향을 받아 성립한 국민의 경제적 특성에서 오늘날 발견되는 일정한 차이와도 일치한다.

감정적이면서도 금욕적인 신앙을 칼뱅주의적 금욕의 교리적 토대에 대한 점증하는 무관심이나 거부와 결합한 것은 대륙 경건주의의 영국과 미국 분파인 감리교methodism의 특징이기도 하다.[155] 이미 그 이름에서도 나타나듯이, 동시대인들에게 그 분파 추종자들의 특징으로 눈에 띈 것은 구원의 확신에 도달할 것을 목적으로 생활 방식을 '방법적'으로 체계화하는 점이다. 왜냐하면 처음부터 이 분파의 문제는 이러한 체계화였고, 또한 종교적 추구의 중심점으로서 변치 않았기 때문이다. 모든 차이점에도 감리교는 독일 경건주의의 일정 종파와 유사성[156]이 분명히 있었고 그것은 무엇보다도 이 방법이 특히 '회개'의 감정적 작용을 도모하는 쪽으로 이전되었다는 점에서 드러난다. 물론 (존 웨슬리에게서 헤른후트파적이고 루터주의적인 영향을 통해 환기된) 감리교는 처음부터 대중에게 전도를 목표로 했기 때문에 그 정감적 성격이 강한 정서적 성격을 취했으며, 특히 미국에서 그러했다. 때때로 가공할 만한 무아지경으로까지 앙등되는 참회 투쟁은 미국에서 '고뇌의 집회'에 대한 선호와 결합하여 수행되었고, 이를 통해 신의 과분한 은총에 대한 신앙에 이르렀으며 그와 동시에 곧바로 의인과 화해의 의식에 이르렀다. 이러한 정서적 신앙은 이제 적지 않은 내적 어려움을 겪으면서도 청교도주의가 일단 합리적으로 규정한 금욕주의 윤리와 함께 독특하게 결합했다.

우선 감정적인 것에 불과한 모든 것을 기만이라 배척한 칼뱅주의와 달리 성령의 증거에서 직접적으로 흘러 나와 순수하게 느껴진 구원받은 자의 절대적 확신(이에 따르면 적어도 구원 확신의 시기는 대략 확정할 수 있다)을 원칙적으로 구원 확신의 유일하게 분명한 근거로 간주한다. 따라서 성별 교리를 일관성 있게 심화시킨 동시에 정통 교리에서 결정적으로 이탈된 것이, 웨슬리의 교리에 따르면 그런 식으로 거듭난 자는 그 안에서 은총의 작용을 통해 그리고 일반적으로 그와는 별개로 등장하고 때로는 갑작스럽게 일어나기도 하는 내적 사건, 즉 '성별'을 통해 죄 없음이라는 의미에서 완전성의 의식에 도달할 수 있다. 이 목표는 달성하기 어려운 만큼 (대개는 임종 시에야) 무조건 추구해야 하는데, 왜냐하면 구원의 확신을 최종적으로 보장하고 칼뱅주의자의 '시무룩한' 근심을 즐거운 확신으로 대체해주기 때문이다.[157] 어쨌든 진심으로 회개한 자는 그렇게 해서 적어도 죄가 '더는 자신을 지배하지 못한다'는 것을 자신과 타인에게 보여주어야만 한다. 그러므로 감정의 자기 증명이 결정적으로 중요한데도 율법에 입각한 신성한 처신을 유지할 수 있었다.

웨슬리가 당시의 행위위인주의(행위의인사상)Werkgerechtigkeit와 투쟁했을 때에 그는 단지 행위는 구원의 실재 근거가 아니라 인식 근거에 불과하며, 그것도 단지 행위가 신의 영광을 위해서만 행해지는 경우뿐이라는 초기 청교도주의의 사상을 부활시킨 것 그 이상이 아니었다. 올바른 행위만으로는 (그 자신이 경험한 것처럼) 부족하며 구원의 감정을 추구해야만 한다는 것이다. 그 자신은 때때로 행위를 은총의 '조건'이라고 표현했고 1771년 8월 9일의 선언에서도[158] 선행을 행하지 않는 자는 결코 참된 신자가 아니라는 점을 강조했으며, 따라서 감리교도들이 항상 역설한 점은 자신들이 교리가 아니라 신앙의 방식에서 공식적인 교회와 구별된다는 사실이다. 신앙의 '열매'의 중요성은 대개 《요한복음Gospel According to John》 3장 9절에 입각했고, 품행은 거듭남의 명백한 징표라고 주장했다.

이 모든 것에도 난점은 있었다.[159] 예정설의 추종자였던 감리교도들에게 구원의 확신이 금욕적 생활 방식 자체에서 부단히 새롭게 증명되는 은총 의식에서 직접적 은총 감정과 완전성 감정[160]으로 이전되었다는 것은 다음 두 가지 중 하나를 뜻했다(왜냐하면 그럴 경우 '지속적' 확신이 단 1회의 참회 투쟁과 결부되기 때문이다). 첫째로 천성이 약한 신도의 경우 '기독교도의 자유'를 반율법주의적으로 해석하여 방법적 생활 방식이 약화되거나, 아니면 둘째로 그러한 결론이 거부되는 경우 현기증이 날 정도로 성별聖別의 확신이 고양된다.[161] 이는 청교도적인 유형의 감정적 앙양이다. 신도들은 반대자들의 공격에 직면해서 한편으로 성서의 규범적 타당성과 증명의 불가결성을 점차 강조하여 이 결론을 부정하려 했고,[162] 다른 한편으로는 이 결론을 운동 내부에서 은총의 상실 가능성을 설교한 반칼뱅주의적인 웨슬리의 노선을 강화하는 쪽으로 밀고 갔다. 형제단을 매개로 웨슬리에게 전해진 강한 루터주의적 영향은[163] 이러한 발전을 강화했고, 감리교 윤리의 종교적 기반에 들어 있는 불안정성을 가중시켰다.[164] 결국 일관되게 유지된 것은 본질적으로 없을 수 없는 토대인(신앙의 열매로 직접 나타나는 구원의 감정적 확신) '부활'의 개념과 여기에서 나오는 구원을 나타내는 성별의 개념, 그 결과로 도출되는 죄의 힘에서 나온 (잠재적인 것일지언정) 자유의 개념 등이었고 그에 따라서 외적인 구원 수단, 특히 성례의 중요성은 절하되었다. 어쨌든 감리교의 결과로 도처에서, 예컨대 뉴잉글랜드에서 나타난 '보편적 신앙 부흥'은 은총과 선택의 교리가 앙양된 결과였다.[165]

그러므로 우리의 관점에서 감리교는 그 윤리에서 경건주의와 마찬가지로 취약하게 정초된 형성물로 보인다. 그러나 감리교에서도

'보다 높은 삶'이나 '제2의 축복'에 대한 추구는 예정설에 대한 일종의 대용물로서 작용했으며, 영국을 기반으로 성장한 감리교의 윤리적 실천은 어디까지나 영국의 개혁파 기독교인 청교도의 윤리적 실천을 지향했고 실제로 그것의 '부흥'이 되고자 했다. 회개의 정서적 작용은 방법적으로 유도되었다. 그리고 그러한 작용이 이루어진 후에는 친첸도르프의 감정적 경건주의의 방식에 따라 신과 이룬 합일을 경건하게 누리는 것이 아니라 환기된 감정은 그 즉시 합리적인 완전성 추구로 인도되었다. 그러므로 신앙이 정서적 성격을 갖기는 했으나 독일 경건주의식으로 내면적인 감정적 기독교로 귀결되지는 않았다. 이것이 (부분적으로 회개가 정서적으로 진행된 결과인) 죄악감의 미약한 발전과 관련된다는 것은 이미 슈네켄부르거가 지적한 바이며, 감리교를 비판하는 지속적 관점으로 남아 있다. 종교적 감정에는 개혁파의 기본 특성이 결정적으로 남아 있다. 감정적 흥분은 '코리반테스적'으로 자극받은 열광의 성격이 있었으나 매우 드물었고 그 외에는 결코 생활 방식의 합리성을 침해하지 않았다.[166] 따라서 감리교의 '부흥'은 순수한 행위의인주의의 보완에 지나지 않는다. 이 보완은 예정설을 포기한 후에 금욕적 생활 방식을 종교적으로 정초한 것이다. 참된 회개의 검증이자 웨슬리가 때때로 말한 참된 회개의 '조건'으로서 품행의 표지는 실제로 칼뱅주의에서와 완전히 동일하게 여겼다. 우리는 이하에서 직업 사상을 논할 때 감리교가 그 사상의 전개에 새로운 아무것도 기여하지 않은,[167] 일종의 때늦은 결실이라[168] 보고 논외로 해도 상관없다.

유럽 대륙의 경건주의와 영미의 감리교는 사상 내용으로 보나 역사적 발전으로 보나 2차적인 현상이다.[169] 그와 달리 칼뱅주의를 제외하고 프로테스탄트적 금욕주의를 독자적으로 담당한 두 번째 교파는 재세례파와 16~17세기에 재세례파에서 직접 유래했거나 그 종교적 사고 형식을 채택하여 발생한 교파들인[170] 침례파, 메노파, 특히 퀘이커교 등이다.[171] 이들은 그 윤리가 개혁파 교회와는 원칙적으로 이질적인 토대에 서 있는 종교 공동체다. 단지 우리에게 중요한 점만을 부각시키는 이하의 서술에서는 이 운동의 다양한 형태에 관해 논하지 않았다. 우리는 물론 자본주의가 성숙한 나라들에서 이룩한 발전에 중점을 둔다. 역사적으로, 원칙적으로 이 모든 공동체의 가장 중요한 사상은 이미 그 단초를 본 바 있는 '믿는 자의 교회'인데,[172] 문화적 발전에 대한 이 사상의 영향은 다른 연관 안에서만 해명할 수 있다. 즉 종교 공동체, 개혁기 교회의 용어에[173] 따르면 '가시적 교회'는 더는 천상의 목적을 위한 일종의 세습 재산이나, 신의 영향을 더하기 위한 것이든(칼뱅주의) 아니면 인간에게 구원을 매개하기 위한 것이든(가톨릭과 루터주의) 필연적으로 의로운 자와 그렇지 않은 자 모두를 포괄하는 제도로 여기지 않고 단지 개인적인 신자와 거듭난 자의 공동체로 파악했다. 달리 말해 '교회'가 아니라 '종파'[174]로 간주했다. 실제로 오직 개인으로서 신앙을 내면적으로 획득하고 고백한 성인만이 세례를 받는다는 그 자체로는 순전히 외적인 원리도 이 점을 상징하는 것 이상일 수는 없다.[175]

그런데 모든 종교적 논의에서 계속 반복되었듯이 침례교에는 이러한 신앙을 통한 '의인'이 초기 프로테스탄티즘의 정통 교리를 지배했던, 그리스도에 대한 봉사를 '법률적'으로 귀속시키는 사상과는 철저히 구별되었다.[176] 의인은 오히려 그리스도를 통해 속죄를 내면적으로 획득하는 것이다. 그런데 이러한 획득은 개인적 계시로 일어난다.

즉 개인 안에 성령의 작용을 통해, 오직 그것을 통해서만 일어난다. 성령의 작용은 모든 이에게 주어지므로 성령을 고대하면서 세속에 대한 죄스러운 집착으로 성령의 강림을 방해만 하지 않는다면 그것으로 족하다. 그러므로 교회 교리에 대한 지식이란 의미에서 신앙이나 신의 은총을 참회로 파악한다는 의미에서 신앙이 갖는 중요성은 뒷전으로 밀려나고 (물론 매우 변형되기는 하나) 초대 기독교의 심령적, 종교적 사상의 르네상스라 할 수 있는 것을 보게 되었다. 예컨대 메노 시몬스가 그의 기본 교리서(1539)에서 최초로 제법 일관성 있는 교리를 만들었던 분파도 여타의 재세례파 분파처럼 참으로 청렴한 그리스도의 유일한 교회가 되고자 했다. 마치 초대 교회가 오직 개인적으로 신을 통해 각성하고 부름을 받은 자만으로 이루어진 것처럼 거듭난 자만이 그리스도의 형제다. 왜냐하면 그들은 그리스도처럼 직접 성령으로 태어났기 때문이다.[177] 그 결과로 '세속', 즉 절대적으로 필요한 것이 아닌 세상 사람들과 교류를 엄격히 회피하는 것이 초대 기독교도의 삶을 모범으로 삼는다는 의미에서 가장 엄격한 성서주의와 더불어 초기의 침례교 교단에 성립되었고, 옛 정신이 살아 있는 동안에는 이러한 세속 회피의 원칙이 결코 사라지지 않았다.[178]

침례파는 그들의 초창기를 지배한 이러한 동기에서 하나의 원리, 즉 우리가 이미 (그 근거는 달랐지만) 칼뱅주의에서 찾아낸 바 있고 그 근본적 중요성을 누누이 강조하게 될 원리를 취하여 지속적으로 보존했다. 그 원리란 모든 '피조물 신격화'를 오직 신에게만 향해야 할 외경심을 모독하는 것이라 하여 무조건 거부한 것이다.[179] 성서적 생활 방식은 처음에 성 프란체스코가 생각한 것만큼이나 스위스와 남부 독일의 초기 침례파에서 철저하게 파악되었다. 즉 모든 세속적 기쁨과 단호히 결별하는 것과 사도를 엄격히 본받는 생활이 그랬다. 실제로 많은 초기 대표자들의 삶은 성 에기디우스Aegidius의 삶을 상기시킨다. 그러나 이러한 매우 엄격한 성서 준수[180]도 심령적 성격의 신앙에 비하면 거의 확고한 토대를 가지지는 않았다. 신이 선지자와 사도에게 계시한 것만이 그가 계시할 수 있고 또 하려는 것의 전부는 분명 아니다. 오히려 기록된 문서로서 말씀의 지속이 아니라 신자의 일상생활에서 작용하여 그것을 들으려 하는 각 개인에게 직접 말씀하시는 성령의 힘으로서 말씀의 지속이 (이미 슈벵크펠트*가 루터에 반대해서, 나중에는 폭스가 장로파에 반대해서 가르쳤듯이) 참된 교회의 유일한 표지인 것은 초대 교회가 증언하고 있다. 나중에 퀘이커교에서 일관성 있게 발전된 유명한 교리, 즉 궁극적으로는 이성과 양심에서 성령이 내면적으로 증거하는 것이 결정적으로 중요하다는 교리는 위의 지속적 계시의 사상에서 나왔다.

이로써 성서의 타당성이 제거되지는 않았지만 성서의 독재가 제거되었고, 동시에 퀘이커교도의 경우 교회를 통한 구원 교리의 모든 찌꺼기와 함께 결국에는 세례와 성찬으로 얻는 구원 교리마저 철저히 쓸어버리는 발전이 이루어졌다.[181] 침례파는 예정설 신봉자, 특히 엄격한 칼뱅주의자들과 더불어 구원 수단으로서 모든 성례를 극단적으로 평가절하했고, 그렇게 해서 세계의 종교적 '탈마법화'를 철저히 수행하여 마무리 지었다. 지속적 계시의 '내면적 빛'만이 성서에 있는 신의 계시도 참되게 이해시킬 수 있다.[182] 이 점을 가장 철저하게 한 퀘이커교의 교리에 따르면, 적어도 이 빛의 작용은 다른 한편

---

*   Caspar Schwenckfeld, 1490(?)~1561. 독일의 개신교 개혁가다.

으로 성서적 형태의 계시를 전혀 모르는 사람에게도 퍼져나갈 수 있다는 것이다. "교회 밖에서는 구원이 없다"라는 명제는 성령의 빛을 받은 자들의 이러한 비가시적 교회에만 적용된다. 내면적 빛이 없다면 자연적 인간은 자연적 이성으로 인도된다 할지라도,[183] 침례교도와 퀘이커교도들이 칼뱅주의보다 훨씬 단호하게 신에게서 멀리 있는 자라고 본 순수한 피조물에 그친다. 반면에 성령을 고대하고 성령에 내면적으로 헌신함으로 얻게 되는 거듭남은, 그것이 신의 작용인 한 죄의 힘을 완전히 극복한 상태로 인도하기 때문에,[184] 설령 나중에 감리교에서 그랬듯이 그러한 은총의 획득이 일반적인 것은 아니고 각 개인의 완전성의 정도는 발전에 달렸다고 해도, 재타락이나 은총의 상실은 현실적으로 불가능했다.

그러나 모든 침례교 교단은 그 구성원의 품행이 나무랄 데 없다는 의미에서 '순수한' 교단이고자 했다. 세속과 그에 대한 관심에서 내면적 절연, 양심을 통해 우리에게 말씀하시는 신의 지배에 대한 절대적 복종 등은 참된 거듭남의 유일하게 틀림없는 표지이기도 했으며, 따라서 그와 일치하는 품행은 구원의 요건이었다. 구원은 노력하여 얻을 수 있는 것이 아니며, 신이 선사하는 은총이기는 하나 오직 자신의 양심에 따라 사는 자만이 자신을 거듭난 자로 여길 수 있다. 이런 의미에서 '선행'은 '불가결한 원인'이었다. 이로써 알 수 있듯이 우리가 지금까지 의거해온 바클레이*의 위와 같은 사상 계열은 실천적으로 개혁파 교리와 다시 일치하며, 분명 칼뱅주의적 금욕의 영향 아래서 발전한 것이었다. 이 칼뱅주의적 금욕은 영국과 네덜란드의 침

---

*　　Robert Barclay, 1648~1690. 스코틀랜드 퀘이커교도다.

례파보다 앞서 존재했으며, 조지 폭스의 선교 활동 중 첫 시기는 모두 그러한 금욕주의의 진지하고 내면적인 습득을 설교하는 일에 할애했다.

그러나 심리학적으로는 (예정설을 포기했으므로) 침례파 윤리의 특별히 방법적인 성격이 성령의 강림에 대한 '기대'의 사상에 입각하게 되었다. 이는 오늘날에도 퀘이커 '집회'의 성격을 규정하고 있으며 바클레이가 탁월하게 분석한 바다. 이러한 침묵의 기대가 노리는 목표는 '자연적' 인간의 충동, 비합리성, 열정, 주관성 등을 극복하는 것이다. 즉 자연적 인간은 신의 말씀을 접할 수 있는 유일한 매체인 심오한 정적을 영혼 안에 마련하기 위해 침묵해야 한다. 물론 이러한 '기대'의 결과는 히스테리 상태나 예언 등으로 나타나기도 하며, 때에 따라서는 종말론적 희망이 존속하는 한 열광적인 천년왕국설로 분출되기도 한다. 이는 이와 유사하게 정초된 종류의 모든 신앙에서 가능하며, 실제로 뮌스터에서 전멸당한 교파에서 발생했다.

그러나 신은 피조물이 침묵할 때만 말씀하신다는 사상은, 침례교가 일상적인 세속적 직업 생활에 침투하면서 분명히 행위에 대한 침착한 숙고와 꼼꼼한 개인적 양심 추구에 입각한 행위 등의 교화를 의미하게 되었다.[185] 이후에 침례교 공동체, 특히 퀘이커교 교단의 생활 실천은 이러한 침착하고 냉정하며 탁월하게 양심적인 성격을 갖게 되었다. 세계의 철저한 탈마법화는 현세적 금욕 이외의 길을 내면적으로 허용하지 않는다. 따라서 정치권력이나 그것의 사용과 전혀 무관해지려 한 이 교단에는 외적으로도 이러한 금욕적 덕이 직업 노동에 유입되는 결과를 낳았다. 초기 침례교 운동의 지도자들이 그들의 세속 도피에서 무조건 철저했던 반면에, 다른 한편으로는 이미 그

첫 세대에서조차 엄격한 사도적 생활 방식의 모든 사람에게 무조건 요구한 게 아님은 당연한 일이다. 이미 이 세대에는 부유한 부르주아 분자들이 속해 있었고, 철저히 현세적인 직업적 미덕과 사유재산 질서에 입각한 메노 이전에도 진지했던 침례파의 도덕적 엄격성은 실천적으로 개혁파 윤리를 통해 일구어진 토양을 향했다.[186] 왜냐하면 비세속적, 수도승적 형태의 금욕을 향한 발전은, 이 점에서는 침례파도 추종한, 루터 이래로 비성서적이고 위선적인 거라 하여 배척했기 때문이다.

어쨌든 (이 자리에서 언급하지 않을 반#공산주의적인 초기의 공동체를 논외로 하고라도) 소위 '침체파Tunker, dompelaers, dunckards로 불리는 침례교의 한 분파는 현재까지도 교양과 생활 유지에 불가결한 것 이상의 모든 재산을 계속 배척할 뿐만 아니라, 예를 들어 바클레이에서도 직업에 대한 충실은 칼뱅주의적으로 또는 루터주의적으로 파악하지 않고 오히려 토마스주의적으로 '자연의 이치'로서 신도가 세상과 얽힘에 따른 불가피한 결과라 파악한다.[187] 이러한 관점에서 슈페너의 많은 표현이나 독일 경건주의자들의 표현 중에 나타나듯이 사실 칼뱅주의적 직업 개념의 약화가 나타나지만, 반면에 침례교 교파에서는 경제적인 직접적 관심의 강도가 여러 계기를 통해 본질적으로 증대되었다. 우선 원래는 세속으로부터의 회피에서 귀결되어 종교적 의무로 여기던 국가 관직의 수락 거부로 그렇게 되었는데, 이러한 거부는 원칙의 자격을 잃은 후에도 적어도 메노파와 퀘이커교에서는 실천적으로 지속되었다. 그 이유는 그들이 무기 사용과 선서를 철저히 거부하여 관직의 자격을 박탈당했기 때문이다.

이러한 계기와 함께 작용한 또 다른 것은 모든 침례교 분파에서

없앨 수 없는, 모든 종류의 귀족주의적 생활 양식에 대한 적대다. 이는 부분적으로 칼뱅주의자의 경우처럼 피조물 신격화의 금지가 낳은 결과이며, 또 부분적으로는 앞서의 비정치적 혹은 반정치적이기까지 한 원칙의 결과였다. 이를 통해서 냉정하고 양심적인 침례교적 생활 방식의 모든 방법은 비정치적 직업 생활의 방향으로 쏟아져 들어갔다. 여기서 침례파의 구원 교리가 개인적인 신의 계시인 양심을 통해 자기 검사에 부여한 엄청난 중요성은 직업 생활에 독특한 성격을 주었고, 이것이 자본주의 정신의 중요한 국면에 갖는 대단한 의미는 나중에 더 상세하게 알게 될 것이다. 물론 그 경우에도 그것이 프로테스탄트적 금욕의 정치 윤리와 사회 윤리 전반에 대해 언급함이 없어도 가능한 한에서 그러하다. (적어도 이 점만은 우선 말할 수 있는데) 우리는 침례교, 특히 퀘이커교에서 현세적 금욕이 취한 특수한 형태가[188] 17세기의 판단을 따르더라도 보통 "정직이 최선의 정책이다"[189]라고 표현하는 자본주의 '윤리'의 중요한 원리를 실천적으로 증명하는 데서 나타남을 알게 될 것이다. 그리고 이는 앞서 인용한 프랭클린의 설교에서 그 고전적인 문서를 발견할 수 있다. 이에 반해 우리는 칼뱅주의의 영향이 오히려 영리의 사경제적 에너지를 해방시키는 방향에 있다고 볼 수 있다. 왜냐하면 '구원받은 자'의 모든 형식적 합법성에도 실제 결과에서는 "행위하는 자는 항상 비양심적이며 양심을 가진 자는 관찰하는 자뿐이다"라는 괴테의 말이 칼뱅주의자들에게도 때로는 충분히 적용되었기 때문이다.[190]

침례파의 여러 분파의 현세적 금욕을 강화하는 데 도움이 된 또다른 중요한 요소는 오직 다른 맥락에서만 그 충분한 의미를 논의할 수 있다. 그렇지만 그 점에 대해 몇 가지를 미리 언급하면서 이 책에서 채택한 설명 방식에 대해 몇 마디 변명을 하겠다. 이 책에서는 우선 완전히 의도적으로 초기 프로테스탄트 교회의 객관적인 사회적 제도와 그것의 윤리적 영향, 특히 매우 중요한 교회 법규를 출발점으로 삼지 않고 오히려 개인의 금욕적 신앙의 주관적 수용이 생활 방식에 야기할 수 있었던 영향에서 시작했다. 이렇게 한 이유는 지금까지 사실 이 측면이 매우 드물게 고찰되었기 때문도 있지만 그 외에도 교회 법규의 영향이 항상 동일한 방향으로만 결코 작용하지 않았기 때문이다.

개인 생활에 대한 교회의 경찰적 감시는, 거의 종교 재판에 비견될 정도로 이를 시행한 칼뱅주의 국가 교회의 경우에서 알 수 있듯이, 오히려 방법적 구원 획득을 위한 금욕주의적 추구를 통한 개인적 힘의 해방을 방해할 수도 있었고 때에 따라서는 실제로 방해했다. 마치 국가의 중상주의적 통제가 산업을 육성할 수 있다고 해도 적어도 그것만으로는 자본주의 '정신'(오히려 중상주의 정책이 경찰적, 권위적 성격을 취하는 경우 그 정신을 마비시켰다)을 고무할 수 없었던 것과 마찬가지로, 금욕에 대한 교회의 통제로도 그 통제가 지나치게 경찰적으로 발달하는 것과 같은 결과를 낳을 수 있었다. 즉 그러한 통제가 일정한 외면적 태도는 강요했지만 때에 따라서는 방법적 생활 방식을 위한 주관적 동인을 마비시켰다. 이 점[19]을 논할 때는 항상 국가 교회의 권위적인 도덕 통제와 자발적 복종에 입각한 종파의 도덕 통제 사이에 엄청난 차이가 있음을 주목해야 한다. 침례파 운동이 그 모든 분파에서 근본적으로 '교회'가 아니라 '종파'를 이루었다는 사실은 여하튼 금욕을 강화했고, 이는 (강도의 차이는 있지만) 실제로 자발적인 공동체 형성의 길로 갈 수밖에 없었던 칼뱅주의, 경건주의,

감리교 교단에서도 마찬가지였다.[192]

　이상의 서술은 청교도적 직업 사상의 종교적 정초 과정을 밝히려 한 것이었고, 이제부터는 그 직업 사상이 영리 생활에 미친 영향을 추적해야 한다. 개별적으로는 매우 상이했고 또 우리가 여러 금욕주의적 종교 공동체에 가진 결정적인 관점의 비중이 매우 다양하기는 하지만, 그러한 종교적 정초가 그들 모두에게 존재하면서 작용한 것만은 사실이다.[193] 그러나 우리의 고찰에 결정적인 것을 다시 요약하면, 모든 종파에서 항상 볼 수 있는 것은 종교적 '은총 상태 Gnadenstand'를 인간이 피조물의 타락과 '세속'에서 구별하는 일종의 신분stand, status으로 여기는 점이다.[194] 그런데 이 신분의 획득은 (각 해당 종파의 교리에서 그 획득이 어떻게 이루어지는지는 서로 다르지만 어쨌든) 어떤 마술적 성례적 수단이나 참회를 통한 사면이나 개인적인 경건한 공적 등으로 보장받을 수 있는 것이 아니며, 단지 '자연적' 인간의 생활 방식과는 분명히 구별되는 특수한 성질의 품행의 증명으로만 보장받을 수 있다. 이에 따라서 각 개인은 생활 방식 안에서 자신의 은총 상태(구원)를 방법적으로 검사하고, 그에 따라 금욕주의적으로 관철시키는 동인을 얻게 된다.

　그러나 앞서 보았듯이 이러한 금욕적 생활 방식은 자신의 전 존재를 신의 뜻에 맞추어 합리적으로 형성하는 것을 뜻했다. 그리고 이 금욕은 더는 과외 활동이 아니라 자신의 구원을 확신하고자 하는 모든 이에게 요구되는 행위였다. '자연적' 생활과 구별되고 종교적으로 요구된 성도의 특별한 생활은 (이 점이 결정적인데) 더는 세속 밖의 수도원에서 행해지지 않고 세상과 그 질서 안에서 행해졌다. 내세를 바라보면서 세상 안에서 생활 방식을 합리화한 것은 금욕적 프로테스탄티즘의 직업 사상이 낳은 결과였다.

처음에는 세속을 벗어나 고독으로 도피한 기독교의 금욕주의가 세속을 단념한 상태에서도 이미 수도원에서 나와 세계를 기독교적으로 지배하고 있었다. 그렇지만 그러면서도 그 금욕주의는 대체로 세속적 일상생활에 있는 그대로의 자연적 성격을 허용하고 있었다. 그런데 이제 그 금욕주의는 닫아버린 수도원의 문을 뒤로하고 삶의 시장에 걸어 나와 현세적 일상생활에 자신의 방법을 침투시키기 시작했고, 일상생활을 세속 안에서(그러나 세속이, 또는 세속을 위해서가 아니었다) 합리적 생활로 변형시키기 시작했다. 이하의 서술은 그것이 어떠한 결과를 낳았는지를 지적하려는 것이다.

2. 금욕과 자본주의 정신

금욕적 프로테스탄티즘의 종교적 기본 사상과 경제적 일상생활의 격률 간의 관련을 검토하기 위해서는 우선 목회의 실천에서 나온 것으로 인정할 수 있는 종교적 저술들을 사용할 필요가 있다. 왜냐하면 내세가 전부였고 기독교도의 사회적 지위가 성찬 참가 자격에 달려 있었으며, (우리가 《권고집Consilia》, 《양심문답집Casus Conscientiæ》 등을 일별해보면 금방 알 수 있듯이) 성직자가 목회, 교회 훈련, 설교 등을 통해 행한 영향력이 우리 현대인들이 거의 상상할 수 없을 정도였던 시대에는 그러한 실천에서 작용한 종교적 힘이 '민족성'을 결정적으로 형성했기 때문이다.

물론 이 장의 논의에서는 이후의 논의와 달리 금욕적 프로테스탄티즘을 하나의 전체로 취급할 수도 있다. 그러나 칼뱅주의에서 유래한 영국 청교도주의가 직업 사상에 대한 가장 철저한 정초를 제공했기 때문에 우리는 우리의 원칙에 따라 그 대표자를 중점적으로 다루겠다. 리처드 백스터는 그의 탁월한 실천적, 평화 애호적 입장 때문에 그리고 거듭 재판이 출간되고 번역된 그의 저작이 널리 인정받고 있다는 점 때문에 청교도 윤리의 다른 대표적 저술가보다 뛰어나 보인다. 장로파이자 웨스트민스터 종교 회의의 옹호자이면서도 (당시의 많은 위인처럼) 교리상으로는 점차 극성기 칼뱅주의에서 이탈하고 있었고, 또 모든 혁명과 종파심 및 '성도'의 광신적 열광 등을 싫어했기 때문에 크롬웰의 왕위 찬탈 반대자였으면서도 표면적 차이에는 매우 관대했고 적에게도 객관적이었던 그는, 자신의 활동 영역을 오직 종교적, 도덕적 생활의 실천적 장려라는 방향에서 찾았으며 (역사상 가장 성공적인 목회자의 한 사람으로서) 의회 정부, 크롬웰, 왕정복고 등을 거치면서도 이러한 활동에 봉사하는 데 진력하여[1] 마지막에는 왕정복고 시대('바르톨로뮤 대학살' 훨씬 이전)에 관직에서 은퇴했다. 그의《기독교 지도서A Christian Directory》는 청교도적 도덕 신학의 가장 포괄적인 편람으로서, 전체적으로 자신의 실천적 목회 경험에 입각한 책이다. 독일 경건주의의 대표자로는 슈페너의《신학적 고찰Theologische Bedenken》, 퀘이커교는 바클레이의《변명Apology》, 기타 금욕주의 윤리의 대표자 등은[2] 지면 관계로 가능한 한 주註에서 참조적으로 훑어보겠다.[3]

백스터의《성도의 영원한 안식The Saints' Everlasting Rest》과《기독교 지도서》또는 다른 사람들의 유사한 저작[4] 등에서 단번에 알 수 있는 것은 부[5]와 부의 획득에 대한 판단에서 신약성서의 에비온파적 요소를 강조하고 있다는 점이다.[6] 부 자체는 커다란 위험이며, 부에 대한 욕망은 끝이 없고, 부의 추구[7]는 신의 나라가 갖는 엄청난 중요성에 비하면 무의미할 뿐 아니라 도덕적으로도 위험하다. 성직자의 부가 그의 활동에 결코 방해되지 않고 오히려 매우 바람직스럽게도 성직자의 위신을 높여주며, 사람들의 분노를 사지 않는 한에서 성직자의 재산을 이윤 획득을 위해 투자하는 것도 허용한다고 본 칼뱅의 경우보다 백스터 등에게서 금욕이 현세적 재물의 획득 추구와 훨씬 심하게 대립하는 것으로 보인다.

화폐와 재물에 대한 추구를 죄악시하는 사례는 청교도의 저술에서 얼마든지 찾아낼 수 있으며, 이 점에서는 매우 너그러웠던 중세 말의 윤리적 문헌과 대비해볼 수 있다. 게다가 이러한 위험시는 매우 진지했기에 그것이 결정적인 윤리적 의미와 맺는 관련을 깨달으려면 조금만 더 주목해봐도 충분하다. 실질적으로 도덕적 비난의 대상은 재산을 갖고 휴식하는 것,[8] 부를 향락하여 태만과 정욕을 낳고 특히 '거룩한' 삶의 추구에서 이탈하는 것이었다. 그리고 재산을 죄악시한 것은 오직 그것이 이러한 안주의 위험을 수반하기 때문이었다. 왜냐하면 '성도의 영원한 안식'은 내세에 있기 때문에, 현세에서 인간은 자신의 구원을 확신하기 위해 "낮 동안은 자신을 보내신 이의 일을 행해야" 한다. 태만과 향락이 아니라 오직 행위만이 분명하게 계시받은 신의 뜻에 따라 신의 영광을 더하는 데 봉사한다.[9] 따라서 시간 낭비는 모든 죄 가운데 최고의 중죄다. 인생의 기간은 각자의 부르심을 '확인하기'에 너무나 짧고 소중하다. 사교, '무익한 잡담',[10] 사치[11] 등을 통한 시간 낭비, 건강에 필요한 만큼(여섯 시간에서 최고 여덟 시간)을 상회하는 수면으로 시간[12]의 낭비는 도덕적으로 절대적인 비난을 받는다.[13] 물론 프랭클린의 경우처럼 "시간은 돈이다"라고는 할 수 없었지만 그 말도 정신적인 의미에서는 어느 정도 적용된다. 즉 시간은 무한히 귀중하다. 왜냐하면 낭비한 모든 시간은 신의 영광에 봉사하는 노동에서 감해지기 때문이다.[14] 그러므로 비활동적인 명상은 적어도 직업 노동을 희생하고 행해진 한에서 무가치하고 궁극적으로는 단연 배척해야 한다고 한다.[15] 왜냐하면 명상은 직업에서 신의 뜻을 능동적으로 행하는 것보다 신을 덜 만족스럽게 하기 때문이다.[16] 이 밖에도 명상은 일요일도 할 수 있기 때문이다. 그래서 백스터는 직업에 태만한 자들이란 항상 신을 위한 시간이 있는 경우에도 그 시간을 신을 위해 쓰지 않는 자들이다.[17]

이처럼 백스터의 주요 저작에는 엄격하고 부단한 육체적 또는 정신적 노동에 대한 재차 반복되고 때로는 열정적이기까지 한 설교가 관통하고 있다.[18] 이 경우 두 가지 동기가 함께 작용한다.[19] 첫째, 노동은 오래전부터 인정된 금욕적 수단이다. 서양의 교회에서는 동양뿐 아니라 전 세계의 거의 모든 승려 규칙과 달리[20] 오래전부터 노동을 금욕 수단으로 평가해왔다.[21] 노동은 특히 청교도주의가 '부정한 생활'이라는 개념 아래 총괄시킨 모든 유혹에 대한 특수한 예방이며, 그 역할은 결코 작지 않다. 실제로 청교도주의에서 성적 금욕은 수도승의 금욕과 근본 원리에서 구별되는 게 아니라 단지 정도의 차이일 뿐이며 오히려 결혼 생활에도 적용되기 때문에 수도승의 금욕보다도 포괄적이다. 왜냐하면 부부간의 성교도 "생육하고 번성하라"는 계명에 따라 신의 영광을 더하기 위해 신이 뜻한 수단으로만 허용했기 때문이다.[22] 종교적 회의와 소심한 자기 질책을 방지하고 또한 모든 성적 유혹을 이겨내기 위해 (감식, 채식, 냉수욕 외에도) "네 직업에서 열심히 일하라"는 처방이 주어졌다.[23] 그러나 노동은 그 이상의 것이며, 무엇보다도 신이 지정한 삶의 자기 목적이다.[24] "일하지 않는 자는 먹지도 말라"는 바울의 명제는 무조건이고 만인에게 적용된다.[25] 노동 의욕의 결핍은 구원받지 못함의 징후다.[26]

이 점에서 중세적 태도와 불일치가 분명하게 나타난다. 토마스 아퀴나스도 앞의 바울의 명제를 해석하고 있다. 그러나 그에 따르면,[27]

노동은 개인과 전체의 삶을 유지하는 데 필요한 자연적 이치일 뿐이다. 그러한 목적이 사라지면 명령의 타당성도 중지된다. 그 명령의 효력은 모든 개인이 아니라 오직 인류에게만 적용될 뿐이다. 노동하지 않고도 자신의 재산으로 살아갈 수 있는 자에게는 그 명령이 무관하며, 따라서 당연하게도 신의 나라에서 하는 작용이 취하는 정신적 형식인 명상은 문자 그대로 해석된 계명보다 우위에 있다. 통속신학에서는 실제로 수도승의 '생산력' 중 최고 형태는 전적으로 기도와 성가 봉창을 통한 '교회 보고'의 증진이었다. 그러나 백스터는 윤리적 노동 의무에 대한 이러한 위반을 자명하게 폐지했을 뿐 아니라 부도 앞서의 무조건적 명령에서 벗어날 수는 없다는 원칙을 더욱더 강조했다.[28] 부자도 일하지 않으면 먹지 말아야 한다. 왜냐하면 부자가 자신의 욕구 충족을 위해 노동이 필요하지 않더라도 그가 가난한 자와 함께 복종해야 하는 신의 율법이 노동을 명령하기 때문이다.[29] 신의 섭리는 만인에게 아무 차별 없이 만인이 인식하고 일해야 하는 직업(소명)을 마련했으며, 이러한 작업은 루터주의에서처럼[30] 인간이 적응하고 만족해야 하는 운명이 아니라 신의 영광을 나타내기 위해 신이 각자에게 부과한 명령이다. 일견 사소해 보이는 이 미묘한 차이가 광범한 심리적 결과를 낳았으며, 이미 스콜라 철학에서도 볼 수 있는 경제적 세계에 대한 이른바 섭리적 해석의 계승 발전과 관련되어 있었다.

여기서도 토마스 아퀴나스를 인용하는 것이 최선의 방법인데, 그는 다른 모든 현상과 마찬가지로 사회의 분업과 직업 분화라는 현상을 신의 세계 계획이 직접 표출된 것으로 파악했다. 그러나 인간이 이러한 질서 안에 배치되는 것은 자연적 원인에서 나왔으며, 따라서 우연적이다(스콜라 철학의 용어에 따르면 'contingent'). 이미 보았듯이 루터는 객관적인 역사적 질서로 신의 뜻이 직접적으로 현출하여 인간이 주어진 신분과 직업에 배치되는 것, 신이 지정한 지위와 한계에 머무르는 것 등을 종교적 의무로 보았다.[31] 이는 '세상' 일반과 루터주의 신앙의 관계가 처음부터 불확실했고, 또 그런 상태로 남았기 때문에 더욱 그러했다.

세계에 대한 바울적인 무관심을 결코 탈피하지 못한 루터의 사상에서는 세계의 형성을 위한 윤리적 원리가 획득될 수 없었고, 따라서 세계를 현 상태 그대로 받아들여 종교적 의무로 규정하는 수밖에 없었다. 여기서도 청교도적 세계관에서 주장하는 사경제적 이해관계의 상호 작용이 갖는 섭리적 성격이 미묘한 차이를 나타낸다. 청교도주의의 프래그머티즘pragmatism*적 해석 도식에 충실하다면, 직업 분화의 섭리적 목적이 무엇인지는 그 분화의 열매를 보면 알 수 있다. 이 점은 백스터가 상세히 논하고 있는데, 이는 여러 점에서 애덤 스미스의 유명한 분업 찬양을 상기시킨다.[32] 직업의 전문화는 노동자의 숙련skill을 가능케 하기 때문에 노동 성과를 양적, 질적으로 증대시키며, 따라서 가능한 한 많은 사람의 복지와 동일한 보편적 복지 common best에 봉사한다. 여기까지는 그 동기 부여가 순전히 공리주의적이고 당시에 이미 세속적 문헌에서 널리 주장된 관점과 매우 유사한 반면,[33] 특별히 청교도적인 성격은 백스터가 자신의 설명 맨 앞에서 다음과 같은 주제를 제시할 때에 나타난다. "확실한 직업이 없

---

* 19세기 말에 미국을 중심으로 일어난 철학 사상으로 현대 미국의 대표적인 실용주의 철학이다.

는 경우 인간의 노동은 불규칙한 우연적 노동에 불과하며 노동보다
는 태만에 더 많은 시간을 낭비한다." 그리고 그는 다음과 같은 말로
그 설명을 맺고 있다. "그리고 그(직업 노동자)는 자신의 노동에 규칙
성을 부여하는 반면 그렇지 않은 자는 끝없는 혼란에 빠져 자신의
일할 장소와 시간을 알지 못한다.[34] …… 그러므로 확고한 직업certain
calling(다른 구절에서는 일정한 직업stated calling이라 되어 있다)은 모든 사
람에게 최선이다."

일반적인 날품팔이꾼의 불규칙한 노동은 경우에 따라 불가피하기
도 하나 결국은 바람직스럽지 못한 어중간한 상태다. '직업 없는 자'
의 삶에는 앞서 본 바 있는 현세적 금욕이 요구하는 체계적, 방법적
성격이 결여되어 있다. 퀘이커교 윤리에서 보더라도 인간의 직업 생
활은 금욕적 덕을 철저히 실행하는 것이며, 그가 자신의 직업에 전
념하면서 취하는 배려[35]와 방법에 작용하는 자신의 양심에서 구원을
증명하는 것이다. 노동 그 자체가 아니라 합리적 직업 노동이 바로
신이 원하는 바다.

루터에서처럼 청교도적인 직업 사상에서는 일단 신이 배당해준
운명에 만족하는 것이 아니라 직업적 금욕의 이러한 방법적 성격에
강조점이 놓인다.[36] 그러므로 여러 개의 직업을 가져도 되는가 하는
질문은 무조건 긍정의 답을 받는다. 단, 그것이 일반의 복지나 자신
의 복지[37]에 유익하고 누구에게도 해가 되지 않는 경우에, 여러 개의
직업을 가져서 비양심적unfaithful이 되지 않는 경우에 그렇다. 그뿐 아
니라 직업의 변경도 그것이 경솔한 게 아니라 신을 만족시키기 위해
서일 때,[38] 더 유용한 직업에 종사하라는 일반적 원리에 따른 변경일
때는 결코 그 자체를 비난할 만한 거라고 간주하지 않는다. 특히 어

떤 직업의 효용성과 그에 대응하는 신의 만족은 물론 첫째로는 도덕적 척도로, 다음에는 거기서 생산될 재화가 '전체'에 대해 갖는 중요성의 척도로 평가받지만, 세 번째로 실천적으로는 좀 더 중요한 관점인 사경제적 '수익성'으로 평가받는다.[39] 왜냐하면 청교도들이 삶의 구석구석에서 작용한다고 본 신이 그의 신도들 각자에게 하나의 이윤의 기회를 준다면, 이는 신 나름대로 의도가 있기 때문이다. 따라서 기독교 신자는 그 기회를 사용하여 그러한 부르심에 따라야만 한다.[40] "만일 신이 너에게 네 영혼이나 타인의 영혼에 해를 주지 않고 다른 방법보다 많은 이익을 거둘 수 있는 합법적 방법을 지시하는데, 네가 이를 마다하고 보다 적은 이익을 주는 방법을 따른다면, 너는 네 소명calling의 목적 하나를 역행한 것이며, 신의 대리인(집사)이 되는 것을 거부한 것이며, 신의 선물을 받아 신이 요구할 때 그 선물을 그를 위해 사용할 기회를 거부한 것이다. 당연히 육욕과 죄를 위해서가 아니라 진정 신을 위해서라면 부자가 되기 위해 노동해도 괜찮다."[41] 이렇게 부는 게으른 휴식과 죄 많은 삶의 향락에 대한 유혹으로서 위험시되었고, 부의 추구도 나중에 근심 없이 안일하게 살기 위한 것일 경우에만 위험시되었다.

반면에 직업 의무의 행사로서 부의 추구는 도덕적으로 허용될 뿐만 아니라 명령받은 것이기까지 하다.[42] 그에게 맡겨진 돈을 활용하여 증대하지 않았기 때문에 쫓겨난 종의 비유는 바로 이 점을 말하고 있다고 여겼다.[43] 빈곤해지는 것은 빈번히 논증했듯이 병들려는 것과 같은 말이다.[44] 그러한 바람은 위선이자 신의 영광을 해치는 것으로 비난받아야 한다. 그리고 노동 능력이 있는 자가 구걸하는 것은 나태이므로 죄일 뿐 아니라 사도의 말씀에 따르더라도 이웃 사랑에

위배된다.[45]

  확고한 직업의 금욕적 중요성을 강조한 것이 근대적인 전문 직업을 윤리적으로 신성시했듯이, 이윤 기회에 대한 섭리적 해석은 기업가를 신성하게 만들었다.[46] 영주의 고상한 방종과 벼락부자의 과시적 허세는 모두 금욕주의가 증오하는 것이다. 이에 반해 정직하게 자수성가한 부르주아는 대단한 윤리적 평가를 받았다.[47] 즉 "신이 그의 사업을 축복하신다"는 말은 성공적으로 신의 섭리를 수행한 성도[48]에 대한 상용어다. 그리고 바로 백스터의 충고에 따라 이 세상에서 신앙에 보상하시는 구약의 신이 갖는 권능[49]도 자신의 은총 상태를 성서에 나오는 위인의 영혼 상태와 비교하여 검증하고,[50] 성서의 구절을 '법조문처럼' 해석한 청교도들에게는 같은 방향으로 작용할 수밖에 없었다. 구약의 말씀 자체는 분명하지 않았다. 앞서 말했듯이 루터는《집회서》의 한 구절을 번역하면서 최초로 세속적 의미의 '직업' 개념을 사용했다. 그러나《집회서》는 그 전체 분위기에서 보면 헬레니즘의 영향을 받았는데도 (넓은 의미에서) 구약에 흐르는 전통주의적 요소에 속한다. 루터교의 독일 농민들이 오늘날까지도 이 책을 특별히 애호하는 듯이 보이고,[51] 또한 독일 경건주의의 광범한 조류 중에 루터주의적인 성격도《집회서》를 선호하는 것으로 표현하고 있음은 특징적인 사실이다.[52]

  청교도는 신적인 것과 피조물적인 것에 대한 그들의 단호한 양자택일에 따라 외전을 성령으로 한 게 아니라 하여 거부했다.[53] 그런 만큼 더욱더 경전 중에《욥기*Book of Job*》가 강력한 영향을 미쳤다. 왜냐하면《욥기》는 바로 칼뱅주의적 관점에 매우 적합한 요소인 인간적 척도로 잴 수 없는 신의 절대 지고한 존엄성에 대한 장엄한 찬미를,

다른 한편에서 칼뱅에게는 부차적이었지만 청교도주의에는 중요한 것으로서 마지막에 재차 부각된, 신은 택함을 받은 자에게 지상의 삶에서뿐만 아니라(《욥기》에서는 오직 이 지상의 삶에서뿐이지만) 물질적인 면에서도 축복을 주신다는 확신과 결합했기 때문이다.[54] 백스터가《고린도전서》중 직업 개념에 구성적인 구절들이 갖는 전통주의적 색채를 무시했듯이,《시편》과 솔로몬의《잠언》중 정취가 넘치는 많은 구절에 나타나는 동양적 정적주의도 무시했다. 그 대신에 구약 중에서 형식적 합법성을 신이 만족하는 품행의 표지로 찬미하는 구절에 더 많은 역점을 두었다.

모세의 율법이 신약으로 효력을 박탈당한 것은 오직 그 율법이 유대 민족에 대한 의식적儀式的이고 역사적으로 제약된 명령을 포함하는 한에서 그러할 뿐이고 그 밖의 경우에는 '자연법'의 표현으로서 예로부터 내려온 그 타당성을 아직도 갖고 보존하고 있다는 이론[55]은, 한편으로 근대적 삶에 결코 적용할 수 없는 규정의 배제를 가능케 했고 다른 한편으로는 구약 윤리의 수많은 유사점을 통해 프로테스탄티즘의 현세적 금욕에 고유한 이른바 독선적이고 냉정한 합법적 정신의 강화에 자유로운 길을 열어주었다.[56] 그러므로 이미 동시대인들이 빈번히 그랬듯이, 그 이후의 저술가들 역시 영국 청교도주의의 윤리적 기본 정조를 '영국적 히브리주의'라고 표현했을 때[57] 그것은 올바로 이해되기만 한다면 철저히 옳은 말이다. 단, 이 경우 염두에 둬야 할 것은 구약 성립기의 팔레스타인 유대교가 아니라 수세기에 걸친 형식주의적, 법률적 교육과 탈무드적 교육의 영향 아래서 점차 형성된 유대교라는 점이며, 이때도 그 비교는 매우 신중해야 한다. 대체로 삶 자체를 소박하게 평가하는 쪽으로 기울던 옛 유대교의 분위기는 청교도주의의 특성과는 거리가 멀다. 또한 이것도 간과해서는 안 되는데 자본주의적 에토스의 발전을 결정했던 특징이란 면에서 보더라도 중세와 근대 유대교의 경제 윤리는 프로테스탄티즘과 거리가 멀다. 유대교는 정치나 투기에 의존하던 '모험가' 자본주의에 속한다. 즉 유대교의 에토스는 한마디로 말해 천민자본주의의 에토스다. 청교도주의는 합리적인 부르주아 경영과 노동의 합리적 조직화를 수행했다. 청교도주의는 유대교 윤리 중에서 이러한 테두리에 적합한 것만을 취택했다.

구약성서적인 규범이 삶에 깊이 스며든 결과로 나타난 성격을 제시하는 것은 매우 흥미로운 과제지만 지금까지 한 번도 유대교에서조차 해결된 적이 없고[58] 본 서술의 한계에서 불가능하다. 청교도의 전반적인 내면 상태를 위해서는 앞서 언급된 관계 말고도 신의 선민사상이 청교도들에게서 굉장한 부활을 보았다는 사실이 우선 고찰 대상이다.[59] 온건한 백스터조차도 신이 자신을 다른 곳이 아닌 영국에서, 참된 교회에서 태어나게 했다는 사실에 신에게 감사했을 정도로, 신의 은총으로 얻은 자신의 완전성에 감사하는 이러한 마음은 청교도적 시민 계급의 생활 분위기를[60] 지배했으며 자본주의의 영웅적 시기의 대표자들에게 고유했던 형식주의적으로 엄격하고 강인한 성격을 낳게 했다.

이제 특히 청교도적 직업관과 금욕적 생활 방식의 요구가 직접 자본주의적 생활 양식의 발전에 영향을 준 게 분명한 점들을 밝혀보자. 앞에서 말했듯이 금욕주의가 전력을 기울여 반대한 것은 특히 삶과 삶이 제공하는 쾌락의 거리낌 없는 향유였다. 이 특성이 가장 분명하게 나타난 것은, 제임스 1세와 찰스 1세가 청교도주의를 탄압하려는 공공연한 목적에서 법률화하고 청교도의 모든 설교단에서 낭독할 것을 명한《스포츠령Book of Sports》을 둘러싼 투쟁에서였다.[61] 일요일에 예배 시간 외에는 일정한 통속적 오락을 법적으로 허용한다는 왕의 법령에 청교도가 그토록 저항한 것은 단지 안식일의 휴식을 문란하게 해서만이 아니라 청교도가 세워놓은 성도의 질서 있는 생활 방식을 고의로 송두리째 교란시켰기 때문이다. 그리고 왕이 그러한 오락의 합법성에 대한 모든 공격을 중벌로 위협한 것도 그 목적은 반권위적이고 금욕적인 특성, 따라서 국가에 위험한 특성을 분쇄하기 위해서였다. 마치 오늘날 자본주의 사회가 노동자의 계급적 도덕과 반권위적인 노조 연맹에 반대하여 '노동을 원하는 자'를 보호하는 것처럼, 군주적이고 봉건적인 사회는 발흥하는 부르주아의 도덕과 반권위적이고 금욕적인 가정 집회에 반대해서 '오락을 원하는 자'를 보호했다. 그에 대해 청교도들은 그들의 결정적 특징인 금욕적 생활 방식의 원리를 대립시켰다. 왜냐하면 일반적으로 오락에 대한 청교도주의의 혐오는, 심지어 퀘이커교도들에게조차 결코 원천적이지 않았기 때문이다. 단, 오락은 합리적 목적, 즉 육체적 활동력을 위해 필요한 기분 풀이를 위해서만 사용해야 했다. 그에 반해 그들에게 무절제한 충동의 방자한 충족 수단으로서 오락은 위험한 것이었으며, 오락이 순수한 향락 수단이 되거나 경기에서 공명심, 조야한 본능, 비합리적인 내기 욕구 등을 일으킨다면 분명 거부해야 했다. 직업 노동과 신앙에서 벗어나는 충동적 삶의 향락은 '봉건 영주'의 스포츠건, 아니면 평민들의 무도장이나 술집 출입이건 간에 그 자체가 합리적 금욕의 적이었다.[62]

따라서 직접적으로 종교적인 것으로 평가를 받지 못하는 문화재에 대한 태도도 불신과 적의의 태도였다. 그렇다고 청교도주의의 생활 이상 안에 문화를 멸시하는 음울한 속물근성이 들어 있었다는 말은 아니다. 적어도 과학에 대해서는 (스콜라 철학에 대한 혐오를 제외하고) 정반대되는 말이 옳다. 그 밖에도 청교도 운동의 위대한 대표자들은 르네상스의 교양에 깊이 물들어 있었다. 즉 그 운동 중 장로파의 설교는 고전주의에 푹 빠져 있었고,[63] 급진파의 설교에서도 고전주의에 저항감을 느꼈음에도 그러한 학식을 신학 논쟁에서 마다하지 않았다. 아마 뉴잉글랜드 성립기의 첫 세대만큼 '대학 졸업자'가 많았던 지방은 없을 것이다.

가령 버틀러*의 《휴디브라스Hudibras》 같은 적대자의 풍자도 바로 청교도의 이론적 학식과 훈련된 변증술을 겨냥했다. 이는 부분적으로 가톨릭의 '무지한 신앙'에 대한 태도에서 귀결된 지식에 대한 종교적 평가와 관련 있다. 그러나 과학 외의 문헌[64]과 감각적 예술은 달랐다. 이 경우 옛 영국의 즐거운 생활 위에 서리처럼 금욕이 내렸음은 두말할 필요가 없다. 세속적인 축제만 그런 것은 아니다. '미신' 냄새가 나는 모든 것, 마술적 혹은 신비적 은총 부여를 상기시키는 모든 것에 대한 청교도의 격한 증오는 5월제 놀이[65]와 교회의 소박한 예술 행사뿐 아니라 크리스마스 축제마저도 박해했다. 네덜란드에서 위대하고 때로는 난잡한 사실주의적 예술이 발전할 수 있었다는 것은[66] 잠깐의 칼뱅주의적 신정 정치 지배가 좀 더 온건한 국가 교회로 완화되어 칼뱅주의의 금욕주의적 호소력이 현저히 상실된 이후에, 그러한 금욕적 노선에 따라 권위적으로 수행된 습속 통제가

---

*   Samuel Butler, 1612~1680. 영국의 풍자 시인이다.

영주와 도시 귀족(일종의 지대 수익 계층)의 영향과 부유해진 소시민의 생활 향락에 거의 대처할 수 없었음을 보여주는 것에 불과하다.[67]

극장은 청교도에게 배척 대상이었고,[68] 문학과 예술에서 에로틱한 것과 나체를 엄격히 불허하는 점에서는 그보다 더 과격한 견해가 있을 수 없었다. '잡담', '불필요한 것',[69] '허황된 과시' 등의 개념(이 모든 말은 비합리적이고 무목적적이며 따라서 금욕적이 아니며, 특히 신의 영광이 아니라 인간의 영광을 위한 거라는 함축을 가진다)이 냉정한 합목적성을 결정적으로 옹호하고 모든 예술적 동기의 사용을 반대하는 데서 자주 사용했다. 이는 가령 복장[70]처럼 순전히 개인적인 취향이 문제 되는 곳에서도 그대로 적용되었다. 오늘날 생산의 '규격화'에 대한 자본주의적 관심[71]이 야기하고 있는 이른바 생활 양식 획일화의 강력한 경향은 '피조물 신격화'의 거부에 그 이념적 근거가 있다.[72] 그렇지만 청교도주의는 모순적인 점들을 내포하고 있었는데, 그 지도자들은 예술의 초시대적 위대성에 대해 '왕당파'의 생활 분위기에서 더 뛰어난 본능적 감각을 갖고 있었고,[73] 또한 그 '품행'이 청교도적 신의 눈으로 보자면 결코 구원을 얻을 수 없는 것으로 보였을 렘브란트 같은 희대의 천재가 창작 방향에서 그의 종파적 분위기에 본질적인 영향을 받았다는 사실 등을 잊어서는 안 된다.[74] 그러나 청교도적 생활 분위기의 신장을 수반할 수 있었고 또 실제로 규정한 인격의 강력한 내면화가 문학에서만 주로 유리하게 작용했고, 그것도 이후의 세대에 가서야 그랬다는 점에서 전체적인 모습은 달라질 것이 없다.

이 모든 방향에 대한 청교도주의의 영향에 대해 깊이 들어갈 수는 없으나 다음 한 가지 사실은 지적할 수 있다. 순수하게 심미적인 향락이나 스포츠의 향락을 제공하는 문화재에 대한 애호의 허용에는 언제나 하나의 특정적인 한계가 있다는 것이다. 즉 향락을 위해서는 아무것도 지출해서는 안 된다. 인간은 신의 은총으로 주어진 재화의 관리인일 뿐이고 성서에 나오는 종처럼 위탁받은 단 한 푼의 돈도 보고를 올려야 하며,[75] 그중 얼마를 신의 영광이 아닌 자신의 향락을 목적으로 지출하는 것은 어느 정도 위험한 일이다.[76] 장님이 아니라면 이러한 견해의 대변자들을 오늘날에도 찾아볼 수 있다.[77] 인간은 자신에게 위탁된 재산에 봉사하는 관리자로서, 아니면 아예 '영리 기계'로서 복종해야 할 의무가 있다는 사상이 삶을 냉혹한 무게로 짓누르고 있다. 재산이 증가하면 할수록(금욕적 생활 태도가 시련을 이겨내는 경우) 신의 영광을 위해 그 재산이 감소하지 않도록 보존하고 부단한 노동을 통해 증대시켜야 한다는 책임감은 더욱더 무거워진다. 물론 이러한 생활 방식의 발생도 근대적 자본주의 정신의 여러 많은 구성 요소와 마찬가지로, 그 개별적 연원이 중세에까지 소급된다.[78] 그러나 이 생활 방식은 금욕적 프로테스탄티즘의 윤리에서 비로소 그 철저한 윤리적 토대를 발견했다. 자본주의 발전에서 이 생활 방식의 중요성은 자명하다.[79]

지금까지 말한 내용을 요약한다면, 현세적인 프로테스탄트의 금욕은 전력을 다해 재산 낭비적 향락에 반대해왔고 소비, 특히 사치재 소비를 봉쇄해버렸다. 반면에 이 금욕은 재화 획득을 전통주의적인 윤리의 장애에서 해방하는 심리적 결과를 낳았으며, 이익 추구를 합법화했을 뿐 아니라 (앞서 말한 의미에서) 직접 신의 뜻이라고 간주하여 이익 추구에 대한 질곡을 뚫고 나왔다. 육욕과 외적 재화에 집착하는 데 대한 투쟁은, 청교도 외에도 퀘이커교의 위대한 호교론자인 바클레이가 입증했듯이, 합리적 영리 활동에 대한 투쟁이 아니라 재산의 비합리적 사용에 대한 투쟁이었다. 그런데 이러한 비합리적 사용은, 특히 신의 뜻에 따라 개인과 전체의 생활 목적을 위해 합리적이고 공리주의적으로 사용하는 대신에 피조물 신격화로 비난받은[80] 봉건적 감각에 맞는 과시적 형태의 사치를 높이 평가하는 데서 나타난다. 합리적 사용은 재산가에게 고행[81]의 강요가 아니라 그의 재산을 필요하고 실천적으로 유용한 일에 사용하는 것이었다. '위안'이라는 개념은 윤리적으로 허용되는 사용 목적의 범위를 특징적으로 포괄하고 있다. 그러므로 이 개념에 결부된 생활 방식의 발전이 이러한 생활관의 가장 철저한 대변자들인 퀘이커교도들에게서 가장 먼저, 가장 명확하게 관찰된 것은 우연이 아니다. 견고하지 못한 경제적 토대에 따라 냉정한 소박함보다 낡아빠진 우아함을 선호하던 기사풍의 화려함이 주는 허식과 외관에 반대해서 퀘이커교도는 부르주아적 '가정'의 조촐하고 견고한 위안을 이상으로 삼았다.[82]

사경제적 부의 생산이라는 면에서는 금욕이 부정직뿐 아니라 순수한 본능적 소유욕과도 투쟁했다. 왜냐하면 이러한 소유욕은 '탐욕', '배금주의' 등으로 비난받았기 때문이다. 즉 부유해지는 것 자체를 궁극 목적으로 삼는 부의 추구이기 때문이었다. 소유 그 자체는 유혹이다. 그러나 여기서 금욕은 '항상 선을 원하면서도 항상 악(소유와 그 유혹이라는 의미에서의 악)을 낳는' 힘이었다. 왜냐하면 금욕주의는 구약성서에 따라 그리고 '선행'에 대한 윤리적 평가와 똑같이, 물론 목적으로서 추구하는 부를 비난받아야 할 최악으로 보면서도 직업 노동의 열매인 부의 획득은 신의 축복이라 보았기 때문이다. 그뿐 아니라 더 중요한 것은 다음과 같은 사실이다. 즉 부단하고 지속적이며 체계적인 세속적 직업 노동을 단적인 최고의 금욕적 수단이자 동시에 거듭난 자와 그 신앙의 진실성에 대한 가장 확실하고 분명한 증명이라고 간주한 종교적 평가는, 우리가 이 책에서 자본주의 '정신'이라 부르는 생활관의 확장을 위해 생각할 수 있는 가장 강력한 지렛대가 아닐 수 없었다.[83] 그리고 우리가 앞서 말한 소비의 봉쇄를 영리 추구의 이러한 해방과 관련시킨다면 그 외적인 결론, 즉 금욕주의적 절약 강박을 통한 자본 형성은 쉽게 얻을 수 있다.[84] 벌어들인 것의 낭비를 막는 것이 투자 자본으로서 생산적 사용을 야기한 것은 말할 필요도 없다. 이러한 영향이 얼마나 강했는가를 수적으로 정확히 규정하는 것은 불가능하다. 그러한 관련이 뉴잉글랜드에서는 매우 뚜렷이 나타났기 때문에 이미 도일Doyle과 같이 탁월한 역사가의 눈에는 그것이 보이지 않을 수 없었다.[85]

그러나 엄격한 칼뱅주의의 지배를 7년밖에 받지 않았던 네덜란드에서도, 종교적으로 독실한 사람들은 거대한 부에도 매우 소박한 생활을 했기 때문에 막대한 자본 축적열이 일어났다.[86] 또한 모든 시대, 모든 곳에 존재했고 오늘날 우리에게도 분명 작용하고 있는 시민적 재산의 '귀족화' 경향이 봉건적 생활 형태에 대한 청교도주의의 반감 때문에 상당한 저지를 당하지 않을 수 없었음도 분명하다. 17세기 영국의 중상주의 저술가들은 네덜란드의 자본력이 영국을 누른 사실의 원인을, 영국과 달리 네덜란드에서는 새로 벌어들인 재산이 대체로 토지에 대한 투자(왜냐하면 토지 구입만이 문제 된 것이 아니므로)와 봉건적 생활 방식으로 이행하는 것 등을 통해 귀족화를 추구하지 않았고, 따라서 자본주의적으로 이용할 기회를 가졌다는 데 두었다.[87] 청교도들도 농업을 특히 중요하게 여기고 신앙에 적합한 영리 부문으로 여기지 않은 것은 아니나 (예를 들어 백스터의 경우) 영주가 아니라 자작농과 차지농에게만 적용되었으며, 18세기에는 농업 귀족이 아니라 '합리적' 농업 경영자에게만 적용되었다.[88] 17세기 이후의 영국 사회는 '좋았던 옛날의 영국'을 대표하는 '지주 계급'과 불안정한 사회적 힘을 가진 청교도로 양분되었다.[89] 거리낌 없이 소박하게 삶을 즐기는 것과 엄격히 통제되고 억제된 자기 규제 및 관습적인 윤리적 구속, 이 두 특징은 오늘날에도 영국인의 '민족성'의 모습에 나란히 나타난다.[90] 마찬가지로 북미 식민화의 초기 역사에도 연기年期 고용인의 노동력으로 농장을 건설하고 영주처럼 살려 한 '모험가'와 특별히 부르주아적인 생각을 하는 청교도의 날카로운 대립이 나타난다.[91]

청교도적 인생관의 힘이 미치던 한에서 이 인생관은 모든 상황에서(이는 물론 단순히 자본 형성을 조성한 것보다 더 중요한데) 부르주아적이고 경제적으로 합리적인 생활 방식의 경향을 부추겼다. 그 인생관은 이러한 생활 방식에 본질적이었고, 특히 그 생활 방식의 유일하게 철저한 담당자였다. 그 인생관은 근대적 '경제인'의 요람이었다. 물론 이러한 청교도적 생활 이상은 청교도들도 잘 알고 있던 부의 '유혹'이 주는 너무나 강한 시련에 부딪혀 제대로 힘을 발휘하지 못했다. 우리가 매우 규칙적으로 발견하는 점은, 청교도 정신의 가장 참된 추종자들이 상승하는 소시민, 농민 계층에서[92] 나오지만 퀘이커교도 중에서도 '부유한 사람'은 너무 쉽게 초기의 이상을 부정하는 경향이 있다는 사실이다.[93] 이는 현세적 금욕의 선구자, 다시 말해 중세의 수도원 금욕이 부단히 겪던 것과 같은 운명이었다. 즉 수도원 금욕에서는 엄격히 규제된 생활과 억제된 소비에 근거해 합리적 경제 활동이 그 결과를 충분히 발휘하게 될 경우 (교회 분열 이전의 시대에도 그러했듯이) 획득된 재산은 귀족화에 빠지든지, 아니면 수도원의 규율을 망칠 정도로 위태로워져 수많은 '개혁'의 시도를 불가피하게 했다. 어떤 의미에서 수도원 규율의 전 역사는 재산의 세속화 경향이라는 문제와 벌이는 끝없는 투쟁이다. 이는 청교도주의의 현세적 금욕에도 상당한 정도로 적용된다. 18세기 말경 영국 산업의 번창에 앞서 있었던 감리교의 강력한 '부활'은 바로 그러한 수도원 개혁에 적절히 비견될 만하다.

이 자리에서 지금까지 말한 모든 것에 대한 모토로 사용할 만한 한 구절을 존 웨슬리에게서 인용할 수 있다.[94] 왜냐하면 그 구절은 금욕적 종파의 대표자들 스스로 여기서 논급된 일견 매우 역설적인 관련을 얼마나 완벽하게, 심지어는 철저히 이 책에서 전개된 의미로 분명히 파악하고 있는지를 보여주기 때문이다.[95] 그는 다음과 같이 썼다.

"나는 부가 증대될 때마다 종교의 내용이 그만큼 감소한 것을 염려한다. 따라서 나는 문제의 성격상 어떤 참된 신앙의 부흥이 오래 지속될 수 있으려면 어떻게 해야 할지를 모른다. 왜냐하면 종교는 필연적으로 근면industry과 절약frugality을 낳을 수밖에 없는데, 이는 바로 부를 수반할 수밖에 없기 때문이다. 그러나 부가 증대하면 자만과 열정과 세속적 애착이 그 모든 형태로 또한 증가한다. 그러므로 심정의 종교인 감리교가 현재는 푸른 나무처럼 한창일지라도 그러한 상태로 계속 유지될 수 있을까? 감리교도들은 도처에서 근면하고 절약한다. 따라서 그들의 재산은 늘어난다. 그렇다면 그에 따라 감리교도들은 육체적이고 세속적인 욕정에 대한 자만과 열정, 삶의 교만함을 성장시키는 것이다. 물론 종교의 형식은 그대로이나 정신은 점차 사라져간다. 순수한 종교의 이러한 점진적 타락을 방지할 수단은 없는가? 우리는 사람들이 부지런하고 절약하는 것을 막을 수 없다. 우리는 모든 기독교인에게 그들이 얻을 수 있는 모든 것을 얻도록 권고하고, 그들이 절약할 수 있는 모든 것을 절약하도록 권해야만 한다." (이 구절 다음에는 "벌 수 있는 모든 것을 벌고, 절약할 수 있는 모든 것을 절약한" 자는, 은총에서 성장하고 하늘에 재산을 쌓기 위해 "그가 베풀 수 있는 모든 것"도 "베풀라"는 권고가 나온다.) 금방 알 수 있듯이 이 글은 그 세부적인 면에 이르기까지 우리 책에서 밝혀내고자 한 부분과 관련이 있다.[96]

금욕주의적인 교육 효과를 낳은 점에서 우선 경제 발전에 중요했던 이러한 강력한 종교적 운동이 위에서 웨슬리가 말한 것과 같은 경제적 결과를 뚜렷이 드러낸 것은, 대개 순수한 종교적 열광의 정점이 이미 지나간 뒤에 신의 왕국에 대한 추구의 투쟁이 점차 냉정한 직업적 덕으로 해소되기 시작하여 종교적 뿌리가 서서히 말라 죽고 공리주의적 현세주의가 나타난 이후의 일이다. 다우든*의 말을 빌린다면, 대중의 상상력 안에서 하늘나라를 향한 내면적인 고독한 추구를 하며 '허영의 대지'를 통과해서 서둘러 나가는 버니언의 '순례자' 대신에 전도 활동도 겸하는 고립된 경제인인 '로빈슨 크루소'가[97] 등장한 것이다. 그에 더하여 '두 세계를 이용하라'는 원칙이 지배적인 것이 되어버리면 결국 이미 다우든도 언급했듯이 선한 양심은 '부드러운 베개'에 관한 독일 속담이 잘 표현하고 있듯이 안락한 부르주아

* Edward Dowden, 1843~1913. 아일랜드의 비평가, 전기작가, 시인이다.

의 삶을 위한 수단으로 간주할 수밖에 없었다.

종교적으로 활발하던 17세기가 공리주의적 상속자에게 남겨준 것은 화폐 취득이 합법적 형태로만 이루어지는 한에서 지극히 선한(바리새인처럼 선하다고 말해도 틀림이 없을) 양심이었다. '신을 만족시키기에는 지난하다'는 말은 흔적도 없이 사라졌다.[98] 특징적인 부르주아적 직업 에토스가 성립한 것이다. 신의 충만한 은총 안에 있고 분명한 축복을 받았다는 의식을 가진 부르주아 기업가는, 형식적 정당성의 한계를 지키고 도덕적 품행이 나무랄 데 없으며 부를 사용하는 것이 해가 되지 않는 한 자신의 영리적 관심을 따를 수 있었고 또 그래야만 했다. 그 외에도 종교적 금욕의 힘은 기업가들에게 성실하고 양심적이고 대단한 노동 능력을 가진 동시에 신이 원하는 삶의 목적으로서 노동에 매진하는 노동자들을 제공해주었다.[99] 게다가 종교적 금욕의 힘은 현세에서 불평등한 재화의 분배가 전적으로 신의 섭리에 따른 특수한 작용이라는 만족스러운 확신을 제공했다. 신의 섭리가 특수한 개별적 은총과 이러한 차별을 통해 우리가 알 수 없는 은밀한 목적을 수행한다는 것이다.[100]

이미 칼뱅도 종종 인용되는 다음과 같은 말을 했다. 즉 '민중', 다시 말해 노동자와 수공업자 대중은 오직 빈곤한 경우에만 신에게 복종한다는 것이다.[101] 네덜란드인들(피터르 드 라 카우르트 등)은 이 말을 '세속화'하여 대중은 오직 빈곤을 통해서만 노동하게 만들 수 있다고 했고, 자본주의 경제의 주요 동기를 이와 같이 규정함으로써 저임금의 '생산성'에 대한 이론이 나타난 것이다. 이 경우에도 우리가 재차 관찰해온 발전 도식을 그대로 따라서, 종교적 뿌리가 말라버린 후에는 원래의 사상이 공리주의적 경향을 보이게 되었다. 중세의 윤리는 구걸을 용인했을 뿐 아니라 탁발 수도회에서는 찬양하기까지 했다. 세속의 거지도 유산자들에게 동냥을 통한 선행의 기회를 제공한다는 이유에서 때로는 '신분'으로 취급하고 평가받았다. 스튜어트 영국 국교회의 사회 윤리조차 내면적으로는 이러한 태도에 매우 가까웠다. 이 점에서 근본적인 변화를 낳은 영국의 가혹한 구빈법의 입법에 작용한 것이 청교도의 금욕주의다. 이 금욕주의가 그럴 수 있었던 것은 프로테스탄트 종파들과 엄격한 청교도 교단들 내부에는 실제로 구걸이란 것을 찾아볼 수 없었기 때문이다.[102]

다른 면, 즉 노동자의 경우를 보면, 예컨대 친첸도르프류의 경건주의는 영리를 추구하지 않는 직업에 충실한 노동자를 사도의 모범에 따라 살고 따라서 제자의 은혜로운 능력을 받은 노동자라 하여 찬미했다.[103] 이와 유사한 관점이 침례파 초기에는 더 극단적으로 퍼져 있었다. 물론 거의 모든 종파의 금욕주의 문헌 전체는 생활을 위해 노동 이외에는 기회가 없던 이들이 저임금에도 노동에 충실한 것이 신을 매우 만족시키는 거라는 관점으로 가득 차 있었다. 그 점에서 프로테스탄트적 금욕 자체는 아무런 새로운 점이 없다. 그러나 프로테스탄트적 금욕은 이러한 관점을 매우 강력하게 심화시켰을 뿐 아니라 그 규범이 통용되기 위해서 유일하게 중요한 것을 만들어냈다. 즉 이 노동을 직업(소명)으로, 구원을 확신하기 위해 가장 좋은 그리고 궁극적으로는 유일하기도 한 수단으로 파악하여 심리적 동인을 만들어냈다.[104] 그리고 이 금욕은 다른 면에서 기업가의 화폐 취득도 '소명'이라 해석하여, 위와 같이 특별히 노동 의욕을 가진 자들에 대한 착취를 정당화했다.[105] 분명한 것은 직업으로서 노동의 의무를 이행하여 신의 나라를 배타적으로 추구하고 교회 규율이 당연히 무산 계급에 강제한 엄격한 금욕은 자본주의적 의미에서 노동 '생산성'을 강력히 촉진할 수밖에 없었다는 것이다.

영리 활동을 '소명'으로 보는 것이 근대 기업가의 특징이듯이 노동을 '소명'으로 보는 것도 근대 노동자의 특징이다. 윌리엄 페티 경처럼 예리한 영국 국교도의 관찰자가 17세기 네덜란드의 경제력을 설명하면서 네덜란드에는 '노동과 산업을 신에 대한 의무로' 여기는 '비국교도'(칼뱅주의자와 침례교도)가 특히 많다는 점을 그 원인으로 삼았는데 이는 당시에는 새로웠던 그 상황에 대한 진술이었다. 스튜어트 치하의 영국 국교회, 특히 로드*의 사상에서 취한 형태인 국가 재정적, 독점적 경향의 '유기적' 사회 제도(이는 기독교적, 사회적 하부 구조의 토대 위에 세워진 국가와 교회와 '독점가'들의 동맹이다)에 대해, 이러한 종류의 국가 특권적인 상인적, 선대제적, 식민지적 자본주의에 대한 철저하고 격렬한 반대자들을 대표하는 청교도주의는 개인적인 수완과 창의성을 통한 합리적인 합법적 영리 활동이라는 개인주의적인 동인을 대립시켰다. 이 동인은 국가 특권적인 독점 산업이 영국에서 곧장 와해된 반면, 당국의 권력에 의존하지 않고 오히려 때로는 그 권력에도 그 권력에 대항해서 성립한 산업의 구축에 결정적인 작용을 했다.[106]

청교도들(프린Prynne, 파커Parker)은 대자본가적 특질을 가진 '궁신宮臣과 투기업자'들과 하는 연합을 윤리적으로 위험한 계급과 하는 연

---

* William Laud, 1573~1645. 영국의 성직자다. 찰스 1세에게 중용되어 의회와 벌인 싸움에서 왕을 도왔으며 청교도와 기타의 종교적 반대파들을 박해했다. 그 결과 하원에서 재판을 받고 처형되었다.

합이라 하여 거부했고 자신들의 우울한 부르주아적 기업 도덕에 긍지를 가졌는데, 이 점이 궁신과 투기업자들이 박해를 한 진정한 원인이었다. 디포*도 은행 어음을 보이콧하고 예금을 해약하여 비국교도에 대한 투쟁에서 승리하자고 제안했다. 이 두 종류의 자본주의 간 대립은 종교적 대립과 매우 일치했다. 비국교도 반대자들은 18세기에도 비국교도들이 '소상인 정신'의 대표자라 하여 조롱하고 옛 영국의 이상을 더럽히는 자라 하여 박해해 마지않았다. 청교도적 경제 에토스와 유대적 에토스를 구별하는 근거가 바로 이 점이며, 이미 동시대인(프린)도 후자가 아니라 전자가 부르주아 경제 에토스를 가졌다는 사실을 알고 있었다.[107]

근대적 자본주의 정신뿐 아니라 근대적 문화에 구성적 요소 중 하나인 직업 사상에 입각한 합리적 생활 방식(이 책이 증명하려는 점인데)은 기독교적 금욕의 정신에서 탄생했다. 이 책의 첫머리에서 인용한 프랭클린의 글을 다시 한번 읽어보면, '자본주의 정신'이라 표현한 사고방식의 본질적 요소는 방금 전에 청교도적 직업 금욕의 내용으로 말한 것이며[108] 단지 프랭클린의 경우에는 이미 사라져버린 종교적 정초를 제외한 것에 지나지 않음을 알 수 있다.. 근대적 직업 노동이 일종의 금욕적 특성을 가지고 있다는 사상은 결코 새로운 게 아니다. 전문 노동에 국한하고 그에 따르는 인간의 파우스트적 전면성의 포기는 오늘날의 세계에서 가치 있는 행위를 위한 전제이며, 따라서 '행위'와 '체념'은 어쩔 수 없이 서로를 제약한다. 즉 부르주아적 생활 양식의 금욕적 기본 동기는 (만일 그것이 무양식이 아니라 적

* Daniel Defoe, 1660~1731. 영국의 소설가로 대표작으로《로빈슨 크루소》가 있다.

어도 하나의 양식이고자 한다면) 완숙한 인생관의 경지에 선 괴테 역시《빌헬름 마이스터의 편력 시대*Wilhelm Meisters Wanderjahre oder die Entsagenden*》와 파우스트의 임종에서 우리에게 가르치려 했던 것이다.[109] 괴테에게 이러한 인식은 완전하고 아름다운 인간의 시대에 대한 체념적인 이별을 뜻했다. 고대의 아테네 전성기가 다시 올 수 없듯이 그 시대 역시 우리의 문화 발전 과정에서 다시 오지 않을 것이다.

청교도는 직업인이기를 바랐다. 반면에 우리는 직업인일 수밖에 없다. 왜냐하면 금욕이 수도원의 방에서 나와 직업 생활로 옮겨가고 현세적 윤리가 지배하기 시작하면서, 이 금욕은 나름대로 기계적 생산의 기술적, 경제적 전제에 의존하는 근대적 경제 질서의 강력한 우주를 구축하는 데 일조했기 때문이다. 이 우주는 오늘날 이러한 동력기 안에서 태어나는 모든 사람(단지 직접 경제적 영리 활동을 하는 사람뿐 아니라)의 생활 양식을 압도적인 강제력으로 규정하고 있으며, 또한 그 마지막 화석 연료가 다 탈 때까지 아마 규정할 것이다. 백스터의 견해에 따르면, 외적인 재화에 대한 배려는 마치 '언제든지 벗을 수 있는 얇은 겉옷'처럼 성도의 어깨에 놓여 있어야만 한다.[110] 그러나 운명은 이 겉옷을 강철 같은 겉껍질로 만들어버렸다. 금욕이 세계를 변혁하고 세속에 작용하기 시작하자 이 세상의 외적인 재화는 역사에서 유례를 찾을 수 없을 정도로 인간에 대한 힘을 증대시켜갔고, 마침내는 벗어날 수 없는 것이 되었다. 오늘날 이 정신은 그 겉껍질에서 사라져버렸다(영원히 그런 것인지 아닌지는 그 누구도 모른다). 어쨌든 승리를 거둔 자본주의는 기계적 도태에 입각하는 한 그와 같은 지지가 더는 필요하지 않다. 그 정신의 유쾌한 후계자인 계몽주의의 장밋빛 분위기도 영원히 바래버린 듯하고, '직업 의무'라는 사상은 이전의 종교적 신앙 내용의 망령처럼 우리의 삶에서 배회하고 있다.

'직업 이행'이 최고의 정신적인 문화적 가치와 직접적으로 관련이 없는 경우, 또는 거꾸로 말해서 그 이행이 주관적으로도 경제적 강제 이상의 것으로는 느껴지지 않는 경우인 오늘날, 개인들은 대개 직업 이행에 대한 해석을 포기한다. 현재 영리 추구가 가장 자유로운 곳인 미국에서 종교적, 윤리적 의미를 박탈당한 영리 추구는 드물지 않게 그 추구에 스포츠의 특성을 부여하는 순수한 경쟁적 열정과 결합하는 경향이 있다.[111] 미래에 이 겉껍질 안에서 살 자가 누구인지, 이 엄청난 발전의 마지막에 전혀 새로운 예언자나 혹은 옛 정신과 이상의 강력한 부활이 있을지, 아니면 (이 둘 다 아니고) 일종의 발작적인 오만으로 장식된 기계화된 화석화가 있을지는 누구도 모른다. 만일 후자의 경우라면 물론 이 문화 발전의 '최후의 인간'에 대해서는 다음과 같은 언급이 옳은 말이 될 것이다. 즉 "정신 없는 전문가, 가슴 없는 향락자, 이 공허한 인간들은 인류가 전례 없는 단계에 도달했다고 생각할 것이다."

그런데 이는 가치 판단과 신앙 판단의 영역에 들어가며, 이 책과 같은 순수한 역사적 설명이 다룰 문제가 아니다. 이 책의 과제는 오히려 이상의 서술을 통해 금욕적 합리주의가 사회 정책적 윤리의 내용에 어떤 중요성을 가지는지, 가정 집회에서 국가에 이르는 사회 공동체의 조직과 기능에 어떤 중요성을 가지는지를 지적한다. 그러고 나서는 이 금욕적 합리주의가, 인문주의적 합리주의[112]와 그 생활 이상과 문화적 영향, 철학적이고 과학적인 경험주의의 발전, 기술적 발전, 정신적 문화재 등과 맺는 관계를 분석해야 한다.

그리고 마지막으로 현세적 금욕의 중세적 단초에서 시작한 그 역사적 형성과 순수한 공리주의로의 해체를 역사적으로 그리고 금욕적 신앙의 개별적 전파 지역을 각각 추적해야 한다. 그런 뒤에야 근대 문화의 다른 형성 요인과 관련하여 금욕적 프로테스탄티즘의 문화적 중요성에 대한 측정이 가능하다. 이 책에서는 단지 금욕적 프로테스탄티즘의 영향의 존재와 방식을 한 가지 점(물론 중요한 점이다)에서 그 동기를 소급하여 탐구한다. 그러나 그에 더하여 프로테스탄트적 금욕이 그 형성과 특성에서 사회적 문화 조건 전반, 특히 경제적 조건에 영향을 받은 방식도 밝혀야만 한다.[113] 왜냐하면 근대인은 전반적으로 그 최선의 선의에도 생활 방식, 문화, 민족성에 대한 종교적 의식 내용의 중요성이 실제로 얼마나 큰지를 파악하지 못하고 있는 게 사실이지만, 그렇다고 일방적인 '유물론적' 문화와 역사 해석을 역시 일방적으로 정신주의적인 인과적 문화와 역사 해석으로 대체해버릴 수도 없기 때문이다. 이 두 가지는 동일하게 가능하다.[114] 그러나 이 두 가지를 연구를 위한 예비 작업이 아니라 탐구의 결론으로 주장하면 이 둘 다 역사적 진리의 자격은 없게 될 것이다.[115]

《프로테스탄트 윤리와 자본주의 정신》(이하《프로테스탄트 윤리》)은 의심할 바 없이 근대 사회과학에서 가장 유명하고도 논쟁적인 저작 가운데 하나로 간주된다. 1904~1905년에 걸쳐서《사회과학 및 사회 정책 저널*Archiv für Sozialwissenschaft und Sozialpolitik*》에 두 부분으로 된 논문을 처음 발표하자마자 비판적 논쟁이 일어났고 여기에 베버 는 적극적으로 참여했다. 그리고 7년여 시간이 지나서도 이 논쟁은 그 열기를 잃지 않았다. 본 번역은 실상 베버의《종교사회학 논문집》 에 먼저 실렸던 저작의 수정판을 원본으로 했다. 이 논문집은 베버의 사망 직후인 1920~1921년에 출판되었기 때문에 최초의 출간에 이 어져 나온 비판적 문헌들에 관한 주석이 포함되어 있다.

베버는《프로테스탄트 윤리》를, 진지한 학술 작업이 불가능했던 대략 4년간의 우울증에서 벗어난 직후인, 자신의 지적 경력의 핵심 적인 시기에 썼다. 그가 앓기 이전에 저술한 대부분의 저작은 비록 그의 삶의 이후 시기에 전개될 주제들을 분명히 예감하고 있기는 했 지만 주로 경제사, 경제학, 법학 분야에서 이뤄진 기술적 탐구였다. 그중에는 중세의 무역법(그의 박사 학위 논문), 로마 토지 보유권의 발달, 독일 동부의 당대 농업 노동자의 사회경제적 조건 등에 관한 연구 등이 있다. 이러한 저술들은 그 착상이 소위 경제학에서 '역사 학파'라 불리는 것에서 주요한 부분을 취했다. 이 학파는 영국의 정치경제학과 의식적으로 거리를 두면서 문화 전체의 역사적 발전이라는 맥락에서 경제생활을 검토할 필요성을 강조했다. 베버는 언제나 이 관점에 의존했다. 그러나 그가 건강을 회복하면서 시작한 일련의 저작들과 그의 경력의 나머지 부분을 사로잡았던 것은 앞 시기보다 훨씬 광범한 범위의 문제들과 관련이 있었다.《프로테스탄트 윤리》는 이러한 새로운 시도의 첫 결실이었다.

베버가 이 책에서 이루려고 한 것을 이해하려면 적어도 이 책이 나오게 된 상황의 두 측면을 기본적으로 파악해야 한다. 즉 그가 글을 쓴 지적인 분위기와 이 책 자체가 그의 경력 중 두 번째 시기에 시도한 방대한 연구 프로그램과 연관되어 있다는 점이다.

1. 배경

19세기 독일의 철학, 정치 이론, 경제학 등은 영국의 것과 매우 달랐다. 영국의 공리주의와 고전적 정치경제학이 차지하던 지배적 지위는 독일에서 나타나지 않았다. 독일에서는 이러한 학문이 관념론의 영향 때문에 경원시되었으며 19세기의 마지막 몇십 년간은 마르크스주의의 점증하는 충격에 도외시되었다. 영국에서는 존 스튜어트 밀의《논리학 체계A System of Logic》가 그 나라의 기존 전통에 편리하게 맞아떨어지는 틀 안으로 자연과학과 사회과학을 통일시켰다. 밀은 몇몇 지나친 면에는 매우 비판적이었지만, 어쨌든 콩트의 가장 탁월한 제자였다. 콩트의 실증주의는 독일에서 그에 맞는 토양을 발견하지 못했다. 그리고 밀의 '도덕과학moral science'에 대한 호의적이면서도 비판적인 딜타이의 수용은 정신과학Geisteswissenschaft(원래 '도덕과학'의 번역어로 만들어진 말이다)이라 알려지게 될 것에 추가적인 동인을 제공했다. 정신과학의 전통 혹은 '해석학적' 전통은 딜타이 이전까지 소급된다. 그래서 비록 부분적 분리는 있었지만 18세기 중엽부터 관념론적 철학의 광범한 조류와 지속적으로 상호 연관되어 있었다. 해석학적 관점과 연계된 사람들은 자연에 대한 과학과 인간의 연구가 상이함을 주장했다. 우리가 자연적 사건들은 인과 법칙의 적용을 통해서 '설명할' 수 있지만, 인간의 행위는 본래 유의미하기 때문에 자연에는 그에 상응하는 것이 없는 방식으로 '해석'되거나 '이해'되어야 한다는 것이다. 이러한 강조는 다른 분야에서와 마찬가지로 인간의 행위와 경제 행위에 관한 연구에서 역사의 중심성을 강조하는 것과 연계되었다. 왜냐하면 인간의 삶에 의미를 부여하는 문화적 가치는 사회 발전의 특수한 과정을 통해서 만들어진다고 주장되었기 때문이다.

베버는 바로 역사가 사회과학에 핵심적인 중요성을 가진다는 점을 받아들였기 때문에 의미의 '이해Verstehen'가 인간 행위의 해명에 본질적이라는 생각을 채택했다. 그러나 많은 사람이 행위의 해석적 이해에 필연적으로 결부되어 있다고 간주한 '직관'이나 '감정 이입' 등의 개념에는 비판적이었다. 가장 중요한 것은 그가 인간 행위의 '유의미'성에 대한 인정이 바로 인과적 설명이 사회과학에서는 시도될 수 없음을 함축한다는 견해를 거부했다는 사실이다. 추상적 방법의 수준에서 베버는 그가 함께 엮으려 했던 다양한 실마리들의 만족스러운 조화를 다듬어내지는 못했다. 그러나 종합을 위한 그의 시도는 다양한 문화적 의미에 대한 감수성과 역사 과정에 영향을 미치는 '물질적' 요인의 근본적인 인과적 역할에 대한 주장을 결합하면서 역사 연구의 독특한 스타일을 만들어냈다.

베버가 마르크시즘을 일련의 교의이자 실천적 목적을 추진하는 정치 세력으로 간주한 것도 이러한 배경에서였다. 베버는 점진적인 사회 개혁의 추진에 관심을 가졌던 자유주의적 학자들의 집단인 사회정책연합Verein für Sozialpolitik과 밀접히 연관되어 있었다. 그는 소위 연합과 연계된 '젊은 세대'의 구성원이었다. 이는 마르크스주의 이론에 대한 세밀한 지식을 가지고 마르크스주의에서 취한 여러 요소를 창조적으로 적용하려 한 최초의 집단이다. 물론 마르크스주의를 전반적인 사상 체계로서 수용한 것은 아니었으며, 그것의 혁명적 정치학과도 거리를 두었다. 베버는 마르크스의 기여를 인정하면서도 마르크스주의는 그의 빼어난 동시대인이었던 좀바르트보다 더 유보적인 태도를 취했다(때때로 그는 공공연한 마르크스 추종자들의 저작이나 정치적 참여에 매우 신랄하기까지 했다). 그러나 베버와 좀바르트는 모두, 특별히 독일에서, 서구 전체에서 산업 자본주의의 기원과 앞으로의 진화 과정에 공통된 관심이 있었다. 특히 마르크스가 자본주의의 발달과 미래의 변화를 결정한다고 믿었던 경제적 조건을 독특한 문화적 총체성 안에 잠겨 있다고 보았다. 두 사람 모두 근대적 서구 자본주의의 이러한 '에토스' 혹은 '정신Geist'의 출현을 확인하는 데 그들의 많은 저작을 할애했다.

2. 프로테스탄트 윤리라는 주제

《프로테스탄트 윤리》에서 근대 자본주의의 독특한 성격을 규정하기 위하여 베버는 무엇보다도 자본주의적 경영을 이익 추구 그 자체와 분리했다. 부에 대한 욕망은 거의 모든 시대와 장소에 존재했으며, 그 자체로는 (보통 평화적인) 경제적 교환을 통한 정규적 이윤 취득에 관여하는 자본주의적 행위와 아무런 관계가 없다. 예를 들어 상업적 작용의 형태로 그처럼 정의된 '자본주의'는 다양한 사회 형태에 존재했다. 즉 바빌론와 고대 이집트, 중국, 인도, 중세 유럽에서 존재했다. 그러나 오직 서구에서만, 그것도 비교적 최근 시기에 자본주의적 활동은 '형식적으로 자유로운 노동의 합리적 조직화'와 결부되었다. 여기서 베버가 노동의 '합리적 조직화'로 의미하는 것은 지속적으로 기능하는 기업 안에서 일상화되고 계산된 관리다.

합리화된 자본주의적 기업이란 두 가지 사실을 함축한다. 즉 훈련된 노동력, 자본의 규칙적인 투자가 그것이다. 이들 각각은 전통적인 유형의 경제적 행위와 확연하게 대조된다. 전자의 중요성은 그 이전에 전혀 알려지지 않은 근대적 생산 조직을 공동체 안에 세운 사람들의 경험을 통해 쉽게 예시된다. 생산성을 높이기 위하여 노동력을 가진 구성원들에게 더 열심히 일할 유인을 제공하리라 기대하면서, 노동자들이 자신의 임금을 높일 수 있는 성과급을 도입한 고용주를 보자. 결과는 노동자들이 실제로 이전보다 덜 일하게 된다는 것이다. 왜냐하면 노동자들은 일일 임금의 극대화가 아니라, 단지 전통적으로 확립된 욕구를 만족시키기에 충분한 벌이에만 관심이 있기 때문이다. 이와 마찬가지 현상이 전통적 형태의 사회에서 부유한 자들에게도 있었다. 이 사회에서 자본주의적 경영으로 이윤을 얻는 자들은 물질적 안락과 쾌락 혹은 권력을 구입하는 데 소용되는 한에서만 돈을 벌려고 했다. 경제적 효율성을 위한 지속적인 투자와 재투자를 포함하는 자본의 규칙적인 재생산은 전통적인 유형의 경영에는 낯설었다. 이는 매우 특수한 종류의 관점과 결부되어 있다. 즉 부의 축적이 제공해줄 물질적 보상보다는 부 그 자체를 위한 지속적인 축적이 바로 그것이다. "인간은 돈을 버는 것, 삶의 궁극적 목적인 취득의 지배를 받는다. 경제적 취득은 이제 물질적 욕구의 만족을 위한 수단으로서 인간에게 종속되지 않는다." 베버에 따르면 이것이 근대 자본주의 정신의 요체다.

부를 통해 구입할 수 있는 세속적 쾌락에 전혀 관심을 두지 않으면서 부의 축적을 위한 충동을 낳은 역사적으로 독특한 상황을 설명하는 것은 무엇일까? 베버는 그것이 전통적인 도덕의 이완에서 왔다고 상정하는 것은 명백히 잘못이라고 논증한다. 즉 이 새로운 관점은 실상 유별난 자기 훈련을 요구하는 도덕적 관점이 분명하다는 것이다. 합리적 자본주의의 발전과 결부되어 있는 기업가들은 축적의 충동을 적극적인 검약한 라이프스타일과 결합시켰다. 베버는 그 대답을 '소명' 개념을 통해서 초점이 맞추어진 청교도주의의 '현세적 금욕주의'에서 찾았다. 베버에 따르면, 소명 개념은 고대에도 가톨릭 신학에도 존재하지 않았다. 즉 그것은 종교 개혁을 통해서 도입되었다. 이것은 기본적으로 개인의 도덕적 의무의 최고 형태는 현세적 일에서 자신의 의무를 다하는 것이라는 생각을 지칭한다. 이것이 종교적 행동을 일상적 세계에 투사함으로써, 현세적 실존의 요구를 초월하려는 목적을 가진 은둔적인 삶에 대한 가톨릭적 이상과 대조되는 것이다. 더욱이 프로테스탄트의 도덕적 책임은 누적적이다. 즉 가톨릭의 삶을 통하여 반복되는 죄, 회개, 용서의 순환이 프로테스탄티즘에는 존재하지 않는다.

베버에 따르면, 소명 개념이 이미 루터의 이론 안에 있었지만 그것은 다양한 청교도 분파들, 즉 칼뱅주의, 감리교, 경건주의, 침례파 등에서 더 엄격하게 발전했다. 베버가 비록 칼뱅의 교리 자체뿐 아니라 칼뱅주의 운동의 후기적 전개에 관심을 두었지만 베버의 많은 논의가 실제로 이들 중 칼뱅주의에 집중되어 있다. 베버가 특별한 관심을 가지고 추출해낸 칼뱅주의의 요소 중에 아마도 그의 주장에 비추어 가장 중요한 것은 예정설이다. 즉 오직 몇몇 사람만이 저주에서 구원받도록 선택되었으며 그 선택은 신이 예정했다는 주장이다. 칼뱅 자신은 아마도 신의 예언의 도구로서 자신의 구원을 확신했을지 몰라도, 그의 추종자들은 아무도 그러지 못했다. 베버는 "그 극단적인 비인간성의 형태로 이 이론은 무엇보다도 그것의 엄청난 일관성에 빠져버린 한 세대의 삶에 한 가지 결과를 낳았음이 분명하다. ······ 그것은 전대미문의 내적 고독감이었다"라는 주석을 달았다. 베버는 이러한 고통에서 자본주의 정신이 출현했다고 주장한다. 사목의 수준에서 두 가지 발전이 일어났다. 먼저 자신을 선택받은 자라 여기는 것은 의무가 되었다. 확신의 부재는 불충분한 신앙의 증거였기 때문이다. 그리고 세속적 활동을 통한 '선행'의 수행을 그러한 확신을 입증하는 매체로서 수용했다. 그러므로 소명(직업)에서의 성공은 선택받은 자 중 하나라는 (결코 그 하나가 되는 수단이 아니라) '신호'가 되었다. 부의 축적은 착실하고 근면한 경력과 결합할 때만 도덕적으로 인정을 받았다. 즉 부가 지탄받는 것은 오직 게으른 사치나 자기 탐닉의 삶을 유지하는 데 이용할 때뿐이다.

베버의 논증에 따르면, 칼뱅주의는 자본주의 기업가의 도덕적 에너지와 추진력을 제공한다. 즉 베버는 그 교리가 신도들에게 요구하는 황량한 훈련의 측면에서 '강철 같은 일관성'을 가지고 있다고 말한다. 세속적인 일에서 금욕적인 자기 통제의 요소는 다른 청교도 분파에도 분명히 존재한다. 그러나 그것들은 칼뱅주의적 역동성을 결하고 있다. 베버가 제시하는 바에 따르면, 그들이 제공한 충격은 주로 자본주의적 경제 조직의 하위 수준이나 중간 수준에서 노동 규율을 증진하는 도덕관 형성에 국한된다. 예를 들어서 '경건주의가 옹호한 덕들은' '충직한 관리, 점원, 노동자 혹은 가내 노동자들'의 것이었다.

3. 베버의 다른 저작의 맥락에서 본 프로테스탄트 윤리

그 모든 명성에도《프로테스탄트 윤리》는 단편적이다. 다른 '세계 종교', 즉 유대교, 힌두교, 불교, 유교 등에 관한 베버의 연구들에 비해서 훨씬 짧으며 덜 상세하다(베버는 이슬람교에 관한 포괄적인 연구도 계획했지만 완성하지 못했다). 이 저작들은 다 함께 통합적인 일련의 저작을 이룬다. 베버는《프로테스탄트 윤리》도, 다른 어떤 연구도 종교의 유형에 관한 기술적 연구라고 보지 않았다. 그것들은 문화의 합리화가 취하는 다기多岐한 양식들에 관한 분석으로서 그리고 그러한 분화가 사회경제적 발전에 대한 중요성을 추적하려는 시도로서 의도되었다.

인도에 관한 연구에서 베버는 힌두교가 처음 확립된 시기(기원후 4, 5세기경)를 특별히 강조했다. '힌두교'라는 이름으로 묶인 신앙과 실천은 매우 다양하다. 베버는 카스트 제도와 밀접히 연결되어 있는 윤회와 업의 이론을 그의 목적을 위해 특히 중요한 것으로 선택한다. 카스트의 의무 규정에 따른 한 개인의 행위는 다음 생에서 그의 운명을 결정한다. 즉 신앙이 깊은 자는 지속적인 윤회의 과정에서 신성을 향한 위계질서를 따라 상승할 가능성에 대해 명상할 수 있다. 힌두교에도 금욕에 대한 중대한 강조가 존재하지만, 베버의 말에 따르면 그것은 피안을 향한 것이다. 다시 말해서 청교도주의에서처럼 이 세상 자체의 합리적 지배를 향한 것이 아니라 물질적 세계의 방해에서 도피하기 위한 것이다. 힌두교가 체계화된 바로 그 시기에 무역과 제조업이 인도에서 절정에 달했다. 그러나 힌두교의 영향, 그와 결부되어 출현한 카스트 제도의 영향은 근대 유럽 자본주의와 비견할 만한 어떠한 경제 성장도 효율적으로 봉쇄했다. 베버는 "직업상의 모든 변화, 작업 기술의 모든 변화가 의례상의 타락으로 귀결될 그러한 의례적 법률은 분명 내부로부터 경제적, 기술적 혁명을 야기할 수 없었다"고 말한다. '내부로부터'라는 말은 강력한 것이다. 즉 베버의 관심은 유럽에서 근대 자본주의의 최초의 기원에 관한 것이지 결코 다른 곳에서 그것의 지속적인 채택에 관한 것이 아니었다.

인도에서처럼 중국에서도 일정 시기에 무역과 제조업이 비교적 높은 진화 단계에 도달한 적이 있다. 즉 무역과 장인 조합이 번창했고, 화폐 제도가 있었으며, 발전된 법률 체계가 존재했다. 이러한 모든 요소를 베버는 유럽의 합리적 자본주의의 발전을 위한 예비 조건으로 간주한다. 베버가 묘사했듯이 유교는 중요한 의미에서 '세속적'

인 종교다. 그러나 금욕적 가치를 포함하는 종교는 아니다. 칼뱅주의 윤리는 세속적인 일에 대한 신자들의 태도에 행동주의를 도입했다. 즉 신의 시선 안에서 덕의 추구를 완수하려는 충동을 도입했다. 이런 것이 유교에는 전적으로 결여되어 있다. 유교적 가치는 그러한 합리적 도구주의를 신장시키지 않으며, 힌두교의 방식으로 세속적 사건들의 초월을 신성화하지도 않는다. 대신에 유교적 가치들은 사물의 기존 질서에 개인들이 조화롭게 적응하는 것을 이상으로 삼는다. 종교적으로 도야된 사람이란 우주의 내적 조화와 자신의 행동을 일치시키는 사람이다. '있는 그대로'의 세상에 대한 합리적 적응을 강조하는 윤리는 유럽 자본주의의 정신적 특성에 비견할 만한 경제 활동의 도덕적 역동성을 발생시킬 수 없었다.

'세계 종교'에 관한 베버의 또 다른 완성된 연구, 즉 고대 유대교에 관한 연구도 그의 전체적 기획의 중요한 요소다. 왜냐하면 고대 팔레스타인에서 유대교의 최초의 기원이 근동과 극동의 종교 간의 일정한 근본적 차이점이 확립되는 상황의 연결고리를 나타내기 때문이다. 유대교에서 다듬어진 독특한 교리는 기독교로 넘어 들어갔으며, 따라서 서구 문화 전체에 통합되었다. 유대교는 적극적 포교를 포함하는 '윤리적 예언'의 전통을 도입했다. 이는 인도와 중국의 좀 더 특징적인 '예시적 예언'과 대조된다. 후자의 유형에서는 예언자가 자신의 삶에서 취한 사례를 추종자들이 추구할 모델로 제시한다. 윤리적 예언에 특징적인 능동적인 열성적 선교가 예시적 예언자의 가르침에는 결여되어 있다. 유대교와 기독교는 죄와 구원 사이의 긴장에 의존하며, 바로 그것이 좀 더 명상적인 면을 지향하는 극동의 종교에는 결여되어 있는 기본적인 변화 능력을 유대교와 기독교에 부여하고 있다. 기독교적 변신론 안에서는 세계의 불완전성과 신의 완전성 사이의 대립이 신자에게 신의 목적에 따라 세계를 개조하도록 하여 자신의 구원을 성취하도록 명령한다. 베버에게 칼뱅주의는 구원의 성취에 대한 능동적 실행에서 나오는 도덕적 충동을 극대화하는 동시에 그 충동을 경제 활동에 쏟도록 한다.

《프로테스탄트 윤리》는 베버에 따르면 청교도주의와 근대 자본주의의 '인과 고리 중 한 측면만'을 추적한다. 그는 분명 그가 판별해 낸 종교적 윤리의 합리화에서 나오는 차이가, 서구의 경제 발전과 동양 문명의 경제 발전을 분리하는 유일하게 중요한 영향이라고 주장하지는 않는다. 오히려 유럽의 경험을 인도와 중국의 경험과 구별 짓고, 또 근대 자본주의의 출현에 결정적으로 중요한 여러 가지의 사회경제적 요인들을 제시한다. 그것들은 다음과 같다.

① 산업 자본주의의 발전에 앞서서 다른 어떤 곳보다 서구에서 많이 진전되었던 가내 경영과 생산 경영 간의 분리. 예를 들어 중국에서는 확장된 인척 단위가 경제적 협동의 주요 형태를 제공했다. 따라서 동업 조합과 개별적인 기업 활동의 영향력에 제한을 받았다.

② 서구 도시의 발전. 중세 이후의 유럽에서 도시 공동체는 높은 수준의 정치적 자율성에 도달했고 따라서 농업 봉건제에서 '시민' 사회를 분리했다. 그러나 동양 문명에서는 부분적으로 도시와 농촌의 분화를 가로지르는 인척 관계의 영향 때문에 도시가 농업적 지역 경제에 파묻혀 있었다.

③ 유럽에서는 전래된 로마법의 전통이 존재했기에 다른 곳에서 이루어진 것보다 훨씬 통합되고 발달한 법률 실제의 합리화가 이루어졌다.

④ 그에 따라 이것이 동양 문명에서 성취된 그 무엇도 능가하는 전문 관

료가 관리하는 국민 국가의 발전을 가능하게 하는 한 요인이었다. 서구 국가의 합리적인 법체계는 어느 정도 경영 조직 자체에서도 채택되었으며, 자본주의 경제의 협조 체제를 위한 전반적인 틀을 제공했다.

⑤ 유럽에서 복식 부기의 발전. 베버의 견해에 따르면, 이것은 자본주의적 경영의 규칙성 확립을 위한 길을 여는 데 상당한 중요성을 가진 현상이었다.

⑥ 마르크스가 강조했듯이 시장에서 노동력을 판매하여 생계를 유지하는 '자유로운' 임노동자 대중의 형성을 준비하는 일련의 변화들. 이는 봉건적 의무라는 형태로 존재하던 노동 통제의 독점권(동양에서는 카스트 제도의 형태로 극대화되었다)이 먼저 부식되는 것을 전제로 한다.

이러한 것이 통틀어 청교도주의의 도덕적 에너지와 결합하여 근대적인 서구 자본주의의 발흥을 야기한 필요조건과 촉진 조건을 함께 대표한다. 그러나 만일 청교도주의가 산업 자본주의를 낳은 일련의 변화를 강력하게 점화시켰다면, 산업 자본주의는 일단 성립되자 자신을 낳는 데 일조한 윤리 안에서 특별히 종교적인 요소들을 지워버렸다.

"금욕주의가 수도원의 독방에서 일상생활로 넘어오고 세속적인 도덕성을 지배하게 되면 근대적 경제 질서의 엄청난 우주를…… 승리하는 자본주의를 세우는 데 역할을 한다. 왜냐하면 그것은 이제 기계적 토대에 의존하면서 더는 다른 지지가 필요하지 않기 때문이다. 소명에 대한 의무의 관념은 마치 죽어버린 종교적 신앙의 유령처럼 우리의 삶 안에서 배회할 뿐이다."

여기서 《프로테스탄트 윤리》는 무엇보다도 근대 자본주의의 기원에 관한 한, 당대의 산업적 문화 전반의 후기적 진행에 대한 베버의 음울한 고발과 연결된다. 청교도주의는 근대인이 그 안에서 살아갈 수밖에 없는 '강철 감옥'을 만드는 데 일정한 역할을 했다. 즉 '자발적인 삶의 향유'를 무자비하게 배제해버린 점증하는 관료적 질서가 그것이다. 베버는 "청교도는 소명 안에서 일하기를 원했다. 그런데 우리는 그렇게 하도록 강제되고 있다"고 결론지었다.

4. 논쟁

《프로테스탄트 윤리》는 논쟁을 의도하고 썼다. 이 점은 베버가 '관념론'과 '유물론'에 행한 언급들을 보건대 명백하다. 그는 이 연구가 '사상이 역사에서 동인이 되는 방식을 이해하기 위한 기여'이며 경제 결정론을 논박하기 위한 거라고 말한다. 종교 개혁과 그에 이어지는 청교도 분파의 발전이 선행하는 경제적 변화의 '역사적으로 필연적인 결과'로 설명될 수는 없다. 베버가 여기서 마르크스주의를, 혹은 적어도 당시에 유행하던 조야한 형태의 마르크스주의적 역사 분석을 염두에 두고 있었음은 분명해 보인다. 그러나 그는 자신이 그와 같은 결정론적 유물론을, 마찬가지로 일원론적인 관념론적 역사 설명으로 대체하려는 것이 아님을 강조한다. 오히려 그 저작은 '역사의 법칙'이란 존재하지 않는다는 그의 신념을 표현하고 있다. 즉 서구에서 근대 자본주의의 출현은 역사적으로 특수한 여러 사건의 결합의 산물이었다는 것이다.

베버의 설명에 잠재되어 있는 열정은 청교도주의에 대한 그의 언급과 《프로테스탄트 윤리》의 결론이 남기는 여운에서 엿보인다. '강철 감옥'은 그가 근대적 문화에 핵심적이라고 생각한 세속적이고 일상적인 것에 대한 찬양을 향한 베버의 혐오를 충분히 나타내는 비유다. 그러나 그는 괴테의 말을 인용문으로 덧붙인다. "영혼이 없는 전문가, 마음을 갖지 않은 감각주의자, 이러한 무가치한 사람들은 이전에는 이룰 수 없었던 수준의 문명을 얻었다고 상상한다." 이러한 일도양단의 평가는 베버가 매우 상세한 규정을 내리면서 이 책의 주제를 다루었던 세심한 방식과는 매우 대조적이다. 비록 이 책을 베버의 기획 전체 중의 한 요소로 간주하면 해명되긴 하지만, 단지 그 책 자체만으로는 모호한 이 대조가 아마도 그 출판이 일으킨 논쟁을 자극하는 한 요인이 되었을 것이다. 그러나 그것이 불러일으킨 논쟁의 강도는 무엇으로 설명할 수 있을까? 그리고 왜 논쟁을 그렇게까지 오랫동안 적극적으로 진행했을까?

이 책이 야기한 정서적인 강도를 설명해주는 가장 중요한 이유는 의심할 바 없이 베버의 등식 안에 있는 두 가지 주요 항, 즉 '종교'와 '자본주의'가 근대적 서구 경제의 기원을 해석하는 데 적용되면 모두 잠재적으로 폭발적 성격이 있었다는 사실일 것이다. 베버는 일정한 종교적 관념의 변형력을 지지하는 논증을 했고, 따라서 당대의 거의 모든 마르크스주의자의 반대를 불러일으켰다. 가톨릭을 세속적 훈련을 결여한 종교로 특징짓거나 근대 경제에 자극을 주기보다는 지체되는 데 영향을 준 것으로 특징짓는 일은 많은 가톨릭 역사가의 적대감을 초래했다. 그리고 청교도 분파의 역할을 강조하면서 프로테스탄티즘을 분석한 것(그 영향은 또한 근대 문화의 '강철 감옥'과도 연관되어 있다)은 결코 프로테스탄티즘 사상가들에게 일치된 환영을 받을 수 없었다. 마지막으로 '자본주의'라는 용어의 사용 그 자체가 논쟁적이었다. 즉 많은 사람은, 여전히 몇몇 사람은 그 개념이 경제사에 별로 유용하지 않다고 여기는 경향이 있었다.

따라서 《프로테스탄트 윤리》가 촉발한 매우 다양한 반응은 논쟁이 시간을 오래 끌었던 이유를 설명해준다. 그러나 밑에 깔린 또 다른 중요한 요인들이 있다. 베버의 논증이 가지는 지적인 힘은 적잖이 그의 학문 연구 영역의 탁월한 광범위성으로 가능해진, 전통적 전공 범위의 무시에서 나온다. 결국 그의 저작은 여러 수준에서 접근해볼 수 있다. 즉 칼뱅주의와 기업가적 태도 간의 상관관계를 주장하는 특수한 역사적 테제로서, 혹은 청교도주의가 자본주의적 활동에 끼친 영향에 대한 인과적 분석으로서, 혹은 근대 서구 사회 전체의 주요 구성 요소들의 기원에 대한 해석으로서, 베버의 비교 연구라는 맥락에서 보자면 서양과 동양의 주요 문명에서 문화의 합리화가 취한 다기한 경로를 변별하는 시도의 일부로서 접근할 수 있다. 《프로테스탄트 윤리》를 둘러싼 논쟁은 이러한 수준 앞뒤로 진행되었다. 그러면서 그러한 주요 테마뿐만 아니라 베버가 그 책을 쓰면서 밝히고자 한 방법론적 이슈 대부분을 포괄하고 있었다. 그래서 경제학, 역사와 경제사, 비교종교학, 인류학과 사회학 등의 현란하게 다양한 부문에서 반응이 나왔다. 더군다나 베버 분석의 일부 혹은 전부를 받아들여 그것의 요소들을 확장하려 한 다른 사람들의 저작을 통해서 2차적 논쟁들이 발생했다. 예를 들어 17세기 영국에서 과학에 미친 프로테스탄티즘의 영향에 관한 로버트 머튼Robert King Merton의 설명을 둘러싼 논쟁이 그것이다.

《프로테스탄트 윤리》에 대한 비판적 반응 중 일부가, 특히 독일에서 그 책이 처음 나온 직후와 1930년에 영역판이 나온 직후에, 베버의 주장에 대한 직접적인 오해에 기인하거나 혹은 그가 책에서 성취하려는 것에 대한 부적합한 파악에 따른 것임을 부인하기는 어렵다. 베버는 피셔Friedrich Theodor Vischer와 라흐팔Felix Rachfahl과 같은 초기 비판자들의 그와 같은 오해를 부분적으로 자신의 책임으로 인정했다. 물론 이 비판자들은《프로테스탄트 윤리》를 베버의 광범위한 비교 연구의 맥락 안에 위치시킬 가능성을 갖지 못했다. 그들은 아마도 설령 베버가 그 책의 범위가 갖는 한계를 독자들에게 주의시켰다 할지라도 그 연구의 부분적인 성격을 포착하지 못한 것은 용서받을 수 있을 것이다. 그러나 1920년대와 1930년대에《종교사회학 논문집》과《경제와 사회》를 거의 전적으로 무시하면서 글을 썼던 이후의 많은 비판자(벨로, R. H. 토니, F. K. 나이트, H. M. 로버트슨, P. 고든 워커 등이 포함된다)는 정당화되기 힘들다. 이 시기의 문헌 중 몇몇은 베버 자신의 논의에 대한 평가라는 점에서 보자면 거의 무가치하다. 예를 들어서 이런 저자들은 베버가 칼뱅주의만을 근대 자본주의 발전의 유일한 원인으로 간주했다고 보거나, 아니면 일본과 같은 근대 국가는 '프로테스탄트 윤리'와 유사한 것 없이도 급속한 경제 발전을 경험했음을 지적한다.

　그렇지만 이러한 것들을 제외하고는 잠재적으로 정당화될 수 있는 상당히 많은 비판이 베버에게 쏟아졌다. 그의 주장을 단적으로 반박하는 것에서부터 비교적 사소한 수정을 제한하는 것에 이르기까지 여러 논의를 포함한다. 그것들은 아마도 다음과 같은 관점 중 어느 하나 혹은 여럿을 구현하는 것으로 분류할 수 있다.

① 프로테스탄티즘에 대한 베버의 규정은 잘못이다. 이 경우 비판자들이 지적하는 것은 종교 개혁에 대한 베버의 접근, 청교도 분파 일반에 대한 그의 해석, 특히 칼뱅주의에 대한 해석 등이다. 일부의 주장에 따르면, 베버는 루터가 이전의 성서 해석에서는 찾아볼 수 없는 '소명' 개념을 도입했다고 상정하는 점에서 실수를 범했다는 것이다. 그리고 칼뱅주의 윤리가 실제로 간접적인 목적으로라도 부의 축적을 신성화하기는커녕 '반자본주의적'이었다는 것이다. 다른 사람들은 미국 청교도주의에 대한 그의 분석의 여러 측면과 마찬가지로《프로테스탄트 윤리》의 핵심 부분을 차지하고 있는 벤저민 프랭클린의 사상에 대한 베버의 설명을 받아들일 수 없다는 논지를 편다. 이 반론이 만일 옳다면 어느 정도 중요하다. 왜냐하면 베버는 미국에서 사업 활동에 대한 청교도주의의 영향을 그의 테제에 대한, 특히 분명하고도 중요한 사례라고 간주했기 때문이다.

② 베버는 가톨릭의 교리를 잘못 해석했다. 비판자들의 지적은 베버가 자신의 논의를, 가톨릭과 프로테스탄티즘이 경제와 관련된 가치에 대한 근본적인 차이라는 관념에 입각했는데도 분명 가톨릭을 상세히 연구하지 않았다는 것이다. 중세 이후의 가톨릭은 '자본주의 정신'에 적극적으로 우호적인 요소들을 포함하고 있으며, 종교 개혁은 실제로 이어서 출현한 그 정신을 위해 토대를 닦은 게 아니라 반동으로 간주할 수 있다는 것이다.

③ 청교도주의와 근대 자본주의의 연관성에 대한 베버의 진술은 만족스럽지 못한 경험적 자료에 근거하고 있다. 이는 피셔와 라흐팔의 주장 중 하나였다. 그리고 그 이후로 다양한 형태를 취하면서 여러 번 반복되었다. 지적받은 내용은 베버가 언급한 유일한 수적인 분석이 1895년 바덴에서 한 가톨릭과 프로테스탄트의 경제 활동에 관한 연구뿐이라는 것이다. 그리고 이 표의 정확성마저 의심받았다. 좀 더 일반적으로 비판자들이 지적

한 것은 베버의 자료가 주로 앵글로색슨 쪽이며 따라서 16~17세기의 라인 란트, 네덜란드, 스위스 등지의 경제 발전에 대한 조사는 칼뱅주의와 자본 주의적 경영 간에 어떠한 밀접한 연관성도 보여주지 않는다는 것이다.

④ 베버가 근대 혹은 '합리적' 자본주의와 그에 선행하는 유형의 자본주 의적 활동 간에 보여주려 한 날카로운 대비는 정당화될 수 없다는 주장이 있다. 한편으로 베버는 '근대 자본주의'라는 개념을 왜곡하여 자신이 포착 한 청교도주의의 여러 요소에 맞추었으며, 다른 한편으로 베버가 근대 자 본주의의 '정신'이라고 부르는 것의 상당 부분이 실상은 이전 시기에도 있 었다는 것이다. 토니는 루터교와 이후의 프로테스탄티즘 분파 간의 차별 화를 받아들이지만 청교도주의의 진화를 규정한 것이 그에 선행하는 '자 본주의 정신'의 발전이지 그 거꾸로는 아니라고 주장한다.

⑤ 베버는 청교도주의와 근대 자본주의 간의 인과 관계의 성격을 잘못 파악했다는 주장이다. 물론 위에서 언급한 관점 중 하나 혹은 몇몇을 취하 는 많은 저자의 결론은 거기에 아무런 인과 관계도 없다는 것이다. 그러나 이 점에서 논쟁은 역사적 방법이라는 추상적 문제와 관련된 것으로, 실제 로는 역사에서 인과 분석의 가능성 자체에 관련된 것으로 확대된다. 마르 크스주의적 비판자들은 베버의 경우를 역사적 인과 관계에 대한 '다원론 적' 관점이라고 거부하며, 다른 사람들은 베버가 분석한 청교도 교리를 이 전에 확립된 경제적 변화의 부수 현상으로 간주하면서《프로테스탄트 윤 리》를 재해석하려 시도했다. 또 다른 저자들은, 반드시 마르크스주의자들 은 아닌데, 베버가 작업한 방법론적 틀을 거부했다. 그리고 이것이 자본주 의 정신의 기원에 관한 그의 설명에 영향을 준다는 점을 보이려고 했다.

베버의 설명은 그것이 받았던 엄청나게 많은 비판을 얼마나 견뎌

냈을까? 여전히 베버의 설명은 잠재적으로는 전부 살아남았다고 대답할 사람도 있을 것이다. 즉 거의 모든 비판이 잘못되었거나 베버의 입장에 대한 오해에서 기인한다고 말할 사람도 있다. 그러나 나는 그러한 견해가 유지될 수 있으리라고는 믿지 않는다. 분명한 것은 적어도 베버의 비판자 중 일부는 틀린 것이 분명하다. 왜냐하면 베버를 비판하는 문헌들이 부분적으로는 상호 모순적이기 때문이다. 즉 베버를 비판하기 위하여 몇몇 저자가 주장한 것이 다른 사람들의 주장과 모순되기도 하기 때문이다. 그럼에도 일부 비판은 상당히 설득력이 있으며, 그런 것들을 함께 취한다면 베버의 견해에 대한 엄청난 고발이 될 것이다. 말하자면 베버의 분석 중에 가장 명확하게 의문시되는 요소들은 다음과 같다. 루터교에서 '소명' 개념의 독특성, 가톨릭과 규칙화된 경영 활동 간의 '친화성'의 결여라는 주장, 테제의 핵심인 칼뱅주의 윤리가 현실적으로 베버가 상정한 방식으로 부의 축적을 존엄시한 데 기여한 정도 등이다. 만일 이러한 사항에서 베버가 틀렸다 해도 그의 저작의 광범한 스펙트럼에 미칠 그 결과를 추적하는 것은 아마도 여전히 복잡한 일로 남을 것이다. 만족스럽게 그 일을 하려면 아마도 '세계 종교'에 대한 연속 연구의 지위를 고려해야 하며, 문화의 합리화라는 일반적인 문제와 베버가 작업한 방법론적 틀 등을 다루어야 할 것이다. 어떤 저자도 아직 그러한 과제를 시도하지 않았고, 아마도 어떤 성공의 희망으로 그 일을 시도하려면 베버 자신에 비길 만한 학문적 범위를 가진 사람이어야 할 것이다.

1976년 케임브리지에서
앤서니 기든스

1부 | 문제

1. 종파와 계층

1 원래 야페Jaffe,《사회과학 및 사회정책 저널*Archiv für Sozialwissen-schaft und Sozialpolitik*》(J. C. B. Mohr, Tübingen), Band XX, XXI(1904~1905)에 게재되었다. 이 책에 대한 광범한 문헌 가운데 매우 상세한 비판들만을 열거해보자.

라흐팔F. Rachfahl, "칼뱅주의와 자본주의Kalvinismus und Kapital-ismus",《과학, 예술 및 기술을 위한 국제 주간지*Internationale Wochenschrift, für Wissenschaft, Kunst und Technik*》(1909), Nr. 39~43. 이에 대해 필자는 다음의 논문으로 답했다. "자본주의 '정신'에 대한 반론Antikritisches zum 'Geist' des Kapitalismus",《사회과학 및 사회정책 저널》, Band XXX(1910). 이에 대해 다시 라흐팔은 앞의 잡지 1910, Nr. 22~25에서 "다시 한번 칼뱅주의와 자본주의Nochmals Kalvinismus und Kapitalismus"로 반박했고, 다시 필자가 "자본주의 '정

신'에 대한 반론적 결어Antikritisches Schlußwort",《사회과학 및 사회
정책 저널》, Band XXXI로 답했다. (브렌타노Lujo Brentano는 이 마
지막 글을 인용하지 않은 것으로 봐서, 곧 인용하게 될 그의 비판을 쓸
때에 아직 이 글을 읽지 않았던 것 같다.)

필자는 아무 성과가 없을 수밖에 없었던 라흐팔과의 논쟁에 대
해서는 이 판版에 아무것도 싣지 않았다. 그는 다른 면에서는 뛰
어난 학자일지 모르나 본 주제에서만은 자신이 익숙하지 않은
분야에 개입한 것이다. 단지 (매우 드물게) 필자의 재반론에서 보
충적인 구절들만을 재수록했고 삽입 절이나 주를 통해 앞으로
있을지 모를 모든 가능한 오해를 배제하려 했다. 그리고 좀바르
트가 그의 책《부르주아Der Bourgeois》(München und Leipzig 1913)
에서 비판을 행했다. 필자는 앞으로 주에서 이 책을 다룰 것이다.
마지막으로, 브렌타노가 뮌헨에서(1913년 과학아카데미에서) 행한
강연《근대 자본주의의 기원Die Anfänge des modernen Kapitalismus》
(1916년, 뮌헨에서 부록을 첨가하여 출판되었다)의 부록 제2편에서
비판을 했다. 이 비판에 대해서도 필자는 해당 경우에 따로 주에서
다루겠다. 관심이 있는 사람은 이 책의 두 판을 비교해보면 필자가
실질적인 본질적 주장을 포함하고 있는 '단 하나의 문장도' 삭제
하거나 변형하거나 약화시키지 않았고, 또 '변경된' 주장을 첨가
하지 않았음을 확신할 것이다. 그럴 필요가 없었으며 그래도 의심
하는 사람은 서술의 전개 과정에서 결국은 그 점을 확신하게 될 것
이다. 마지막에 인용된 두 학자는 필자와 벌인 논쟁보다 훨씬 격렬
한 논쟁을 벌였다.

좀바르트의 책《유대인과 경제적 삶Die Juden und das Writschaftsle-

ben》에 대한 브렌타노의 비판을 필자는 실제로 여러 면에서 타당하다고 여긴다. 그렇지만 브렌타노가 이 자리에서는 전혀 다루지 않을 유대인 문제(이는 나중에 다루겠다)에서 결정적인 면을 인식하지 못했다는 점을 도외시하더라도 매우 부당한 점이 많이 있다.

신학자들에게서 이 연구에 대한 매우 가치 있는 많은 개별적 자극을 받았다. 이 연구에 대한 반응은 대체로 호의적이었으며 몇 가지 상치되는 견해도 객관적이었다. 이러한 상치되는 견해들이 필자에게는 더욱 가치 있었는데 그 이유는 필자가 이러한 문제를 이 연구에서 다룰 때 불가피하게 사용한 방식에 일종의 반감이 있으리라 예상했기 때문이다.

각 종교의 신학자들에게 '가치 있는 것'이 당연히 이 연구에서는 합당한 취급을 받을 수 없었다. 종교적으로 평가한다면, 우리가 다루는 것은 종교 생활의 외면적이고 현상적인 측면일 경우가 종종 있다. 그러나 바로 그 때문에, 즉 외면적이고 현상적이기 때문에 외면적으로 강한 영향력을 미친다. 여러 가지 풍부한 내용 말고도 우리의 문제를 위해 환영할 만한 보완과 증명을 제공해 준 것으로 (모든 개별 사항마다 빈번하게 인용하는 대신) 이 자리에서 간략히 지적할 것은 트뢸치Ernst Troeltsch의 위대한 저서《기독교 교회와 집단의 사회 교리*Die Soziallehren der christlichen Kirchen und Gruppen*》(Tübingen 1912)다. 이 책은 독자적이고도 포괄적인 관점에서 서양 기독교 윤리의 역사를 다루고 있다. 이 책에서 저자는 '교리'를 중요시하고 있으나 필자에게는 종교의 실천적 결과가 중요하다.

2   이와 상치되는 경우는 (항상 그런 것은 아니지만 대체로) 한 산업
     의 노동 계층의 종파가 '우선' 그 산업이 위치한 지대의 신앙이
     나 그 노동 계층을 충원하는 지역의 신앙에 달려 있다는 사실에
     서 설명할 수 있다. 이런 상황 때문에 얼핏 보기에 많은 종파 통
     계(예를 들어 라인 지방)가 제공하는 모습이 왜곡되어 나타난다.
     그 밖에도 당연한 말이지만 한 직업의 더욱 상세한 규정과 열거
     가 가능한 경우에만 그러한 통계가 완벽한 것이 된다. 그렇지 않
     으면 경우에 따라서는 대기업가와 수공업자 모두가 기업가에 속
     하게 된다. 그러나 현재의 '고도 자본주의' 일반, 그중에 특히 노
     동 계급의 광범한 비숙련 하위 계층은 종파가 과거에 행할 수 있
     었던 영향력에서 독립했다. 이 점은 후술하겠다.

3   예를 들어 헤르만 셀H. Schell의 《진보의 원리로서의 가톨릭Der
     Katholizismus als Prinzip des Fortschrittes》(Würzburg 1897), S. 31을 참
     조하라. 그리고 게오르그 프라이헤어 폰 헤르틀링V. Hertling, 《가
     톨릭의 원리와 과학Das Prinzip des Katholizismus und die Wissenschaft》
     (Freiburg 1899), S. 58도 참조하라.

4   필자가 이 사실에 대해 가진 철저한 통계 자료인 바덴의 종파 통
     계는 필자의 제자 중 한 사람이 상세히 다듬어놓은 것이다. 마르
     틴 오펜바허Martin Offenbacher, "신앙 고백과 사회 계층Konfession und
     soziale Schichtung", 《바덴에서의 프로테스탄트들과 가톨릭교도들
     의 경제적 상황에 대한 한 연구ine Studie über die wirtschaftliche Lage
     der Katholiken und Protestanten in Baden》(Tübingen und Leipzig 1901)
     (《Volkswirtschaftlichen Abhandlungen der badischen Hochschulen》의 Bd. IV,
     Heft 5를 참조). 다음에 예시될 사실과 숫자는 모두 이 연구에서

인용했다.

5 예를 들어 1895년 바덴에서 신교도 1,000명당 자본 수익에 대한 과세액은 95만 4,060마르크인 반면, 가톨릭 1,000명당 과세액은 58만 9,000마르크였다. 물론 유대인은 1,000명당 400만 마르크로서 수위를 차지했다(오펜바허, 앞의 논문 S. 21에서 인용).

6 이에 대해서는 오펜바허의 논문 전체 서술을 참조할 수 있다.

7 이 점에서 바덴에 대해 보다 자세한 설명은 오펜바허의 논문 첫두 장을 보라.

8 1895년 바덴의 인구 중 37퍼센트가 프로테스탄트, 61.3퍼센트가 가톨릭, 1.5퍼센트가 유대인이었다. 그러나 초등학교를 졸업한 학생 중 의무 교육 기관에 속하지 않은 학생들의 1885/91년의 종파 분류는 다음과 같다(오펜바허, 앞의 논문 S. 16에 의거).

	프로테스탄트	가톨릭	유대인
고등학교	43퍼센트	46퍼센트	9.5퍼센트
실업고등학교	69퍼센트	31퍼센트	9퍼센트
고등실습학교	52퍼센트	41퍼센트	7퍼센트
실업중학교	49퍼센트	40퍼센트	11퍼센트
고등공민학교	51퍼센트	37퍼센트	12퍼센트
평 균	48퍼센트	42퍼센트	10퍼센트

프러시아, 바이에른, 뷔르템베르크, 알자스-로렌 지방, 헝가리 등지에서도 똑같은 현상이 나타난다(오펜바허, 앞의 논문 S. 18f.에 있는 수치를 보라).

9 앞 주의 수치를 보라. 그 수치를 보면 전 인구 중 가톨릭 인구가 차지하는 비율보다 3분의 1가량 뒤처지는 중학교급 학생 중 가톨릭 학생의 비율이 단지 고등학교의 경우에만(본질적으로 신학적 연구의 준비를 목적으로 한다) 몇 퍼센트 상회하고 있다. 나중에 상론할 것과 관련하여 특징적으로 더욱 부각되는 것은 헝가리에서 프로테스탄트가 중학교급 학생에게서 차지하는 비율의 유형적 현상이 더욱 현저하다는 사실이다(오펜바허, 앞의 논문 S. 19에 있는 주의 마지막 부분).

10 오펜바허, 앞의 논문 S. 54와 그 책의 말미에 있는 표를 참조하라.

11 이 점은 앞으로 자주 인용하게 될 윌리엄 페티 경의 저술에 특히 잘 나타나 있다.

12 윌리엄 페티 경이 자주 예로 드는 아일랜드의 경우는 그곳에서 프로테스탄트 계층이 단지 부재지주로 거주하고 있었다는 단순한 사실로 설명된다. 그 예를 통해 주장할 수 있는 것은 그 정도이며, 그 이상을 주장한다면 '스코틀랜드계 아일랜드인'의 입장이 증명하듯이 오류를 범하는 것이 될 것이다. 자본주의와 프로테스탄티즘 간의 전형적 관계는 다른 곳에서처럼 아일랜드에서도 성립하고 있었다(아일랜드의 '스코틀랜드계 아일랜드인'에 관해서는 찰스 한나C. A. Hanna, 《스코틀랜드계 아일랜드인The Scotch-Irish》, 2 Bände, New-York, Putnam을 참조하라).

13 물론 외적인 역사적, 정치적 상황이 매우 중요한 결과를 낳는다는 사실을 배제하는 것은 아니다. 즉 후술하겠지만 제네바와 뉴잉글랜드 이외의 지역에서 '엄격한' 칼뱅교도들이 (그들이 정치적 지배권을 가진 곳에서도) 보여주듯이 그들이 소규모의 동질적

소수를 대표했다는 사실은 여러 프로테스탄트교파가 전체적인 생활 분위기를 발전시키는 데 매우 중요한 의미를 가질 뿐 아니라 심지어는 경제 활동에 대한 그들의 참여에 다시 영향을 주는 중요성을 가졌다는 사실과 모순되는 것이 아니다. 지구상 모든 종교의 '이주자'들, 즉 인도, 아랍, 중국, 시리아, 페니키아, 그리스, 롬바르디아, '카베르치아' 등의 이주자들이 발전된 나라의 상업적 훈련을 담당하는 자로서 다른 나라에 이주한 것은 매우 보편적인 현상으로서 우리의 문제와는 무관하다(브렌타노는 앞으로 자주 인용될 '근대 자본주의의 시초'에 관한 논문에서 자신의 가족을 지적했다. 그러나 특히 상업적 경험과 거래 관계의 담당자였던 외국 출신의 금융업자들은 모든 시대, 모든 나라에 존재했다. 그들은 근대 자본주의에 특수한 현상이 결코 아니며 후술하겠지만 프로테스탄트들에게 윤리적인 불신의 눈초리로 경멸당했다. 그와 달리 취리히로 이주한 로카르노 출신의 프로테스탄트 가계인 무르알트Muralt, 페스탈로치Pestalozzi 등은 취리히에서 곧 특별히 근대적인 자본주의적 '산업' 발전의 담당자가 되었다).

14 오펜바허, 앞의 논문, 68쪽.

15 독일과 프랑스의 종파 특성, 알자스 지방의 민족 투쟁에서 이러한 종파적 대립이 그 밖의 문화적 요소와 얽혀 있는 점에 대해서는 비티히W. Wittich의 탁월한 글인 "알자스 지방의 독일과 프랑스 문화Deutsche und französische Kultur im Elsaß"(1900년에 단행본《알자스 삽화 평론Illustrierte Elsäß. Rundschau》으로도 출판되었다)에 드물게 상세히 언급되어 있다.

16 물론 해당 지역에 대체로 자본주의적 발전의 가능성이 존재하는

경우에 그러하다는 말이다.

17 이 점에 대해서는 예컨대 아르망 뒤팽 드 생 앙드레Armand Dupin de St. André, "투르시의 초기 개혁 교회: 교회의 구성원들L'ancienne église reformée de Tours. Les membres de l'église"(《프로테스탄티즘 역사학회 회보Bull. de la soc. de l'hist. du Protest.》 4, s. t. 10)을 참조하라. 이 경우에 도(특히 가톨릭 측의 판단이 이러한 생각에 가까울 것이다) 수도원 이나 교회 전반의 통제에서 해방되려는 욕구가 추진 동기였다고 볼 수도 있다. 그러나 그러한 생각은 (라블레Rablelais를 포함하여) 당시 반대자들의 판단과 대립할 뿐 아니라 위그노의 제1차 전국 종교회의에서(예를 들면 "제1차 종교회의 특별조항 의제 10", 에몽 Aymon, 《프랑스 개혁 교회의 전국종교회의》, p. 10) 금융업자가 교 회의 장로가 될 수 있는지 여부가 양심의 문제로 등장했고, 또한 칼뱅의 단호한 입장에도 전국종교회의에서 교구민의 위급한 수 요로부터 이자를 취득하는 것을 허용할 수 있는지의 문제가 거 듭 논의되었다는 것은 그러한 문제에 관심을 가진 사람이 많이 참여하고 있음을 나타낸다. 그러나 동시에 '사악한 고리대금업' 을 아무런 참회 없이 행하려는 희망이 지배적이었던 것은 아니 다. (네덜란드에서 벌어진 상황은 후술하겠다. 교회법적인 이자 금지 는 분명히 말하건대 본 연구에서 아무런 역할도 하지 못한다.)

18 고트하인, 《흑림 지대와 그 인접 지역의 경제사Wirtschaftsgeschichte des Schwarzwalds und der angrenzenden Landschaften》 I, 674.

19 이 점에 대해서는 《근대 자본주의Der Moderne Kapitalismus》 1. Aufl. S. 380에 있는 좀바르트의 간략한 언급을 참조하라. 유감 스럽게도 좀바르트는 나중에 이 점에 관해서만은 그의 위대한

저작 중 최하에 속하는 책(《부르주아》, München 1913)에서, 여러 유용한 (그러나 '이' 측면에서는 전혀 새로운 것이 아닌) 언급을 포함하지만 전반적으로 다른 근대의 호교론적 저작의 수준에도 못 미치는 켈러Franz Keller의 글(《기업과 잉여가치Unternehmung und Mehrwert》, Schriften der Görres - Gesellschaft, 12. Heft)에서 영향을 받아 전혀 잘못된 '테제'를 주장했다. 이는 기회 있을 때 다시 언급하겠다.

20 물론 고향을 떠난다는 것이 노동을 강화하는 가장 강력한 수단의 하나라는 것은 분명하다(앞의 주 13도 참조). 고향에서는 매우 유리한 돈벌이의 기회가 있는데도 자신의 전통주의적인 게으름에서 벗어나지 못한 폴란드 소녀가 타관인 작센 지방에서 뜨내기 농업 노동자로 일하게 되었을 때 자신의 본성 전체를 바꾸어 열성껏 일한다는 것은 있을 수 있는 일이다. 이탈리아의 유랑 노동자에게서도 동일한 현상을 볼 수 있다. 이 경우에 좀 더 발달된 '문화적 환경'에 들어온 데 따른 교육적 영향이 결정적인 것은 아니라는 점(물론 이러한 영향이 함께 작용하기는 한다)은 그와 동일한 현상이 농업의 경우 작업 방식이 고향에서와 같고 심지어 유랑 노동자 숙소에 입주하는 등의 일이 고향에서라면 결코 견딜 수 없었을 정도로 생활 수준을 일시적으로 저하시키는 때에도 나타난다는 사실에서 알 수 있다. 전혀 익숙하지 않은 환경에서 노동한다는 단순한 사실이 전통주의를 파괴하며, 또한 '교육적 효과'를 갖는 것이다. 미국의 경제 발전이 어느 정도 그러한 영향에 입각하는가는 말할 필요도 없다. 고대의 경우 유대인이 바빌론로 쫓겨 간 것이 완전히 그와 같은 의미를 가지며, 이는 조로아

스터교도에게도 마찬가지였다고 분명히 말할 수 있다. 그러나 가톨릭의 메릴랜드, 에프스코팔의 남부, 여러 종파가 섞여 있는 로드아일랜드 등에 대해 퓨리턴의 뉴잉글랜드 식민지의 경제적 특성에 분명한 차이가 보이듯이, 프로테스탄트의 경우에는 그들의 종교적 특성이 독립적 요인으로 분명하게 작용하고 있다. 이는 인도의 자이나교에서 볼 수 있는 것과 같다.

21 개혁 종파는 대부분의 형태에서 어느 정도 완화된 칼뱅주의거나 츠빙글리주의이며 이는 잘 알려진 사실이다.

22 거의 순수한 루터교 지방인 함부르크에서 17세기까지 소급될 수 있는 유일한 자산가는 유명한 개혁파 집안이다(이 점은 아달베르트 발Adalbert Wahl 교수가 친절히 지적해주었다).

23 이미 라블레이Emile de Lavaleye, 매튜 아놀드Matthew Arnold 등이 언급한 바 있는 이 관련을 주장하는 것은 '새로운' 것이 아니다. 오히려 아무 이유 없이 그 관련을 의심하는 것이 새로운 것이다. 문제는 그 관련을 설명하는 것이다.

24 물론 그렇다고 다른 종파처럼, 공식적 경건주의가 나중에 가부장적 분위기에서 몇 가지 자본주의적 경제 조직의 '진보'(예를 들면 가내 공업에서 공장 제도로 이행하는 것)에 역행했음을 부인하는 것은 아니다. 앞으로 다시 보겠지만 한 종교적 분파가 이상으로 추구하는 것과 그 신자의 생활 영위에 실제로 끼치는 영향은 분명하게 구별해야 한다(경건파의 노동력이 노동에 적응해나간 것에 관해서는 필자의 다음 논문에서 베스트팔렌 공장의 사례를 통해 밝혔다. "산업 노동의 정신물리학에 관하여Zur Psychophysik der gewerblichen Arbeit",《사회과학 및 사회정책 저널》, Band XXVIII, S. 263 등).

2. 자본주의 '정신'

1   마지막 구절은《부자가 되고 싶은 사람들에게 꼭 필요한 힌트 *Necessary hints to those that would be rich*》(1736년에 씀)에서 뽑았고, 나머지는 "젊은 상인에게 주는 충고Advice to a young tradesman" (1748, Works ed. *Sparks*, Vol. II, p. 87)에서 인용했다.

2   이 책은《미국에 지친 사람》(Frankfurt 1855)으로 잘 알려져 있듯이 레나우Lenau의 미국 인상기를 문학적으로 고쳐 쓴 것이다. 이 책은 예술 작품으로서는 재미없지만 (이미 사라진) 독일적 감각과 미국적 감각의 대립을 기록한 것으로는 흥미롭다. 이렇게 말할 수도 있다. "중세 독일의 신비주의 이래로 어쨌든 독일 가톨릭과 프로테스탄트에게 공통적이었던 내면적 삶을 청교도적이고 자본주의적인 실행력과 단적으로 대비시킨 탁월한 책이다." 여기서는 프랭클린의 글을 어느 정도 자의적으로 번역한 퀴른베르거의 것을 원전에 따라 수정했다.

3   좀바르트는 '자본주의의 발생'에 관한 장(《근대 자본주의》1. Anfl. Band I, S. 193. 그리고 S. 390도 보라)에서 이 인용을 제사題詞로 삼았다.

4   물론 야코프 푸거가 도덕적으로는 중립적이거나 비종교적인 사람이었음을 의미하는 것은 아니며, 벤저민 프랭클린의 윤리가 모두 앞의 글에서 표현되었다는 것도 아니다. 이 저명한 박애주의자가 전혀 그런 사람이 아니었음(브렌타노는 필자가 그러한 오해를 하고 있다고 생각한다)을 밝히기 위해서는 브렌타노의 인용조차 필요치 않다(《근대 자본주의의 기원》, München 1916, S. 150 f.).

문제는 그와 반대로 다음과 같은 것이다. 즉 그와 같은 박애주의자가 어떻게 위와 같은 말을(브렌타노는 그 말의 매우 특징적인 구성을 묘사하는 데 별 주의를 기울이지 않았다) 일종의 도덕가의 태도로 말할 수 있었나 하는 점이다.

5 좀바르트와 이 글의 문제 설정이 다르다는 것은 바로 이 점에 있다. 그 차이점이 갖는 명백한 실제적 중요성은 나중에 제시하겠다. 이 자리에서 말해둬야 할 것은 좀바르트도 자본주의적 기업가의 이러한 윤리적 측면을 간과한 것은 결코 아니라는 점이다. 그러나 그의 사고 연관에서는 윤리적 측면이 자본주의의 작용 결과로 나타나는 반면에, 우리는 그와 정반대되는 가설을 우리의 목적을 위해 고찰한다. 최종 입장은 본 연구가 마무리될 때야 비로소 확실해질 수 있다. 좀바르트의 견해는 앞의 책 I, S. 357, 380 등을 보라. 그의 사고 과정은 짐멜Georg Simmel의《돈의 철학 Philosophie des Geldes》(마지막 장)에 있는 화려한 묘사와 관련 있다. 그가 자신의《부르주아》에서 필자에게 행한 논박은 나중에 다루겠다. 이 자리에서는 모든 상세한 논의를 피할 수밖에 없다.

6 독일어 번역은 이렇다. "나는 결국 진실, 정직, 공정이 인간관계에서 우리의 행복을 위해 가장 중요한 것이라고 확신했다. 그리고 매 순간 그 점에서는 단호했으며 일기책에도 그 결심을 적었다. 즉 평생 그렇게 살아갈 것을 결심했다. 그 계시 자체는 그러나 나에게 별로 중요하지 않았다. 즉 내 생각에 어떤 행위가 나쁜 것은 그 계시의 가르침이 금지해서 나쁜 게 아니며 선한 행위도 그 가르침이 그 행위를 명해서가 아니다. 모든 상황을 고려하건대 오히려 행위가 금지되는 것은 그것이 본성상 해롭기 '때문'이

며 이로울 경우에는 명령한다.”

7 ‘나는 가능한 한 나 자신을 드러내지 않고 그 일’(그가 제안한 도서
관 설립)이, ‘몇 명의 친구들’이 나에게 그들이 독서 애호가로 여
기는 여러 곳의 사람들에게 그것을 제안할 것을 부탁해서 이루
어진 것인 양했다. 이런 식으로 일은 잘 진행되었고, 이후로는 항
상 그러한 일에서 절차를 사용했다. 나의 빈번한 성공에 비추어
보면 솔직히 추천할 만한 방법이다. 그런 경우에 자존심을 순간
적으로 조금만 희생하면 나중에 많은 보상을 받게 된다. 그 공로
가 누구의 것인지 한동안 알려지지 않고 해당자가 될 수 없는 누
군가가 자신의 공로라고 주장한다면, 시기심이 작용하여 가장
적합한 자를 선택하고 그 공로를 가장 적임자에게 돌려주어 공
평한 취급을 하게 된다.

8 브렌타노(《근대 자본주의의 기원》, S. 125, 127 Anm. 1)는 나중에 현
세적 금욕주의가 사람들에게 부과한 ‘합리화와 훈련’에 대한 논
의를 비판하기 위해 이러한 지적을 했다. 즉 ‘비합리적 생활 영
위’를 위한 ‘합리화’라는 것이다. 실제로 맞는 말이다. 어떤 것은
그 자체로서 ‘비합리적’인 것이 아니며 일정한 ‘합리적’ 관점 아
래서 비합리적일 뿐이다. 종교를 믿지 않는 사람에게는 모든 종
교가 ‘비합리적’이며, 쾌락주의자에게는 모든 금욕적 생활 태도
가 ‘비합리적’이다. 설령 종교와 금욕적 생활 태도가 그 자체의
궁극적 가치에서 보자면 ‘합리화’일지라도 그렇다. 이 책이 기여
할 수 있는 것이 있다면 일견 분명해 보이는 ‘합리적’이라는 개념
을 그 다양성에서 밝히는 일이다.

9 《잠언》 22장 29절. 루터는 ‘직업’이라고 번역했고, 그보다 오래

된 성서 번역은 'business'로 되어 있다. 이에 대해서는 제1부 제1장 제3절의 주 1을 보라.

10 브렌타노는 필자가 프랭클린의 윤리적 특질을 오해했다고 여기고 프랭클린에 대한 상세하지만 어딘지 부정확한 변호를 하고 있는데(앞의 책, S. 150 f.), 이에 대해서는 단지 이 정도의 언급으로서도 그러한 변호가 불필요함을 납득시키기에 충분하다고 생각한다.

11 이 기회에 '비판에 대한 몇 가지 반박'을 삽입하겠다. 좀바르트 (《부르주아》, München und Leipzig 1913)는 때때로 프랭클린의 이 '윤리'가 르네상스 시대의 위대하고 다재다능한 천재였던 알베르티Leon Battista Alberti의 서술을 '글자 그대로' 옮겨놓은 것이라고 단정하고 있는데, 이는 지지받을 수 없는 주장이다. 그는 수학, 조형, 회화, (특히) 건축, 사랑(그는 개인적으로 여자를 싫어했다)에 관한 이론적 저술 외에 가정에 관해서도 4권으로 된 글《가족서della famiglia》를 출판했다(유감스럽게도 필자가 이 글을 쓸 때는 Mancini판은 없었고 Bonucci의 구판만을 구할 수 있었다). 프랭클린의 구절은 이미 앞에서 글자 그대로 인용한 대로다.

그렇다면 앞쪽에 있는 격률인 '시간은 돈이다'와 같은 구절과 그에 따르는 훈계에 대응할 만한 구절을 알베르티의 저작 어디에서 찾을 수 있다는 말인가? 그와 같은 내용을 어렴풋하게나마 상기시키는 구절은 필자가 아는 바로는《가족서》(Bonucci판, 제2권, 353쪽)의 제1권 말미에 있는 것으로 그저 일반적으로 돈이 가계의 중추이며 따라서 매우 신중하게 다루어야 한다고 말한 대목이다. 이는 이미 카토Cato가《농업에 대하여De re Rustica》에서 말한 것이다. 자신이 피렌체의 가장 유명한 기사 집안 출신임을 매우 강조하는('나는 기사로 서임되었다', 《가족서》 p. 213, 228, 247, Bonucci판) 알베르티를, 자신이 서자 출신(그러나 결코 귀족 신분을 잃지는 않았다)이라는 이유에서 귀족 혈통에서 버림받은 평민이라고 생각하고 혈통에 대한 증오심으로 가득 찬 '잡종 혈통'의 인간으로 취급하는 것은 근본적으로 잘못된 것이다. 알베르티의 특징은 그가 대규모 기업을 권고한 점이다. 그는 이러한 기업이 고귀하고 유덕한 가족과 자유롭고 고귀한 정신의 소유자에게만 적합한 일이라고 생각했다(앞의 책, p. 209). 그리고 되도록 노동을 줄이고(《가정론 Del governo della Famiglia》 IV, p. 55. 또한 판돌피니家를 위한 편집의 p. 116 등을 참조하라. 바로 이것 때문에 모직물과 견직물에 대한 선대제를 최고로 쳤다!) 체계화되고 엄격한 내핍, 즉 수입에 따라 지출하는 것을 논했다. 그러므로 이는 우선 가계를 꾸려나가는 원칙이지 (바로 좀바르트가 이 점을 잘 인식했어야 했다) 영리의 원칙이 아니다. 마찬가지로 화폐의 본질에 관한 논의(같은 책)에서도 우선 문제 된 것은 재산 투기(화폐나 토지)였지 자본 이용이 아니었다. 즉 그것이 '신성한 가계용 재화'였음은 자노초의 입을 빌려 표현했다. 그는 '운명'의 불확실성에서 자신을 보호하기 위해 지속적으로 건강을 유지시켜주기도 하는, 대규모의 넉넉한 재산으로 하는 일에 일찍부터 익숙해지라고 권했고 자신의 위치를 유지하기 어렵게 만드는 태만을 피하라고 권했다. 그리고 인생의 부침에 대비해서 신분에 맞는 일을 성실하게 배우라고도 권했다. 그러나 용인의 일은 신분에 맞지 않았다 (《가족서》 1, I, p. 209).

'정신의 평온'이라는 그의 이상과 에피쿠로스의 '은거 생활'(자신에 만족하는 삶, p. 262)에 대한 애착, 특히 모든 관직을 불안, 적대, 추문의 근원이라 하여 배척하는 것, 전원생활의 이상, 조상을 기림으로써 자부심을 앙양하는 것, 가문의 명예(그러므로 가문의 재산은 피렌체식으로 모아야 하며 분할해서는 안 된다)를 결정적 척도의 목적으로 삼는 것 등은 청교도들의 눈에는 '피조물 우상화'로 죄악시되었을 것이며, 벤저민 프랭클린의 눈에는 이해할 수 없는 귀족주의적 감상으로 보였을 것이다. 또한 그가 문필 생활을 높이 평가했음도 주목해야 한다. (왜냐하면 '근로'라는 말은 우선 문학적, 학술적 작업에 적용되었으며) 그러한 작업만이 인간의 존엄성에 합당했다. 단지 문맹인 자노초 같은 자에게만 (타인에 의존하지 않고 궁핍에 빠지지 않는 수단으로서의 '합리적 가계'라는 의미에서) 가계 유지가 근로와 동일시되었다. 이 경우 승려 윤리(아래 설명을 보라)에서 유래하는 이 개념의 기원은 옛 성직자에게까지 소급된다(p. 249).

이 모든 것을 벤저민 프랭클린의 윤리와 생활 방식, 특히 그의 청교도적 조상과 비교하고, 인문주의적 도시 귀족을 상대로 한 르네상스 문필가의 저술을 부르주아 중산 계층의 대중(특히 고용인)을 상대로 한 프랭클린의 저술과 청교도의 교훈집 및 설교집 등과 비교해보면 그 차이의 정도를 가늠할 수 있다. 대부분 고대의 저술가들로부터 취한 인용문에 입각한 알베르티의 경제적 합리주의는 크세노폰Xenophon(그는 크세노폰을 몰랐다), 카토, 바로 Varro, 콜루멜라Columella(그는 이를 인용하고 있다) 등의 저술에서 다루어진 경제 문제 취급과 본질적으로 매우 유사하다. 단지 카토와 바로가 영리를 알베르티와 전혀 달리 강조했다는 점만이 예외다. 그 밖의 점에서도 알베르티가 간간이 논하고 있는 가내 노동자의 사용, 분업, 훈련, 농민에 대한 불신 등은 실제로 카토의 처세 방법을 노예 부역 농장의 영역에서 가내 공업과 분익 소작이 자유노동 영역으로 이전시킨 것에 불과하다. 좀바르트(그는 스토아의 윤리를 전혀 잘못 파악하고 있는데)가, 경제적 합리주의는 이미 카토에게서도 '극단적 결과를 낳을 만큼 발달했다'고 했을 때 이는 정확히 이해한다면 틀린 말은 아니다. 로마인의 '가계를 관리하는 자'를 알베르티의 '농부'와 같은 범주에 넣을 수도 있다. 특히 카토에게 특징적인 것은 토지가 재산 '투기'의 대상으로 평가된다는 점이다. 물론 '근로'의 개념은 기독교적 영향 때문에 다르게 채색된다. 바로 그 점에 차이가 있다. 승려의 금욕주의에서 연원하고 승려 저술가들이 발전시킨 '근로' 개념에는 프로테스탄트의 유독 현세적인 '금욕주의'(나중에 언급할 것이다!)에서 충분히 발달하게 될 '에토스'의 맹아가 놓여 있다(그러므로 앞으로도 종종 강조하겠지만 이 양자의 유사성은 대체로 토미즘의 공식적 교회 이론에서는 잘 나타나지 않지만 피렌체와 시에나의 탁발 수도회의 윤리에서는 잘 나타난다). 카토, 알베르티 자신의 서술에는 이러한 에토스가 결여되어 있다. 이들 두 사람은 처세 이론을 다루었지 윤리를 다룬 것이 아니다. 물론 프랭클린에게도 중요한 것은 공리주의다. 그러나 젊은 상인들에 대한 그의 설교가 갖는 윤리적 열정은 간과할 수 없으며(곧 다룰 것이다) 특징적인 것이기도 하다. 돈을 조심성 없이 다루는 것은 그에게 말하자면 자본의 씨를 '죽이는 것'이며, 따라서 윤리적으로도 결함이었다.

두 사람(알베르티와 프랭클린)의 내면적 유사성은 단지 하나뿐이다. 즉 좀바르트는 알베르티가 '신앙심이 있다'고 했지만 실제로 알베르티는 다른 많은 인문주의자처럼 성찬과 성직록을 받기는 했으나 (그의 책에서 그의 색채가 전혀 없는 두 구절을 제외하고) 종교적 동기를 그가 추천하는 생활 방식을 위한 지향점으로는 결코 사용하지 않았다. 아직 종교적 사상을 '경제성'의 추천과 관련시키지 않았고 프랭클린도 더는 관련되지 않았다는 점이다. 모직물, 견직물의 선대제를 추천하는 알베르티에게도 중상주의적 사회공리주의가 작용했는데('많은 사람이 고용된다', 앞의 책, p. 292) 이 점에서도 형식적이나마 같은 견해를 표명했다. 이러한 알베르티의 논의는 소위 일종의 내재적인 경제적 '합리주의'의 매우 뛰어난 모범이다. 그런데 이러한 모범은 실제로 경제 상황의 '반영'이며 '사실 자체'에 관심을 가진 저술가들이 언제 어디서나, 가령 고대 중국이나 서양 고대에, 르네상스와 계몽주의 시대에도 기록하고 있다. 분명히 고대에 카토, 바로, 콜루멜라, 당시에 알베르티와 그 밖의 사람들에게서, 특히 '근로' 이론에서 경제적 합리성이 매우 발달한 것은 사실이다. 그러나 그러한 문필가들의 이론이 구원의 보상 같은 종교적 신앙이 일정한 (이 경우 방법적이고 합리적인) 생활 방식에 끼치는 것과 같은 종류의 삶을 변혁시키는 힘을 발전시킨다고는 누구도 생각할 수 없다. 그와 반대로 종교적으로 지향된 생활 방식의 '합리화'가 어떠한 것인가는 모든 종파의 청교도를 제외하고라도 매우 상이한 의미에서나마 자이나교도, 유대교도, 중세의 어떤 금욕적 교파, 위클리프교도, 보헤미아 형제단(후스파 운동의 후예), 러시아의 거세파나 경건파에서 찾아볼 수 있다. 결정적 차이점은 (미리 말하자면) 종교적 뿌리를 갖는 윤리가 그러한 윤리에서 나온 행동을 완전히 결정하고 그 종교적 신앙이 살아 있는 동안은 고도로 효과적인 심리적 보상(경제적 성격의 것이 아니다)을 주지만 알베르티 것과 같은 단순한 처세술은 그럴 수 없다는 것이다. 이러한 보상이 작용하고 특히 종종 (이 점이 결정적인데) 신학자의 이론(단지 '이론'일 뿐이다)과 매우 상충하는 방향으로 작용하면, 이 보상은 생활 방식에 독자적인 영향력을 얻게 되며 이를 통해 경제에도 영향력을 발휘한다. 분명히 말해서 바로 이 점이 이 책 전체의 요지다. 그리고 이 요지가 그 정도로 심하게 간과되리라고는 생각하지 못했다. 좀바르트가 '자본 우호적'이라고 심한 오해를 한 중세 말의 신학적 윤리학자들(특히 피렌체의 안토니노, 시에나의 베르나디)에 대해서는 다른 자리에서 언급하겠다. 확실한 것은 L. B. 알베르티가 이러한 '자본 우호적' 윤리학자에는 결코 속하지 않는다는 점이다. 그는 단지 '근로'라는 개념을, 누구를 매개로 해서인지는 모르나, 승려의 사상에서 취한 것뿐이다. 알베르티, 판돌피니Pandolfini 등은 모든 공식적인 복종에도 내면적으로는 전통적인 교회주의에서 해방되었던 대표적인 사람들이었으며, 통용되던 기독교 윤리에 구속되어 있었음에도 '이단적'으로 지향된 고대적 생각을 하고 있었다. 브렌타노는 필자가 근대적 경제 이론의 발전에 (그리고 근대적 경제 정책에) 이들이 갖는 중요성을 '무시했다'고 생각한다. 물론 필자가 이 책에서 이러한 인과 계열을 다루지 않았음은 사실이다. 그 이유는 그러한 인과 계열이 '프로테스탄트 윤리와 자본주의 정신'을 다루는 이 책에는 속하지 않기 때문이다. 다른 자리에서 밝히겠지만 필자는 그들의 중요성을 부정하기는커녕 충분한 근거 위에서 다음과 같은 견해를 갖고 있다. 즉 그들의 영향 범위와 방향은 프로테스탄트 윤리(결코 무시할 수 없는 이 윤리의 선구자는 각종 교파와 위클리프, 후스의 윤리였다)의 것과는 전혀 달랐다는 점이다. 그들은 (발흥하는 시민 계급의) 생활 태도가 아니라 정치가와 군주의 정책에 영향을 주었다. 이 두 가지를 부분적으로 수렴시키지만 항상 수렴시키는 것은 아닌 인과 계열을 우선은 명확히 분리해야 한다. 벤저민 프랭클린에 관해서 말하자면, 사경제에 관한 그의 단편들(미국에서 이전에는 교과서로 사용했다)은 이 점에서 실제로 생활의 실천에 다대한 영향을 미치는 범주에 속한다. 반면에 알베르티의 저작은 학자층을 넘어서는 독자를 갖지 못한 방대한 저작이다. 그러나 필자가 특별히 그를 인용한 것은, 이미 그동안 퇴색해버린 청교도적 생활 규제에서 벗어난 사람으로서 그리고 청교도주의와의 관계가 자주 논의되고 있는 영국 '계몽주의' 일반을 넘어선 사람으로서 인용했다.

12 유감스럽지만 브렌타노 역시 앞의 책에서 먼저 모든 종류의 영리 추구를 구별 없이 취급하여 (예를 들어 봉건적 영리 추구와 대립하는) '자본주의적' 영리 추구의 특징을 단지 (토지가 아닌) 화폐에 있다고 상정하고 다른 모든 차이점(이것으로만 명료한 개념적 파악이 가능할 텐데)을 배제할 뿐 아니라, 본 연구의 목적을 위해 구성된 (근대적!) 자본주의의 '정신'에 관해서도(S. 131) 필자에게는 이해되지 않는 주장을 하고 있다. 즉 그는 증명해야 할 것을 미리 자신의 전제에서 취하고 있다.

13 모든 면에서 정확한 좀바르트의 《19세기 독일 경제*Die deutsche Volkswirtschaft im neunzehnten Jahrhundert*》, S. 123을 참조하라. 이하에서의 연구가 그 전체적인 결정적 관점에서는 좀바르트의 그 책보다 훨씬 오래된 저작들에 근거하지만 어쨌든 이 연구는 그 정식화에서 좀바르트의 위대한 저작이 예리한 정식화를 제공했다는 단순한 사실에 많은 신세를 지고 있으며, 더군다나 바로 이하의 연구가 좀바르트와 다른 방향으로 진행되는 곳에서 더욱 그러하다는 점은 특히 강조할 필요가 없는 자명한 일이다. 좀바르트의 생각과 결정적으로 상반되는 생각을 하고 또한 그의 많은 주장을 단적으로 거부하는 사람일지라도 좀바르트의 견해를 숙지한다는 것은 의무에 속한다.

14 이 한계가 어디에 있는가 하는 문제는 물론, 브라세Brassey가 최초로 제기하여 브렌타노가 이론적으로 정식화하고 슐체-게페르니츠Schulze-Gävernitz가 역사적, 구성적으로 정식화해 주장한 고임금과 높은 노동 성과 간의 유명한 관련에 대한 입장도 이 자리에서는 다루지 않겠다. 이 논의는 하스바흐Hasbach의 철저한 연구(《슈몰러 연보*Schmollers Jahrbuch*》, 1903, S. 385~391, 그리고 417 f.)로 다시 시작되었고 완전한 해결이 나지 않은 상태다. 이 책에서는 누구도 의심치 않고 또 의심할 수도 없는 다음의 사실을 지적하는 것으로 족하다. 즉 저임금과 고이윤, 저임금과 산업 발전에 유리한 기회는 결코 단순히 일치하는 것이 아니라는 사실이다. 단순한 기계적인 화폐 조작으로 자본주의적 문화의 '육성', 자본주의 경제의 가능성이 발생하지는 않는다는 것이다. 언급된 모든 예는 순전히 예시적이다.

15 그러므로 자본주의적 영리 활동의 성립도 때로는 옛 문화 지역에서 광범한 이주 운동이 없었다면 가능하지 않았을 것이다. 인적 관계에 결부된 수공업자의 '기예'와 비전이 과학적, 객관적인 근대의 기술과 다른 점에 대한 좀바르트의 언급은 정당하다. 그러나 자본주의 성립기에는 그 구별이 거의 존재하지 않았다. 실제로 자본주의 노동자(그리고 어느 정도는 기업가)의 (소위) 윤리적 특성이라는 것은 수 세기에 걸친 전통주의로 경화된 수공업자의 장인적 특성보다 훨씬 '희소가치'가 컸다. 그리고 오늘날의 공업도 그처럼 오랜 전통과 집약적 노동 교육을 통해 획득된 주민의 특성을 전혀 고려하지 않고 입지 장소를 선택할 수는 없다. 현재의 과학적인 전체상에 따르면 이러한 의존 관계가 일단 관찰될 경우 그것을 전통과 교육에 기인하는 것으로 보지 않고 유전된 인종적 특성으로 간주하는 것이 상례인데, 필자가 보기에는 매우 의심스럽다.

16 앞 절의 주 25에 인용된 연구를 참조하라.

17 이 앞의 논의는 오해의 소지가 있다. '대중에게는 종교를 유지해야 한다'는 말을 나름의 방식으로 이용하려는 기업가들의 잘 알려진 전형적 경향이나 권위에 대한 일반적 공감에서 '비밀경찰'을 자청하고 나서서 파업을 죄악시하고 노조를 '탐욕'의 장려자라 낙인을 찍는 등, 특히 루터파를 위시한 일단의 광범한 사람들에게서 이전에는 드물지 않게 나타났던 경향 등은 여기서 말하는 현상과 무관하다. 나중에 보게 되겠지만 본문에서 언급한 측면들에서 중요한 것은 개별적 사실이 아니라 매우 빈번하고도 전형적인 방식으로 반복되는 현상이다.

18 《근대 자본주의》1. Auf, Band I, S. 62.

19 앞의 책, S. 195.

20 물론 서양에 특수한 근대적인 합리적 기업의 자본주의를 말하는 것이지 3,000년 동안 중국, 인도, 바빌론, 헬라스, 로마, 피렌체에서부터 현재에 이르기까지 전 세계에 퍼져 있는 고리대, 전쟁 물품 공급자, 관직 및 조세 청부업자, 대상인 기업가, 대금융업자 등의 자본주의에 대해 말하는 것이 아니다. 본 절의 도입부를 보라.

21 이 자리에서 강조해야 할 것은 자본주의적 경영의 기술과 자본주의에 그 확장적 에너지를 공급하던 '직업 노동'의 정신이, 모두 동일한 사회 계층에 그 근원적 토양을 두고 있어야만 한다고는 결코 미리 가정할 수 없다는 사실이다. 이는 종교적 의식 내용의 사회적 관계에서도 마찬가지다. 칼뱅주의는 역사적으로 '자본주의 정신'을 교육한 담당자 중 하나였다. 그러나 예컨대 네덜란드에서는 나중에 언급할 이유 때문에 대자산가들이 대개는 엄격한 규율을 갖는 칼뱅주의 신봉자가 아니라 아르미니아파였다. 기업가로 상승하던 중·소시민 계급이 여기서도, 다른 곳에서도 자본주의 윤리와 칼뱅주의적 신앙의 '전형적' 담당자였다. 그런데 이는 대자산가와 상인이 모든 시대에 존재했다는 사실과 완전히 일치한다. 영리적인 부르주아 노동의 합리적인 자본주의적 조직화는 그렇지만 중세에서 근대로 발전하는 과정에서야 비로소 알려졌다.

22 이에 대해서는 말리니악J. Maliniak의 취리히대학교 박사 학위 논문(1913)을 참조하라.

23 이하의 묘사는 여러 지방의 상이한 개별 부분들의 상황에서 '이념형적으로' 구성한 것이다. 이 묘사는 이 책에서 필요한 예시적 목적을 위한 것이므로 실제 상황을 묘사한 방식과 완전히 일치하지 않는다 해도 상관없다.

24 이런 이유에서 보더라도 합리주의가 발생하는 첫 시기, 예를 들어 독일 산업의 초창기가 일상생활의 욕구 대상이 가진 양식의 전면적 몰락과 병행한 것은 우연이 아니다.

25 그렇다고 귀금속 재고의 이동이 경제적으로 무관했다고 말하는 것은 아니다.

26 이는 우리가 이 책에서 고찰의 대상으로 삼은 기업가 유형을 뜻하는 것이지 임의 경험적 평균형을 말하는 것은 아니다('이념형'의 개념은《사회과학 및 사회정책 저널》65권 1호에 있는 필자의 논문을 참조하라).

27 아마 이 자리가 이미 인용된 바 있는 F. 켈러의 글(《괴레스 협회 출판물》의 제12권)과 그와 관련된 좀바르트의 언급(《부르주아》에 있는)에 대해 매우 간략히 논하기에 적합한 곳 같다. 교회법적인 이자 금지利子禁止(한번 지나가는 말로 언급한 것 외에는 전체 논지와 무관한)에 대해 도대체 언급도 하지 않은 논문인데 (지구상의 거의 모든 종교에서 그 유례를 볼 수 있는) 그 논문에서 이자 금지를 가톨릭 윤리와 종교 개혁적 윤리의 구별 기준으로 주장하고 있다고 가정하여 비판하는 것은 너무 심한 일이다. 사람은 자기가 실제로 읽었거나, 아니면 읽은 그 논문의 설명을 잊지 않은 경우에만 그 논문을 비판할 수 있다. 이자 취득利子取得에 대항한 투쟁은 16세기의 위그노 교회사와 네덜란드 교회사에 점철되어 있

다. 금융업자들인 '롬바르디아인'들은 성찬의 자리에서 배제되는 때가 종종 있었다(제1절의 주 13을 보라).

칼뱅의 좀 더 자유로운 견해(그렇지만 계율에 대한 첫 초고에서는 아직도 이자 증식을 제한하는 규정이 있었다)는 살마시우스Salmasius를 통해 비로소 통용되었다. 그러므로 가톨릭과 종교 개혁의 차이는 이 점에 있지 않다. 오히려 그 반대다. 그런데 이보다 더 나쁜 것은 이에 대한 저자의 논의다. 이 논의는 풍크Funck와 다른 가톨릭 학자들의 저술(필자가 보건대 공정하게 인용하지도 않았다)과 오늘날 몇 가지 점에서는 낡았지만 아직도 기본적인 엔데만Endemann의 연구에 비하면 현저하게 천박하다.

물론 켈러는 좀바르트의 다음과 같은 과장(앞의 책 p. 321)에서는 벗어나 있다. 즉 좀바르트는 '신앙심 깊은 사람들'(특히 시에나의 베르나디와 피렌체의 안토니노를 지칭한다)에게서 분명히 '그들이 모든 방법으로 기업 정신을 고무하려 했음'을 알아낼 수 있다고 말한다. 그런데 그 이유는 이들이 이자 금지가 행해지던 모든 세상에서처럼 이자 금지가 (오늘날의 용어로) '생산적' 자본 투자를 낳지 못한다고 해석했기 때문이라는 것이다. 이 밖에도 좀바르트가 한편으로는 로마인들이 '전투 민족'에 속한다고 보고 다른 한편으로는 (이는 어쩌면 결코 양립할 수 없이 대립하는 것인데) 소위 경제적 합리주의가 카토에게서 이미 '극단적 결과를 낳을 정도로' 발달했다고 본 것(S. 267)은 그의 책이 나쁜 의미에서 '여러 주장을 병립적으로 모아놓은 책'이라는 또 다른 증거로 지적할 수 있다. 그러나 켈러 역시 이자 금지의 의미를 완전히 왜곡했다. 이자 금지의 의미를 이 자리에서 개별적으로 설명하지는 않겠지만, 이전에는 종종 과대평가되고 그다음에는 매우 과소평가되었으며 가톨릭의 대부호 시대인 현재에는 호교론적인 목적에서 완전히 전도되었다. 이자 금지는 주지하다시피 (성서에 근거가 있음에도!) 19세기에 와서야 교리성성教理聖省의 교서로 폐지되었다. 그것도 시대에 따른 관습으로서 간접적으로만 폐지되었다. 즉 이자 금지가 다시 효력을 발휘하는 경우에도 그에 복종할 것이 기대되는 고해자에게는 앞으로 이자 취득에 대한 추궁으로 괴롭히지 않도록 한 것에 불과했다.

왜냐하면 교회의 이자 이론이 전개한 고도로 복잡한 역사에 대해 어느 정도 철저한 연구를 한 사람이라면, 예컨대 연금 매매, 어음 할인, 기타 각종 계약 등의 허용을 둘러싼 끝없는 논쟁을 보건대 (특히 앞서 말한 교리성성의 법령이 도시의 채권 문제 때문에 반포된 것임을 보건대) 대부 이자의 금지가 급변에만 해당되고 '자본 보존'을 목적으로 한 것이며(S. 24), 심지어는 '자본주의적 기업을 장려하기 위한' 것이었다(S. 25)는 등의 주장은 있을 수 없다. 사실은 다음과 같다. 교회는 나중에 가서야 이자 금지를 재고했으며, 이렇게 재고된 때에도 통상적인 순수한 영리적 자본 투자 형태는 고정이자율의 대부가 아니라 해상 대부, 코멘다, 조합 대부, 위험 대부(위험 등급에 따라 손익의 분배율을 정하는 대부)였으며(그러므로 기업가 대부 이자의 성격을 갖지 않을 수 없었다) 이 모든 것은 (몇몇 엄격한 교회법학자들 말고는) 제재를 받지 않았다. 그러나 고정 이율의 자본 투자와 할인이 가능해지고 일상적이 되자 이것들은 (나중에도) 이자 금지 측 때문에 심각한 어려움을 점점 겪게 되었다. 그리고 어쨌든 상인 길드에 쓰라린 조치(블

랙리스트!)를 낳았다. 그러나 그 경우에도 교회법학자가 행한 이자 금지 조치는 대개 순수한 법적, 형식적인 성격이었으며 켈러가 상정한 것과 같은 '자본 보호적' 경향 따위는 결코 없었다. 마지막으로 자본주의에 대한 입장을 규정하자면 한편으로는 점차 세력을 얻어가는 비인격적인, 따라서 윤리적으로 정당화시킬 수 없는 자본의 힘에 대한 전통주의적이고 대개는 모호한 반감이 작용했으며 (이러한 반감은 푸거가家와 금융업에 대한 루터의 표현에도 반영되어 있다) 다른 한편으로 적응의 필연성도 결정적 작용을 했다. 그러나 이것을 본 논문에서 논할 수는 없다. 왜냐하면 이미 말했듯이 이자 금지와 그 변천 추이는 본 논문에서 단지 증후적인 의미일 뿐이며 그것도 매우 제한적인 의미이기 때문이다.

스코투스 신학자들과 특히 이탈리아 15세기의 탁발승 신학자들, 그중에서도 시에나의 베르나디와 피렌체의 안토니노처럼 합리적이고 금욕주의적인 방향의 수도승 저술가들의 경제 윤리는 분명히 별도로 취급해야 하며 본 논문과 관련해보더라도 간단히 취급할 수는 없다. 그렇지 않으면 필자가 가톨릭의 경제 윤리를 자본주의에 대한 긍정적 관계에서 다루면서 설명해야 할 것을 현재와 같은 반론에서 미리 말하는 것이 될 수밖에 없다. 이 저술가들은 이 점에서 많은 예수회의 선구자인데 상인의 기업 이윤을 윤리적으로 허용된 그들의 '근로'에 대한 대가로서 정당화하려 했다(분명히 켈러도 그 이상은 주장할 수 없었다).

'근로'라는 개념과 그에 대한 평가는 분명히 궁극적으로는 수도승의 금욕주의에서 유래했으며, 자노초의 입을 빌려 표현했듯이 성직자의 언어 사용에서 알베르티의 언어 사용으로 채택된 가계라는 개념도 역시 그렇다. 프로테스탄티즘의 현세적인 금욕주의 종파들의 선구자인 수도승 윤리는 나중에 가서야 상세히 논할수 있다(헬레니즘 말기의 묘비명에서 보듯이 고대의 키니코스학파에게서도 이와 유사한 생각을 찾아볼 수 있으며 이와는 전혀 다른 조건에서 이집트에서도 그 맹아를 볼 수 있다). 그러나 뒤에 가서 논하겠지만 이러한 맹아에 전적으로 결여된 것이 바로 우리에게 결정적으로 중요한 것이다. 즉 후술하듯이 금욕주의적 프로테스탄티즘에 특징적인 것은 직업에 내재된 구제의 증명이라는 사상이다. 이러한 심리적 보상은 신앙이 '근로'에 부여한 것으로서 가톨릭에는 필연적으로 결여될 수밖에 없었다. 왜냐하면 그들의 구원 수단은 전혀 달랐기 때문이다. 가톨릭 저술가들에게 그 효과상 중요했던 것은 구원에 대한 관심을 통해 제약된 개인적인 실천적 동기가 아니라 윤리 이론이었고, 그 밖에도 현세적 금욕주의가 핵심적인 종교적 입장에서 논증하는 것을 중요시한 반면에 가톨릭 저술가들은 (매우 쉽게 알 수 있듯이) 적응에 관심을 가졌다. (안토니노와 베르나디에 대한 저작도 이미 오래전에 F. 켈러의 것보다 우수한 것들이 나와 있었다.) 게다가 이러한 적응조차도 오늘날에 이르기까지 논란의 대상이 되고 있다.

그런데도 이러한 수도승의 윤리 사상의 중요성을 증후적으로 무가치하다고 평가할 수는 없다. 그렇지만 근대적 직업 개념에 흘러 들어온 종교 윤리의 실질적 '단초'는 다른 종파와 이단 운동, 특히 위클리프에 있다. 물론 브로드니츠(《영국 경제사*Englische Wirtschaftsgeschichte*》)가 위클리프의 영향은 매우 강력하여 청교도주의는 이제 할 것이 없었다고 말한 것은 위클리프의 중요성을 과대평가한 것이다. 이 자리에서는 이 모든 것에 대해 상세히 논할 수 없다(논할 필요도 없다). 왜냐하면 이 자리에서는 중세의 기독교 윤리가 자본주의 정신의 전제 조건을 창조하는 데 작용을 했는지, 했다면 어느 정도인지를 피상적으로 다룰 수 없기 때문이다.

28 《누가복음》6장 35절과 공인 그리스어 성경(불가타 번역)에 나오는 '아무것도 바라지 말고'는 (메르크스A. Merx에 따르면) '아무에게도 바라지 말고'가 왜곡된 것으로서 모든 형제, 가난한 형제들에게도 이자를 불문하고 대부하라고 명하는 거라고 한다. '신을 기쁘게 하기는 지난하다'는 현재 아리아누스교에서 유래했다고 되어 있다(물론 우리 연구와는 아무 관련이 없다).

29 이 경우에 어떻게 이자 금지와 타협했는가는 예를 들어《칼리말라 길드Arte di Calimala》의 규약 제1권 65조를 보면 알 수 있다(필자의 수중에는 에밀리아니 - 주디치Emiliani-Giudici의《이탈리아 자유도시사Stor. dei Com. Ital.》Bd. III, S. 246에 있는 이탈리아 편집밖에는 없다). '그들은 모든 사람을 위해 최선을 다하면 선물이나 포상 등에 대해, 즉 그해와 이듬해에 얻을 이자를 용서받을 수 있다고 말한 수도승으로부터 위안을 얻었다.' 이처럼 길드는 그 구성원에게 청부받아 면죄를 공급하는 것을 공적 업무로 삼고 있었다. 자본 수익이 도덕 외적 성격을 가진 사실을 가장 특징적으로 나타내주는 것은 위의 조항보다 앞에 있는 조항(63조)에서 모든 이자와 이윤을 '선물'로 회계 처리할 것을 명령한 점이다. 마치 오늘날 증권거래소에 이의를 제기한 사람들이 블랙리스트에 오르

듯이 당시에 고리대죄를 종교재판소에 항고한 자들은 종종 배척
당했다.

3. 루터의 직업 개념과 탐구의 과제

1   고대어 중에는 오직 히브리어에만 유사한 어조의 표현이 있다.
우선 '근무'라는 말이 그렇다. 이는 성직자의 기능을 말하는 데
사용했다(《출애굽기》35장 21절;《느헤미야》11장 22절;《역대상》
9장 13절; 23장 4절; 26장 30절). 그리고 왕을 섬기는 일(특히《사
무엘상》8장 16절;《역대상》4장 23절; 29장 6절), 궁정 업무(《에스
더》3장 9절; 9장 3절), 노동 관리 업무(《열왕기하》12장 12절), 노예
의 일(《창세기》39장 11절), 농경 노동(《역대상》27장 26절), 수공
업(《출애굽기》31장 5절; 35장 21절;《열왕기상》7장 14절), 상업(《시
편》107편 23절) 등에 사용했으며, 곧 언급하게 될《집회서》11장
20절에서는 모든 '직업 노동'에 사용했다.

이 말은 보낸다는 말에서 파생했는데 원래 '임무'를 의미했다. 이
말이 이집트의 부역 관료제와 이집트를 모방한 솔로몬의 부역
국가의 어휘에서 유래한 것임은 앞의 인용을 볼 때 분명한 것 같
다. 이전에 A. 메르크스가 필자에게 가르쳐준 바에 따르면, 이미
고대에 이어간 개념은 완전히 사리지고 그 말은 모든 '노동'에 사
용되게 되었고 실제로 '직업Beruf'이란 독일어와 마찬가지로 이
전에 종교적 기능에 사용되던 특색을 잃게 되었다.

《집회서》11장 20절에도 나오고 70인 번역에서 'διαθήκη'로 번역

된 '과업'('지정된 일', '할당된 일', '과제')이란 표현도 부역 관료제의 어휘에서 유래했으며 '業'(《출애굽기》5장 13절, 《출애굽기》5장 14절의 70인 번역에는 '과제'란 뜻으로 역시 'διαθήκη'를 사용했음을 참조하라. 《집회서》43장 10절의 70인 번역에서는 χρίμα로 되어 있다)도 마찬가지다. 분명히 그 말은 《집회서》11장 20절에서 신의 계율 이행이란 뜻으로 사용하고 있다. 따라서 독일어의 'Beruf'와 유사하다. 《집회서》의 이 부분은 슈멘트Smend의 유명한 《예수 시락의 지혜 Die Weisheit des Jesus Sirach》를, 'διαθήκη / ἔργον / πόνος' 등은 같은 저자의 《예수 시락의 지혜에 대한 색인 Index zur Weisheit des Jesus Sirach》(Berlin, 1970)을 보라(주지하다시피 《집회서》의 히브리어 원본은 소실되었다가, 쉐흐터Schechter가 재발견하여 부분적으로 《탈무드》를 인용하여 보완했다. 루터 당시에는 원본이 없었고, 따라서 그 어휘 사용에는 이 두 히브리어 개념이 아무런 영향도 주지 않았다. 《잠언》22장 29절에 대해서는 아래를 참조하라).

그리스어에는 윤리적 색조를 갖는 그 독일어에 해당하는 표현이 전혀 없다. 루터가 현재의 어법에 완전히 일치하게(아래를 참조) 《집회서》11장 20절과 21절에서 '너의 직업에 머물러라'라고 번역한 곳을 70인 번역은 한 군데에서는 'ἔργον'으로, 완전히 훼손된 듯이 여겨지는 부분에서는(히브리어 원본에서는 신의 구원의 영광에 대해 말하고 있는 부분인데!) 'πόνος'라 번역하고 있다. 그 외에 고대에는 τὰ προήχοντα가 일반적인 의미에서 '의무'로 사용되었다. 스토아의 언어에서는 때때로 χάμαιος가(이 점은 이전에 A. 디터리히Dieterich가 필자에게 지적해주었다) 어원상으로는 무관하지만 그와 유사한 사상적 색채를 담고 있다. 그 밖의 모든 표현

($\tau\acute{\alpha}\xi\iota\varsigma$)은 윤리적인 함축이 없다.

라틴어에는 '직업'이라 번역되는 단어, 즉 (대체로) 인간에게 소득의 원천이자 지속적인 경제적 생존의 근거가 되는 지속적인 분업적 활동으로 번역되는 단어로 특수한 함축이 없는 'opus'가 있지만, 그 밖에도 독일어의 윤리적 내용과 어느 정도 유사한 색조의 단어는 officium(opificium에서 파생. 따라서 원래는 윤리적인 내용이 없으나 나중에 특히 세네카의 《자선에 관하여de benef》 IV, 18에서는 직업과 같은 의미로 사용했다) 또는 munus(고대 시민 공동체의 부역에서 파생된 말이다) 등이 있고 마지막으로 professio가 있다. professio라는 말은 바로 공법적 의무, 즉 이전의 시민의 조세 신고 의무에서 유래되어 이런 의미를 갖게 된 것으로 보이는데, 나중에는 특히 근대적인 의미에서 '자유업professio bene dicendi'에 사용했고 이러한 좁은 범위에서는 독일어의 'Beruf'라는 말과 모든 점에서 전체적으로 상당히 유사한 의미를 갖는다(그 말의 좀 더 정신적인 의미에서도 그렇다). 예를 들어 키케로에게 누군가에 대해 'non intelligit quid profiteatur'라고 말했을 때 그것은 '그는 자신의 할 바가 무엇인지를 모른다'는 의미로 사용했다. 물론 이 말은 종교적 함축이 전혀 없는 철저히 현세적인 표현이다. 제정 시대에 '수공업'을 표현하는 데 사용한 'ars'도 역시 마찬가지다. 공인 그리스어 성서(불가타Vulgata 번역)는 앞서 나온 《집회서》의 구절을 한 군데는 'opus'로 다른 곳(21절)은 'locus'로 번역했다. 이후자는 여기서 '사회적 지위' 따위를 의미한 것 같다.

이런 의미에다 '준수해야 할 명령'이라는 의미를 추가한 것은 히에로니무스Hieronymus 같은 금욕주의자라는 사실을 브렌타노가 매우 올바르게 지적했지만, 여기서(그리고 다른 어느 곳에서도) 바로 이것이 그 개념의 금욕주의적(종교 개혁 이전에는 내세적이고 그 이후에는 현세적이던) 어원을 특징짓고 있다는 점은 언급하지 않았다. 어떤 텍스트에 따라 히에로니무스의 번역이 이루어졌는지는 대체로 불분명하다. 단, '근로'라는 말이 갖던 옛날의 부역적 의미의 영향을 배제할 수는 없는 것 같다.

로만계 언어 중에 오직 스페인어의 'vocacion'만이 내면적인 '부름Beruf'과 같은 뜻을 일부 갖는다. 이 말은 사제직에서 전화된 것으로 독일어의 의미와 부분적으로 일치하는 함축의 의미가 있지만 외적인 의미에서 'Beruf'라는 뜻으로는 사용하지 않는다. 로만어계 성서 번역에서 스페인어 vocacion, 이탈리아어 vocazione와 chiamamento가, 나중에 동일한 것으로 언급될 루터주의적 어법과 칼뱅주의적 어법에 부분적으로 일치하는 의미를 갖기는 하지만 그것은 단지 신약성서의 $\varkappa\lambda\tilde{\eta}\sigma\iota\varsigma$, 즉 복음을 통한 영원한 구원에의 부름의 번역어로서만 그러하다. 불가타 번역은 이 말을 'vacatio'라 했다(희한하게도 브렌타노는 앞의 책에서 필자가 그의 견해를 지지하기 위해 인용한 것을 종교 개혁 이후의 '직업' 개념이 그 이전에도 존재했다는 뜻으로 생각한다. 그러나 그런 말을 필자는 한 적이 없다. 물론 $\varkappa\lambda\tilde{\eta}\sigma\iota\varsigma$는 분명 'vocatio'로 번역되었다. 그러나 언제 어디서 그 말이 중세의 경우 우리가 사용하는 현재의 의미로 쓰였던 말인가? 이런 번역이 있었으나 그럼에도 현세적인 어의는 부재했다는 사실은 분명하다). 예를 들어 《희귀본 및 미간행본 총서 *Collezione di opere ineditee rare*》(Bologna 1887)에 인쇄된 15세기의 이탈리아어 성서 번역에서는 현대의 이탈리아어 성서 번역에서 사용하는

'vocazione' 말고도 'chiamamento'를 그런 식으로 사용했다. 규칙적인 영리 활동이라는 외면적이고 현세적인 의미의 'Beruf'에 해당하는 로만어 계통의 단어들은 사전적 자료와 필자의 존경하는 동료 바이스트Baist 박사(프라이부르크대학교)의 친절하고 자상한 설명에서 지적하듯이 철저하게 종교적인 함축을 결여하고 있다. 이는 ministerium이나 officium에서 파생된 것처럼 원래 일정한 윤리적 색채를 가졌든, 아니면 ars, professio, implicare(impiego)에서 파생되어 애초부터 그러한 의미를 전혀 갖지 않았든 상관없이 그렇다. 초두에 언급한《집회서》의 구절에서 루터가 'Beruf'라 번역한 것은 프랑스어로 제20절 'office', 제21절 'labeur'(칼뱅주의적 번역), 스페인어로 제20절 'obra', 제21절 'lugar'(불가타에 의거), 새로운 번역으로 'posto'(프로테스탄트)이다. 신성 로마 제국의 프로테스탄트들은 그 수가 적었기 때문에 루터가 아직 학문적으로 합리화가 덜 된 독일 관용어에 미칠 수 있었던 언어 창조적 영향력을 행사할 수 없었거나 그런 것을 시도조차 못했다.

2   이에 반해《아우크스부르크 신앙 고백Augsburger Konfession》은 이 개념을 단지 부분적으로만 발전되고 또 함축적인 형태로만 포함하고 있다. 16조(Augs. v. Kolde. S. 43)에서는 '복음은…… 세속적 정부, 경찰, 혼인 등과 상충하는 것이 아니라 인간은 그 모든 것을 신의 명령으로 받아들여 그러한 신분 안에서 기독교적 사랑과 올바른 선행을 각자가 직업에 맞게 증명할 것을 원한다'(라틴어로는 'et in tabilus ordinationibus exercere caritatem' 같은 책, S. 42)로 되어 있는데 이로부터 나오는 결론은, 당국에 복종해야 하고 이 경우 적어도 우선 '직업'이《고린도전서》7장 20절의 구절

이 뜻하는 것처럼 객관적 명령으로 여겨진다는 것이다. 그리고 27조(Kolde판, S. 83 이하)는 '직업'(라틴어로는 'in vocatione sua')을 오직 신이 명령한 신분과 관련해서만 언급하고 있다. 즉 승려, 관리, 군주, 귀족 신분 등과 관련시켜 말하고 있으며 그것도 독일어 초판에는 없고 단지 독일어로 된《일치서Konkordienbuch》에만 있다.

단, 26조(Kolde판, S. 81)에는 '단식은 은총을 얻기 위한 것이 아니라 육체를 단련시켜 육체가 각자의 직업에 따라(라틴어 'juxta vocationem suam') 행해야 할 것을 방해하지 않도록 하기 위해서다'라고 되어 있다. 여기서는 그 말의 뜻에 현재의 개념을 적어도 부분적으로는 포함하고 있다.

3　모든 사전에 나타나 있는 데다 필자의 동료인 브라우네Braune와 호프스Hoops가 친절히 확증해주었듯이 루터의 성서 번역 이전에는 독일어 'Beruf', 네덜란드어 'beroep', 영어 'calling', 덴마크어 'kald', 스웨덴어 'kallelse' 등이 현재와 같은 세속적 의미로는 전혀 사용되지 않았다. 'Beruf'와 같은 발음의 중세 고지 독일어, 중세 저지 독일어, 중세 네덜란드어 등은 모두 오늘날 독일어의 'Ruf'와 같은 뜻이었으며, 특히 (중세 말) 성직 수여권자가 한 후보자를 성직에 '임명'한다는 뜻도 포함하고 있었지만 이는 특수한 경우로서 스칸디나비아어의 사전에도 특히 잘 나타난다. 루터도 그 말을 이런 의미로 종종 사용하였다. 그러나 이러한 특수한 사용이 그 말의 어의 변화를 일으키는 데 일조했을지는 몰라도 어쨌든 근대적인 '직업' 개념의 성립은 언어상 성서 번역에 근거하며, 그것도 프로테스탄트의 성서 번역에 근거한다. 단, 후술

하게 될 타울러(1361년 사망)의 경우에만 그러한 맹아가 엿보인다. 프로테스탄트 성서 번역에 지배적인 영향을 받은 모든 언어가 그러한 단어를 만들어낸 반면에 로만계 언어처럼 그 영향을 받지 않은 모든 언어는 오늘날과 같은 의미의 단어를 만들어내지 못했다.

처음에 루터는 전혀 다른 두 가지 개념을 'Beruf'로 번역했다. 첫째, 신을 통한 영원한 구원의 부름이라는 의미의 바울의 'χλῆσις'가 그것이다. 이 경우는《고린도전서》1장 26절;《에베소서》1장 18절; 4장 1절, 4절;《데살로니가후서》1장 11절;《히브리서》3장 1절;《베드로후서》1장 10절 등이다. 이 모든 경우에 중요한 것은 사도가 선포한 복음을 통해 이루어진 신의 부름이라는 순수한 종교적 개념으로 χλῆσις라는 개념은 현재적 의미에서 세속적 '직업'과는 무관하다는 사실이다.

루터 이전의 독일어 성서 번역에는 이 경우 'ruffunge'(Heidelberg 도서관의 모든 초기 인쇄물이 그렇다)를 사용했고 때로는 'von Gott geruffet' 대신에 'von Gott gefordert'라는 말도 사용했다. 그러나 둘째로 그는 앞서 말했듯이 앞의 주에서 자주 나온《집회서》의 구절(이는 70인 번역에서는 ἐν τῷ ἔργῳ σου παλαιώϑητι와 χαίέμμενε τῷ πόνῳ σου로 번역되어 있는데)을 bleibe bei deiner Arbeit가 아니라 'beharre in deinem Beruf'와 'bleibe in deinem Beruf'로 번역했다. 나중에 (예를 들어 플라이슈츠가 번역한 것. Fulda 1781과 같은 공인된) 가톨릭 성서 번역은 (신약성서뿐 아니라) 여기서도 루터를 그저 따르고 있다. 필자가 아는 한 이《집회서》의 루터 번역은 독일어 'Beruf'가 오늘날과 같은 순수한 세속적 의미로 사용된 최초의 경우이다.

(먼저 주의할 것은《집회서》14장 1절과 43장 10절에 의하면《집회서》가《탈무드》인용에 따라' 사용한 히브리어 표현 '과업'과 마찬가지로 διαθήκη도 실제로는 독일어의 'Beruf'와 유사한 것, 즉 '운명' 또는 '지정된 일'을 의미함에도 루터는 20절의 στῆθι ἐν διαθήκῃ σου를 'bleibe in Gottes Wort'로 번역했다는 사실이다.) 이후의 현재와 같은 의미에서의 'Beruf'라는 단어는 이미 말했듯이 독일어에는 없었고 필자가 아는 한 옛 성서 번역자나 설교자들도 사용하지 않았다. 루터 이전의 독일어 성경은《집회서》의 구절을 'Werk'라고 번역했다. 레겐스부르크의 베르톨트Berthold는 설교에서 우리가 'Beruf'라 부르는 것을 'Arbeit'란 단어를 사용했다. 이 점에서는 언어 사용이 고대와 같다. 필자가 알기로는 물론 'Beruf'는 아니지만 (χλῆσις의 번역어로) 'Ruf'를 순수한 세속적 노동에 사용한 최초의 구절은《에베소서》4장에 대한 타울러의 훌륭한 설교에 나온다 (Basler Ausg. f. 117 v). 이 설교는 '비료를 주러' 가는 농부에 관한 것으로 '농부가 자신의 Ruf에 충실히 따른다면 자신의 Ruf를 게을리하는 성직자보다' 더 향상한다는 것이다. 이 말은 위와 같은 의미로는 일상어에 파고들지 못했다. 루터의 언어 사용이 처음에는 (《에어랑겐판 루터 전집》, 제51권, S. 51을 보라) 'Ruf'와 'Beruf' 사이를 오갔지만 타울러의 직접적인 영향이 결코 확실하지는 않다. 예를 들어《기독교인의 자유Freiheit eines Christenmenschen》에는 타울러의 이러한 설교를 상기시키는 많은 구절이 있음에도 그렇다. 왜냐하면 루터는 처음에 타울러의 책에서와 같은 순수한 세속적 의미로 그 말을 사용하지 않았기 때문이다(이 점은 데

니플레, 루터, S. 163과 대립되는 견해이다).

분명히《집회서》의 권고는 신에 대한 신뢰를 일반적으로 권고하는 것 외에는 70인 번역판에서 세속적 '직업' 노동에 대한 특별한 종교적 가치 평가와는 무관하다(훼손된 두 번째 구절의 πόνος, 노고라는 표현은 오히려 훼손되지 않았더라면 그와는 정반대였을지도 모른다).《집회서》에서 말하는 것은 그저《시편》작자의 권고(《시편》37편 3절), 이 땅 위에 거하여 성실로써 양식을 삼으라와 일치하는 것에 불과하며 이는(21절) '신이 가난한 자를 부유케 하는 것은 쉬운 일이니 신 없는 자들의 일에 눈이 어두워지지 말라'는 권고와 관련해서 봐도 분명하다. 단, '과업'에 머물라는(제20절) 첫 번째 권고만이 복음의 χλῆσις와 일정한 유사성을 갖지만 바로 여기서 루터는 (그리스어 διαϑήχη에 대해) 'Beruf'란 말을 사용하지 않았다. 앞의 두 가지 매우 이질적으로 보이는 Beruf란 단어 사용을 루터와 연결해주는 것은《고린도전서》에 있는 구절과 그 번역이다.

루터에서 (현재 보급된 성경) 이 구절이 나오는 전체 문맥은 다음과 같다.《고린도전서》7장 "(17절) 각 사람은 주님께서 나누어주신 은총을 따라서 또 하느님이 부르신berufen 그대로의 처지대로 살아가십시오. 이것이 내가 모든 교회를 위해서 세운 원칙입니다. (18절) 부르심을 받았을 때 이미 할례를 받은 사람이면 그 할례의 흔적을 굳이 없애려 하지 마십시오. 이와 반대로 부르심을 받았을 때 아직 할례를 받지 않은 사람이면 굳이 할례를 받으려고 하지 마십시오. (19절) 할례를 받았다든가 안 받았다든가 하는 것이 문제가 아니고 오직 하느님의 계명을 지키는 것만이 중요합니다. (20절) 그러므로 각 사람은 부르심Beruf을 받았을 때의 상태를 그대로 유지하도록 하십시오. (ἐν τῇ κλήσει ᾗ ἐκλήθη, A. 메르크스가 필자에게 지적한 대로 분명한 히브리어법이다. 불가타 번역에는 in qua vocatione vocatus est.) (21절) 부르심을 받았을 때에 노예였다 하더라도 조금도 마음 쓸 것 없습니다. 그러나 자유로운 몸이 될 기회가 생기면 그 기회를 이용하십시오. (22절) 노예라도 부르심을 받고 주님을 믿는 사람은 주님의 자유인이 되며 그와 마찬가지로 자유인이라도 부르심을 받은 사람은 그리스도의 노예가 됩니다. (23절) 하느님께서는 값을 치르시고 여러분을 사셨습니다. 그러니 여러분은 인간의 노예가 되지 마십시오. (24절) 형제 여러분, 여러분은 각각 부르심을 받았을 때의 상태를 그대로 유지하면서 하느님과 함께 살아가십시오." 그리고 그다음 29절에는 시간이 '임박'했다는 것을 지적하고 종말론적 기대를 기초로 하는 유명한 구절인 아내 있는 자들은 없는 자같이 하며 그에 이어 매매하는 자들은 아무것도 없는 자같이 하라(31절)는 훈계가 나온다.

20절에서 루터는 옛 독일어 번역에 근거해서 이 장에 대한 1523년의 자신의 해석에서도 κλήσις를 'Ruf'로 번역했고(《에어랑겐판 루터 전집》, Bd. 51, S. 51) 'Stand(신분)'라 해석했다.

실제로 분명한 것은 이 구절, 그리고 오직 이 구절에서 κλήσις라는 단어는 라틴어의 'status', 독일어의 'stand'(혼인한 신분, 노예의 신분 등)와 매우 일치한다. (그러나 앞의 책, p. 137에서 보듯이 브렌타노가 생각하는 것과 달리 분명히 현재 의미의 'Beruf'라는 뜻은 아니다. 브렌타노는 필자가 언급한 그 구절도 자세히 보지 못했다.) 이 단어(어원상 ἐχχλησία, '부름받은 집단'과 유사하게)가 적어도 그와 같은 의미를 상기시키는 경우는 사전적 자료에 따르는 한 그리스 문헌 중 오직 할리카르나스Halikarnaß의 디오니시우스Dionysius의 한 구절에만 한 번 나올 뿐이다. 그런 뜻으로는 라틴어의 classis(그리스어에서 채용된 말로 '소집된', 소환된 일단의 시민이라는 뜻)가 해당된다. 테오필락토스Theophylaktos(11~12세기)는 《고린도전서》 7장 20절을 이렇게 해석했다 "ἐν ὅίω βίω χαὶ ἐν ὅίω τάγματι χαὶ πολιτεύματι ὤν ἐπὶστευσεν(다이스만Deißmann이 이 구절을 환기해주었다)."

분명히 χλῆσις는 우리가 현재 사용하는 'Beruf'와는 결코 일치하지 않는다. 그런데 각자는 자신의 현재 신분에 머물라는 종말론적 권고에서 χλῆσις를 'Beruf'로 번역한 루터는 뒤에 《요한계시록》을 번역할 당시 전통주의적이고 반화폐증식적인 《집회서》의 충고인 각자는 자신의 직업에 머무름이 가하다는 문장에서 그 권고가 갖는 실질적인 유사성을 이유로 πόνος도 'Beruf'로 번역했다(이 점이 결정적인 동시에 특징적이다. 이미 말했듯이 《고린도전서》 7장 17절의 구절은 χλῆσις를 결코 'Beruf'란 의미로 사용하지 않았다. 즉 한정된 작업 영역이란 의미가 아니었다).

그러는 사이에 (혹은 아마도 동시에) 1530년의 《아우크스부르크 신앙 고백》에서는 현세적 윤리에 대한 가톨릭의 무시가 무용하다는 프로테스탄트적 교리를 확립했고 그에 맞추어 '각자는 자신의 직업Beurf에 따라'라는 표현법을 사용했다(앞의 주를 볼 것). 이것, 그리고 바로 30년대 초에 본질적으로 강화되기 시작한 평가인, 각자가 위치해 있는 질서에 대한 신성시는 점차 예리하게 구체화된, 삶의 사소한 사항에도 매우 특수한 신의 섭리가 내재한다는 신앙의 결과였고 이는 이러한 루터의 번역에서 뚜렷이 나타났다. 'vocatio'라는 말 역시 전통적인 라틴어에서는 신의 부름을 받은 수도원의 삶 혹은 성직자의 삶에 사용했는데 이제 위에서 말한 교리의 영향을 받아 루터의 경우에는 현세적인 '직업' 노동과 같은 함축을 갖게 되었다. 왜냐하면 그가《집회서》에 나오는 πόνος와 ἔργον을 'Beruf'로 (이에 해당하는 유사한 말이 이전에는 수도승의 번역에서 유래하는 라틴어밖에 없었다) 번역했다고 말했는데, 이미 그보다 몇 년 전에도《집회서》의 그리스어본의 ἔργον의 원어인 동시에(독일어의 Beruf, 북방 게르만어의 Kald, Kallelse와 똑같이) 특히 종교적 '부름'에서 유래한, 솔로몬의《잠언》22장 29절의 히브리어 '근무'를 다른 구절에서도 마찬가지로(《창세기》39장 11절) 'Geschäft(업무)'로 옮겼다(70인 번역 ἔργον, 불가타 번역 opus, 영어 성경 business, 이는 북방 게르만어 성경과 그밖에 필자가 아는 모든 언어의 성서 번역에서도 마찬가지다). 물론 처음에는 그가 이룩한 'Beruf'란 단어의 주조는 현재와 같은 의미에서는 루터파에만 한정되었다. 칼뱅주의자들은 구약 외전을 경전으로 치지 않았다. 이들은 '구원의 증명'에 대한 관심을 심화시킨 발전이 있고 나서야 루터적인 직업 개념을 받아들였고 매우 강조했다.

그러나 이들의 최초의 (로만어계) 번역에서는 그에 대응할 만한 단어를 사용하지 않았고 이미 정형화되어버린 언어에서 그러한 단어를 창조적으로 사용할 힘도 없었다.

이미 16세기에 'Beruf' 개념은 종교 외적인 문헌에서 오늘날과 같은 의미를 얻게 된다. 루터 이전의 성서 번역자들은 χλῆσις 를 'Berufung(소환)'으로 번역했고(예를 들어 하이델베르크에 있는 1462~1466년, 1485년 고판본의 경우가 그렇다) 1537년 에크Eck의 잉골스타트Ingolstädt 번역판에는 '각자가 부름을 받은 그 부르심 그대로in dem Ruf, worin er beruft ist'라 되어 있다. 그 이후에 가톨릭 번역은 대부분 루터를 그대로 따르고 있다. 영국에서는 (최초로) 위클리프의 성서 번역(1382)이 'cleping'(고대 영어로서 나중에 차용어인 'calling'으로 대체되었다)을 사용했다. 따라서 Lollard적인 윤리에 매우 특징적인 것으로서 나중의 종교 개혁적 어법에 이미 일치하는 단어다. 1534년 틴달Tindal의 번역은 그와 달리 그 생각을 신분적으로 사용해서 'in the same state wherein he was called'라고 했고 1557년 제네바판도 마찬가지다. 1539년 크랜머Cranmer의 공인 번역은 'state'를 'calling'으로 바꾸었던 반면에 1582년 (가톨릭계의) 라임스의 성경은 엘리자베스 시대의 영국 국교회 성경과 마찬가지로 불가타 번역에 의존해서 다시 'vocation'을 사용한 점이 특징적이다.

영국의 경우 크랜머의 성서 번역이 Beruf=trade라는 의미에서 청교도의 'calling' 개념의 근원임은 이미 머레이Murray가 지적했다. 16세기 중엽부터 calling을 그런 뜻으로 사용했고 이미 1588년에는 'unlawful calling'이라는 말을 썼으며 1603년에는 '고위'직이라는 의미로 'greater calling'이란 말을 사용했다(머레이, 앞의 책 참조). 특히 눈에 띄는 것은 브렌타노의 견해(앞의 책 p. 139)인데, 그에 따르면 중세에는 'vocatio'가 'Beruf'로 번역되지 않았고 'Beruf'란 개념은 알려지지 않았는데 그 이유는 오직 자유민만이 'Beruf'를 가질 수 있었고 그 당시 시민적 직업에는 자유민이 없었기 때문이라는 것이다. 그런데 중세적 상공업의 전체 사회적 조직은 고대와 달리 자유노동에 기초했으며 특히 상인은 철저한 자유민이었음을 볼 때 필자는 그러한 주장을 이 해하기 어렵다.

4   이하에 대해서는 카를 에거K. Eger, 《루터의 직업관*Die Anschauung Luthers vom Beruf*》(Gießen, 1900)에 있는 시사적인 서술을 참조하라. 아마 이 서술의 유일한 결점은 거의 다른 모든 신학적 저술가들의 경우와 마찬가지로 '자연법' 개념에 대한 불충분한 분석에 있는 것 같다(이에 대해서는 제베르크Seeberg, 《교리사 *Dogmengeschichte*》에 대한 E. 트뢸치의 서평(《괴팅겐 지식인 리뷰 저 널》, 1902)과 특히 그의 《기독교 교회와 집단의 사회 교리》 중 해당 부 분을 보라).

5   왜냐하면 토마스 아퀴나스가 인간의 신분적, 직업적 분류를 신 의 뜻이라 주장했을 때 그는 사회를 객관적으로 조화된 우주라 고 생각했기 때문이다. 그러나 개인이 일정한 하나의 '직업'(이 렇게 말할 수 있다면 말이다. 토마스 자신은 ministerium 또는 officium 이란 말을 사용했다)에 지정돼 있다는 사실은 '자연적 원인'에 근 거를 두고 있다. 아퀴나스, 《자유 문제 토론집*Quaest. quodlibetal*》 VII, art. 17c: Haec autem divercificatio hominum in diversis officiis contingit primo ex divina providentia, quae ita hominum status distribuit, ······ secundo etiam ex causis naturalibus, ex quibus contingit, quod in diversis hominibus sunt diversae inclinationes ad diversa offica ······ 이와 똑같은 평가는 예컨대

'직업'에 대한 파스칼Pascal의 평가인, 직업 선택을 결정하는 것은 우연이라는 말에서도 나타난다(파스칼에 대해서는 아돌프 쾨스터 A. Köster,《파스칼의 윤리학Die Ethik Pascals》, 1907을 참조하라). '유기적인' 종교 윤리 가운데 가장 폐쇄적인 인도의 종교 윤리만이 이 점에서 다르다. 토마스주의적 직업 개념과 프로테스탄트의 직업 개념의 (그 밖의 점, 특히 섭리를 강조한다는 점에서는 매우 유사한 이후의 루터적 개념과의) 대립은 매우 분명하기 때문에 위의 인용문에 대해서는 이만 줄이고 나중에 다시 가톨릭의 사고방식을 평가하겠다. 토마스에 대해서는 마우렌브레허Maurenbrecher,《당대의 경제적 삶에 대한 토마스 아퀴나스의 입장Th. v. Aquinos Stellung zum Wirtschaftsleben seiner Zeit》(1898)을 보라. 그 외에도 개별적인 면에서 루터와 토마스가 일치하는 듯이 보이는 경우가 있는데, 그것은 토마스가 특별히 루터에 영향을 끼쳤기 때문이 아니라 오히려 스콜라학파의 일반적인 이론이 영향을 주었기 때문이다. 왜냐하면 데니플레Denifle의 증명에 따르면 실제로 루터는 토마스에 대해 충분히 알지 못한 듯하기 때문이다(데니플레,《루터와 루터주의Luther und Luthertum》, 1903, S. 501을 참조하라. 또 이 책에 대한 쾰러A. Köhler의《데니플레의 루터 연구에 대한 한마디Ein Wort zu Denifles Luther》, 1904, S. 25 f.도 보라).

6   《기독교인의 자유에 대하여Von der Freiheit eines Christenmenschen》에서는 우선 ① 인간의 '이중성'을 자연법(이 경우 세계의 자연적 질서를 뜻한다)이라는 의미에서 현세적 의무를 구성하는 데 사용한다. 이 이중성은 인간이 현실적으로 자신의 육체와 사회 공동체에 결부되어 있는 데 기인한다(《에어랑겐판 루터 전집》 제27권,

S. 188). ② 이는 위와 결부된 두 번째 근거인데 신앙 깊은 그리스도인이라면 신의 순수한 사랑으로 주어진 은총에 이웃 사랑으로 보답하려는 결단을 내린다. 이처럼 '은총'과 '사랑'을 느슨히 연결하는 점에는 ③ (S. 190) 노동을 '정신의' 인간이 육체를 지배하는 수단으로 규정하는 옛 금욕주의가 관련되어 있다. ④ 그러므로 노동(육체를 지배하는 수단으로서 노동을 말하며 자연적 도덕으로서 '자연법'을 다른 방식으로 사용한다)은 (원죄 이전에) 이미 신이 아담에게 심어놓은 본능으로서 '오직 신을 즐겁게' 하기 위해 수행되는 것이다. 마지막으로 ⑤ (S. 161과 199) 《마태복음》 7장 18절 이하에 관하여 직업에서 숙련된 노동은 신앙을 통해 결과된 새로운 삶의 산물이며, 또 산물이 분명하다는 사상이 나타난다. 그러나 그로부터 칼뱅주의의 중요한 '증명' 사상이 발전되지는 않았다. 이 저술을 이끄는 강력한 어조는 이 저술이 이질적인 개념적 요소들을 사용하고 있다는 증거다.

7 도축업자, 양조업자, 제빵업자의 은덕 때문에 우리가 점심식사를 하는 것이 아니라 그들이 자신들의 이익을 고려하기 때문이다. 우리는 그들의 이웃 사랑이 아니라 그들의 이기심에 호소하며, 그들에게 우리가 필요로 하는 것이 무엇인지를 말하는 것이 아니라 항상 그들의 이익에 대해 말한다(애덤 스미스, 《국부론 *Wealth of Nations*》 I, 2).

8 Omnia enim per te operabitur(Deus), mulgebit per te vaccam et servilissima quaeque opera faciet, ac maxima pariter et minima ipsi grata erunt(《창세기 주석, 라틴어 작품 주석 *Exegese der Genesis, Op. lat.exeg.*》 ed, Elsperger VII, 213). 이러한 사상은 루터에 앞서 종교적

'직업Ruf'과 세속적 직업을 가치상 동등시하는 타울러에서도 찾아볼 수 있다. 토마스주의에 대한 반대라는 점에서는 독일 신비주의와 루터가 공통적이다. 이러한 대립은 다음과 같은 점으로 표현할 수 있다. 토마스 아퀴나스는 말하자면 명상의 도덕적 가치를 확고히 하기 위해서, 그리고 탁발 수도회의 관점에서도 '일하지 않는 자는 먹지도 말라'는 바울의 말을 자연법에 불가결한 노동은 인류 전체에게 부과되지만 개개인에게 부과되는 것은 아니라고 해석할 수밖에 없다고 했다. 농민의 '농노 노동'을 최하위로 하여 이루어지는 노동 평가의 계층화는 물질적인 이유 때문에 도시에 위치할 수밖에 없었던 탁발 수도회의 특수한 성격과 관련 있었고, 모든 직업을 동등한 것으로 평가하면서 신분 질서를 신의 뜻이라 강조한 농부의 아들인 루터나 독일 신비가들에게는 모두 낯설었다. 토마스의 입장은 마우렌브레허, 앞의 책, S. 65 f.를 참조하라.

9 이러한 새로운 규정이 인간의 행위에 아무런 변화도 일으키지 않을 수 있다고 생각하는 학자들이 있음에 놀라지 않을 수 없다. 필자는 그러한 태도를 이해할 수 없음을 인정하지 않을 수 없다.

10 '허영은 인간의 가슴 깊숙이 뿌리박고 있기 때문에 화물 운반부, 요리사, 급사, 짐꾼들조차 자랑하려 하며 자신의 예찬자를 얻으려 한다……(파스칼,《팡세》, Faugeres Ausgabe, I, S. 208. Köster, 앞의 책 S. 17, S. 136 ff. 참조)'. '직업'에 대한 포르루아얄Port-Royal과 얀센주의의 원칙적 입장에 대해서는 뒤에 짤막하게 다루겠다. 우선은 파울 호니스하임Paul Honigsheim 박사의 우수한 논문, "17세기 얀센주의자들의 국가 및 사회에 대한 교의Die Staats- und Soziallehren

der französischen Jansenisten im 17. Jahrhundert"(1914년 하이델베르크대학교 역사학 박사 학위 논문으로서 좀 더 방대한 저작인《프랑스 계몽주의 전사*Vorgeschichte der französischen Aufklärung*》의 일부를 출판한 것. 특히 그중 p. 238 ff. 참조)를 보라.

11 루터는 푸거가家에 대해 다음과 같이 말했다. "한 세대 동안 그처럼 많이 왕과 같은 재산을 쌓았다는 것은 정당할 수도 없고 신의 뜻도 아니다." 이는 본질적으로 자본에 대한 농민의 불신이다. 마찬가지로 루터는 연금 매매를 도덕적으로 위험시했다(《이자에 대한 복음서*Grosser Sermon vom Wucher*》,《에어랑겐판 루터 전집》, 제20권, S. 109). 왜냐하면 그것은 '새로이 교묘하게 안출된 것이기' 때문이며, 따라서 루터에게는 경제적으로 이해되지 않았기 때문이다. 이는 현대의 종교가에게 정기 거래가 이해되지 않는 것과 같다.

12 이러한 대립은 헤르만 레비H. Levy의《영국 경제사에서의 경제적 자유주의의 토대*Die Grundlagen des ökonomischen Liberalismus in der Geschichte der englischen Volkswirtschaft*》에서 정확하게 전개되었다. 그리고 예를 들면 새뮤얼 가디너Gardiner,《잉글랜드 공화국과 호민관 정치의 역사*History of the Commonwealth and the Protectorate*》II, S. 179에 나와 있는, 독점과 회사 조직에 대한 크롬웰 군대 소속 수평파들의 1653년 청원도 참조하라. 반면에 로드Laud의 정부는 왕과 교회가 지도하는 '기독교적, 사회적' 경제 조직을 추구했으며 왕은 그러한 경제 조직에서 정치적, 재정 독점적 이익을 기대했다. 바로 이 점에 청교도가 투쟁한 것이다.

13 여기서 뜻하는 것은 1649년 12월 4일과 13일자 클론먹노이즈

Clonmacnoise의 아일랜드 가톨릭교도들의 격문에 대한 대답으로, 1650년 1월 아일랜드 가톨릭교도에 대한 섬멸전을 개시할 때 포고한 격문에 예시적으로 나타나 있다. 중요한 대목은 다음과 같다. "영국인은 그 대부분을 자신의 돈으로 구입한 많은 세습 재산을 (아일랜드에) 소유하고 있다. …… 영국인은 아일랜드인들로부터 장기간 임대한 좋은 토지를 갖고 있으며 그 토지 위에 자신들의 비용과 노동을 들여 세운 가옥과 농장, 많은 자본을 갖고 있다. …… 너희들은, 아일랜드가 완전한 평화 상태에 있고 영국인의 근면성을 나타내는 상업과 교역으로, 모든 것이 만일 아일랜드의 손아귀에 있었더라면 이루지 못했을 정도로 향상된 바로 그때에…… 동맹을 파기했다. …… 신이 너희들과 함께 있고 또 있을 것이라 생각하는가? 나는 그렇지 않음을 확신한다." 보어 전쟁 당시의 영국 신문 사설을 상기시키는 이 격문은, 영국인들이 전쟁을 정당화하는 근거로 영국인의 자본주의적 '이익'을 내세웠다는 점에서 독특한 것은 아니다. 이는 베네치아와 제노바 간에 동방에 있는 그들의 이권 영역의 범위를 두고 싸우는 데도 논거로 사용할 수 있다(필자의 이러한 지적에도 브렌타노는 앞의 책, p. 142에서 괴이하게도 이의를 제기하고 있다). 이 격문의 특수성은 크롬웰(그의 성격을 알고 있는 사람이라면 쉽게 파악되듯이)이 신에 호소하면서 아일랜드인들이 굴복해야 할 도덕적 정당화를 영국 자본이 아일랜드인을 노동하게 했다는 사실에서 찾고 있다는 점이다(이 격문은 토머스 칼라일의 책 외에도 가디너, 앞의 책 I, S. 163 f.에 발췌되고 있고 분석도 되어 있다. 독일어 번역은 프리츠 회니히Hönig의 《올리버 크롬웰Cromwell》에서 찾을 수 있다).

14 이 자리에서는 이를 좀 더 자세히 상론할 수 없다. 아래의 주 16에 인용된 저자를 참조하라.

15 율리허Jülicher의 탁월한 책《예수의 비유Gleichnisreden Jesu》 Bd. II, S. 636, S. 108 f.에 있는 논의를 보라.

16 이하에 대해서도 특히 에거의 인용 책에 있는 설명을 참조하라. 슈네켄부르거의 아직도 신선한 느낌을 주는 탁월한 책(《루터주의와 개혁주의의 교의 개념 비교 연구Vergleichende Darstellung des lutherischen und reformierten Lehrbegriffes》, Ausg. Güder, Stuttgart 1855) 가 추천할 만하다(필자가 그 초판만을 갖고 있는 루타르트Luthardt, 《루터의 윤리학Ethik Luthers》, S. 84는 그 발전에 대한 실질적 서술을 하지 않고 있다). 또한 제베르크의《교리사》 Bd. II, S. 262 이하도 참조하라.

《프로테스탄티즘 신학과 교회 백과사전Realencyklopädie f. prot. Theol. u. Kirche》에 있는 'Beruf' 항목은 가치가 없다. 왜냐하면 그 개념과 그 개념의 생성에 대한 과학적 분석보다는 전반적으로 모든 가능한 문제, 여성 문제 등에 관한 매우 피상적인 언급만을 포함하고 있기 때문이다.

루터에 대한 경제학적 문헌으로는 단지 슈몰러Schmoller의 저작("종교 개혁 시기 독일에서의 경제학적 견해의 역사Gesch. der nationalökon. Ansichten in Deutschland während der Reformationszeit",《Zeitschrift f. Staatswiss》 XVI, 1860)과 비스케만Wiskemann의 현상 논문(1861), 바르트Frank G. Ward의 연구("국가와 그 경제적 임무에 관한 루터의 견해에 대한 서술과 평가Darstellung und Würdigung von Luthers Ansichten vom Staat und seinen wirtschaftlichen Aufgaben",《Conrads Abhandlungen》 XXI, Jena 1898)만을 들

겠다. 종교 개혁 400주년을 기념하여 나온 부분적으로는 탁월한 루터 문헌은 필자가 아는 한 바로 이 점에 대해서는 결정적으로 새로운 것을 더해준 바가 없다. 루터(와 루터교)의 사회 윤리에 대해서는 물론 트뢸치의《기독교 교회와 집단의 사회 교리》중 해당 부분을 참고해야 한다.

17 《고린도전서》제7장 주석(1523, Erl. Ausg. 51, S. 1f.). 여기서 루터는 신 앞에서 '모든 직업'은 자유롭다는 그 구절의 사상을 아직은 다음과 같은 식으로 해석하고 있다. ① 인간의 제도는 부정되어야 한다(수도승 서약, 잡혼 금지 등). ② (신에 대해서는 별 중요성이 없는) 이웃에 대한 전통적이고 현세적인 의무 이행을 이웃 사랑의 계율로 심화시킨다. 실제로 S. 55, S. 56 등에 나오는 특징적인 설명이 문제 삼고 있는 것은 신 앞의 정의와 자연법의 이원론에 관한 것이다.

18 좀바르트가 정당하게도 자신의 '수공업 정신(=전통주의)'에 대한 서문에서 표어로 삼은, 루터의《상행위와 고리대금 *Von Kaufhandlung und Wucher*》(1524) 중 다음과 같은 구절을 참조하라. '그러므로 너희는 정당한 생계 이상의 것을 그러한 상업에서 추구하지 않도록 해야 한다. 즉 비용, 노고, 노동, 위험을 계산하여 합계하고 거기서 네가 그러한 노동과 노고에 대한 대가를 취할 수 있는 정도로 상품의 가격을 정하고, 올리고, 내려야 한다.' 이 원칙은 철저히 토마스주의적 생각을 표현한 것이다.

19 그가《시편》117편의 해석을 헌정한, 슈테른베르크H. v. Sternberg 에게 보내는 편지에서 이미 (하층) 귀족의 '신분'을 그의 도덕적 타락에도 신이 준 것으로 간주했다(Erl. Ausg. 40, S. 282 아래). 뮌

처Münzer의 봉기가 이러한 견해를 발전시키는 데 작용한 결정적 중요성은 그 편지(S. 282 이전)에서 분명히 드러난다. 에거, 앞의 책 S. 150도 참조하라.

20 이 같은 복종은 특히《공의회와 교회에 대하여*Von Konzilien und Kirchen*》(1539)와《거룩한 성례전에 대한 짧은 고백*Kurzes Bekenntnis vom heiligen Sakrament*》(1545)에서 가르치고 있다.

21 1530년의《시편》111편 5절과 6절에 대한 해석(《에어랑겐판 루터 전집》, 제40권, S. 215, 216)에서도 수도원에 의한 세속적 질서의 우위에 반대하는 논쟁이 그 시발을 이루고 있다. 그러나 이제 (왕과 법률가가 만들어낸 실정법에 대립되는) 자연법은 '신의 정의'와 그대로 동일시된다. 자연법은 신이 제정한 것이며, 특히 국민의 신분적 분화를 포함한다(S. 215, 두 번째 단락 끝부분). 이 경우에는 단지 신 앞에서 모든 신분의 동등성을 매우 강조한다.

22 우리에게 매우 중요하고 또 칼뱅주의를 지배한, 자신의 직업 노동과 생활 방식에서 그리스도를 증명한다는 사상을 루터가 어느 정도 도외시했는가 하는 것은《공의회와 교회에 대하여》(1539. Erl. Ausg. 25, S. 376 이하)에 있는 다음 구절에서 나타난다. (참다운 교회를 식별하는) "이러한 7가지 항목 외에도 신성한 기독교 교회를 식별하는 보다 외적인 표지가 있다. …… 그것은 우리가 불결, 술주정, 교만, 불손, 사치하지 아니하고 정숙, 순결, 절제…… 하는 것이다." 이것들은 외적인 것이기 때문에 '그 위에서 말한 것'(순수한 교리, 기도 등)만큼 확실한 것은 아니다. "왜냐하면 몇 몇 이교도는 그러한 행위를 실천하며 때로는 기독교도보다 거룩하게 보이기 때문이다." 후술하겠지만 칼뱅도 개인적으로는 이

와 별로 다르지 않았다. 그러나 청교도주의는 전혀 달랐다. 어쨌든 루터에게 그리스도 교인은 '직업을 통해서' 신에 봉사하는 것이 아니라 '직업 안에서' 봉사하는 것이다(에거, 앞의 책, S. 117ff.). 그런데 증명 사상(물론 칼뱅주의적 경향보다는 경건주의적인데)이 이미 순수한 심리적 형태로나마 독일 신비가에게 적어도 개별적인 단초로 발견된다(예컨대 제베르크,《교리사》S. 195 상단에 인용된 하인리히 주조Heinrich Suso의 인용과 앞서 인용한 타울러의 표현을 참조하라).

23 그의 최종적 관점은 창세기 해석 중 몇 가지 논의(in den 《*Op. lat. exeget.*》ed. Elsperger, Vol. IV p. 109)에 나타나 있다. "Neque haec fuit levis tentatio, intentum esse suae vocationi et de aliis non esse curiosum······ Paucissimis unt, qui sua sorte viviant contenti······ (p. 111 ebd.) Nostrum autem est, ut vocanti Deopareamus······ (p. 112) Regula igitur haec servanda est, ut unusquisque maneat in sua vocatione et suo dono contentus vivat, de aliis autem non sit curiosus." 이는 그 결론에서 토마스 아퀴나스의 전통주의적 규정(th. V, 2. gen. 118 art. Ic)과 합치한다. "Unde necesse est, quod bonum hominis circa ea consistat in quadam mensura, dum scilicet homo······ quaerit habere exteriores divitias, prout sunt necessariae ad vitam ejus secundum suam conditionem. Et ideo in excessu hujus mensurae consistit peccatum, dum scilicet aliquis supra debitum modum vult eas vel acquirere vel retinere, quod pertinet ad avaritiam." 자신의 고유한 신분에 적합한 필요에 따라 주어진 영리 활동의 정도를 초과하는 것이 죄악임을 토마스는

물질적 재화의 '목적ratio'에 나타나는 바와 같은 자연법에서 도출하고, 루터는 신의 섭리에서 도출한다. 루터의 신앙과 직업의 관계는 Vol. VII p. 225의 다음 구절도 보라. "……quando es fidelis, tum placent Deo etiam physica, carnalia, animalia, officia, sive edas, sive bibas, sive vigiles, sive dormias, quae mere corporalia et animalia sunt. Tanta res est fides…… Verum est quidem, placere Dei etiam in impiis sedulitatem et industriam in officio(직업 생활에서 이러한 활동성은 자연법적인 덕이다.) Sed obstat incredulitas et vana gloria, ne possint opera sua refferre ad gloriam Dei(칼뱅주의적인 어조를 띤다.)…… Merentur igitur etiam impiorum bona opera in hac quidem vita praemia sua(Gegensatzgegen Augustins, "vitia specie virtutum palliata") sed non numerantur, non colliguntur in altro."

24 《교회설교집》(《에어랑겐판 루터 전집》, 제10권, S. 233, 235~236)에는 "각자가 일정한 직업에 부름을 받았다"고 되어 있다. 이러한 직업(S. 236에는 바로 '명령Befehl'으로 되어 있다)을 각자는 기대해야 하며, 또 그 직업 안에서 신에 봉사해야 한다. 신을 즐겁게 하는 것은 일의 결과가 아니라 그 결과에 나타나는 복종이다.

25 이와 일치하는 것으로는 근대의 기업가들이 때때로 주장하는 것으로서, 앞서 부녀 노동자의 경제적 성격에 경건주의가 미친 영향에 대해서 말한 것과 대비되는데, 예컨대 루터파의 가내 공업자들은 가령 베스트팔렌 지방 같은 곳에서 오늘날에도 드물지 않게 매우 전통주의적인 사고방식을 갖고 목전에 더 많은 돈벌이가 있는데도 (공장제로 이행하지 않고도 가능한) 노동 방식의 변

혁을 달가워하지 않으며, 그 이유로 내세에는 그러한 모든 것이 상쇄될 거라고 내세운다는 점이다. 이 사실이 지적하는 점은 교회에 속했다든지 신앙을 가졌다든지 하는 단순한 사실이 전체적인 삶의 영위에 본질적인 중요성을 갖지 못한다는 것이다. 자본주의 형성기에 그 역할을 수행했고 어느 정도는 지금도 수행하고 있는 것은 좀 더 구체적인 종교적 생활 내용이다.

26 타울러,《설교》, Basler Ausg. B 1. 161f.

27 타울러의 앞의 책에 있는 정취가 넘치는 설교를 참조하라.

28 이 자리에서 이 점을 말하는 것은 루터에 대한 이러한 언급에만 목적이 있으므로 이 정도의 빈약한 잠정적 묘사로도 충분하다. 물론 루터를 평가한다는 관점에서 보면 결코 만족스럽지는 않다.

29 물론 수평파의 역사 구성에 동감하는 자라면 이 형상마저 인종적 차이에 기인하는 것으로 환원시키고 흡족해할 것이다. 왜냐하면 수평파는 자신들이 앵글로색슨족의 대표자이기 때문에 정복왕 윌리엄과 노르만에 맞서 '장자 상속권'을 갖는다고 믿었기 때문이다. 지금까지 평민적 '의회파Roundhead'를 인체 측정학적 의미에서 '두개골이 동그란 인종'을 뜻한다고 해석한 사람은 왜 없었는지 모르겠다!

30 특히 마그나 카르타와 벌인 대전쟁의 결과인 영국인의 민족적 자부심이 그렇다. 외국인 소녀의 미모를 보고 '그녀는 영국 소녀 같다'라고 말하는 오늘날의 전형적인 표현법은 이미 15세기부터 유래했다.

31 물론 이러한 차이는 영국에도 남아 있다. 소위 '향사 제도'는 오

늘날까지도 '좋았던 옛날의 영국'의 전수자로 내려오며, 종교 개혁 이후의 전시대는 두 유형의 영국인들의 상호 투쟁으로 파악될 수 있다. 필자는 이 점에서 슐체-게페니츠Schulze-Gävernitz의 영국 제국주의에 대한 탁월한 글에 언급한 본M. J. Bonn(《프랑크푸르트 차이퉁Frankfurt.Zeitung》에 게재)의 서평에 동의한다. 《사회과학 및 사회정책 저널》46, 3에 있는 H. 레비의 글을 참조하라.

32 이 점과 그 이하의 주장이 필자의 생각에는 충분하고 분명하게 표현되었음에도 이상하게도 계속해서 필자는 그러한 공론적인 주장을 한다는 혐의를 받고 있다.

2부 | 금욕적 프로테스탄티즘의 직업 윤리

1. 현세적 금욕주의의 종교적 토대

1 츠빙글리파는 따로 취급하지 않는다. 왜냐하면 그 파는 잠시 세력을 떨친 후 급속히 쇠퇴해버렸기 때문이다. '아르미니우스Arminius주의'의 교리적 특성은 극단적 형태의 예정설을 거부하는 데 있고 또 '세속적 금욕주의'를 부정했다. 이 파는 네덜란드(그리고 미국)에서만 교파를 구성했다. 이런 이유에서 본 장에는 관련이 없거나 있다고 해도 그것이 네덜란드의 상업적 도시 귀족의 신앙이었다는 소극적 관련밖에는 없다(이 점은 나중에 논하겠다). 그 교리는 영국 국교회와 대부분의 감리교 교파에서 통용되었다. 그런데 이 파의 '에라스투스Erastus주의적'(즉 교회적 사항

에서도 국가 주권을 주장하는) 태도는 순수한 정치적 관심을 가진 '모든' 계층, 즉 영국의 장기 의회와 엘리자베스 여왕, 네덜란드 연방 의회, 특히 올덴바르네펠트의 입장이었다.

2 '청교도주의'라는 개념의 발전은 다른 것보다도 샌퍼드,《대반란의 연구와 성찰*Studies and Reflexions of the Great Rebellion*》S. 65f.를 보라. 우리는 이 표현을 항상 그것이 17세기의 대중 언어에서 가진 의미로 사용한다. 즉 교회 제도 강령이나 교리상의 차이를 불문하고 따라서 '독립파', 조합파, 침례파, 메노파, 퀘이커파 등을 포함하여 네덜란드와 영국에서 금욕주의적인 방향을 취한 종교 운동을 지칭한다.

3 이 점이 위와 같은 문제를 논할 때 매우 심하게 오해되고 있다. 특히 좀바르트, 브렌타노 역시 계속 (거의 대부분 필자를 통해서 알게 된) 생활 규칙 편람 같은 윤리적 저술을 인용하면서도 그러한 저술 중에 어떤 것이 심리적으로 유일하게 효과가 있는 구원의 보상이 되었는지를 묻지 않고 있다.

4 이와 같은 소론은 순수한 교리의 영역에 관한 한 거의 교회사 문헌과 교리사 문헌에 의존하며, 따라서 '2차 문헌'에 의존하기 때문에 결코 '독창성' 따위를 내세우지 않는다는 것은 강조할 필요가 없다. 물론 필자는 능력이 닿는 한에서 종교 개혁사의 원전에 대한 지식을 깊게 하려 했다. 그러나 그 경우 수 세기에 걸쳐진 심도 있고 예리한 신학적 연구들을 무시하고, 그러한 연구에 따른 원전 이해(이는 전적으로 필요한 일이다)를 회피하려 했다면 매우 주제넘은 일이었을 것이다. 필자는 논의를 어쩔 수 없이 간략히 하여 옳지 않은 정식화에 도달한다든지 적어도 실질적인 중

대한 오해를 범하는 일이 없기를 바랄 뿐이다. 본 서술이 가장 중요한 신학적 문헌에 정통한 사람에게 '어떤 새로움'을 가져다줄 수 있다면 분명히 모든 것이 우리에게 중요한 관점에 맞추어졌기 때문이며, 따라서 그중 결정적으로 중요한 많은 것(예컨대 금욕주의의 합리적 성격과 그것이 근대적 '생활 양식'에 대해 갖는 의미 등)이 신학적 저술가들에게는 당연히 관심 밖의 일이었기 때문일 것이다.

본 논문이 출간된 이후 이 문제의 이러한 측면, 일반적으로 사회학적 측면은 앞서 인용한 바 있는 E. 트뢸치의 저작(그의 《게르하르트와 엘란히톤*Gerhard und Melanchthon*》과 《괴팅겐 지식인 리뷰 저널》에 수록된 많은 서평은 이미 그의 위대한 저작의 상당 부분을 맹아적으로 포함하고 있다)에서 체계적으로 다루었다. 지면 관계도 있고 해서 이용된 모든 저작을 인용하지는 못했고, 단지 그때그때 본문의 해당 부분이 그대로 따르고 있는 저작이나 본문과 관련된 저작만을 인용했다. 본 논문에서 관심을 갖는 관점과 유사한 경우에는 이미 오래된 책들도 적지 않게 인용했다.

독일 도서관의 불충분한 재정 때문에, '지방'에 있는 사람은 매우 귀중한 원전 자료나 저작을 단지 몇 주간 동안만 베를린이나 다른 큰 도서관에서 빌려오는 수밖에 없다. 예를 들어 푀트, 백스터, 웨슬리 및 모든 감리교, 침례교, 퀘이커교 저술, 《종교 개혁 총서*Corpus Reformatorum*》에 수록되어 있지 않은 많은 초기 저술가의 경우가 그렇다. 때로는 철저한 연구를 위해 영국, 특히 미국의 도서관을 찾아가는 것이 반드시 필요하다. 물론 이하의 소론을 위해서는 당연히 독일에 있는 것에 대체로 만족해야 했다(그리고 그대로 된다). 미국에서는 얼마 전부터 대학들이 고의로 자신의 '교파주의적' 과거를 청산하려는 경향이 있어 도서관은 그런 종류의 문헌을 거의 또는 전혀 구입하지 않는다. 이는 미국 생활의 '세속화'라는 일반적 경향의 한 특징인데, 이 세속화 경향은 머지않아 역사적으로 전승된 민족성을 없앨 것이며 그 나라의 많은 기본적 제도가 갖는 의의를 완전히 변화시킬 것이다. 연구를 위해서는 정통적인 소규모 교파 대학을 찾아가야 한다.

5 우리가 이하에서 우선 관심을 갖는 것은, 결코 금욕주의 교파의 연원, 선구자, 발생사 등이 아니라 이미 발달된 형태 그대로의 그 사상 내용이다.

6 칼뱅과 칼뱅주의 일반은 캄프슐테Franz Wilhelm Kampschulte의 기본적 연구 외에도 마르크스Erich Marcks의 서술(그의《콜리그니 Coligny》에 수록)이 가장 도움이 된다. 캠벨Douglas Campbell,《네덜란드, 영국 및 미국의 청교도들The puritans in Holland, England and America》(2권)은 완전히 비판적이거나 공정한 것이 아니다. 피르손Pierson,《장 칼뱅 연구Studien over Johan Calvijn》는 강한 반反칼뱅주의적인 당파적 글이다.

네덜란드에서 진행된 발전에 관해서는 모틀리Motley 외에도 네덜란드의 고전적 저작들이 있다. 특히 흐룬 판 프린스터러 Groen van Prinsterer,《국사편람Geschied. v.h. Vaderland》,《네덜란드와 칼뱅의 영향La Hollande et l'influence de Calvin》(1864),《네덜란드 교회 내의 반혁명적 신조주의 집단Le parti antirévolutionnaire et confessionnel dans l'église des P. B.》(1860: 근대의 네덜란드에 대한 것임)을 보라. 이외에도 특히 프뢴Fruin,《80년 전쟁 이후 10년Tien *jaren mit den tachtigjarigen oorlog*》과 나버Naber,《칼뱅주의냐 자유주의냐*Calvinist of Libertijnsch*》등이 볼 만하다. 그리고 뉘엔스W. J. F. Nuyens,《네덜란드 연방공화국 내의 정치적 대립의 교회사*Gesch. der kerkel. an pol. geschillen in de Rep. de Ver. Prov.*》(Amst 1886)를 참조하라. 쾰러의《네덜란드의 개혁 교회*Die niederl. ref. Kirche*》(Erlangen 1856)는 19세기에 대한 것이다.

프랑스에 관해서는 폴렌츠Polenz 외에 베어드Baird의《프랑스 위그노의 발생사*Rise of the Huguenots*》가 있다.

영국에 관해서는 칼라일, 매콜리Macaulay, 매슨Masson 및 그에 못지 않게 중요한 랑케Ranke 외에도 현재는 특히 본 논문에서 자주 인용될 가디너Gardiner와 퍼스Firth의 연구와 테일러Taylor,《영국에서의 종교 생활에 대한 회상*A retrospect of the religious life in England*》(1854), 바인가르텐Weingarten의 탁월한 책《영국의 혁명 교회*Die englischen Revolutions Kirchen*》,《프로테스탄티즘 신학과 교회 백과사전》3, Aufl.에 수록된 E. 트뢸치의 영국 '모랄리스트'에 관한 논문과 당연히 그의《기독교 교회와 집단의 사회 교리》, 베른슈타인E. Bernstein,《사회주의의 역사*Geschichte des Sozialismus*》(Stuttgart 1895, Bd. I, S. 308f.)에 있는 뛰어난 논문 등이 있다.

가장 좋은 문헌 목록(7,000종 이상을 수록)은 덱스터Dexter,《과거 300년의 조합주의*Congregationalism of the last 300 years*》이다(물론 전부는 아니지만 대체로 교회 제도 문제에 관한 것이다). 이 책은 프라이스Price,《비국교주의의 역사*Hist. of Nonconformism*》와 스키츠Skeats 등의 다른 서술보다 훨씬 뛰어나다. 스코틀랜드에 관해서는 예컨대 자크Sack,《스코틀랜드의 교회*Die Kirche von Schottland*》

(1844)와 존 녹스에 대한 문헌이 있다.

미국 식민지에 관해서는 수많은 개별적 문헌 중에 도일Doyle의 저작《미국의 영국인들 *The English in America*》이 탁월하다. 그 밖에 대니얼 웨이트 하우Daniel Wait Howe,《청교도 공화국 *The Puritan Republic*》(indianapolis, The Brown‑Merrill‑Cy publishers), 존 브라운J. Brown,《뉴잉글랜드의 필그림 파더스와 그들의 청교도 계승자들 *The Pilgrim Fathers of New England and their Puritan Successors*》(3d. ed. Revell)이 있으며 다른 인용은 해당 부분에서 밝히겠다. 교리의 차이에 대한 이하의 서술은 전적으로 앞서 인용된 슈네켄부르거의 강의안에 힘입었다. 리츨의 기본적인 저작《칭의와 화해에 대한 기독교 교리 *Die christliche Lehre von der Rechtfertigung und Versöhnung*》(3Bde. 본 논문에서는 제3판에 따라 인용)는 역사적 서술과 가치 판단을 심하게 섞어놓은 점에서 저자의 강한 특색을 보여주지만, 그 사상적 예리함의 모든 위대성에도 그것을 이용하는 사람에게 항상 충분한 '객관성'을 보장해주지는 않는다. 예를 들어 그가 슈네켄부르거의 서술을 거부하는 경우 그것이 필자에게는 종종 부당하게 느껴진다. 물론 그렇다고 필자가 독자적인 판단을 나름대로 하겠다는 것은 아니지만 말이다. 특히 그가 매우 다양한 종교적 사상 중에 루터 자신의 주장과 상관없이 '루터주의적' 교리로 삼고 있는 것이 종종 가치 판단을 통해 결정된 것으로 보인다.

즉 그가 그러한 교리라고 내세우는 것은 바로 루터주의 중에 리츨이 보기에 지속적인 가치를 갖는 것이다. 즉 그것은 어쨌든 과거에 '있어 온' 루터주의가 아니라 (리츨의 주장에 따라서) 있어

야만 하는 루터주의다. 카를 뮐러Karl Müller, 제베르크 등의 저서
가 여러 부분에서 인용되었음을 따로 언급할 필요가 없다. 필자
가 이하에서 번잡하게 수많은 주를 삽입한 것에 대해 독자와 필
자 자신에게 변명한다면, 특히 신학도가 아닌 독자들에게, 관련
된 많은 다른 관점을 시사하는 방식으로나마 본 논문에 요약된
사상들을 적어도 잠정적일망정 검토할 수 있게 해주기 위해서
였다.

7 이하의 소론에 대해 미리 다음과 같은 점을 강조하고 싶다. 우
리는 여기서 칼뱅의 개인적 견해가 아니라 칼뱅주의를 고찰하
는 것이며, 그것도 16세기 말과 17세기에 자신의 지배적인 영향
권에서 자본주의적 문화의 담당자로 발전해간 형태의 칼뱅주의
를 고찰하는 것이다. 우선 독일은 완전히 제외했다. 왜냐하면 독
일에서는 순수한 칼뱅주의가 결코 넓은 지역을 지배하지 못했기
때문이다. 물론 '개혁파'와 '칼뱅파'는 결코 같은 것이 아니다.

8 이미 케임브리지대학교와 캔터베리 대주교가 합의한 영국 국
교회 신앙 고백 제17조의 선언, 소위 1595년의 람베드Lambeth 조
항은 (공식적 견해와 달리) 분명히 죽음의 예정을 설하고 있기 때
문에 여왕의 인준을 받지 못했다. (온건한 교리가 원했던 멸망의
'허용' 정도가 아니라) 분명한 죽음의 예정에 결정적 중요성을 주
었던 것은 과격파였다(《핸서드 놀리스의 신앙 고백*Hanserd Knollys*
Confession》이 그렇다).

9 이곳과 그 이하에서 인용된 칼뱅주의적 용어의 표현은 카를 뮐
러,《개혁 교회의 신앙 고백*Die Bekenntnisschriften der reformierten*
Kirche》(Leipzig 1903)을 보라. 다른 인용들은 해당 장소에서 밝히

겠다.

10 사보이 선언과 (미국의)《핸서드 놀리스의 선언*Hanserd Knollys Declaration*》을 참조하라. 위그노파의 예정설은 특히 폴렌츠Polenz 의 앞의 책 I, 545ff.를 보라.

11 밀턴의 신학은《신학 연구와 비판*Theologische Studien und Kritiken*》 (1879)에 있는 아이바흐Eibach의 논문을 보라(이 점에서 1823년에 재발견된《기독교 교리에 관하여*Doctrina Christiana*》의 섬너Sumner의 번역에 관한 매콜레이의 논문, Tauchnitz ed. 185 S. 1f.는 피상적이다). 물론 상세한 것을 보려면, 어딘지 너무 도식적으로 분류된 면이 있긴 하나 메이슨이 영어로 펴낸 6권의 주저와 그에 따라 스턴 Stern이 독일어로 쓴 밀턴의 전기를 보라. 밀턴은 일찍이 이중적 인 신의 뜻이라는 형태로 예정설을 벗어나기 시작해서 말년에는 결국 자유로운 기독교 신앙에 도달했다. 그가 당시의 모든 속박 에서 벗어났다는 점에서 어떤 의미에서는 세바스티안 프랑크에 비견될 수 있다. 단, 밀턴은 실천적, 긍정적인 인물이었지만 프랑 크는 본질적으로 비판적 성격의 소유자였다. 밀턴은 칼뱅주의가 그 이후 세계에 남긴 지속적 유산으로 여겨지는 신의 의사에 따 라 세계 안에서 삶을 합리적으로 영위한다는 보다 넓은 의미에 서만 '청교도'라 할 수 있다. 매우 비슷한 뜻에서 프랑크도 '청교 도'라 부를 수 있을 것이다. 양자는 '예외적 인물'들이므로 개별 적으로 고찰하지는 않겠다.

12 'Hic est fidei summus gradus:credere Deum esse elementem, qui tam paucos salvat, —justum, qui sua voluntate nos damnabiles facit.' 이는 그의 글《노예 의지론*De servo arbitrio*》에 나오는 유명

한 구절이다.

13 루터와 칼뱅은 모두 근본적으로는 이중적인 신을 인정했다(《경건주의의 역사*Geschichte des Pietismus*》에 나오는 리츨의 언급과 《프로테스탄티즘 신학과 교회 백과사전》 제3판에 있는 쾨스틀린Köstlin의 '신Gott' 항목을 보라). 하나는 신약에 나오는 계시된 은총과 자비의 아버지다. 왜냐하면 이 신이 《그리스도교 요강》 제1권에 압도적으로 나타나기 때문이다. 그다음에는 자의적으로 처리하는 전제군주로서 '숨은 신'이다. 루터는 점차 형이상학적인 것에 대한 반성을 무익하고 위험하다며 피했기 때문에 그에게 신약성서의 신을 우선으로 다루었다. 반면에 칼뱅에게서는 초월적 신성에 대한 사상이 지배권을 갖게 되었다. 물론 칼뱅주의의 대중적 발전 과정에서는 그 사상이 유지될 수 없었다. 하지만 그 이후에도 초월적 신성을 대신한 것은 신약의 하나님 아버지가 아니라 구약의 여호와였다.

14 아래 설명은 샤이베Scheibe,《칼뱅의 예정론*Calvins Prädestination-slehre*》(Halle 1897)을 참조하라. 칼뱅주의 신학 일반은 헤페Heppe,《개혁 교회의 교리*Dogmatik der evangelisch-reformierten Kirche*》(Elberfeld 1861)를 참조하라.

15 《종교 개혁 총서》 Vol. 77, p. 186ff.

16 이상에서와 같은 칼뱅주의적 교리의 설명은, 예를 들어 호른벡Hoornbeek의 《실천 신학*Theologia practica*》(Utrecht 1663) L. II, c. 1; "예정론de praedestinatione"(이 장은 특이하게도 "신론De Deo"이라는 항목 바로 다음에 있다)에서도 볼 수 있다. 호른벡에게 기본 문헌은 주로 《에베소서》 제1장이다. 신의 예정과 섭리를 개인의 책임과

결합하여 의지의 경험적 '자유'를 확보하려는 비일관적인 다양한 시도는 (이미 아우구스티누스에게서 최초의 이론적 완성을 보았는데) 이 자리에서 분석할 필요가 없다.

17 '(신과의) 가장 깊은 교류는 제도, 단체, 교회에 있는 것이 아니라 고독한 마음의 비밀에 있다'는 말을, 다우든은 그의 탁월한 책 《청교도와 영국 국교도Puritan and Anglican》(S. 234)에서 강조해서 표현했다. 이러한 개인의 깊은 내면적 고독은 예정론자들이었던 포르루아얄의 얀센주의자들에게서도 나타난다.

18 Contra qui hujusmodi coetum(즉 순수한 가르침, 성례, 교회 규율이 존재하는 교회) contemnunt······ salutis suae certi esse non possunt; et qui in illo contemtu perseverat electus non est. 올레비안Olevian, 《신과 선택받은 자들 사이에 선사된 언약의 본질에 대하여De substantia foederis gratuiti inter Deum et electos》, p. 222.

19 '사람들은 신이 인류를 구원하기 위해 독생자를 보냈다고 말한다. 그러나 그것은 신의 목적이 아니다. 신은 오직 소수만을 타락에서 구제하려 했다. ······ 그리고 내가 너희에게 말하노니 신은 오직 선택된 자들을 위해서만 죽으셨다······.' (1609년 네덜란드의 브룩Broek 부근에서 행한 설교, 로제Rogge, 《요한네스 위텐보가르트와 그의 시대》 II, p. 9. 또한 뉘엔스, 앞의 책 II, S.232를 참조하라.) 핸서드 놀리스의 신앙 고백에 있는 그리스도의 보증자 역할에 대한 근거 부여도 역시 뒤엉켜 있다. 신이 본래 이러한 수단을 결코 필요로 하지 않았다는 주장이 도처에 전제되어 있다.

20 이 과정은 "세계 종교의 경제 윤리Wirtschaftsethik der Weltreligion"에 관한 필자의 논문들을 보라. 이미 고대 이스라엘의 윤리를, 그와

내용상 가까운 이집트와 바빌론의 윤리에서 구별시켜주는 점, 선지자 시대 이래의 그 윤리의 발전 등은 분명히 구원 수단으로서 성례적 마술을 거부한다는 기본적 사실에 근거했다.

21 마찬가지로 가장 철저한 견해에 따르면, 세례도 역시 실정법적 규정 때문에 요구하는 것이지 결코 구원에 필요해서는 아니었다. 그러므로 엄격히 청교도주의적이었던 스코틀랜드와 영국의 독립파들조차도 명백히 버림받은 자의 자식에게는(예를 들어 대주가大酒家의 자식) 세례를 주지 말아야 한다는 원칙을 관철할 수 있었다. 세례를 바라는 성인이 아직 성찬식에 참례할 만큼 '성숙하지' 못한 경우에 대해 1586년 에담Edam의 종교 회의(Art. 32, 1)는, 오직 그에게 품행이 탓할 데 없고 '미신에서 떠나' 세례를 원할 때에만 세례를 주라고 권하고 있다.

22 다우든의 앞의 책에서 탁월하게 논한 바 있는, '감각적 문화'에 대한 이러한 부정적 관계는 바로 청교도주의의 구성적 요소이다.

23 '개인주의'라는 표현은 생각할 수 있는 이질적인 것을 모두 포함하고 있다. 본 논문에서 의미하는 것이 다음의 시사를 통해 분명해지기를 바란다. 우리는 (그 말의 다른 의미에서) 루터주의를 '개인주의적'이라 부른다. 왜냐하면 루터주의는 금욕주의적 생활규제를 전혀 인정하지 않기 때문이다. 그러나 그와는 또 다른 의미에서, 예컨대 디트리히 셰퍼Dietrich Schäfer가 그 말을 사용하는데, 그는 "보름스 조약의 평가를 위하여Zur Beurteilung des Wormser Konkordats"(《Abh. d. Berl. Akad.》, 1905)에서 중세를 개별성의 시대라 불렀다. 그 이유로 오늘날과 달리 그 당시에는 비합리적 측면

이 역사가와 관련된 사건에 중요성을 가졌다는 것을 들었다. 그는 정당하다. 그러나 그가 자신의 관찰을 대립시키고 있는 그 사람들도 아마 정당하다고 볼 수 있다. 왜냐하면 이 양자는 그들이 '개별성'과 '개인주의'에 대해 말할 때 전혀 다른 것을 생각하고 있기 때문이다. 야코프 부르크하르트Jacob Burkhardt의 천재적인 규정은 오늘날 부분적으로는 낡았지만, 역사적으로 지향된 철저한 개념 분석은 특히 현재 과학적으로 상당히 가치가 있다. 물론 어떤 역사가가 안이하게 단지 일정한 역사적 시기의 표지로 사용하는 것에 그친다거나 플래카드식으로 '정의하는' 결과를 낳는다면 그러한 가치와는 정반대의 것이 될 것이다.

24 그리고 그 이후의 가톨릭 교리와도 (물론 보다 덜 날카롭게) 대립된다. 마찬가지로 구원 선택설에 입각한 파스칼의 진한 비판주의는 그와 달리 얀센주의에서 유래한 것으로 거기서 나온 그의 세계 도피적 개인주의는 결코 공식적인 가톨릭의 입장과 관련이 없다. 이에 대해서는 앞 절의 주 10에 인용된, 프랑스 얀센주의에 대한 호니스하임의 글을 참조하라.

25 얀센주의자들 역시 똑같다.

26 베일리,《경건의 실천Praxis pietatis》(독일판, Leipzig 1724), S. 187. 슈페너Ph. J. Spener도 그의 《신학적 고찰Theologischen Bedenken》(본 논문에서는 제3판 Halle 1712에 따라 인용)에서 유사한 관점을 취하고 있다. 즉 친구가 신의 영광을 고려하여 충고하는 것은 드물며 대개는 (반드시 이기적인 것은 아니지만) 육체적 의도에서 충고하는 것이다. '그는'('지혜 있는 자') '누구의 이익에 대해서도 맹목적이지는 않으나 자기 자신의 이익에 가장 안목이 있다. 그는 자

신의 일에만 국한하며 불필요한 불에 손을 넣지 않는다. ······ 그는 그것(세상)의 허위를 알기 때문에 자기 자신을 신뢰하는 것을 배우며 단지 타인의 실망으로 손해 보지 않는 한에서 타인도 신뢰할 줄 안다'라고 애덤스는 논했다(《청교주의 신학자 문집*Works of the Puritan Divines*》p. LI). 베일리(앞의 책, S. 176)는 더 나아가 매일 아침 사람들 가운데 나가기 전에 마치 위험에 가득 찬 황야로 나간다고 생각하고 신에게 '신중과 정의의 외투'를 기원하라고 충고하고 있다. 이러한 감정은 모든 금욕주의적 교파에 단적으로 공통되는 것으로 많은 경건주의자를 일종의 세계 안에서의 은둔 생활로 몰고 갔다. 슈팡엔베르크Spangenberg조차도 (헤른후트파적인)《신앙의 형제라는 이상*Idea fidei fratrum*》p. 382에서《예레미야》17장 5절 '무릇 사람을 의지하는 자는 저주받을지어다'를 상기시키고 있다. 이러한 인생관이 갖는 독특한 인간 적대적 성격을 헤아리려면 예컨대 호른벡의《실천신학》I, p. 882에 있는 원수의 사랑이라는 의무에 대한 설명도 볼 필요가 있다. 이는 구약의 출애굽 이후 부분에 나타나는 이와 유사한 '복수의 유예'라는 이전의 '눈에는 눈'에 비해 강화되고 내면화된 복수심의 세련화이다. '이웃 사랑'에 대해서는 다음의 주 33을 보라.

27 물론 고해소가 단지 이러한 영향만을 준 것은 결코 아니다. 예컨대 무트만Muthmann,《종교심리학 저널》I. Heft 2, S. 65에 있는 규정은 고해의 극도로 복잡한 심리학적 문제에 비해 너무 단순한 것이다.

28 바로 이 결합이 칼뱅주의적 사회 조직의 심리학적 토대를 판단하는 데 매우 중요하다. 이 결합은 전적으로 내면적인 '개인주의

적' 혹은 '목적 합리적', '가치 합리적' 동기에 근거한다. 개인은 감정적으로 조직에 들어가는 것이 결코 아니다. '신의 영광'과 자신의 구원은 항상 '의식의 문턱' 저 '너머'에 자리 잡은 것이다. 이 것이 아직도 청교도적 과거를 가진 국민에게 사회 조직의 특성에 일정한 독특성을 부여하고 있다.

29 근본적으로 윤리와 영혼 구제에서 모든 교회적, 국가적 간여를 무용하다고 평가한 이 이론의 반권위적 기본 특색 때문에 누차에 걸쳐 금지당했고, 특히 네덜란드의 연방 회의에 그러한 금지를 겪었다. 그러한 금지가 항상 수반한 결과는 가정 집회였다 (1614년 이후에 그러했듯이).

30 버니언에 대해서는 몰리Morley의 총서(《영국의 지식인들English Men of Letters》)에 있는 프로드Froude의 전기와 매콜레이의 (피상적인) 소묘(《매콜레이 경의 미셀러니적 저술과 강연Miscell. Works》 II, p. 227)를 참조하라. 버니언은 칼뱅주의 내부의 분파적 차이는 초탈했다. 그러나 그 자신은 엄격한 칼뱅주의 침례교도였다.

31 '그리스도의 몸과 하나가 되라'(칼뱅, 《그리스도교 강요》 III, 11, 10)는 요구에서 귀결되는, 구원의 필요상 신의 명령에 일치하는 '공동체'에 들어가야 한다는 칼뱅주의 사상이 개혁 기독교의 사회적 성격에 분명히 다대한 중요성이 있다고 지적할 수 있다. 그러나 우리의 특정한 관점에서 보면 문제의 초점은 다른 데 있다. 그러한 교리적 사상은 교회가 순수한 제도적 성격만을 가질 때도 형성될 수 있으며, 실제로 그러했다.

그 사상 자체만으로는 공동체 형성적인 주도권을 환기해줄 심리적 힘이 없으며, 칼뱅주의가 가진 것과 같은 힘을 결코 제공할 수도 없다. 분명히 칼뱅주의의 이러한 공동체 형성적 경향은 신의 율법에 의거한 교회적 공동체 형태 밖에서도 '세속'에 작용했다. 이 경우에도 기독교도는 '신의 영광을 더하기 위한' 활동을 통해 자신의 구원을 보증(다음을 보라)한다는 신앙이 절대적이었다. 그리고 피조물 신격화와 타인에 대한 인격적 관계에 연연하는 모든 것을 단호히 거부함으로써 이 에너지는 모르는 사이에 사물적(비인격적) 작용으로 쏠려 들어갔다. 자신의 구원 증명이 마음을 떠나지 않는 기독교도들은 신의 목적을 위해 활동하며, 이 활동은 오직 비인격적인 활동이어야만 한다. 순전히 감정적인, 따라서 합리적으로 제한되지 않은 모든 인격적 인간관계는 모든 금욕적 윤리에서처럼 청교도 윤리에서도 곧장 피조물 신격화라는 혐의를 받는다.

우정에 대해서는 (앞서 말한 것 이외에) 예를 들어 다음과 같은 경고가 그 점을 분명히 보여주고 있다. 이성이 허락하는 이상으로 누군가를 사랑한다는 것은 비합리적 행동이며 합리적 피조물에게는 어울리지 않는 것이다. …… 그것은 너무 자주 인간의 마음이 신에 대한 사랑으로 향하는 것을 가로막는다(백스터,《기독교 지도서Christian Directory》 IV, p. 253).

그러한 언급은 앞으로 계속 보게 될 것이다. 칼뱅주의자들을 사로잡은 것은 다음의 사상이었다. 즉 신이 세계를 형성하고 사회 조직을 형성할 때에 자신의 영광을 더하는 수단으로 사물의 합목적성을 원하는 것이 분명하다는 사상이었다. 피조물은 자기 자신을 목적으로 하는 것이 아니라 신의 의지 아래서 피조물로 조직된 것이다. 예정설을 통해 방출된 선택된 자의 활동 욕구는 전적으로 세계의 합리화를 위한 추구에 투입되었다. 특히 '공적인' 필요, 또는 백스터가 나중에 자유주의적 합리주의의 의미로 표현한 것처럼(《로마서》 9장 3절을 어딘지 어색하게 인용하고 있는 《기독교 지도서》 IV, p. 262) '다수의 선'이 '개인적' 혹은 '사적인' 개인의 복지보다 우선한다는 사상도 (그 자체는 새로운 것이 아니지만) 청교도주의에서는 피조물 신격화의 거부에서 나왔다.

전통적인 미국의 개인적 직무 수행 기피 역시 '민주주의적' 감각에서 유래하는 다른 많은 이유 말고도 어쨌든 (간접적으로) 위의 전통과도 관련이 있다. 그런데 마찬가지로 청교도주의를 믿었던 과거를 가진 민족이 전제주의에 대해 비교적 면역성이 크다는 것, 대체로 영국인들이 그들의 위대한 정치가들에게 한편으로는 그 위대성을 상당히 '인정'해주는 경향이 있으면서도 다른 한편으로는 그들에 대한 모든 히스테릭한 영광과 '감사하는 마음'에서 모두가 정치적으로 복종해야 한다는 소박한 생각을 거부하는 (이는 우리가 독일에서 1878년 이래 부정적으로건 긍정적으로건 체험한 것과는 반대다) 내면적으로 자유로운 태도를 취하고 있다. 권위에 대한 신앙이 죄가 되고(이러한 신앙은 비개인적이고 성서의 내용에 따르는 한 허용된다) 성자와 위인에 대한 과도한 평가조차 죄가 된다(왜냐하면 그것은 결국 신에 대한 복종을 위태롭게 하기 때문이다)는 것에 관해서는 백스터, 《기독교 지도서》(2, Aufl. 1678) I, p. 56을 보라. '피조물 신격화'의 거부와 교회에서, 궁극적으로는 삶 일반에서 '지배하는' 것은 오직 신뿐이라는 원칙이 정치적으로 무엇을 의미하는가는 본 논문과 관련이 없다.

32 교리상의 '결론'과 실천적, 심리적 '결과' 간의 관계는 앞으로 종

종 언급할 것이다. 양자가 동일한 것이 아님은 말할 필요조차
없다.

33 물론 '사회적'이란 말은 그 말의 현대적 의미와 무관하며 단지 정
치적, 교회적 공동체 조직 내부에서의 활동이라는 의미로 사용
되었을 뿐이다.

34 신의 영광을 위한 것이 아닌 어떤 다른 목적을 위해 행해지는 선
행은 죄스러운 것이다(《핸서드 놀리스의 신앙 고백》 ch. XVI.).

35 생활을 오직 신에만 관련시킴을 통해 '규정된 이웃 사랑의 비인
격성'이 종교 공동체의 생활이라는 고유한 영역에서 무엇을 의
미하는지는 예컨대 중국 내륙의 전도와 국제선교연합의 태도에
서 잘 볼 수 있다(이에 관해서는 바르네크Warneck, 《개신교 선교의 역
사Gesch.d.prot.Mission》 5, Aufl. S. 99, 111을 참조).

예를 들어 중국에만도 엄청난 비용을 들여 막대한 인원의 선교
단을 만들고 1,000명의 선교사가 있었는데, 모든 이교도에게 순
회 설교를 통해 복음을 그야말로 '제공'했다.

그것은 그리스도의 명령이기 때문이며 그의 부활이 그것에 달
려 있기 때문이었다. 그런 식으로 설교를 들은 자가 기독교로 개
종했는지, 따라서 구원을 받았는지는 차치하고라도 그들이 선교
사의 언어를 그저 문법적으로나마 이해했는지조차 원칙적으로
는 전혀 부수적인 것이었고, 그것에 대해 결정하는 것은 오직 신
의 소관이었다. 테일러에 따르면(바르네크, 앞의 책을 보라) 중국
에는 약 5,000만 가구가 있다. 1,000명의 선교사가 매일(!) 50가
구에 '손이 닿는다'면 1,000일 혹은 3년도 채 못 되어 복음을 모
든 중국인에게 '제공할' 수 있다는 것이다. 칼뱅주의가 예컨대 자

신의 교회 교육을 운영한 것도 바로 이런 식이었다. 교육의 목적은 교육받은 자의 영혼 구제가 아니라 단지 신의 영광을 더하는 것이었다. 영혼 구제는 단지 신의 소관 사항일 뿐(실제로는 피교육자 자신의 소관 사항)이었으며, 교회의 교육 수단을 통해서도 결코 그 점에는 영향을 미칠 수 없었다. 그러한 근대의 선교 활동은 초교파적인 토대에 선 것이므로 칼뱅주의에만 그에 대한 책임이 있다고는 할 수 없다(칼뱅 자신은 지속적인 교회의 확대가 '오직 신의 사업'이라는 이유로 이교도에 대한 선교 의무를 거부한다). 그러나 그러한 근대적 선교 활동은 어쨌든 청교도적 윤리에서 나온 생각, 즉 신의 영광을 위해 신의 율법을 지킨다면 이웃 사랑은 충분히 실행한 것이라는 생각의 일단임은 분명하다. 그렇게 함으로써 이웃은 자신에게 마땅히 돌아갈 것은 받고 그 이상은 신의 소관이다. '이웃'에 대한 관계의 '인간성'이, 말하자면 고사해버린 것이다. 이는 매우 다양한 상태로 표현된다.

예컨대 그러한 생활 분위기의 흔적을 들어보면 어떤 면에서는 유명했던 개혁파의 자선 부문을 보자. 암스테르담의 고아들은 20세기에 들어와서도 검은색과 붉은색 혹은 붉은색과 푸른색으로 수직 반분된 상의와 바지를 입고(일종의 광대 복장) 교회로 행진했는데, 이는 과거의 감각으로는 매우 신앙심을 고무시키는 구경거리가 분명했으며 이 고아들은 모든 인격적 – '인간적' 감각에 모욕감을 느끼게 한 만큼 신의 영광에 봉사한 것이다. 그리고 후술하겠지만 이는 개인적인 직업 활동의 모든 세부 사항에 이르기까지 그러했다. 물론 이 모든 것은 단지 하나의 경향을 나타내는 것에 불과하므로 나중에는 일정한 제한을 가해야만 한다. 그러나 이러한 금욕적 신앙심의 한(그리고 매우 중요한) 경향으로서는 이 자리에서 분명히 해두어야 한다.

36 이 모든 점에서 포르루아얄의 예정설적 윤리는 신비주의적이며 탈현세적이고, 따라서 가톨릭적인 입장을 가졌다는 점에서 전혀 다르다.

37 훈데스하겐Hundeshagen(《교회 법제사와 교회 정치 연구*Beitr. z. Kirchenver-fassungsgesch. u. Kirchenpolitik*》1864, I, S. 37)는 (그 이후로 종종 되풀이되는) 예정설이 신학 이론이었지 민중적 이론은 아니었다는 관점을 주장한다. 이 경우 '민중'이란 개념을 교육받지 못한 하층 계급의 대중과 동일시한다면 그 주장은 옳다. 그러나 그렇게 동일시한다 해도 그 주장은 극도로 제한되어야 한다. 쾰러(앞의 책)는 1840년대에 '대중'(네덜란드의 소시민 계급을 뜻한다)이 엄격한 예정설적 생각을 하고 있었음을 밝혔다. 이중의 명령을 부인하는 자는 모두 그들에게 이단자이며 버림받은 자들이었다. 쾰러 자신도 그의 (예정설적으로 파악된) 부활의 시점에 대해 질문을 받았다. 다 코스타da Costa와 드 코크de Kock의 분리도 그러한 영향이 작용했다. 이미 첼러Zeller(《츠빙글리의 신학 체계*Das theologische System Zwinglis*》S. 17)가 예정설의 영향을 받은 범례적 인물로 들고 있는 크롬웰뿐 아니라 그의 성도 모두 무엇이 문제인지를 잘 알고 있었으며, 그 이론에 대한 도르트레히트Dordrecht와 웨스트민스터 종교 회의의 종규는 대단한 국민적 관심사였다. 크롬웰 아래서 심문과 추방을 맡아보던 자들은 오직 예정설 신도만을 방면했으며, 백스터(《신앙생활*Life*》I, p. 72) 역시 다른 면에서는 크롬웰에 적대적이었음에도 예정설이 승려 계급의 자질

에 미친 영향을 현저한 것으로 평가하고 있다. 개혁파 경건주의자들, 영국과 네덜란드의 가정 집회 참석자들이 예정설에 대해 잘 모르고 있었다는 것은 있을 수 없는 일이다. 바로 그들을 모이게 한 동기가 구원의 확실성을 찾으려는 것이었다. 예정설이 신학자의 이론일 경우 그 예정설이 무엇을 뜻하며 또한 뜻하지 않는지는, 예정설을 비교적秘敎的 이론으로 혹은 불확실한 형태로나마 전혀 낯선 것은 아닌 것으로 여겼던 정통 가톨릭이 보여주고 있다(이 경우 중요한 것은 개인이 자신을 선택된 자로 여겨야 하고 증명해야 한다는 견해가 항상 거부되었다는 점이다. 예컨대 아돌프 판 비크Ad. van Wyck,《예정론Tract. de praedestinatione》(Cöln 1708)에 있는 가톨릭의 교리를 참조하라. 파스칼의 예정 신앙이 어느 정도 정확한 것인지에 대해서는 이 자리에서 논구할 수 없다). 예정설에 동의하지 않는 훈데스하겐은 분명 자신의 그러한 주장을 주로 독일의 상황에서 끌어냈다. 그의 그와 같은 반감은 예정설이 도덕적 숙명론과 반율법주의로 귀결된다는, 순수하게 연역적으로 얻어진 견해에 그 근거를 두고 있다. 이 견해는 이미 젤러(앞의 책)가 논박했다. 물론 그러한 귀결이 가능했다는 사실은 부정할 수 없다. 멜란히톤Melanchthon과 웨슬리에게서 실제로 그러한 경향의 언급이 나타난다. 그러나 특징적인 것은 이 두 사람에게 문제가 되었던 것이 예정설을 감정적 '신앙'과 결합시키는 것이었다는 사실이다. 합리적 증명 사상을 갖고 있지 않던 이들에게는 불가피하게 그러한 결과가 초래되었다. 이슬람교에서는 그러한 숙명론적 결과가 나타난다. 그 이유는 무엇일까? 그것은 이슬람교의 예정은 예정설적인prädestinatianisch 것이 아니라 선결정론적prädeterministisch인 것으로서 내세의 구원이 아니라 현세의 운명에 관한 것이었기 때문이며, 따라서 윤리적으로 중요한 것인 선택된 자의 '증명'이 이슬람교에서는 아무 역할도 하지 않았으므로 여기에서는 생활의 방법적 결론이 아니라 단지 ('운명Moria'의 여신 경우처럼) 전투적 용맹만이 도출되었기 때문이다. 그러므로 이슬람의 예정에는 종교적 '보상'이 없었다. 울리히F. Ullrich의 (하이델베르크대학교) 신학 박사 학위 논문《이슬람교와 기독교의 예정론Die Vorherbestimmungslehre im Islam und Christentum》(1912)을 보라. 백스터의 경우처럼 실천으로 이론이 약화된 때에도 구체적 개인에 관한 신의 선택 결정과 그 증명에 대한 사상이 불변적인 한 본질적인 동요는 없었다. 그러나 결국 그들의 젊은 시절의 발전에서 그 이론의 우울한 진지함에 영향을 받았던 청교도주의의 위대한 인물들이 그 이론을 출발점으로 삼았다. 밀턴, (물론 정도는 덜하지만) 백스터, 또한 이후에는 매우 자유로운 사상을 가졌던 프랭클린 등이 모두 그러했다. 그들이 나중에 그 이론의 엄격한 해석에서 해방된 것은, 그와 동일한 방향으로 종교 운동 전체를 관통한 발전과 일치하는 것이다. 그렇지만 적어도 네덜란드에서 일어난 모든 종교 대부흥, 영국에서 일어난 대부분의 종교 대부흥은 항상 그 이론과 결부되어 있었다.

38 이 점도 역시 매우 압도적인 방식으로 버니언의《천로역정》의 기조를 이루고 있다.

39 예정설을 논외로 하고라도 이 문제가 후계자 시대의 루터교도들에게는 칼뱅교도들의 경우보다 덜 중요했다. 그것은 루터교도들이 자신의 영혼 구제에 관심이 더 적었기 때문이 아니라, 루터 교

회가 취한 발전 과정에서 교회의 구원 기관적 성격이 강조되어 개인은 교회 활동의 대상이 되고 교회 안에서 위안을 얻게 되었기 때문이다. 경건주의가 최초로 루터교에 그 문제를 환기시켰다는 사실은 특별한 점이다. 그러나 구원의 확신에 대한 문제 자체는 모든 비성례적 구원 종교(불교건 자이나교건, 그 무엇이건 간에) 자체에 핵심적이었다. 이 점을 간과해서는 안 된다. 여기에 순수한 종교적 성격의 모든 심리적 추진력이 기인한다.

40 이는 부처Bucer에 보내는 편지에 분명히 나타난다.《종교 개혁 총서》29, 883f., 그 밖에 샤이베, 앞의 책 S. 30도 참조하라.

41 《웨스트민스터 신앙 고백》은 우리가 아무리 노력해도 '무익한 종'에 그치고(XVI, 2) 악에 대한 투쟁을 일생 동안 지속해야(XVIII, 3) 한다고 말하면서도 선택된 자에게 틀림 없는 구원의 확신을 약속한다. 그러나 선택된 자도 의무 이행의 의식이 구원의 확신을 제공해주지만, 또 신자로부터 결코 완전히 박탈할 수 없는 확신에 도달하기 위해 길고 긴 투쟁을 해야 한다.

42 순수한 칼뱅주의 교리는 신앙과 성례에서 신과의 공동체 의식을 지적하며 '성령의 다른 열매'는 부수적으로만 언급한다. 헤페,《개혁 교회의 교리》, p. 425에 있는 구절을 보라. 칼뱅은 루터교도와 마찬가지로 행위가 신앙의 열매라고 생각했지만 신의 승인을 나타내는 표지는 아니라고 극구 부인했다(《기독교 강요》III, 2, 37, 38). 바로 금욕주의의 특징인, 행위가 신앙을 증명하는 쪽으로 실천적으로 전환하는 것은 (루터의 경우처럼) 우선 순수한 교리와 성례가 참된 교회의 특징이라는 칼뱅 이론의 점진적 변화와 병행하여 결국 '규율'도 위의 두 가지 못지않은 표지로 동등시되

었다. 이러한 발견은 예를 들어 헤페, 앞의 책, p. 194~195의 구절에서 추적할 수 있으며 또한 이미 16세기 말 네덜란드에서 교단 가입 자격을 얻는 방식에서도 볼 수 있다(명백한 계약에 따라 규율에 복종하는 것이 핵심적 조건이었다).

43 예를 들어 올레비안, 《신과 선택받은 자들 사이에 주어진 언약의 본질에 대하여》(1585), p. 257을 보라. 하이데거Heidegger, 《기독교 신학 총서Corpus Theologiae》 XXIV, 87f.에 헤페, 《개혁 교회의 교리》(1861), p. 425에 있는 다른 구절도 참조하라.

44 이에 대해서는 우선 슈네켄부르거의 앞의 책, S. 48에 있는 언급을 보라.

45 예를 들어 백스터에게 '사면받을 수 없는 죄'와 '사면받을 수 있는 죄'는 (전적으로 가톨릭의 방식으로) 다시 부각된다. 전자는 구원이 부재한다는 표지로 단지 전인적인 '회개'로만 그러한 구원의 소유를 증명할 수 있다. 후자는 구원과도 양립할 수 있다.

46 정도는 다르지만 백스터, 베일리, 세즈윅Sedgwick, 호른벡에게서 볼 수 있다. 그리고 슈네켄부르거, 앞의 책, S. 262에 있는 사례를 참조하라.

47 '구원'을 일종의 신분적 특성으로 보는 견해(예를 들어 초대 교회의 금욕주의자 신분)는 특히 쇼르팅휘스Schortinghuis(《내면적 기독교 Het innige Christendom》(1740), 연방의회가 발행 금지한 책이다!)에서도 종종 나타난다.

48 후술하겠지만 (백스터의 《기독교 지도서》의 수많은 구절과 그 결론 부분에 나타나는데) 직업 노동을 자신의 윤리적 열등에 대한 불안을 회피하기 위해 이처럼 추천하는 것은, 금전욕과 직업상의 금

욕주의를 자신의 윤리적 무가치를 위장하기 위해 고안된 수단으로 보는 파스칼의 해석을 상기시킨다. 파스칼에게 예정 신앙은 모두 피조물의 원죄에 따른 무가치의 확신과 결합하여 세상을 거부하게 하고, 명상을 죄의 압박감에서 벗어나 구원의 확신을 제공해주는 유일한 수단으로 추천하게 했다. 직업 개념의 정통 가톨릭적 견해와 얀센주의의 견해에 대해서는 호니스하임이 이미 인용한 바 있는 그의 박사 학위 논문(보다 방대하게 부연할 저술의 일부)에서 철저히 논했다. 얀센주의자들에게는 구원의 확신과 현세적 행위를 결합하는 흔적이 전혀 없다. 그들의 '직업' 개념은 루터주의적 개념보다, 심지어는 순수한 가톨릭의 개념보다 훨씬 강하게 주어진 생활 상황(이 상황은 가톨릭에서처럼 사회적 질서를 통해 제공된 것일 뿐 아니라 각 개인의 양심을 통해 주어진 것이기도 하다)에 자신을 내맡긴다는 의미를 갖는다(호니스하임, 앞의 책, S. 139f).

49 《하인리히 홀츠만의 기념 논문집*Festgabe für H. Holtzmann*》에 있는 매우 명확하게 쓰인 롭슈타인Lobstein의 소론도 슈네켄부르거의 관점에 따른 것으로 이하의 설명을 참조할 수 있다. 그는 '구원의 확신'이라는 동기를 너무 강조했다는 비난을 받고 있다. 그러나 이 자리에서는 칼뱅의 신학을 칼뱅주의와 구별해야 하고, 신학 체계를 목회의 필요와 구별해야 한다. 광범한 계층을 사로잡은 모든 종교 운동은 '어떻게 나는 나의 구원을 확신할 수 있는가?'라는 질문에서 출발했다. 이미 말했듯이 그 질문은 단지 이 경우뿐 아니라 종교의 역사 전체에서, 예를 들면 인도에서도 중심적인 역할을 했다. 어찌 그렇지 않을 수 있겠는가?

50 물론 이 개념의 완전한 발전 이후 루터파 시대(프레토리우스 Praetorius, 니콜라이Nicolai, 마이스너Meisner)에 가서야 이루어진 것임은 부정할 수 없다(요한네스 게르하르트Johannes Gerhard에게도 그 개념이 존재했으며, 그것도 바로 여기서 언급된 의미로 존재했다). 그러므로 리츨은 그의 《경건주의의 역사》 제4권(Bd. II, S. 3f.)에서 루터주의 신앙에 이 개념이 도입된 것을 가톨릭 신앙의 부활이나 답습이라 주장하고 있다. 그는 그 개인의 구원 확신의 문제가 루터와 가톨릭 신비가에게 동일한 것이었음은 부정하지 않으나 (S. 10) 그 해결은 두 측에서 정반대되는 것이었다고 생각한다. 이점에 대해 필자가 나름의 판단을 할 수는 없다. 《기독교인의 자유》에 나타난 분위기가 한편으로 후기 문헌에서 '귀여운 예수'와 하는 달콤한 장난과 다르며, 다른 한편으로 타울러의 종교적 분위기와도 다르다는 사실은 물론 누구라도 느끼는 것이다. 마찬가지로 루터주의적 성찬 교회의 신비적, 마술적 요소에 대한 고집은 '베른하르트'의 경건성과 분명 다른 종교적 동기가 있다. 베른하르트의 경건성은 '아가서雅歌書의 분위기'로서 리츨이 그리스도와 '신부적新婦的' 교감을 증식시킨 원천으로 재차 지적하고 있다. 그러나 특히 그러한 성찬의 교리도 신비적 감정의 신앙이 재생하는 데 일조한 것은 아니었을까? 더군다나 같은 말이지만 신비가의 자유는 단지 세계와 격리를 통해서만 존립한다는 말 (앞의 책, S. 11.)은 결코 타당하지 않다. 특히 타울러는 종교심리학적으로 매우 흥미로운 논의에서, 무엇보다도 불면을 겪을 때 권하는 야간 명상의 실천적 효과가 질서라고 주장한다. 이 질서는 세속적 직업 노동에 대한 사상에도 적용된다. "오직 이를 통해서

(수면 직전의 밤에 신과의 신비적 합일을 통해서) 이성이 정화되고 두뇌가 강화되어 자신이 진정 신과 하나가 되었다는 내적인 숙달로 좀 더 평온하고 좀 더 숭고하게 하루를 보내게 된다. 그리하면 그의 모든 활동이 질서 있게 된다. 그러므로 자신의 활동에 준비하는 마음을 갖고 덕에 따르게 된다. 이러한 상태로 현실을 접하면 활동은 덕 있고 숭고한 것이 된다."(《설교Predigten》 Fol. 318) 신비적 명상과 합리적 직업관이 그 자체로 서로 배제하는 게 아님을 분명히 알 수 있고 이 점은 뒤에서 다시 다루겠다. 신앙이 직접적으로 히스테릭한 성격을 가질 때 이 대립이 나타나는데, 모든 신비가가 그러한 성격을 가진 것은 아니며 모든 경건주의자가 그런 것은 더욱 아니다.

51 이에 대해서는 필자의 "세계 종교의 경제 윤리"의 서론을 보라.

52 이러한 가정을 한다는 점에서 칼뱅주의는 공식적인 가톨릭과 유사성이 있다. 그러나 가톨릭이 거기에서 고해성사의 필요성을 도출한 반면 개혁파는 세속적 활동을 통한 실천적 증명의 필요성을 이끌어냈다.

53 이미 베자에 이 점이 나타나 있다. (De praedestinat. doct. ex praelect. in Rom. 9. a. Raph. Eglino exc.(1584) p. 133)"……sicut ex operibus vere bonis ad sanctificationis donum, a sanctificatione ad fidem……ascendimus:ita ex certis illis effectis non quamvis vocationem, sed efficacem illam, et ex hac vocatione electionem et ex electione donum praedestinationis in Christo tam firmam quam immotus est Dei thronus certissima connexione effectorum et causarum colligimus……."

단, 버림받음의 표지는 최종 상황과 관련되므로 주의해야 한다 (이 점에서 청교도주의만 다르게 생각했다). 이 점은 슈네켄부르거, 앞의 책의 철저한 논의를 참조하라. 물론 이 논의는 한정된 범위의 문헌만을 인용하고 있다. 모든 청교도주의 문헌에서 이러한 특징이 재차 나타난다. 버니언은 "너는 믿었는가가 아니라 너는 행위자였는가, 아니면 그저 말뿐이었는가라는 물음을 받을 것이다"라고 했다. 가장 완화된 형태의 예정설을 주장한 백스터(《성도의 영원한 안식 The Saints' Everlasting Rest》 Kap. XII)에 따르면, 신앙은 가슴으로 행위를 통해 그리스도에 복종하는 것이다. 의지는 자유가 아니고 신만이 부당하게도 구원을 거두어버릴 수 있다는 반론에 대해 그는 "우선 네가 할 수 있는 것을 행하라. 그러고 나서 이유가 있다면 신이 너에게 은총을 거부한 점에 대해 신에게 호소하라"고 답했다(《청교주의 신학자 문집》 IV. p. 155). (교회사가인) 풀러 Fuller의 검토는 구원의 신화적 증명과 품행을 통한 자기 증거에 대한 문제의 변화에만 한정된다. 다른 곳에서 이미 인용한 하우 Howe의 구절도 마찬가지다.《청교도 신학자 문집》을 정독하면 곳곳에서 그 점이 증명된다. 청교도주의로 '개종' 하는 데 영향을 미친 것이 가톨릭의 금욕주의적 저술이었던 경우도 드물지 않다. 백스터는 예수회의 한 논문에서 영향을 받았다. 이러한 사상이 칼뱅 자신의 교리에 비해 전적으로 새로운 것은 아니었다(《기독교 강요》 c. I, Orig. Ausg. v. 1536, p. 97, 112 참조). 단, 구원의 확신은 칼뱅 자신에게도 이런 식으로 얻어질 수 없었다(p. 147). 통상적으로《요한일서》 3장 5절 및 그와 유사한 구절을 그 근거로 사용했다. 유효한 신앙에 대한 요구는 (미리 말해두지만) 칼뱅주의에 국한된 것은 아니었다. 침례교의 신앙 고백도 예정에 관한 조항에서 신앙의 열매를 논하고 있다("그리고 거듭 남의 바른 증거는 회개와 신앙과 삶의 새로움이라는 성스러운 열매에 나타난다."《침례교회 매뉴얼*Baptist Church Manual*》by J. N. Brown D. D. Philadelphia, Am. Bapt. Publ. Soc.에 수록된 신앙 고백 7항). 마찬가지로 메노파의 영향을 받은 문서인《올리브파 신앙 고백*Olijf-Tacxken*》(1649년 하를럼Harlem 종교 회의가 채택했다)의 p. 1은 "무엇으로 신의 아들임을 아는가"라는 물음으로 시작하며, 그 대답은 다음과 같다. "신약성서를 믿는 자의 양심에 신의 은총을 확신케 하려면…… 열매를 낳는 신앙만이 확실하고 근본적인 표지가 된다."(p. 10)

54 사회 윤리의 실질적 내용에 대해 이 자연법의 의미는 앞서 간단히 시사했다. 여기서는 내용이 문제 되는 것이 아니라 윤리적 행위에 대한 추진력이 문제다.

55 이러한 생각이 청교도주의에 구약적, 유대교적 정신의 침투를 촉진할 수밖에 없었다는 것은 자명하다.

56 사보이 선언은 순수한 교회의 구성원에 대해 이렇게 말하고 있다. 그들은 '그들의 직업과 품행으로 분명하게 드러난 유효한 소명에 따른 성자'이다.

57 《청교주의 신학자 문집》, p. 175에서 샤르녹Charnock은 '선의 원리 a principle of goodness'라고 말하고 있다.

58 세즈윅이 가끔 표현하고 있듯이 회심은 '구원의 결정을 그대로 복사한 것'이다. 그리고 선택된 자는 복종하도록 부름을 받았고 또 복종할 능력도 있다고 베일리는 가르쳤다. (침례교도인)《핸

서드 놀리스의 신앙 고백》에 따르면, 오직 신이 (품행에서 표현되는) 신앙에 부름을 준 자만이 진실한 신자이며 단순한 '일시적 신자'가 아니다.

59　예를 들어 백스터,《기독교 지도서》의 결론과 비교해볼 수 있다.

60　예를 들어 샤르녹,《청교도 신학자 문집》, p. 183에서 '자기 시험 self-examination에 대해 말함으로써 가톨릭의 '불확실'의 교리를 반박하고 있다.

61　이러한 논의는 예컨대 요한네스 호른벡의《실천 신학》에서 재차 반복되고 있다. II, p. 70, 72, 182, I, p. 160 등이 그러한 예이다.

62　그래서《헬베티아 신앙 고백》16에는 이렇게 되어 있다. "et improprie his(den Werken) salus adtribuitur."

63　이상에 대해서는 슈네켄부르거, 앞의 책, p. 80f.를 보라.

64　이미 아우구스티누스가 만약 네가 구원으로 예정되지 않았다면 구원으로 예정되도록 행위하라Si non es praedestinatus fac ut praedestineris 라고 말했다 한다.

65　본질적으로 같은 의미를 지닌 괴테의 격언을 상기시킨다. "인간은 어떻게 자신을 알게 되는가? 결코 관찰을 통해서가 아니라 행위를 통해서다. 너의 의무를 실행해보라. 그러면 네가 무엇인지를 안다. 그런데 너의 의무란 무엇인가? 그것은 일상의 할 일이다."

66　왜냐하면 칼뱅 자신도 '구원'은 현상으로 나타나야 한다고 확신했지만(《기독교 강요》IV, I, § 2, 7, 9), 구원과 구원 아닌 것의 경계는 인간의 지식이 헤아릴 수 없는 것이었기 때문이다. 우리는 신의 말씀이 당신의 법에 따라 조직되고 관리되는 교회에 순수하

게 알려져 있다면 (우리로서는 알 수 없는 일이지만) 선택된 자도 있다고 믿을 수밖에는 없다.

67 칼뱅주의적 신앙은 일정한 종교적 사상이 실천적, 종교적 처신에 대해 갖는 논리적으로 매개된 결과와 심리적으로 매개된 결과의 관계를 나타내는, 종교사에서 많이 발견되는 사례의 하나다. 논리적으로는 당연히 예정설의 결과로 숙명론을 도출해낼 수 있다. 그러나 심리적 결과는 '증명' 사상의 첨가로 정반대의 것이었다. (주지하다시피 원칙적으로 같은 종류의 이유에서 니체 추종자들은 영원 회귀의 사상에 적극적인 윤리적 의미를 주장하고 있다. 단, 차이가 있다면 이 추종자들은 어떠한 의식의 연속성을 통해서도 행위자와 관련되지 않는 미래의 삶에 대한 책임이 문제가 되는 반면, 청교도에게는 "중요한 건 너의 일이다Tua res agitur"가 중요했다.) 이미 호른벡(《실천 신학》Vol. I, p. 159)이 구원과 행위 간의 관계를 (그 당시의 언어로) 잘 다루었다. 즉 선택된 자는 바로 그 선택 때문에 운명론에 빠지지 않는다. 운명론적 결과를 회피함으로써 그들은 자신들이 '선택 자체로 직무에 성실하고 부지런해진 자'라는 사실을 증명한다. 실천적 관심의 관여로, 논리적으로 도출될(물론 때에 따라서는 현실적으로 발생한) 운명론적 결론이 배제된다. 그러나 다른 한편으로 종교의 사상 내용이란 것은 바로 칼뱅주의가 보여주듯이, 예컨대 윌리엄 제임스William James(《종교적 체험의 다양성The varieties of religious experince》 1902, p. 444f.)가 대체로 인정하는 것보다 훨씬 커다란 중요성을 갖는다. 종교적 형이상학에서 합리적인 면이 갖는 중요성은 특히 칼뱅주의적 신개념의 사상적 구조가 삶에 끼쳤던 엄청난 영향에서 고전적 방식

으로 나타난다. 청교도의 신이 역사에 그 이전이나 이후의 것과는 다른 어떤 영향을 미쳤다면 우선 사상의 힘이 그것에 부여한 힘 때문이다(이념이 생활에서 검증되는 것에 따라 종교적 이념의 중요성을 따지는 제임스의 '프래그머티즘적' 평가도 그 외의 점에서는 이 탁월한 학자의 청교도적 출신지의 사상 세계가 낳은 적자다). 종교적 체험 자체는 분명 '모든' 체험과 마찬가지로 당연히 비합리적이다. 가장 신비적인 지고의 체험은 χατ έξοχήν 체험이며 (제임스가 매우 훌륭하게 논했듯이) 절대로 전달 불가능한 특징을 갖는다. 그것은 '일정한' 성격을 갖고 인식으로 나타나기는 하지만 우리의 언어나 개념의 도움으로는 적절히 재생될 수 없다. 또 하나 분명한 것은 모든 종교적 체험이 그것을 합리적으로 규정하려 하면 그 즉시 내용을 상실하며 개념적 규정이 진전되면 될수록 더욱 그러하다는 것이다. 바로 여기에 이미 17세기 침례교 교파에 알려져 있었던 합리적 신학의 모든 비극적 갈등의 원인이 있다. 그러나 비합리성은 일반적으로 결코 종교적 '체험'에만 고유한 것이 아니라 (상이한 의미와 중요성을 갖고) 모든 체험에 공통되는데, 비합리성을 갖는다 해서 종교적 체험이 실천적으로 극히 중요하다는 사실이 부정되지는 않는다. 이는 직접적인 종교적 '체험'을 취해서 나름대로 사용하는 사상 체계가 어떤 종류든 상관없이 그러하다. 왜냐하면 교회가 생활에 강력한 영향을 행사하고 교회 안에서 교리적 관심이 고도로 발전하던 시기에는, 지상의 다양한 종교간에 존재하는 실천적으로 매우 중요한 윤리적 결론의 차이가 대개 그에 따라 성립하기 때문이다. 역사적 자료를 알고 있는 사람이라면, 누구나 위대한 종교 전쟁의 시대에는 일상인의 교리적 관심마저도 현재의 척도로 본다면 믿을 수 없을 정도로 강했음을 알 수 있다. 이에 비견할 수 있는 것은, '과학'이 이룩하고 증명할 수 있는 것에 대해 오늘날의 프롤레타리아가 가진 근본적으로 미신에 불과한 생각뿐이다.

68 《성도의 영원한 안식》I, 6에서 백스터는 구원을 목적으로 삼는 것은 보수를 바라는 것이 아니고 정당한 것인가라는 질문에 대해 이렇게 답했다. "만일 우리가 한 일에 대한 대가로 구원을 바란다면 보수를 바라는 것이 분명하다. …… 그렇지 않으면 그리스도가 명령한 것이 바로 그러한 보수에 대한 바람이며 …… 만일 그리스도를 구하는 것이 보수를 바라는 것이라면 나는 그러한 바람을 갖겠다……." 그러나 정통파 칼뱅주의자로 여기는 많은 사람 중에도 조야한 위선에 빠지는 일이 없지는 않았다. 베일리, 《경건의 실천》, p. 262에 따르면 자선은 현세의 형벌을 피하는 수단이다. 다른 신학자들은 저주가 경감될지도 모른다는 구실로 버림받은 자에게 선행을 장려했고, 선택된 자에게는 신이 그들을 사랑하는 것은 이유가 없지만 혹 이유가 있을지도 모르기 때문에 어떤 식으로든 그 대가를 받을 수 있는 일을 하라고 권했다. 그리고 선행에 따라 구원이 영향을 받을 수 있다는 약간의 양보도 변호했다(슈네켄부르거, 앞의 책 S.101).

69 이 자리에서도 우선 특징적인 차이를 부각하기 위해 어쩔 수 없이 일종의 '이념형적' 개념 언어로 말하지 않을 수 없다. 이는 어떤 의미에서 역사적 현실에 폭력을 가하는 것이다. 그러나 그렇지 않고는 어쩔 수 없는 제약 때문에 분명한 정식화가 도대체 불가능하다. 여기서 가능한 한 선명하게 표현된 그 대립이 얼마나

상대적인지는 따로 자리를 내어 논해야만 한다. 가톨릭의 공식적 교리도 이미 중세에 나름대로 삶 전체의 체계적 구원이라는 이상을 제시했음은 자명한 사실이다. 그러나 다음의 사실 역시 자명하다. 1) 교회의 일상적 실천은 바로 자신의 가장 효과적인 교육 수단인 고해를 통해, 본문에 언급된 바 있는 '비체계적' 생활 방식을 용이하게 했고, 게다가 2) 칼뱅주의자의 철저히 엄격하고 냉담한 감정 내용과 오로지 자신만을 향하는 고립 등은 중세의 평신도 가톨릭에는 항상 결여된 게 분명하다.

70 이미 말했듯이 이 측면의 절대적 중요성은 "세계 종교의 경제 윤리"에 대한 여러 논문에서 차차 드러날 것이다.

71 그리고 어느 정도는 루터교도들에게도 그러했다. 루터는 성례적인 마술의 이 마지막 잔재가 근절되지 않기를 바랐다.

72 예를 들어 세즈윅,《참회론 및 은총론*Buß-und Gnadenlehre*》(Löscher 1689, 독역본)을 참조하라. 회개한 자는 '하나의 확고한 규칙'을 갖고 있어 그것을 준수하며 그에 따라 자신의 전 생애를 조직하고 변화시킨다(S. 591). 그는 율법에 따라 (현명하게, 주의 깊게, 명민하게) 산다(S. 596). 오직 전인적인 지속적 변혁만이 선택된 결과이기 때문에 이러한 삶을 낳을 수 있다(S. 852). 실질적인 회개는 항상 변화를 통해서만(S. 361). 그저 '도덕적'인 것으로 선행과 '성령에 의한 일' 사이의 구별은 예컨대 호른벡, 앞의 책 I, IX, c. 2에서 상술했듯이 바로 후자가 다시 태어난 삶의 결과이자, 신의 은총이 초자연적으로 작용해서만(앞의 책, S. 150) 달성할 수 있는 부단한 진보를 거기서 감지할 수 있다는 점에 있다. 구원이란 신의 은총을 통한 만인의 변화이다(S. 190f.). 모든 프로

테스탄티즘에 공통된 그 사상은 물론 가톨릭의 최고 이상에서도 역시 발견된다. 그러나 세속적 금욕주의로 지향된 청교도 분파에서 비로소 세상에 대한 그러한 결과를 지적할 수 있으며, 특히 거기서 충분히 강한 심리적인 보상을 받았다.

73 엄격주의자란 명칭은 네덜란드에서는 물론 엄격히 성서의 계율에 따라 영위된 '참된 신도'들의 삶에서 특히 도출된다(보에의 경우). 그 밖에도 17세기 청교도에게도 때로 '감리교'란 명칭을 사용했다.

74 왜냐하면 청교도 설교자(예를 들어 버니언,《바리새인과 세리 *The Pharisee and the Publican, W. of Pur. Div.*》S. 126)들이 강조했듯이 인간이 도대체 (결코 생각할 수 없는 일이지만) 신이 분명 공적으로 여길 만한 무언가를 스스로 실행할 수 있다거나 아니면 지속적으로 완벽하게 살 수 있다면 혹시 전 생애에 걸쳐 '선행'을 통한 '공적'으로 쌓을 수 있었을 모든 것도 단 한 번의 죄로 허사가 된다. 가톨릭에서 볼 수 있는 것과 같은 결산을 통한 일종의 당좌 계정도 존재하지 않는다. 오히려 전 생애에 대해 단적으로 이것이냐 저것이냐, 즉 구원이냐 저주냐라는 것이었다. 당좌 계산적인 견해를 상기시키는 것에 대해서는 주 104를 보라.

75 바로 이 점에, 버니언이 '도덕성 Morality'이라 부르는 도시에 '세속적 현인 씨 Mr. Worldly-Wiseman'의 친구로 거주하는 것으로 묘사한 단순한 '합법성 Legality'과 '겸손 Civility'에 대한 차이가 있다.

76 샤르녹, 〈자기 시험〉(《청교주의 신학자 문집》S. 172). "'자신에 대한 반성과 지식은 합리적 인간의 우선적 표지다." 이에 대한 각주에는 이렇게 되어 있다. "'생각한다 고로 존재한다는 새로운 철

학의 제1원리다."

77 이 자리는 (결코 지배적인 학설이 되지 못하고 언제나 관용받는 데 그치거나 때로는 이단으로 배척받은) 둔스 스코투스Duns Scotus의 신학과 금욕적 프로테스탄티즘의 일정한 사고방식의 유사성을 언급할 자리가 아니다. 이후에 경건주의자들이 아리스토텔레스 철학에 대해 보인 특별한 혐오는 (약간 다른 의미에서) 루터와 마찬가지로 칼뱅도 가톨릭에 대한 의식적 대립에서 나누어 갖고 있었다(《기독교 강요》 II, c. 2, s. 4, IV c. 17, s. 24를 참조하라). 칼Kahl이 부여한 명칭에 따르면 '의지의 우선'이 이 모든 종파에 공통된다.

78 예컨대 가톨릭의 《교회 사전Kirchenlexikons》의 '금욕주의' 항목에도 완전히 같은 정의가 내려져 있으며, 그 최고의 역사적 현상 형식과도 잘 부합한다. 또한 제베르크, 《프로테스탄티즘 신학과 교회 백과사전》도 마찬가지다. 본 논문의 목적을 위해서는 그 개념을 위와 같이 사용하는 것이 허용되어야 한다. 물론 그 개념을 다르게 (좀 더 넓은 의미로도 또는 좁은 의미로도) 파악할 수 있고 또 대개는 다르게 파악한다는 사실을 필자도 잘 알고 있다.

79 《휴디브라스Hudibras》(I: Gesang 18, 19)에서는 청교도를 성 프란체스코 수도사와 비유하고 있다. 제노바 사절 퓌시Fieschi의 보고는 크롬웰의 군대를 '수도승'의 집단이라 부르고 있다.

80 필자가 분명하게 주장한, 비세속적인 수도승 금욕주의와 현세적인 직업상의 금욕주의의 내적인 연속성에 관해 브렌타노(앞의 책, S. 134와 그 밖의 곳)가 필자를 반박하기 위해 수도승의 직업적 금욕주의와 그 권고를 끌어댄 것을 보고 놀라지 않을 수 없었다! 필자를 반박한 그의 'Exkurs'는 전체적으로 그러한 반박으로

가득 차 있다. 그러나 누구라도 알 수 있듯이 필자의 전체 주장이 갖는 기본 전제의 하나가 바로 그러한 연속성이다. 종교 개혁은 합리적인 기독교적 금욕주의와 생활 방법을 수도원에서 끌어내어 세속적인 직업 생활에 가져왔다. 이하의 아무 수정을 가하지 않은 논의를 참조하라.

81 닐Neal, 《청교도들의 역사History of the Puritans》와 크로스비Crosby, 《영국 침례교도들의 역사English Baptists》에 수록된 청교도 이단 자에 대한 심문의 많은 부분이 그렇다.

82 이미 샌퍼드의 앞의 책(그리고 그 이전이나 이후에도 많은 사람이 같은 주장을 하는데)은 '과묵'이라는 이상의 성립을 청교도주의에서 도출했다. 이 이상은 제임스 브라이스James Bryce가 그의 책《미연방American Commonwealth》 제2절에서 미국의 대학에 대해 언급한 것을 참조하라. '자제'라는 금욕적 원리를 지닌 청교도주의는 또한 근대적 '군대 기율'의 아버지이기도 했다(근대적 군대 제도의 창시자인 마우리츠Moritz von Oranien에 관해서는《프로이센 연보 Preuß. Jahrb.》 1903. Bd. III, S. 255에 있는 롤로프Roloff의 글을 보라). 장전된 총을 갖고도 발사하지 않은 채 속보로 적에게 접근해갔던 크롬웰 '철기군단'은 격한 정열 때문에 '왕당파'를 이겼다. 왕당파의 용감하고 격렬한 공격은 항상 자신의 군대를 산산이 흩어 놓았다. 이 점에 대해 많은 것이 퍼스,《크롬웰의 군대Crommwells Army》에 있다.

83 이에 대해서는 특히 빈델반트Windelband,《의지의 자유에 대하여 Über Willensfreiheit》, S. 77f.를 참조하라.

84 반드시 이와 같은 순수한 형태를 가진 것은 아니다. 때때로 정감

적 성격을 가진 명상이 이 합리적 요소와 뒤엉키기도 했다. 그러나 그에 대해 다시 명상이 방법적으로 통제되었다.

85 리처드 백스터에 따르면, 신이 우리에게 규범으로 부여한 '이성'에 반대되는 모든 것이 죄다. 예컨대 내용상 죄스러운 정열뿐만 아니라 어떤 의미 없고 무절제한 감정 그 자체도 죄다. 왜냐하면 그러한 감정은 '태연'을 파괴하기 때문이며, 또한 전적으로 피조물적인 현상인 그 감정은 행위와 감각이 신에 대해 갖는 모든 합리적 관계를 오도하여 고의로 신을 모독하기 때문이다. 분노의 죄악에 대해 말한 것을 참조하라(《기독교 지도서》 2, Aufl. 1678, I, S. 285. 타울러를 S. 287에 인용하고 있다). 불안이 죄가 됨은 같은 책, S. 287, Sp. 2에 식욕이 '식사의 규칙이나 척도'이면 그것은 우상숭배라는 내용은 같은 책, I, S. 310, 316, Sp. 1에서 강조되고 종종 논의되었다. 그러한 논의에는 때로 가장 많이 인용하는 솔로몬의 《잠언》 외에도 플루타르크의 《영혼의 평온에 대하여 de tranquillitate animi》, 결코 드물지 않게 중세의 금욕주의적 저술, 성 베르나르, 보나벤투라 등을 인용했다. '누가 술과 여자와 노래를 좋아하지 않겠는가……'에 대한 반대는 감각의 즐거움이 위생상의 이유로 정당화되지 않는 한(이 한계 안에서 스포츠와 다른 '오락'도) 모든 감각적 쾌락을 우상 숭배의 개념으로 포괄하는 것으로 가장 첨예하게 표현했다(이 점은 후술하겠다). 이 자리와 그 밖의 곳에서 인용된 사료가 교리서나 신앙서가 아니라 목회의 실천에서 유래된 것으로서 이 실천이 작용한 종파를 잘 나타내준다는 점을 유의하기 바란다.

86 말이 난 김에 하는 말이지만, 만일 위의 서술에서 어떤 형태의

신앙에 대한 것이든 모종의 가치 평가가 보였다면 그것은 본의가 아니다. 그러한 평가는 이 자리에서는 전혀 관계가 없다. 여기서 문제 삼는 것은, 아마 순수한 종교적 평가에 따르면 비교적 주변적인 것이지만 실천적 행동에는 중요한 일정한 특성의 영향이다.

87 이에 대해서는《프로테스탄티즘 신학과 교회 백과사전》3. Aufl. 에 있는 E. 트룈치의 항목 "영국 도덕론자들Moralisten, englische"을 특히 참조하라.

88 '역사적 우연'으로 여기는 매우 구체적인 종교적 의식 내용과 상황이 어떠한 영향을 줄 수 있는가 하는 점은 개혁파의 토대에서 발생한 일단의 경건주의에서 수도원의 부재가 종종 유감의 대상이 되었으며 라바디Labadie 등의 '공산주의적' 실험이 그저 수도원 생활의 대용품에 불과했다는 사실에서 명백히 나타난다.

89 물론 이미 종교 개혁 시대의 많은 신앙 고백에도 나타나 있다. 리츨(《경건주의의 역사》I, S. 258f.)은 그 이후의 발전을 종교 개혁 정신의 퇴화로 간주하지만, 그럼에도 그 역시 가령《갈리아 신앙 고백Conf. Gall.》25, 26,《벨기에 신앙 고백Conf. Belg.》29,《헬베티아 신앙 고백Conf. Helv.》post. 17에 나오듯이 "개혁파 교회들은 전적으로 경험적 특징을 지닌 곳으로 한정했고 신자들은 도덕적 활동의 표지 없이는 이러한 참된 교회에 속하지 못했다." (이에 대해서는 앞의 주 42를 보라.)

90 신이 찬양할지어다, 우리가 다수에 속하지 않으니(토머스 애덤스,《청교주의 신학자 문집》, p. 138).

91 역사적으로 매우 중요한 '장자 상속권' 사상은 이를 통해 영국에

서 지극히 높이 평가되었다. "'하늘에 쓰여 있는 장자…… 장자가 상속하는 것은 폐기할 수 없으며 적힌 이름은 결코 지워질 수 없으므로 그들은 영원한 생명을 분명히 물려받을 것이다."(토머스 애덤스,《청교주의 신학자 문집》p. XIV)

92 참회와 회한이라는 루터적 감정은 금욕적으로 발전된 칼뱅주의에 이론상으로는 물론 그렇지 않지만 실천에서는 정신적으로 낯선 것이었다. 칼뱅주의자들은 그것을 윤리적으로 무가치하다 보았고 버림받은 자에게는 무용하다고 보았다. 그리고 자신의 구원을 확신하는 자는 스스로 인정하는 죄라는 것을 지체된 발전과 불완전한 구원의 징표로 여겼다. 자인하는 죄를 그들은 후회하는 대신에 증오하면서 신의 영광을 위한 행위를 통해 극복하려 했다. "신에 대한 인간의 적의에 대하여Of men's enmity against God and of reconciliation between God and Man",《영국 청교주의 신학자 문집 Works of the English Puritan Divines》, p. 237에 있는 하우의 다음과 같은 설명(크롬웰의 군정)을 참조하라. "육욕에 물든 정신은 신에 대한 적대감이다. 그러므로 재생되어야 할 것은 단순히 사변적인 정신이 아니라 실천적이고 능동적인 정신이다."(ebd. p. 246) "화해는 우선…… ① 이전에 적대하는 마음으로 신을 멀리했음을 깊이 확신하고 ② (p. 251) 그것이 얼마나 끔찍한 부정과 사악이었는지를…… 명석하고 생생하게 이해하는 것에서 시작한다." 여기서는 죄 지은 자에 대한 증오가 아니라 죄에 대한 증오만을 언급하고 있다. 그러나 이미 칼뱅에게 보내는 에스테Este 집안의 레나타Renata 공작 부인(레오노라Leonora의 어머니)의 유명한 편지(여기서 그녀는 특히 자신의 아버지와 남편이 저주받은 자에 속

한다고 확신하게 될 경우 그들에게 보낼 '증오'에 대해 말하고 있다)에 증오가 죄에서 죄인에게로 이행됨이 나타나 있으며, 동시에 앞서 말한 바 있는데 '자연적' 감정을 통해 결합된 공동체의 유대에서 개인이 예정설을 통해 내면적으로 분리되는 것에 대한 사례가 나타나 있다.

93 "거듭났거나, 성별聖別된 자라는 증거를 보이는 자만을 가시적 교회의 적합한 구성원으로 용납하고 간주해야 한다. 이것이 없다면 교회의 본질이 상실된 것이다." 이 말은 크롬웰 치하의 옥스퍼드에서 부재상을 맡고 있던 독립파 칼뱅주의자인 오웬Owen이 그 원칙을 규정한 것이다(《복음주의 교회의 기원, 특성, 제도, 권능, 질서 및 성만찬에 대한 연구Inv. into the origin of Ev. Ch.》). 보다 자세한 것은 필자의 논문 "프로테스탄티즘의 분파들과 자본주의 정신Die protestantischen Sekten und der Geist des Kapitalismus"을 보라.

94 "프로테스탄티즘의 분파들과 자본주의 정신"을 참조하라.

95 "제네바 교리문답", S. 149. 베일리, 《경건의 실천》, S. 125. "우리는 살면서 모세 이외에는 누구도 우리를 지배하지 않는 듯이 행위해야 한다."

96 "개혁파는 율법을 이상적 규범이라 여겼고 루터주의자들은 도달 불가능한 규범으로 파기했다." 루터파 교리문답에는 필요한 겸손을 환기할 목적으로 율법이 앞에 나오지만, 개혁파 교리문답에는 대체로 복음 뒤에 나온다. 개혁파들은 루터주의자들이 "진정 구원받기를 두려워한다"(묄러Möhler)고 비난한 반면, 루터주의자들은 개혁파들이 '부자유스러운 율법에 예속'되어 있고 오만하다고 비난했다.

97 《대반란의 연구와 설명*Studies and reflections of the Great Rebellion*》,
    p. 79f.

98 이 중에서 특히 잊어서는 안 될 것은 청교도들은 대개 무시해버
    렸지만《아가서》다. 이것의 동양적인 사랑은 분명 성 베르나르
    와 같은 유형의 경건심을 발전시키는 데 한몫했다.

99 이러한 자기 검증의 필요성에 대해서는 예를 들어 이미 인용한
    《고린도후서》 13장 5절에 대한 샤르녹의 설교《청교주의 신학자
    문집》, p. 161f.를 보라.

100 대부분의 도덕 신학자들이 일기를 권고했다. 가령 백스터,《기독
    교 지도서》 II, p. 77ff. 그러나 그는 그 '위험성'도 감추지 않았다.

101 도덕적 기록은 물론 다른 경우에도 널리 유행되었다. 그러나 영
    원한 과거의 결정된 구원이냐 저주냐에 대한 유일한 인식 수단
    이라는 데 강조점이 놓여 있지 않았고, 따라서 이러한 '계산'의
    면밀함과 주의에 대해 결정적인 심리적 보상도 없었다.

102 이 점이 외적으로 유사한 다른 처신 방식과 결정적으로 다른 점
    이다.

103 백스터(《성도의 영원한 안식》 제12장 c. XII) 역시 신의 비가시성을
    다음과 같은 식으로 설명한다. "통신을 사용해서 미지의 외국인
    과 실속 있는 거래를 할 수 있듯이 비가시적인 신과 하는 '성스러
    운 거래'를 통해 '훌륭한 진주'를 얻을 수 있다." 옛 도덕주의자들
    과 루터교에서 대개 법률적인 비유를 사용한 반면, 이러한 상업
    적 비유는 결국 인간이 자신의 구원을 스스로 '구입해야' 한다는
    청교도주의의 독특함이었다. 그리고 예컨대 다음과 같은 설교
    구절을 참조하라. "우리가 어떤 물건의 가치를 평가하는 것은 그

물건에 대해 무지하지 않고 또 그 물건을 직접 필요로 하지 않는 현명한 사람이 그 물건에 대해 주는 대가로 말미암는 것이다. 신의 지혜인 그리스도는 영혼을 구제하기 위해 자신을, 자신의 값비싼 피를 대가로 주셨으며 그는 영혼이 무엇인지를 알고 계셨고 또 그 영혼이 필요하지도 않으셨다."(매튜 헨리Mattew Henry, "영혼의 가치The worth of the Soul",《청교주의 신학자 문집》, p. 313)

104 이에 반해 이미 루터 자신은 "눈물은 행위에 선행하며 고통은 모든 행위를 능가한다"고 말했다.

105 루터교의 윤리 이론의 발전에서도 이 점은 매우 분명히 드러난다. 이에 대해서는 회니케Hoennicke,《초기 프로테스탄티즘 윤리 연구Studien zur altprotestantischen Ethik》(Berlin 1902)와 E. 트뢸치의 시사하는 바 많은 서평《괴팅겐 지식인 리뷰 저널》(1902), Nr. 8도 보라. 루터적 교리가 특히 초기의 정통 칼뱅주의 교리에 대해 보이는 유사성은 초안에서는 때로 상당했다.

그러나 다른 면은 종교적 방향으로 진행되었다. 윤리와 신앙을 접목하기 위한 실마리를 얻으려고 멜란히톤은 참회 개념을 전면에 내세웠다. 율법으로 결과된 참회가 신앙에 우선해야 하지만 선행이 뒤따라야 한다는 것이다. 그렇지 않으면 신앙은 (거의 청교도적인 표현인데) 진정 의로운 신앙일 수 없다고 했다. 그에 따르면 어느 정도 상대적인 완전성을 지상에서도 이룰 수 있으며, 심지어 멜란히톤은 처음에 이렇게 설교했다.

의인義認은 인간을 선행善行에 익숙하게 만들기 위해 행하는 것으로, 점진적인 완성에는 적어도 신앙이 보증할 수 있는 정도의 현세적 구원이 존재한다. 그리고 후기의 루터파 교리 학자들도 선행이 신앙의 필연적 열매이며 신앙이 새로운 삶을 낳는다는 사상을 갖고 있었는데, 이는 외적으로 개혁파들과 매우 유사하다. '선행'이란 무엇인가라는 질문에 멜란히톤과 후기의 루터주의자들은 점차 율법에 따라 대답하는 방향으로 기울었다. 그리하여 루터의 원래 사상을 상기시키는 거라고는 성서주의, 특히 구약의 개별적 규범에 대한 지향이 내보이는 더 사소한 진지성만이 남게 된다. 본질적으로 (자연적 도덕 법칙의 가장 중요한 원리를 조문화시킨 것으로서) 십계명이 인간 행위를 위한 규범으로 남는다. 그러나 십계의 조문적 타당성을, 의인에 대해 신앙이 갖는 더욱더 첨예화된 배타적 의미와 연결해주는 매개를 낳지는 못했다. 그것은 이미 이 신앙(앞을 참조하라)이 칼뱅주의적 신앙과는 전혀 다른 심리적 성격을 가졌기 때문이다.

초기의 순수한 루터주의적 관점은 폐기되었고, 자신을 구제의 기관이라 여기는 교회에 폐기될 수밖에 없었으며 그렇다고 다른 관점이 얻어진 것도 아니었다. 특히 교리적 토대('오직 신앙뿐'!)를 상실할 것이 두려워, 개인의 윤리적 과제로서 전 생활의 금욕적 합리화에 도달할 수 없었다. 왜냐하면 증명 사상을 칼뱅주의에서 예정설이 행한 것과 같은 중요성으로 끌어올릴 수 있는 동인이 결여되어 있었기 때문이다. 예정설을 결여하고 있는 점 외에도 성례의 마술적 해석, 특히 부활(또는 부활의 단초)을 세례와 연결하고 그러면서 은총 보편주의를 취한 점 등은 방법적 도덕성의 발전을 저해했다. 왜냐하면 그러한 마술적 해석은 특히 원죄에 대한 루터주의의 강조에서, 자연 상태와 은총 상태의 거리감을 약화시켰기 때문이다. 그에 못지않게 회개한 죄인의 구체적 회개 행위를 통해 신의 결정이 번복될 수 있음을 가정했던, 의인 행위의 순수한 법률적 해석도 그러한 결과를 낳았다. 더군다나 멜란히톤은 그러한 해석을 더욱더 강조했다. 그리고 회개를 더 강조하게 되는 그의 이론의 모든 변화는 또한 그가 '의지의 자유'를 인정한 것과 내적인 연관이 있었다.

이 모든 것 때문에 루터주의적 생활 방식의 비방법적 성격이 귀결되었다. 구체적 죄과에 대한 구체적 은전은 루터교 평신도들의 생각에 (고해의 존속 때문에) 구원의 내용을 이루지 않을 수 없었으며, 자신에 대한 구원의 확신을 스스로 만들어내는 성도의 귀족주의를 발전시키지 못했다. 그러므로 율법에서 자유로운 도덕성이나 율법에 따른 합리적 금욕주의가 나타나지 못했고, 율법은 그저 비유기적으로 '신앙'과 더불어 규약과 이상적 요구로서 병존했다. 더군다나 엄격한 성서주의를 위선이라 하여 회피했기 때문에 그 세부적 내용에서 불확실하고 불명료하고 특히 비체계적으로 남아 있었다. 따라서 트뢸치(앞의 책)가 윤리 이론에 대해 말한 것처럼 삶은 '개별적인 불확실한 지시들의 파편에' 머물러 '결코 완료되지 않은 단순한 시작의 총계'에 그쳤으며 '상호 관련된 생활 전반에 도달'하려는 방향으로 향하지 않고 본질적으로 루터 자신이 이미 취한(앞의 설명을 보라) 발전에 따라 큰 일이나 작은 일에서 주어진 생활 조건에 적응하는 모습을 나타냈다. 독일인이 외국 문화에 쉽게 '적응'하고 민족성을 쉽게 바꾼다는 빈번한 개탄의 이유는 (독일인의 일정한 정치적 운명 말고도) 본질적으로 이러한 것에도 기인하며, 이는 독일인의 모든 생활 관계에서 오늘날에도 지속적인 영향을 주고 있다. 문화를 구체

적으로 소화시킨다는 것이 약한 까닭은 그것이 본질적으로 '권
위적' 제시를 수동적으로 수용하는 방식으로 이루어지기 때문
이다.

106 이에 대해서는 예컨대 톨루크Tholuck,《합리주의의 전사*Vorgeschi-chte des Rationalismus*》를 참조하라.

107 이와 전혀 다른, 이슬람교의 예정설(정확히 말해 선결정론) 교리
의 영향과 그 근거에 대해서는 앞서 인용한 바 있는 (하이델베르
크 신학 박사) 학위 논문인 울리히,《이슬람교와 기독교의 예정론
Die Vorherbestimmungslehre im Islam und Christentum》(1912)을 참조
하라. 얀센주의자의 예정설에 대해서는 호니스하임, 앞의 책을
보라.

108 이에 대해서는 필자의 "프로테스탄티즘의 분파들과 자본주의
정신"을 참조하라.

109 리츨,《경건주의의 역사》I, S. 152는 이 구별을 라바디Labadie 이
전 시대에 대해(특히 네덜란드의 경우에만 입각해서) 다음 세 가지
점에서 찾고 있다. 경건주의가 1) 가족 집회를 이루었다는 점, 2)
'피조물의 무가치'에 대한 사상이 '복음에 의한 구원의 관심과 모
순되는 방식으로' 발전되었다는 점, 3) '주 예수의 친밀한 교섭
안에서 구원의 확신'을 비개혁파적 방식으로 추구했다는 점 등
이다. 마지막 특징은 초기에는 그가 다룬 대표자 중 한 명에게만
해당했고 '피조물의 무가치'라는 사상 그 자체는 분명 칼뱅주의
적 정신의 산물이었으며 단지 경건주의가 실천적인 세계 도피로
귀결된 점만이 정상적인 프로테스탄티즘과 궤를 달리했다. 마지
막으로 가정 집회도 도르트레히트 종교 회의가 일정한 범위에서

(특히 교리문답을 목적으로) 지시했다. 앞서 리츨의 설명으로 분석해보면 경건주의 신앙의 특징 중에 고찰할 만한 것으로는 아래와 같다.

① G. 푀트가 종종 주장한 바 있는, 생활의 모든 외면적인 사항에서도 성서의 말에 예속시킨다는 의미의 '엄격주의', ② 대체로 로덴슈테인Lodensteyn에게서 찾아볼 수 있으나 예컨대 멜란히톤에게서도 시사된(S. 125, A. 2) 의인과, 신과의 화해를 자체 목적으로 여기지 않고 금욕적인 성스러운 삶의 '수단'에 불과하다고 여기는 점, ③ 텔린크W. Teellinck가 최초로 논한 '속죄 투쟁'을 참된 거듭남의 징표로 높이 평가한 것, ④ 거듭나지 않은 사람이 참여하는 성례를 피하는 것(이에 대해서는 다른 맥락에서 다시 말하겠다)이다. 그리고 이와 관련하여 도르트레히트의 법령이 정한 한계를 넘어서서 '예언', 즉 비신학자, 심지어는 여자(안나 마리아 쉬르만Anna Maria Schurmann) 등의 성서 해석 등과 함께 가정 부흥 집회를 갖는 것, 이 모든 것은 부분적으로는 상당한 정도로 개혁파의 이론과 실천에서 비껴났음을 나타낸다.

그러나 리츨이 자신의 설명에 포함하지 않은 종파들, 특히 영국 청교도와 비교한다면 이러한 사실들은, 3)을 제외하고는 개혁파 신앙의 전반적 발전에 내재한 경향을 부분적으로 강조한 것에 지나지 않는다. 리츨의 설명이 갖는 공평성은, 이 위대한 학자가 자신의 교회 정책적 혹은 좀 더 정확히 말해 종교 정책적으로 지향된 가치 평가를 끌어들여 모든 특정한 금욕주의적 종교성에 대한 자신의 반감에서 이러한 종교성의 경향이 발생할 때마다, 그것을 '가톨릭'으로 가는 퇴행이라고 자의적으로 해석한 사실에서 손상되었다. 그러나 가톨릭처럼 초기 프로테스탄티즘 자체도 '모든 종류의 조건의 인간'을 포함했으며 얀센주의 형태의 가톨릭교회가 현세적 금욕주의의 엄격주의를 배척했듯이 경건주의는 17세기의 특수한 가톨릭적 정적주의를 거부했다. 우리의 특수한 고찰에서 보자면 경건주의는 점진적으로 변해간 것이 아니라 분명히 '세상'에 대한 점증된 불안이 사경제적 직업 생활에서 도피하는 것으로 귀결되어 수도원적, 공산주의적 토대 위에 선 가족 집회 형성Labadie을 낳거나, 혹은 (극단적인 몇몇 경건주의자들에 대해 동시대인들이 비난했듯이) 명상을 위해 세속적인 직업노동을 의도적으로 방기했을 때에야 비로소 경건주의는 질적으로 전혀 다른 결과를 야기했다.

당연한 말이지만 이러한 결과는, 리츨이 성 베르나르의《아가서》해석에 암시되어 있다는 의미에서 '베르나르주의'라 불렀던 그 성격을 명상이 취할 때 특히 빈번하게 등장했다. 즉 은밀한 성애적 색채를 지닌 '신비적 합일'을 추구하는 신비주의적인 정감적 종교성이 그 성격이다. 그리고 이러한 결과는 이미 순수하게 종교심리학적으로도 개혁파 신앙과 대립할 뿐 아니라, 보에 같은 사람의 경우 금욕주의적 규정과도 분명히 '다른' 것이었다. 그와 달리 리츨은 도처에서 이 정적주의를 경건주의적 금욕주의와 결합하려 하고 있으며, 따라서 후자도 동일하게 비난했다. 그는 자신이 경건주의 문헌에서 발견한 모든 가톨릭 신비주의나 금욕주의에서 가져온 인용을 지적하고 있다. 그러나 전혀 '의심받지 않은' 영국과 네덜란드의 도덕 신학자들로 베르나르, 보나벤투라, 토마스 아 켐피스를 인용하고 있다. 과거의 가톨릭에 대한 관계는 모든 개혁파 교회에서 상당히 복잡했으며, 어떤 관점을 내세우느냐에 따라 여기서는 이것이 저기서는 다른 것이 가톨릭과 (또는 가톨릭의 일정한 측면과) 유사한 것으로 보이는 법이다.

110 《프로테스탄티즘 신학과 교회 백과사전》 제3판에 있는 미르브트Mirbt의 매우 시사적인 항목 '경건주의'는 개혁파의 내력을 완전히 도외시한 채 경건주의의 성립을 단지 슈페너 개인의 종교적 체험으로 다루고 있는데, 이는 매우 의아한 느낌을 준다. 경건주의의 입문으로 읽을 만한 것은 역시 《과거 독일의 모습Bildern aus der deutschen Vergangenheit》에 있는 구스타프 프라이타크Gustav Freytag의 묘사다. 영국 경건주의의 시초에 관한 동시대의 문헌으로는, 예컨대 휘태커W. Whitaker, 《규율과 경건에 관한 제일 원리 Prima institutio disciplinaque pietatis》(1570)를 참조하라.

111 주지하듯이 이러한 관점 때문에 경건주의는 관용 사상의 주요 담당자 중 하나가 될 수 있었다. 이 점에 대해서는 이 기회에 몇 가지 첨언하겠다. 관용 사상은 서양에서 역사적으로, 일단 휴머니즘적, 계몽주의적인 무관심을 제외한다면(이것만으로는 결코 커다란 실천적 영향이 이루어지지 않았을 것이다) 다음과 같은 주요 원천이 있다.

① 순수한 정치적 국가 이상(오렌지공 윌리엄Wihelm von Oranien이 전형적인 예다).

② 중상중의(예컨대 특히 암스테르담과 그 밖의 여러 도시, 영주와 군주들에게서 분명히 나타났는데, 이들은 경제 발전의 귀중한 담당자인 여러 교파 사람들을 수용했다).

③ 칼뱅주의 신앙의 급진파, 근본적으로 예정설은 국가가 불관

용을 통해 영혼을 구제할 수 없다는 것이다. 교회가 이단을 억압하기 위해 국가의 조력을 요구한 것은 단지 신의 영광이라는 사상 때문이었다. 그러나 설교자와 모든 성찬 참가자가 선택된 자에 속한다는 것을 강조하면서, 성직의 임명에 대한 모든 국가 간섭과 필시 거듭남을 얻지 못했을 대학 출신자들에게 그들이 신학적 교양이 있다는 이유만으로 성직인 목사직에 임명하는 것 등, 그리고 일반적으로 품행에서 종종 문제가 있는 정치 권력자들이 공동체의 소관 사항에 간섭하는 것이 더욱 견딜 수 없는 것이 되어갔다. 개혁파 경건주의는 교리적 정통성을 평가절하하고 '교회 밖에서는 구원이 없다'라는 명제를 점차 무너뜨림으로써 이러한 관점을 강화했다. 칼뱅은 버림받은 자들도 교회의 영광스러운 감독에 복종시키는 것이 분명히 신의 영광과 조화되는 것이라 여겼다. 뉴잉글랜드에서는 증명된 성도의 귀족주의로서의 교회를 구성하려는 시도가 있었다. 그러나 이미 급진적 독립파는 오직 개별적 공동체 안에서만 가능한 '증명'의 시험에 세속적 권력이나 어떤 위계적 권력이 개입하는 것을 단연코 거부했다. 신의 영광은 버림받은 자도 교회의 계율에 복종시킬 것을 요구한다는 사상은 (처음부터 존재하기는 했으나 점차 강렬하게 역설된) 신이 버린 자와 함께 성찬을 함께하는 것은 신의 영광을 더럽히는 것이라는 사상을 통해 축출되었다. 이는 결국 주의주의主意主義에 귀결되지 않을 수 없었으니, 그것은 오직 거듭난 자만을 포함하는 종교 공동체, 즉 '믿는 자의 교회'를 낳았기 때문이다. 예를 들어 '성도 의회'의 지도자인 프레이즈갓 베어본Praisegod Barebones이 속한 칼뱅주의 침례파는 이러한 사상 계열에서 가장 단호한 결론을 이끌어냈다. 크롬웰의 군대는 신앙의 자유를 주장했고 '성도' 의회는 심지어 국교 분리를 주장했다. 왜냐하면 그 신도들은 독실한 경건주의자였으며, 따라서 '적극적'인 종교적 이유에서 그러했다.

④ 이후에 언급하게 될 침례교 교파들. 이들은 그 성립의 시초부터 오직 개인적으로 거듭난 자만이 교회의 공동체에 받아들여질 수 있다는 원칙을 가장 강력하고 내적 일관성 있게 고집했으며, 따라서 교회의 모든 제도적 성격과 세속적 권력의 모든 간섭을 기피했다. 여기서도 무조건적인 관용의 요구를 낳은 것은 적극적이고 종교적인 이유였다. 이와 같은 이유에 따라 침례파보다 거의 한 세대 전에, 로저 윌리엄스Roger Williams보다 두 세대 전에 무조건적 관용과 국교 분리를 주장한 최초의 인물은 존 브라운이었다. 이런 의미에서 교회 공동체의 최초 선언은 1612년 혹은 1613년 암스테르담의 영국 침례파의 결정 같다. "당국은 종교나 양심의 문제에 관여할 수 없다. …… 왜냐하면 그리스도가 교회와 양심의 왕이자 입법자이기 때문이다." 양심의 자유의 적극적인 보호를 국가의 권리로 요구한 교회 공동체의 최초의 공식적 문서는 1644년 (분리파) 침례교의 신앙 고백 44조였다. 다시 강조해야 할 것은, 관용 자체가 자본주의에 도움이 되었다고 종종 주장하는 견해가 전적으로 그릇되었다는 사실이다. 종교적 관용은 결코 특별히 근대적인 것도 서구적인 것도 아니다. 종교적 관용은 중국, 인도, 헬레니즘 시대의 서남아시아, 로마 제국, 이슬람 제국 등에서 장기간 국가 이성이 행한 제한(오늘날에도 제한하고 있다) 외에는 광범위하게 지배적으로 퍼져 있었고 16세기와

17세기에는 최고도에 달했다.

그러나 예를 들어 정치, 경제적 융성기에 네덜란드나 젤란드 또는 청교도의 영국이나 뉴잉글랜드처럼 청교도주의가 지배한 지방에서는 관용이 가장 위축되었다. 오히려 서양에서는 (종교 개혁을 전후하여) 예컨대 사산 왕조의 경우와 마찬가지로 종교적 불관용이 두드러졌다. 중국, 일본, 인도에서도 일정 시기에 불관용이 있었지만 대부분 정치적 이유에 근거했다. 따라서 관용 그 자체는 분명 자본주의와 아무런 관계가 없다. 문제는 종교적 관용이 누구에게 유리하게 작용했는가 하는 점이다. '믿는 자의 교회'의 요구가 낳은 결과에 대해서는 필자의 "프로테스탄티즘의 분파들과 자본주의 정신"에 보다 상세히 언급되어 있다.

112 이 사상이 실제로 적용된 것은 예를 들어 크롬웰의 '시험관', 즉 목사직 후보자에 대한 시험관의 경우에 나타난다. 이들은 전문적인 신학적 소양뿐 아니라 후보자의 주관적 은총 상태도 확인하려 했다. 필자의 앞 논문을 참조하라.

113 경건주의에 특유한 아리스토텔레스와 고전 철학 일반에 대한 불신은 칼뱅에게도 이미 형성되어 있었다(《기독교 강요》, II, c. 2, S. 4; III, c. 23, S. 5; IV, c. 17, S. 24 등을 참조하라). 루터의 경우에도 그러한 불신이 초기에는 분명 적지 않았으나 인문주의적 영향(특히 멜란히톤과 학습, 호교론의 긴박한 필요성) 때문에 그러한 혐오는 철회되었다. 《웨스트민스터 신앙 고백》(c. I, 7)도 프로테스탄트적 전통과 일치해서 성서 안에 포함된 것만으로도 무식한 자의 구원에 필요한 모든 것이 충분하다고 가르쳤다.

114 이에 대해 공식적 교회는 항의를 제기했다. 예컨대 1648년 스코

틀랜드 장로파 교회의 (소)교리문답 S. VII에는 이렇게 되어 있다. 같은 가족에 속하지 않는 사람이 가정 예배에 참석하는 것은 목사직의 권한에 대한 침해로 보고 금지했다. 모든 금욕주의적 공동체처럼 경건주의도 성직자 특권의 이해관계와 얽혀 있는 가정의 가부장주의 속박에서 개인을 분리했다.

115 본 논문에서는 충분한 이유에서, 이러한 종교적 의식 내용이 (분파 과학이라는 의미에서) '심리학적' 관계를 논구하는 것을 의도적으로 단념했으며, 그에 상응하는 용어의 사용조차도 될 수 있는 대로 피했다. 현실적으로 확립된 정신병리학을 포함해서 심리학의 개념들은 역사적 판단의 공평성을 해치지 않고 우리 문제의 영역에 대한 역사적 탐구에 직접 사용하기에는 극히 불충분하다. 심리학 용어를 사용하는 것은, 자명하고 때로는 사소하기조차 한 사실에 어려운 말이 주는 학자연한 의상을 입히는 것에 불과하며, 따라서 더 뛰어난 개념적 정밀성의 가상을 낳을 수도 있는 유혹이다. 유감스럽지만 이러한 예는 람프레히트Lamprecht에게 전형적으로 나타나 있다. 일정한 역사적 대중 현상의 해석을 위해 정신병리학적 개념을 사용하는 것에 대한 보다 진지한 단초는 헬파흐W. Hellpach, 《히스테리 심리학 개요*Grundlinien zu einer psychologie der Hysterie*》, 12장과 동 저자의 《신경과민과 문화 *Nervosität und Kultu*》에 있다. 다방면에 정통한 이 학자가 람프레히트의 일정한 이론의 영향을 받고 있다고 보이는 점에 대해 이 자리에서 논할 수는 없다. 그 이전의 문헌에 비해, 경건주의에 대한 람프레히트의 도식적 언급(《독일사*Deutschen Geschichte*》 제7권에 수록)이 전혀 가치가 없다는 것은 쉽게 구할 수 있는 문헌만을 보

더라도 잘 알 수 있다.

116 예컨대 쇼르팅휘스의《내면적 기독교》신봉자들이 그러하다. 종교사적으로 이는《이사야서》에 있는 여호와의 종에 관한 구절과《시편》22편으로 소급된다.

117 이 점은 네덜란드 경건주의자들에게서 개별적으로 나타났으며, 나중에는 스피노자주의의 영향 아래서 나타났다.

118 라바디Labadie, 테르스테겐Tersteegen 등.

119 이 점이 가장 분명하게 드러난 경우는 아마 그가(슈페너!) 사도의 명령으로 보증된 기독교의 기본권이 문제가 된다는 이유에서 당국이 무질서와 남용의 경우를 제외하고는 가정 집회를 통제할 권한이 없다고 한 경우일 것이다(《신학적 고찰》II, S. 81f.). 이는 (원리상) 신정법에서 유래하기 때문에 양도 불가능한 개인권의 관계 및 효력 범위에 관한 청교도주의의 관점 바로 그것이다. 리츨도 이 점이나(《경건주의의 역사》II, S. 157) 그 밖에 본문에서 언급된 이단(S. 115)을 간과하지 않았다. 우리가 결국은 상당히 많은 것을 신세지고 있고 오늘날 '가장 반동적인 사람'에게도 자신의 개인적 자유의 영역으로 여기는 '기본권' 사상에 대한 그의 실증주의적 (편협하다고까지는 할 수 없지만) 비판은 너무 비역사적이다. 물론 슈페너의 루터주의적 관점에서 보면, 이 두 경우 사이에 아무런 유기적 연결이 없다는 점에서는 그에게 전적으로 동의할 수 있다.

슈페너의 유명한《경건한 욕구》가 이론적으로 정초했고 그가 실제로 만들어낸 가정 집회(경건한 집회collegia pietatis) 자체는 본질적으로 요한네스 폰 라스코Joh. v. Lasco의 런던 성경연구회(1547)에서 시작되어, 그 이후에 교회 권위에 대한 반역이라 하여 박해받은 청교도적 신앙 형태의 기관에 속하는 영국의 '성서 집회'와 완전히 일치한다. 마침내 제네바 교회 계율을 그가 거부한 이유는, 잘 알려져 있듯이 그 담당자로 정해진 '제3신분'(경제적 계층, 즉 평신도)이 루터 교회에서는 교회 조직에 속하지 않는다는 점이었다. 반면에 (파문에 대한 언급에서) 군주가 파견한 세속적인 장로회 구성원을 '제3신분'이 대표로 인정한 것은 루터주의적인 면이 약화된 것이다.

120 이미 루터교의 영역에서 처음 유래한 '경건주의'라는 명칭은 당시의 사람들이 '경건성'에서 방법적인 영위가 이루어졌다고 여긴 사실을 말해주고 있다.

121 물론 이러한 동기가 사실 칼뱅주의에서 우세했지만 칼뱅주의에서만 고유한 것은 아니라는 사실을 인정해야 한다. 가장 오래된 루터파의 교회 질서에서조차 이러한 동기를 특히 자주 발견할 수 있다.

122 《히브리서》 5장 13~14절의 의미에서. 슈페너, 《신학적 고찰》 I, S. 306을 참조하라.

123 베일리와 백스터뿐만 아니라(《Consilia theologica》 III, 6, 1, dist. I, 47, das. dist. 3, 6을 참조하라) 슈페너 역시 특히 토마스 아 켐피스를 높이 평가했고, 그중에서도 타울러를 평가했다(슈페네가 타울러의 모든 것을 이해한 것은 아니다. 같은 책 《Consilia theologica》 III, 6, 1, dist. I, 1). 타울러에 대한 좀 더 자세한 것은 특히 같은 책 I, 1, 1, Nr. 7을 보라. 그는 루터가 타울러에게서 유래했다고 보았다.

124 리츨, 앞의 책. II, S. 113을 참조하라. 슈페너는 후기 경건주의자

(와 루터)의 '참회 투쟁'이 참된 참회의 유일한 척도적 징표가 아니라고 거부했다(《신학적 고찰》 III, S. 476). 매우 루터주의적인 정식화인 속죄 신앙에서 나오는 감사의 열매인 성별(앞장 제3절의 주 6을 보라)은 리츨, 앞의 책, S. 115, 주 2에 인용된 구절을 참조하라. 구원의 확신에 관해 한편으로 《신학적 고찰》 I, S. 324에서는 참된 신앙은 감정적으로 감지되기보다는 그 열매(사랑과 신에 대한 복종)로 인식된다고 한 반면, 다른 한편으로 《신학적 고찰》 I, S. 335f.에서는 "그러나 당신이 자신의 구원을 보다 확신하고 싶은 생각이 든다면 ('영국의 저술가'보다는) '우리의' (루터교의) 책에서 더 많은 확신을 얻을 수 있다." 그러나 성별의 본질에 대해서는 영국인들과 일치했다.

125 A. H. 프랑케가 추천한 종교 일기는 여기서도 그에 대한 외적인 표지였다. 성별의 방법적 숙련과 습관이 성별의 성장을 낳고 선악의 구별을 낳는다는 것이다. "이런 것은 프랑케의 책 《기독교인의 완전함에 대하여 Von des Christen Vollkommenheit》의 주요 테마다."

126 이러한 합리적 경건주의 섭리 신앙이 그 정통파의 해석과 상치하는 점은 할Halle의 경건파와 루터주의 정통파의 대표자 뢰셔 Löscher 사이의 유명한 논쟁에서 두드러지게 나타났다. 뢰셔는 《디모데 베리누스 Timotheus Verinus》에서 인간의 행위로 도달된 모든 것은 섭리와 대립한다고 극언했다. 그와 달리 프랑케의 보다 일관된 관점은, 결정을 조용히 기다린 결과로 일어나야만 하는 것에 대한 섬광과 같은 통찰을 '신의 암시'라고 여기는 것이었다. 이는 퀘이커의 심리와 매우 유사하며, 합리적 '방법'이 신에

가까이 가는 방법이라는 일반적인 금욕주의적 생각과 일치했다. 물론 가장 중요한 결정에서 공동체의 운명을 운에 맡긴 친첸도르프는 프랑케적 형태의 섭리 신앙과는 거리가 멀었다. 슈페너, 《신학적 고찰》 I, S. 314에서는 타울러에 근거해서 신의 작용에 자신을 맡기는 기독교적 '태연함'이라는 성격을 암시하면서 그러한 태연함을 제멋대로의 성급한 행위로 방해해서는 안 된다고 말하고 있다. (현세적) 평화를 추구하는 경건주의 신앙의 활동성은 청교도주의에 비해 본질적으로 약화되어 곳곳에서 나타난다. 이에 반해 1904년 지도적 침례교도의 한 사람은 (앞으로 인용될 연설에서 화이트G. White는) 자신의 종파가 갖는 윤리적 강령은 '우선 정의, 그리고 나서 평화'라고 규정했다(《침례교인 핸드북 *Baptist Handbook*》 1904, p. 107).

127 프랑케Francke,《권면집 *Lect. paraenet.*》IV, S. 271.

128 자주 되풀이되는 이러한 생각은 특히 리츨이 비판하고 있다. 이러한 이론을 포함하고 있는 것으로 앞의 주 125에서 인용한 프랑케의 책을 보라.

129 이는 예정설을 믿지 않는 영국의 경건주의자, 예컨대 굿윈Goodwin의 경우에도 볼 수 있다. 그와 그 밖의 사람에 대해서는 혜페,《개혁 교회, 특히 네덜란드 개혁 교회의 경건주의와 신비주의의 역사 *Gesch. des Pietismus in der reformierten Kirche*》(Leiden 1879)를 보라. 이 책은 리츨의 표준적인 저작이 나온 후에도 영국에 대해, 부분적으로는 네덜란드에 대해 여전히 불가결한 책이다. 쾰러,《네덜란드의 개혁 교회》에 따르면, 그는 네덜란드에서 19세기에도 자신의 부활 시기에 대해 종종 질문을 받았다고 한다.

130 그들은 이렇게 해서 은총의 재획득 가능성에 관한 루터주의 이론이 갖는 철저하지 못한 결론(특히 임종 시의 '회개')을 공격하려 했다.

131 그와 관련해서 회개의 진실됨을 나타내는 절대적 표지인 '회개'의 일시日時를 알 필요가 있다는 주장을 슈페너는 반대했다.《신학적 고찰》II, 6, I, S. 197. 멜란히톤이 루터의 양심의 공포를 몰랐듯이 슈페너도 '참회 투쟁'이란 것을 몰랐다.

132 물론 그와 함께 모든 금욕주의에 독특한 '만인사제론'의 반권위적 해석도 같이 작용했다. 때로는 교구 목사에게 진정한 회개의 '증명'이 있을 때까지 사면을 연기하라고 권고했는데, 이는 리츨이 정당하게 지적했듯이 원칙적으로 칼뱅주의적이다.

133 우리에게 본질적인 점들은 다음의 책에서 가장 쉽게 찾을 수 있다. 플리트Plitt,《친첸도르프의 신학Zinzendorfs Theologie》(3 Bände, Gotha 1869f.) Bd. I, S. 325, 345, 381, 412, 429, 433f., 444, 448, Bd. II, S. 372, 381, 385, 409f. Bd. III, S. 131, 167, 176. 또한 베른하르트 베커Bernh. Becker,《친첸도르프와 그의 기독교Zinzendorf und sein Christentum》(Leipzig 1900) 제3편, 제3장 3. Buch, kap. III도 참조하라.

134 물론 그는《아우크스부르크 신앙 고백》이 (그의 불쾌한 용어를 빌려 표현하자면) '상처의 진물'을 뒤집어쓰는 경우에만 루터주의적 기독교 신앙생활에 적합한 증명으로 간주할 수 있다고 생각했다. 그의 글을 읽는다는 것은 고행인데, 왜냐하면 그의 언어는 사상이 심하게 유동적이라는 점에서 피셔F. Th. Vischer가 (뮌헨의 '그리스도 송진유'파와의 논쟁에서) 그다지도 염려한 '그리스도 송

진유'파보다 훨씬 더 심하기 때문이다.

135 "우리는 어떠한 종교에서든 그리스도의 피로써 씻기지 않고 성령의 성별로 철저히 변화되는 것을 겪지 않은 자는 형제로 인정할 수 없다. 우리는 신의 말씀을 순수하고 분명하게 가르치고 기독교도들이 신의 아들로서 신성하게 그에 따라 사는 곳 이외에는 어떠한 분명한(=가시적인) 기독교 공동체도 볼 수 없다." 이 마지막 문장은 물론 루터 소교리 문답에서 따온 것이다. 그러나 (리츨이 지적한 것처럼) 루터의 경우에는 이 문장을 어떻게 신의 이름을 거룩하게 할 것인가라는 질문에 대한 대답으로 사용한 반면, 친첸도르프는 성도 교회의 한계를 짓는 데 사용했다.

136 플리트, 앞의 책, I, S. 381을 보라. 더 결정적인 것은 플리트, 앞의 책, I, S. 381에 인용되어 있는데, "선행은 구원에 필요한가'라는 질문에 대한 대답인 '구원을 얻는 데 필요치 않으며 해로운 것이다. 그러나 구원을 얻은 후에는 필요하기 때문에 선행을 행하지 않으면 구원받지 못한 것이다"다. 여기서도 현실적 근거가 아니라 (단지!) 인식 근거다.

137 예를 들어 리츨이 앞의 책, III, S. 381에서 비난하고 있는 '기독교인의 자유'에 대한 풍자를 통해 저지하고 있다.

138 특히 구원 이론에서 형벌을 통한 보상이라는 사상을 매우 강조하는 방식이 그렇다. 그는 전도를 통해 접근하려는 그의 시도가 미국의 종파에 거부당한 후 이 사상을 구원 방법의 토대로 삼기도 했다. 그 후 그는 천진성, 겸손함, 자기 비하의 유지를 헤른후트적 금욕주의의 목적으로 강조했고, 이는 공동체 내의 청교도적 금욕과 철저히 유사한 경향과 날카롭게 대립한다.

139 그러나 한계가 있었다. 이미 이런 이유에서 보더라도 람프레히트처럼 친첸도르프의 신앙을 '사회심리학적' 발전 단계에 끼워 넣는 것은 잘못된 것이다. 더군다나 그의 신앙 전반은 바로 그가 근본적으로 봉건적인 본능을 가진 백작이었다는 사실로 가장 큰 영향을 받았다. 또한 그러한 신앙의 정감적 측면은 '사회심리학적으로' 기사 계급의 감상적인 퇴폐의 시기와 '감각'의 시대에 적합한 것으로 볼 수 있다.

140 친첸도르프와 디펠Dippel의 논쟁이 이 점을 증명하고 있으며, 또한 (그의 사후에) 1764년 종교 회의의 발표문은 헤른후트 교단의 구원 기관의 성격을 분명히 표명하고 있다. 그에 대한 리츨의 비판은 앞의 책, III, S. 443f.를 보라.

141 예컨대 (항)§ 151, 153, 160을 참조하라. 참된 회개와 면죄에도 구원이 없을 수 있다는 것은 특히 S. 311의 언급에서 나오며, 루터주의의 구원 이론과 대응하는 만큼 칼뱅주의(그리고 감리교)의 교리와는 상치된다.

142 플리트, 앞의 책 II, S. 345에서 인용한 친첸도르프의 표현을 참조하라. 또한 슈팡엔베르크,《신앙의 형제라는 이상》, S. 325도 보라.

143 예를 들어 플리트, 앞의 책 III, S. 131에 인용되어 있는《마태복음》20장 28절에 대한 친첸도르프의 말을 참조하라. "나는 신이 좋은 재능을 부여한 사람을 보면 매우 즐겁고 그 재능을 기꺼이 이용한다. 그러나 그가 자신의 재능에 만족치 못하고 그 재능을 더 뛰어나게 하려는 것을 보면 그것이 그 인간의 파멸 시초라고 본다." 친첸도르프는 또한 (특히 1743년 존 웨슬리와 한 대화에

서) 성별의 진보를 부정했다. 왜냐하면 그는 성별이 의인과 같다고 보았고, 오직 정감적으로 얻은 그리스도와의 관계 안에서만 성별을 찾았기 때문이다. 플리트, 앞의 책 I, S. 413. 신의 '도구'라는 감정 대신에 신의 '소유'가 나타난다. 이는 신비주의지 금욕주의가 아니다(필자의 "세계 종교의 경제 윤리"의 서론에서 논해진 의미에서). 물론 (위의 서론에서 논의되었듯이) 청교도에게도 현재의 현세적 상태가 그들의 현실적 추구 대상이었다. 그러나 이렇게 구원의 확신으로 해석된 상태는 그들에게 능동적인 도구 감정이었다.

144 그러나 직업 노동은 바로 그런 식으로 도출되었기 때문에 철저하게 윤리적인 기초를 갖추지 못했다. 친첸도르프는 직업이 '예배'이기 때문에 그 직업에 성실해야 하는 이유라는 사상을 거부한다. 오히려 직업에 대한 충실은 '주의 일에 충실'한 대가라고 보았다.(플리트, 앞의 책 II, S. 411)

145 그의 다음과 같은 말은 잘 알려져 있다. "이성적 인간은 신앙이 없을 수 없고 신앙 있는 사람은 비이성적일 수 없다." 이는 그의 《소크라테스, 즉 무명이기보다 오히려 쇠락하는 주요한 진리들의 적나라한 고시Sokrates, d.i. Aufrichtige Anzeige verschiedener nicht sowohl unbekannter als vielmehr in Abfall geratener Hauptwahrheiten》 (1725)에 나온다. 또한 피에르 벨Pierre Bayle 같은 저술가를 선호한 것도 유명하다.

146 프로테스탄트 금욕주의가 수학적 정초를 통해 합리화된 경험론을 특히 선호한 것은 주지의 사실이며, 이 자리에서 상세히 논할 수는 없다. 과학을 수학적으로 합리화된 '정밀한' 탐구로 변

형시킨 것, 이러한 변형의 철학적 동기, 이러한 변형과 베이컨의 관점의 대립 등은 빈델반트,《철학사 입문서 *Gesch. d. Philos.*》 S. 305~307, 특히 근대 과학을 물질적, 기술적 관심의 산물로 파악하는 사상을 정확히 거부하고 있는 S. 305 이하를 참조하라. 물론 과학과 그러한 관심 간에는 매우 중요한 관계가 존재하지만 보다 복잡한 관계다. 또한 빈델반트,《근대 철학사 *Neuere Philos.*》 I, S. 40f.도 보라. 슈페너의《신학적 고찰》 I, S. 232, III, S. 260에 매우 분명하게 나타나듯이, 프로테스탄트 금욕주의의 입장에 대해 결정적인 관점은 바로, 신도의 신앙은 그 열매에서 인식되며 또한 신과 그의 의도에 대한 인식도 오직 그의 사업을 인식함으로써만 발견할 수 있다는 것이다. 따라서 청교도, 침례파, 경건파 신도들이 선호한 학문 분야는 물리학이었으며, 그다음은 같은 종류의 방법으로 작업하는 수학적, 자연과학적 분야였다. 사람들은 신의 계시가 갖는 단편적 성격 때문에(칼뱅주의적 사상이다) 개연적 사변의 방법으로는 도저히 파악할 수 없는 세계의 '의미'에 대한 인식은, 자연에 내재하는 신의 법칙을 경험적으로 파악하여 도달할 수 있다고 믿었다. 17세기 경험주의는 금욕이 '자연 안에서 신'을 찾는 수단이라고 여겼다.

경험주의는 신에게 인도하지만 철학적 사변은 신에게서 이탈시킨다고 생각했다. 특히 슈페너에 따르면, 아리스토텔레스의 철학은 기독교에 근본적으로 해로운 것이었다. 다른 모든 것, 특히 플라톤 철학은 그보다 낫다는 것이다(《Consilia theologica》 III, 6, 1, Dist. 2, Nr. 13). 특히 다음과 같은 특징적인 구절을 참조하라. "Unde pro Cartesio quid dicam non habeo(er hat ihn nicht

gelesen), semper tamen optavi et opto, ut Deus viros excitet, qui
veram philosophiam vel tandem oculis sisterent, in qua nullius
hominis attenderetur auctoritas, sed sana tantum magistri nescia
ratio."(슈페너,《*Consilia theologica*》II, 5, Nr. 2. 교육) 특히 실업 교육
의 발전에 금욕주의적 프로테스탄티즘의 이러한 견해가 얼마나
중요했는가는 잘 알려져 있다. 이러한 견해는 '맹목적 신앙'에 대
한 그들의 태도와 결합하여 그들의 교육 강령을 낳았다.

147 "제자란 자신의 행복을 대략 다음 네 가지에 두는 종류의 사람이
다. ① 미천하고 조롱당하며 멸시당한다. ② 주를 위해 필요치 않
은 모든 욕망을······ 버린다. ③ 아무것도 갖지 않거나 받은 것은
주어버린다. ④ 벌이를 위해서가 아니라 단지 직업 자체를 위해
서, 주와 자신의 이웃을 위해서 날품팔이처럼 노동한다."(친첸도
르프,《종교적 담화*Rel. Reden*》II, S. 180, 플리트, I, S. 445) 모든 이가
'제자'가 될 수는 없고 되어서도 안 된다. 단지 주의 부름을 받은
자만이 해당한다. 그러나 친첸도르프 자신의 고백에 따르면(플
리트, 앞의 책 I, S. 449) 산상수훈이 형식적으로는 '모든 이'를 대상
으로 하기 때문에 난점이 존재한다. 이러한 '자유로운 사랑의 무
우주론'이 초기 침례교의 이상과 유사한 것은 분명하다.

148 왜냐하면 신앙의 감정적 내면화가 후계자 시대의 루터주의에도
결코 생소한 것이 아니었기 때문이다. 이 경우 중요한 차이는 오
히려 금욕적 생활 규제, 즉 루터교도들의 눈에 '위선'을 나타내는
듯이 보인 생활 규제다.

149 슈페너는 '확신'보다는 '심정의 동요'가 은총의 더 나은 표지라고
생각했다.《신학적 고찰》I, S. 324. 물론 청교도주의 저술가에게

서도 '거짓된 확신'에 대한 강한 경고를 발견할 수 있지만, 적어도 예정설의 영향이 목사들을 지배하는 한에서는 예정설이 항상 그와는 반대되는 방향으로 작용했다.

150 고해의 존속이 주는 심리적 효과는 어디서나 개별 주체가 져야 하는 자신의 품행에 대한 책임을 경감해주는 것이었고 그 때문에 고해를 이용했다. 그리고 그와 함께 금욕주의적 요구를 엄격하게 지키려는 힘도 약화되는 결과가 나왔다.

151 이 경우(경건주의적 신앙의 종류에 대해서도) 순수한 정치적 계기가 얼마나 강하게 작용했는가는 이미 리츨이 뷔르템베르크의 경건주의에 대한 설명(앞서 언급한 책의 제3절)에서 암시한 바 있다.

152 앞의 주 148에 인용한 친첸도르프의 말을 보라.

153 물론 칼뱅주의도, 특히 순수한 칼뱅주의는 '가부장적'이었다. 그리고 예를 들어 백스터 활동의 성공과 키더민스터Kidderminster 공업의 가내 공업적 성격 사이의 관련은 그의 자서전에서 분명히 나타난다. 《청교주의 신학자 문집》p. XXXVIII에서 인용한 다음과 같은 구절을 보라. "그 마을은 키더민스터 직포를 짜는 것으로 살아간다. 그리고 직기 앞에서 작업하면서도 책을 앞에 놓고 있거나 서로 설명한다……." 그러나 개혁파와 진정 침례파의 윤리에 입각한 가부장주의는 경건주의에 입각한 경우와는 다르게 이루어졌다. 이 문제는 다른 맥락에서 언급될 수밖에 없다.

154 《칭의와 화해에 대한 기독교 교리》3, Aufl. I, S. 598. 프리드리히 빌헬름 1세가 경건주의를 금리 생활자에 적합한 일거리라고 표현했는데, 이는 슈페너와 프랑케의 경건주의의 특징보다는 빌헬름 1세 자신의 특징을 잘 나타낸 말이다. 그리고 빌헬름 1세도 그

가 자신의 관용령을 통해 경건주의에 국가를 개방한 이유를 잘 알고 있었다.

155 감리교에 대한 입문으로 가장 좋은 것은 《프로테스탄티즘 신학과 교회 백과사전》 3. Aufl.에 있는 로프스Loofs의 "감리교Methodismus" 항목이 우수하다. 또한 야코비Jacoby (특히 《감리교 핸드북Handbuch des Methodismus》), 콜데Kolde, 융스트Jüngst, 사우디Southey 등의 책이 쓸 만하다. 웨슬리에 대해서는 타이어먼Tyerman, 《존 웨슬리 목사의 생애와 시대Life and Times of the Ren. John W.》 (London 1870f.)를 참조하라. 왓슨Watson의 책 (《존 웨슬리 목사의 생애Life and of the Ren. John W.》, 독역도 되어 있다)은 대중적이다. 감리교의 역사를 알기 위한 최선의 장서는 시카고 근처 에반스턴에 있는 노스웨스턴대학교에 있다. 고전적 청교도주의와 감리교는 올리버 크롬웰의 군목이었고 나중에는 리처드 크롬웰의 군목이기도 했던 하우의 친구인 종교 시인 아이작 와츠Isaac Watts가 연결해주었다. 화이트필드Whitefield는 그에게 충고를 구했다고 한다 (스키츠, p. 254f.를 참조하라).

156 이러한 유사성은 (웨슬리 형제의 개인적 영향을 논의로 한다면) 한편으로 예정설 교리의 쇠퇴를 통해, 다른 한편으로 감리교 창시자들의 '오직 신앙뿐'이라는 구호의 강렬한 부흥을 통해 역사적으로 규정되었지만 무엇보다도 '각성'적 설교라는 일종의 중세적 방법을 (변형하여) 부활시켰고, 이를 경건주의적 형식과 결합한 감리교의 특수한 전도적 성격에 기인한다. 분명 이 현상은 '주관주의'로 나아가는 일반적 발전 과정에 속하지 않으며, 이런 점에서는 경건주의뿐 아니라 중세의 베른하르트적 신앙에도 뒤처

진다.

157 웨슬리 자신이 때때로 감리교 신앙의 결과를 그렇게 표현했다. 친첸도르프의 '행복'과의 유사성은 분명했다.

158 왓슨의《존 웨슬리 목사의 생애*Leben Wesleys*》(독일어판) S. 331에 서도 같은 것을 볼 수 있다.

159 슈네켄부르거,《소규모 프로테스탄티즘 교회 집단들의 교의 개념*Vorlesungen über die Lehrbegriffe der kleinen protestantischen Kirchenparteien*》, Herausg. von Hundeshagen(Frankfurt 1863), S. 147.

160 비조직적이었기 때문에 그의 사후에 와해된 예정설 집단의 지도자 화이트필드는 웨슬리의 '완전성' 교리를 철저히 거부했다. 실제로 이 교리는 칼뱅주의자들의 증명 사상의 대용품에 지나지 않는다.

161 슈네켄부르거, 앞의 책, S. 145. 이외에 로프스, 앞의 책, 이 두 결론은 이와 유사한 종류의 모든 신앙에 전형적이다.

162 1770년 회의가 그 경우다. 이미 1744년의 제1차 회의에서 성서의 말씀은 한편으로 칼뱅주의에, 다른 한편으로 반율법주의에 '머리카락 하나 정도로' 각각 닿아 있다고 인정했다. 즉 실천적 규범으로서 성서의 말씀이 유지되는 한, 그 말씀이 모호하다 해도 교리상의 차이를 위해 서로 갈라서서는 안 된다는 것이다.

163 감리교도들은 특히 친첸도르프도 거부한 죄 없는 완전성이 가능하다는 그들의 이론 때문에 헤른후트파와 갈라진다. 반면에 웨슬리는 헤른후트파의 신앙이 갖는 감정적 성격을 '신비주의'라고 보았고, '율법'에 대한 루터의 견해를 '신을 모독하는 것'이라

고 표현했다. 이 점에서 모든 종류의 '합리적인' 종교적 생활 방식과 루터교 간에 어쩔 수 없이 존재하는 경계가 나타난다.

164 존 웨슬리는 때때로 모든 인간, 퀘이커, 장로파, 영국 국교도 등은 교리를 믿어야 하지만 감리교도는 그렇지 않다고 주장했다. 이상에 대해서는 물론 개략적이기는 하지만 스키츠, 《1688~1851년 영국 자유 교회의 역사History of the free churches of England 1688-1851》에 있는 설명도 참조하라.

165 예를 들어 덱스터, 《과거 300년의 조합주의》, p. 455f.를 참조하라.

166 물론 오늘날 미국 흑인의 경우처럼 합리적 성격을 침해할 수도 있다. 그 외에도 경건주의의 비교적 온건한 감정적 성격과 달리 종종 뚜렷이 나타나는 감리교적 정서의 병리적 성격은 (순수한 역사적 이유와 집회의 공개적 성격을 제외한다면) 아마도 감리교가 전파된 지역의 생활에 금욕주의가 더 강력히 침투한 점과 긴밀한 관련이 있다. 그러나 이러한 주장은 신경학자가 확인해야 할 것이다.

167 그러나 웨슬리의 말(본 논문의 p. 130 이하)에서 나타나듯이 감리교도 다른 금욕적 종파와 똑같은 결과를 발전시켰다.

168 로프스(앞의 책, S. 750)는 감리교가 영국 계몽주의 시대 이후에 나타났다는 점에서 다른 금욕주의 운동과 구별된다고 강조하면서 19세기 초에 독일의 경건주의 르네상스(물론 훨씬 미약했지만)와 비교한다. 그러나 리츨(《칭의와 화해에 대한 기독교 교리》, Bd. I, 568f.)은 슈페너나 프랑케와 달리 이미 계몽주의에 대한 반동이기도 한 친첸도르프적 형태의 경건주의와 비교도 가능하다. 단

지 이미 보았듯이 감리교의 이러한 반동은 친첸도르프의 영향을 받는 한에서 헤른후트파의 반동과는 매우 다른 방향을 취했다.

169 (이미 보았듯이) 이는 청교도주의의 철저한 금욕주의 윤리가 약화된 것이다. 반면에 자의적으로 이러한 종교적 사상을 자본주의 발달의 지수指數나 '반영'으로 해석하려 든다면, 그와는 정반대의 모습으로 나타날 것이 분명하다.

170 침례교도 이른바 '일반 침례교도'만이 초기의 침례교도로 소급된다. (앞서 말했듯이) '특수 침례교도'는 칼뱅주의자로서 이들은 교회의 소속 자격을 원칙적으로 거듭난 자 혹은 개인적으로 신앙 고백을 한 자로 제한했고, 따라서 원칙적으로 주의주의자이며 모든 국가 교회에 대한 반대자로 남았다. 물론 실천에서는 크롬웰의 통치 아래서 항상 일관적이었던 것은 아니다. 특수 침례교도(일반 침례교도 역시)들이 침례교 전통의 담당자로서 역사적으로 매우 중요하긴 하나 본 논문에서는 특별히 그들의 교리를 분석할 필요가 없다. 형식적으로 조지 폭스와 그 동지들이 새로 창시한 퀘이커가 기본 사상에서 침례교 전통의 연장에 불과하다는 것은 의문의 여지가 없다.

퀘이커의 역사에 대한 가장 좋은 입문이자 침례교와 메노파에 대한 관계도 분명하게 보여주는 것으로는 로버트 바클레이,《영국 공화정 시기 종교 집단들의 내면적 삶 The inner life of the religious societies of the commonwealth》(1876)이다. 침례교의 역사에 대해서는 우선 덱스터의《그 자신과 동시대인들의 진술을 바탕으로 한 스스로 세례 준 자 존 스미스의 실화 The true story of John Smyth, the Se-Baptist: As told by himself and his contemporaries》(Boston 1881)와《침레교 계간 리뷰*Bapt. quart. R.*》(1883), p. 1f.에 실린 이 책에 대한 랭 J. C. Lang의 서평도 있다. 그리고 머크J. Murch,《서부 잉글랜드의 장로 교회 및 일반 침례 교회 역사*A hist. of the Presb. and Gen. Bapt. Ch. in the W. of Engl.*》(London 1835); 뉴먼A. H. Newman,《미국 침례교 역사*Hist. of the Bapt. Ch. in the U.S.*》(New York 1894)(《미국 교회사 시리즈*Am. Church Hist. Ser.*》Vol. 2); 베더Vedder,《침례교 소사*A short hist. of the Baptists*》(London 1897); 백스E. B. Bax,《재세례파의 흥망성쇠 *Rise and Fall of the Anabaptists*》(New York 1902); 로리머G. Lorimer,《역사 속의 침례교*Baptists in history*》(1902); 사이스J. A. Seiss,《침례교 체계 고찰*Baptist system examined*》Luth. Publ. S.(1902); 그 밖의 자료는《침례교인 핸드북*Baptist Handbook*》(London 1896 ff);《침례 교인 매뉴얼*Baptist Manuals*》(Paris 1891~1893);《침례교 분기 리뷰》;《비블리오테카 사크라*der Bibliotheca sacra*》(Oberlin 1900) 등을 보라.

가장 좋은 침례파 장서는 뉴욕주의 콜게이트칼리지에 있다. 퀘이커의 역사에 관한 최선의 장서는 런던의 데번셔 하우스 Devonshire House에 소장되어 있다(필자는 사용하지 않았다).

현대 정통파의 기관지는 존스Jones 교수가 편집하는《미국 친구 *American Friend*》이며, 퀘이커의 역사에 관해 최선의 책은 론트 리Rowntree의 역사서다. 기타로는 루푸스 존스Rufus B. Jones,《조지 폭스 자서전*George Fox, an autobiography*》(Phil. 1903); 앨런 토머스Alton C. Thomas,《미국 프렌드회 역사*A Hist. of the S. of Friends in America*》(Phil. 1895); 에드워드 그룹Eduard Grubb,《퀘이커교 신앙의 사회적 측면*Social Aspects of Quaker Faith*》(London 1899)이 있으

며 그 밖에도 매우 우수한 전기적 문헌이 다수 있다.

171 카를 뮐러의《교회사》는 수많은 공적을 남겼지만, 그중 하나는 겉으로는 드러나지 않았지만 나름대로는 상당했던 침례파 운동 의 마땅한 지위를 서술했다는 점이다. 다른 어떤 종파도 이 종파 처럼 모든 교회에 무자비한 박해를 받은 적이 없는데, 그 이유는 특수한 의미에서 하나의 종파이기를 원했기 때문이다. 침례교 운동은 자신에서 유래된 뮌스터의 종말론적 분파의 파국 때문에 5세대가 지나도록 전 세계(가령 영국)에서 불신받았다. 게다가 계속해서 탄압받고 벽지로 추방당했기 때문에 자신의 종교적 사 상 내용의 일관성 있는 정식화에 도달한 것은 그 운동이 성립하 고도 상당 기간이 지난 후였다. 그러므로 이 운동은 신에 대한 신 앙을 하나의 '과학'으로서 전문적으로 수행하는 것을 적대시하 는 자신의 원칙이 허용하는 것보다도 훨씬 적은 '신학'만을 산출 했다. 이런 점 때문에 이전의 전문 신학은 (이미 그 당시에도) 이 운동에 거의 공감하지 못했고 흥미를 보이지도 않았다.

그러나 그 이후의 새로운 신학의 경우도 사정은 매한가지였다. 예를 들어 리츨은《경건주의의 역사》I, S. 22f.에서 '재세례파'를 공평하지 못한, 오히려 경멸하고 있다. 즉 신학상의 '부르주아적 관점'이라고까지 말하고 싶다고 했다. 그러나 수 세기 전부터 내 려오는 코르넬리우스Cornelius의 뛰어난 저작도 있다(《뮌스터 재 세례파 폭동의 역사Geschichte des Münsterschen Aufruhrs》). 리츨은 침례 파도 역시 전반적으로 (자신의 관점에서) '가톨릭'으로 변질된 거 라는 사실을 입증하여 성령주의자와 프란체스코파 수도승의 직 접적인 영향을 추적한다. 설령 그러한 것이 단편적으로는 증명

될 수 있다 해도 그 관련은 매우 희박할 것이다.

우선 역사적 사실이 보여주는 바에서도, 공식적 가톨릭교회는 평신도의 현세적 금욕이 가정 집회 형성으로 귀결되는 경우에도 극단적으로 불신했으며 수도원을 이루도록 (따라서 세속에서 '벗어나도록') 유도하거나, 아니면 고의로 제2급의 금욕주의로서 수도원에 편입시켜 그 감시하에 두었다. 이렇지 못할 경우에 현세적 금욕주의에는 주관주의적인 금욕적 윤리가 권위의 거부와 이단이라고 매도당할 위험이 상존했다. 실제로 (그와 동일한 이유에서) 엘리자베스 1세 시대의 교회는, 반半경건주의적인 성서 집회인 '예언회'가 철저히 '영국 국교주의'를 받들었는데도 이단으로 몰았으며, 또한 스튜어트 왕조도 역시《스포츠령Book of Sports》(후술할 것이다)에서 그 점을 표현했다. 수많은 이단 운동의 역사, 특히 겸손파, 베긴회 수녀 등의 역사, 성 프란체스코의 운명이 이를 입증하고 있다. 탁발승, 프란체스코파 수도사 등의 설교는 다방면에서 개혁파적 침례교 프로테스탄티즘의 금욕적 평신도 윤리에 토대를 마련해주었다. 그러나 서양 수도원 내부의 금욕과 프로테스탄티즘 내부의 금욕적 생활 방식 간의 상당한 유사성(이는 우리의 맥락에서 매우 중요하므로 계속 강조할 것이다)은 그 결정적 근거를 다음과 같은 사실에 두고 있다.

즉 성서의 기독교에 입각하는 모든 금욕이 필연적으로 어떤 중요한 공통성을 갖지 않을 수 없음은 당연하다는 것, 대체로 어떤 종교의 금욕이든 육체적인 면을 '억제'하기 위해 일정한 확실한 수단이 필요하다는 것 등이 그것이다. 이하의 서술이 짧은 이유는 본 논문에서 특별히 다룰 문제, 즉 '부르주아' 직업 사상의 종

교적 토대의 발전에 대해 침례교 윤리는 매우 제한된 중요성만
을 갖기 때문이라는 것이다. 이 윤리는 참신한 것을 전혀 추가하
지 못했다. 본 논문에서는 그 운동이 갖는 보다 중요한 사회적 측
면을 우선 무시할 것이다. 문제 설정이 그러하기 때문에 초기 침
례파 운동의 역사적 내용 중에 본 논문에서는 단지 그 이후에 나
타난 종파인 침례파, 퀘이커, (중요성은 덜하지만) 메노파 등의 특
성에 영향을 준 것만 서술하겠다.

172 앞의 주 94를 참조하라.

173 그 기원과 변천에 대해서는 리츨, 《논문집》, S. 69f.를 보라.

174 물론 침례파는 '종파'라는 표현을 계속 거부했다. 침례파는 《에
베소서》(5장 27절)의 의미에서 유일한 교회라는 것이다. 그러나
우리가 그들을 '종파'라는 용어로 부르는 까닭은 그들이 국가와
의 모든 관계를 버렸기 때문만이 아니다. 초대 기독교에서 교회
와 국가의 관계는 물론 퀘이커에서도 그들의 이상이었다(바클레
이의 앞의 책을 보라). 왜냐하면 많은 경건주의자(예를 들면 테르스
테겐Tersteegen)처럼 그들에게도 오직 십자가 아래 있는 교회의 순
수성만이 믿을 수 있었기 때문이다. 그러나 신앙이 없는 국가 아
래서는 그것이 설령 십자가 아래서라 하더라도 칼뱅주의자조차
(같은 경우라면 가톨릭교회 역시) 국교의 분리를 지지하지 않을 수
없었을 것이다. 또한 그들이 '종파'라는 이유는 교회 가입이 사
실상 교단과 세례 지망자 간의 가입 계약으로 이루어졌기 때문
도 아니다. 왜냐하면 그것은 네덜란드의 개혁파 교단에서도 (원
래의 정치적 상황의 결과로) 오래된 교회 제도에 따라 동일한 것
이 이루어졌기 때문이다(이에 대해서는 호프만H. v. Hoffmann, 《네덜

란드 개혁주의의 교회법*Kirchenverfassungsrecht der niederl. Reformierten*》 (Leipzig 1902)이 있다.

오히려 그 이유는 종교 공동체 일반이 거듭나지 않은 자를 포함해서는 안 되고 따라서 초대 기독교의 모범에서 벗어나도 안 되기 때문에, 그 공동체는 제도적으로, 즉 교회로 조직되어서는 안 되고 오직 자발적으로, 즉 종파로서 조직되어야 한다는 데 있었다. 개혁파 교도가 단순한 사실로 여긴 것을 침례파 교단은 '교회'의 본질로 파악했다. 물론 이 개혁파 교도들에게도 '믿는 자의 교회'에 대한 매우 일정한 종교적 동기가 작용했다는 점은 이미 앞에서 언급했다. '교회Kirche'와 '종파Sekte'에 대한 좀 더 자세한 내용은 필자의 "프로테스탄티즘의 분파들과 자본주의 정신"을 참조하라. 본 논문에서 사용한 '종파' 개념은 거의 동시적으로, (필자의 생각에) 필자의 영향 없이 카텐부시Kattenbuch도《프로테스탄티즘 신학과 교회 백과사전》("Sekte" 항목)에서 사용했다. 트뢸치는 그의《기독교 교회와 집단의 사회 교리》에서 그 개념을 채용했고 그에 대해 상세히 논했다. 필자의 "세계 종교의 경제 윤리"의 서론도 참조하라.

175 교회 공동체에 분명하고 오해의 소지 없는 특징을 부여한 이 상징이 역사적으로 교회 공동체의 유지에 얼마나 중요한가는 코르넬리우스(앞의 책)가 매우 명확히 논했다.

176 메노파의 의인 교리에서 그와 매우 유사한 점은 이 자리에서 고찰할 수 없다.

177 아마 그리스도의 육화肉化와 그것이 성모 마리아에 대해 갖는 관계를 어떻게 생각해야 하는가라는 질문에 대답하려는 관심은 이

러한 사상에 근거하는 듯이 보인다. 이러한 질문은 침례파의 가장 오래된 문헌(예를 들어 코르넬리우스, 앞의 책, 제2권 부록에 수록된 '신앙 고백')에서도 거의 찾아보기 힘든 유일하게 순수한 교리적 요소다(이에 대해서는 특히 뮐러,《교회사*K.G.*》I, 1, S. 330을 참조하라). 칼뱅파와 루터파의 그리스도론에서 차이는 (소위 교리에서) 그와 유사한 종교적 관심을 근거 짓는다.

178 이러한 원칙은 특히 파문당한 자와는 일상적 생활에서도 교제를 원칙적으로 엄격히 피하는 데서도 나타난다. 칼뱅주의자들은 시민적 신분은 원칙적으로 종교적 검열의 영향을 받지 않는다고 생각했는데 그래도 이 점에서는 상당히 양보한 것이다. 필자의 "프로테스탄티즘의 분파들과 자본주의 정신"을 참조하라.

179 이 원칙이 퀘이커교도의 경우 얼마나 사소해 보이는 외적인 것에까지(탈모, 무릎 꿇기, 인사, 형식적 언사 등의 거부) 표현되었던가는 잘 알려져 있다. 그러나 그 기본 사상 자체는 일정한 범위의 모든 금욕주의에 고유한 것으로 그런 이유 때문에 그 순수한 형태에서 금욕은 항상 '권위에 적대적'이다. 칼뱅주의에서는 이 기본 사상이, 교회에서는 오직 그리스도만이 지배하신다는 원리에 나타나 있다. 경건주의에서는 칭호 수여를 성서적으로 변호하려 했던 슈페너의 노력을 생각하면 된다. 교회 권력에 관한 한 가톨릭 금욕주의는 복종 자체를 금욕적으로 해석하여 복종 서약을 통해 그 경향을 따르지 않았다. 프로테스탄트적 금욕의 이 원리가 갖는 '세속적 이면'이 청교도적 영향을 받는 국민이 오늘날 민주주의적 특성을 갖는 역사적 이유이며, 그들이 '라틴적 정신'과 다른 점의 이유이기도 하다. 그것은 또한 나름대로 거부감을

일으키기도 하고 신선한 것으로 느껴지기도 하는 미국인들의 저 '존경심의 결핍'을 역사적으로 근거 짓고 있는 것이기도 하다.

180 물론 이는 침례파의 경우 처음부터 본질적으로 신약에만 적용되며, 구약은 그렇지 않았다. 특히 산상수훈은 모든 종파가 사회 윤리적 강령으로서 특별히 평가하기를 주저하지 않았다.

181 이미 슈벵크펠트는 성례의 외적인 집행을 도덕적으로 무관하다고 본 반면에, '일반 침례파'와 메노파는 세례와 성찬을 고집했고 메노나이트는 그에 더하여 세족식洗足式도 고집했다. 그러나 그러한 평가절하는 매우 강력한 거라서 어쨌든 성찬만을 예외로 하고는, 예정설 신봉자들과 마찬가지로 성례가 의심스러운 것이라고 말할 정도였다. 필자의 앞의 논문을 참조하라.

182 이에 대하여 침례교 교파, 특히 퀘이커교는(바클레이,《기독교 변증학*Apology for the true Christian Divinity*》, 4, Aufl. London 1901. Ed. 베른슈타인의 호의 덕분에 필자가 이용할 수 있었다)《기독교 강요*Inst. Christ. Theol.*》III, 2에 있는 칼뱅의 표현에 입각하고 있으며 실제로 이 표현에는 결코 오인할 수 없는 침례교 교리와의 유사성이 존재한다. 그리고 신이 장로, 예언자, 사도에게 계시한 '신의 말씀'의 권위와 그중에서 그들이 적어놓은 것인 '성서'의 권위 간의 좀 더 오래된 구별은 역사적 관련이 없다 하더라도 내적으로는 계시의 본질에 대한 침례파의 견해와 관련이 있다.

칼뱅주의자에 이어 기계적 영감론과 엄격한 성서주의가 16세기에 등장하여 일정 방향으로 진행된 발전의 산물이 있었던 것과 마찬가지로, 침례파의 토대 위에 서 있는 퀘이커의 교리에서 '내면적 빛'의 교리는 그것과 정면으로 대립해서 발전해간 과정의 산물이었다. 이들 간의 첨예한 분리는 부분적으로 지속적인 대결의 결과이기도 했다.

183 이는 소치니Sozzini파의 일정 경향에 대항해서 강조한 것이었다. '자연적' 이성은 신에 대해 아무것도 모른다(바클레이, 앞의 책, p. 102). 이렇게 해서 '자연법'이 그렇지 않았더라면 프로테스탄티즘에서 차지했을 지위가 바뀌었다. 원칙적으로 '일반적 규칙'이나 도덕의 법전은 존재할 수 없다는 것이다. 왜냐하면 각자가 갖고 있고 각자에게 고유한 것인 '직업'은 신이 각자에게 '양심'을 통해 지시해준 것이기 때문이다. 우리는 ('자연적' 이성의 보편적 개념을 통해) '선'을 행하는 것이 아니라, 신이 우리의 가슴속에 있는 새로운 제휴 안에 써놓았고, 양심을 통해 표현한 신의 의지를 행해야 한다(바클레이, pp. 73~76). 이러한 (신적인 것과 피조물적인 것 간의 점증하는 대립에서 유래한) 윤리의 비합리성은 퀘이커 윤리의 근본적인 다음의 명제에 분명하게 나타난다. "즉 자신의 신앙이 잘못된 것일지라도 그 신앙을 거역해서 행위하는 것은 설령 타인에게는 합법적인 것이 될 수 있을지라도 결코 신에게는 용납될 수 없는 것이다."(바클레이, p. 487) 물론 이 명제는 실천으로 준수하지 못했다. 예를 들어 바클레이에게는 '모든 기독교인이 인정한 도덕적이고 영구적인 법규'가 관용의 한계였다. 실제로 동시대인들은 퀘이커의 윤리를 (몇몇 특수성을 제외하고는) 개혁파 경건주의의 윤리와 같다고 생각했다. 항상 "교회의 모든 좋은 일은 퀘이커교도에게 돌린다"고 강조했다. 그러므로 슈페너는 이러한 평판 때문에 퀘이커교도를 시샘한 것 같다(《Consilia theologica》 III, 6, 1, Dist. 2 (N. 64)). 성서의 말씀을 이유로

맹세를 거부하는 것은 이미 성경 말씀에서 실질적으로 해방되는 게 얼마나 미약한지를 보여주고 있다. 많은 퀘이커교도가 모든 기독교 윤리의 총체로 간주한 말인 "남에게 대접을 받고자 하는 대로 너희도 남을 대접하라"의 사회 윤리적 중요성은 이 자리에서 다룰 필요는 없다.

184 이러한 가능성을 가정할 필요를 바클레이는 다음과 같이 정초했다. 즉 그러한 가능성이 없다면 "성자들이 회의와 좌절에서 자유로울 수 있는 경지는 있을 수 없다는 것인데…… 이는 매우 불합리한 말이다. 따라서 구원의 확신도 그것에 달려 있음은 분명하다." 바클레이, 앞의 책, p. 20을 보라.

185 따라서 칼뱅주의적인 생활의 합리화와 퀘이커교의 그것 사이에는 함축적인 차이가 남아 있다. 그런데 백스터는 퀘이커교의 합리화에 대해, 퀘이커교도에게는 '성령'이 시체에 작용하듯이 영혼에 작용할 수밖에 없는 반면에 (특징적으로 정식화된) 개혁파 원칙은 '이성과 성령은 연결된 원리다'라고 규정했지만(《기독교 지도서》 II, S. 76), 이런 식의 대립은 그 시대에 실제로 더는 적용되지 않았다.

186 《프로테스탄티즘 신학과 교회 백과사전》에 크래머Cramer가 집필한 매우 꼼꼼한 항목인 "메노Menno"와 "메노파Mennoniten"를 보라. 특히 S. 604 이상의 항목은 훌륭한 반면에, 역시 크래머가 집필한 "침례교Baptisten" 항목은 설득력이 덜하며 부분적으로는 부정확하다. 그는 침례교 역사에 불가결한 것인《핸서드 놀리스 협회 간행물Publications of the Hanserd Knolly's Society》을 알지 못했다.

187 바클레이는 앞의 책, S. 404에서 먹고 마시고 버는 것은 자연적

행동이지 영적 행동이 아니며, 따라서 신의 특별한 부르심 없이도 행할 수 있다고 논했다. 이는 퀘이커교도들이 말하듯이 인간이 특별한 '성령의 강림' 없이는 기도할 수 없다면, 마찬가지로 그러한 신의 특별한 동의 없이는 밭도 갈지 못할 거라는 (특징적인) 반론에 대한 답변이다. 현대의 퀘이커 종교 회의의 결의에서도 충분한 재산을 번 다음에는 영리 생활에서 벗어나 세상의 분주함을 피해 신의 왕국을 위해 조용히 살 것을 충고하고 있는데, 이는 독특한 것이다. 물론 그러한 사상은 분명히 다른 종파들과 칼뱅주의에서도 종종 찾아볼 수 있다. 이러한 사상에서 나타나는 것은, 부르주아의 직업 윤리를 그 담당자들이 수용한 것은 원래 현세 도피적이었던 금욕이 현세적으로 전환된 것이라는 사실이다.

188 이 점에서 다시 베른슈타인, 앞의 책의 적합한 설명을 특별히 지적하겠다. 재세례파 운동과 그 운동의 '이단적 공산주의' 이론에 대한 카우츠키의 극도로 도식적인 설명 일반(앞의 책, 제1권에 있다)에 대해서는 다른 기회에 다루겠다.

189 베블런Veblen(시카고)은 그의 흥미로운 책《영리 기업 이론*Theory of business enterprise*》에서, 이와 같은 표어는 '초기 자본주의'에만 적용된다고 주장하고 있다. 그러나 오늘날의 '산업 지도자' 같이 선악의 피안에 서 있는 경제적 '초인'은 언제나 존재했으며, 좀 더 하층의 광범한 자본가적 행동에서는 그 표어가 오늘날에도 적용된다.

190 예를 들어 토머스 애덤스(《청교주의 신학자 문집》, p. 138)는 시민적 행위에서는 다수를 따라 하는 것이 좋고, 종교적 행위에서는

최선의 것을 따르는 것이 좋다고 말했다. 이는 물론 그 말 이상의 것을 함축하고 있다. 그것이 함축하는 것은 청교도적 정직이 형식주의적인 합법성이며, 따라서 청교도의 역사를 가진 국민이 즐겨 민족적 미덕으로 주장하는 '정직'은 형식주의적이고 타산적으로 변형된 것으로서 독일인의 '진실됨'과는 판이하다. 이 점에 대해서는 한 교육학자가 《프로이센 연보*Preuß. Jahrb.*》 Bd. 112(1903), S. 226에 좋은 설명을 제공하고 있다. 청교도적 윤리의 형식주의는 그 나름대로는 율법 준수에 따른 당연한 결과다.

191 이 점에 대해서는 필자의 앞의 논문을 참조하라.

192 바로 이것 때문에 가톨릭의 소수파와 달리 (금욕적인) 프로테스탄트 소수파가 철저한 경제적 결과를 낳을 수 있었다.

193 교리적 정초가 매우 다양함에도 결정적인 '증명'의 관심과 결합할 수 있었다는 것은 그 궁극적 이유를 기독교 일반의 종교사적 특성에 두고 있기 때문이다. 이 이유에 대해서는 여기서 논할 수 없다.

194 예를 들어 바클레이, 앞의 책, S. 357에도 "신이 우리를 하나의 국민으로 모으셨기 때문에"라고 되어 있으며 필자도 하버포드대학교에서 퀘이커교 설교를 들었는데 그 설교의 중점은 모두 '성자'를 선민으로 해석하는 데 놓였다.

2. 금욕과 자본주의 정신

1 다우든, 앞의 책에 있는 탁월한 성격 묘사를 참조하라. 백스터가

'이중적 신의 결정'에 대한 엄격한 신앙에서 점차 이탈한 후 그의 신학에 대해서는 단지 《청교주의 신학자 문집》에 수록된 그의 여러 저작에 대한 젠킨Jenkyn의 서론에만 의거했다. '보편적 속죄'와 '개인적 선택'을 결합하려는 그의 시도는 결코 만족스럽지 못했다. 우리에게 본질적인 것은 오직 그가 그러면서도 개인적 선택, 즉 윤리적으로 매우 중요한 예정설의 관점을 고수했다는 사실뿐이다. 다른 면에서는 침례파와 어느 정도 유사하게, 의인에 대한 법률적 파악이 약화되었다는 것도 중요하다.

2   토머스 애덤스, 존 하우John Howe, 매튜 헨리, 제임스 제인웨이J. Janeway, 스티븐 샤르녹, 백스터, 버니언 등의 논문과 설교는 10권으로 된 《청교주의 신학자 문집》(London 1845~1848)에 때로는 자의적이기도 한 방식으로 선택, 수록되어 있다. 베일리, 세즈윅, 호른벡 등의 저작은 앞선 인용에서 이미 제시했다.

3   마찬가지로 보에 혹은 현세적 금욕에 대한 다른 대륙의 대표자들도 경우에 따라 언급했다. 이러한 발전이 '앵글로색슨에 국한'되었다는 브렌타노의 견해는 전적으로 잘못되었다. 필자의 선정은 전적으로는 아니더라도 가능한 한 공리주의로 변화되기 직전인 17세기 후반의 금욕주의 운동을 언급하려는 희망에 근거한다. 금욕적 프로테스탄티즘의 생활 방식을 전기적 문헌을 통해서도 밝혀보려는 흥미 있는 과제는 (특히 우리에게 비교적 덜 알려진 퀘이커의 문헌을 다루려는) 본 논술의 테두리 안에서는 유감스럽지만 포기할 수밖에 없었다.

4   왜냐하면 마찬가지로 기스베르트 푀트의 저술이나 위그노 종교회의의 회의록, 네덜란드 침례교 문헌 등도 이용할 수 있기 때문

이다. 매우 불행하게도 좀바르트와 브렌타노는 바로 필자가 강조한 백스터의 '에비오니트적' 요소를 필자와는 달리 그 교리의 분명한 (자본주의적) '후진성'의 근거로 삼았다. 그러나 문헌을 정확히 이용하기 위해서는 ① 그 문헌 전반에 대해 실질적으로 정통해야 하며 ② 필자가 증명하려고 한 점이 '반反배금주의적' 교리에도 어떻게 이러한 금욕적 신앙의 정신이 수도원 경제에서처럼 경제적 합리주의를 낳았는가 하는 것이었음을 간과해서는 안 된다. 왜냐하면 결정적인 것은 이 신앙이 금욕적으로 조건 지어진 합리적 동인을 보상했기 때문이다. 그 점이 유일하게 중요한 점이며, 본 논문의 요점이기도 하다.

5   부르주아적 부를 결코 좋아하지 않았던 칼뱅의 경우도 마찬가지다(베네치아와 앤트워프 공국에 대한 그의 빈번한 공격을 참조하라. 《이사야서 주석》, III, 140a, 308a).

6   리처드 백스터, 《성도의 영원한 안식》 kap. X, XII나 베일리, 《경건의 실천》, p. 182, 혹은 매튜 헨리의 "영혼의 가치"(《청교주의 신학자 문집》, p. 319)에 나오는 다음 구절을 참조하라. 세속적 부의 추구에 열중하는 자가 그 영혼을 업신여긴다면 영혼을 무시하고 육체를 선호하기 때문만이 아니라 영혼을 육체를 추구하는 데 사용하기 때문이다. 《시편》 127편 2절(그러나 바로 같은 페이지에서 모든 종류의 시간 낭비, 특히 오락을 통한 낭비를 죄악시하는 언급이 나온다. 이는 나중에 인용할 것이다). 영국, 네덜란드의 청교도주의의 모든 종교 문헌에서도 마찬가지다. 예컨대 호른벡(앞의 책, 제1권 제10편 제18~19장 I, X. ch. 18u. 18)의 글을 참조하라(이 저술가에게는 그 밖에도 감상주의적인 경건주의적 영향이 함께 작용하고

있다. 이 세상의 '번잡'에 반대하여 신을 기쁘게 하는 영혼의 평온을 찬양함을 보라). 베일리(앞의 책, S. 182)도 (유명한 구절에 빗대어) '부자가 구원받기는 쉽지 않다'고 말했다. 감리교의 교리문답도 '이 세상에서 부를 모으는 것'을 단념시키고 있다. 경건주의의 경우에는 이러한 것이 자명하다. 그리고 퀘이커에서도 사정은 다르지 않다. 바클레이, 앞의 책, S. 517을 참조하라. "……그러므로 자신의 직업과 기술을 부유해질 목적으로 사용하려는 유혹에 주의하라."

7 왜냐하면 부뿐만이 아니라 충동적 이익 추구(또는 그것에 준하는 것)도 역시 마찬가지로 심한 비난을 받았기 때문이다. 네덜란드에서는 1574년 남부 네덜란드 종교 회의가 한 질문에 대한 답변으로 '롬바르디아인(대금업자)'은 그 일이 법적으로 허용되었다고 해도 성찬에 참석할 수 없다고 발표했다. 1598년 데벤터 지방 종교 회의(제24항)는 이를 '롬바르디아인'의 종업원으로까지 확대했고, 1606년 호리험Gorichem 종교 회의는 '고리대금업자'의 부인들이 성찬에 참석하려면 충족해야 할 엄격하고 치욕적인 조건을 확정했으며, 1644년과 1657년에도 롬바르디아인의 성찬 참석을 허용할지 여부를 논의했다(브렌타노는 자신의 가톨릭계 조상을 인용하여 이 사실에 반대하고 있다. 수천 년 동안 전 유럽과 아시아 세계에 외래의 상인이나 금융가가 존재했는데도 말이다). 그리고 기스베르트 푀트(《이자에 대하여Disp. theol.》, 《신학논박선de usuris》, 제4권, 665쪽)도 '환전업자'(롬바르디아인, 피에몬트인)를 선창에서 제외하려 했다. 위그노 종교 회의에서도 마찬가지였다. 이런 종류의 자본주의적 계층은 여기서 다루는 사상과 생활 방식의 전

형적 담당자가 아니었다. 이들은 고대와 중세에 비해 전혀 새로운 것이 아니었다.

8　《성도의 영원한 안식》제10장에 자세히 전개되어 있다. 신이 재산으로 주신 '피난처'에서 계속 휴식하려는 자는 신이 현세에서도 벌하신다. 거의 언제나 벌어들인 부에 만족하여 안주하는 것은 파멸의 징조다. 우리가 현세에서 가질 수 있는 것을 모두 가졌다면 우리가 갖기를 바라는 모든 것을 가진 것일까? 만족이란 지상에서 얻을 수 없는 것이다. 왜냐하면 신의 뜻이 그렇지 않기를 원했기 때문이다.

9　《기독교 지도서》I, S. 375~376. "신이 우리와 우리의 활동을 지탱하시는 것은 행위 때문이다. 노동은 자연적이고 도덕적인 힘의 목적이다. ······ 신에 대한 최선의 봉사와 영예는 행위다. ······ 공공복지나 다수의 이익을 우리 개인의 것보다 높이 평가해야 하다." 여기에 신의 의지에서 나중에 자유주의 이론의 순수한 공리주의적 관점으로 변형되는 단초가 드러나 있다. 공리주의의 종교적 기원은 이하의 본문에 좀 더 자세히 다루고 있으며, 이미 앞 절의 주 147에서도 지적했다.

10　침묵의 계율은 실로 '모든 불필요한 말'에 대한 성서적 형벌 경고에서 시작하여, 특히 클루니파 이래로 자기 통제를 위한 교육의 보증된 금욕적 수단이었다. 백스터도 불필요한 잡담의 죄에 대해 자세히 전파했다. 그 성경학적 의미는 이미 샌퍼드, 앞의 책, S. 90f.에서 중요성을 인정받았다. 동시대인들에게 깊은 인상을 준 청교도들의 '우울'과 '침울'은 바로 '자연 상태'의 스스럼없음이 파괴된 결과였으며, 이러한 목적을 위해서 생각 없는 말

도 금기시되었다. 워싱턴 어빙Washington Irving(《브레이스브리지 홀 *Bracebridge Hall*》cap. XXX)이 그 이유를 부분적으로는 자본주의의 '계산 정신'에서, 부분적으로는 자기 책임감을 낳은 정치적 자유의 영향에서 찾았는데, 라틴계 민족에게는 그러한 결과가 나타나지 않았음을 지적할 수 있다. 따라서 영국의 경우는 이렇게 말할 수 있다. ① 청교도주의는 그 신도들이 자유로운 제도를 만들게 했고 그리하여 세계 강국이 되게 했다. ② 청교도주의는 자본주의에 실제로 구성적인 이른바 '계산성'(좀바르트처럼 W. 어빙은 '정신'이라 부르는데)을 경제 수단에서 전 생활 방식의 원리로 변형시켰다.

11 앞의 책, I, S. 111.

12 앞의 책, I, S. 383f.

13 시간의 귀중함에 대해 이와 유사한 것은 바클레이, 앞의 책, S. 14.

14 백스터, 앞의 책, S. 79. "시간을 존중하고 네 시간을 낭비하지 않으려고 매일 더 주의한다면 너는 너의 금과 은을 잃지 않은 것이다. 만일 헛된 오락, 치장, 잔치, 잡담, 이로울 것 없는 교제, 수면 중 어느 것이 너의 시간을 빼앗으려 한다면 더욱더 주의하라." "시간을 낭비하는 자는 자신의 영혼을 무시하는 것"이라고 매튜 헨리는 말했다("영혼의 가치", 《청교주의 신학자 문집》, p. 315). 여기서도 프로테스탄트의 금욕은 예로부터 인정된 길을 밟고 있다. 우리는 보통 현대의 직업인이 특히 '시간이 없다'는 데 익숙하여 예컨대 (이미 괴테가 《편력 시대》에서 그랬듯이) 자본주의 발달 정도를 시계가 15분마다 울린다는 점에 비추어 판단하려 든다(좀바르트도 그의 《근대 자본주의》에서 그러했다). 그러나 우리는 (중

세에) 구획된 시간에 따라 산 최초의 사람이 수도승이었고, 교회의 종은 그들의 시간 구획 필요를 충족시켰던 것임을 잊어서는 안 된다.

15 백스터, 앞의 책, I, p. 108f.에 있는 직업에 대한 논의를 참조하라. 거기에는 다음과 같은 구절이 나온다. "질문: 그렇지만 제가 세상은 던져버리고 저의 구제만을 생각하면 안 됩니까? 대답: 너의 영혼을 불필요하게 방해하는 세속적 관심과 직업의 모든 번잡함은 던져버려도 좋다. 그러나 네가 공공의 복리에 봉사할 수도 있는 모든 육체적 일이나 정신적 노동을 던져버려서는 안 된다. 교회나 국가의 일원인 모든 사람은 교회와 국가의 이익을 위해 자신의 몫에 최선을 다해야 한다. 이를 무시하고 '나는 기도하고 명상하겠다'라고 말하는 것은 마치 너의 종이 너의 위대한 일을 거부하고 더 쉬운 것을 하려는 것과 같다. 그리고 신께서는 수벌처럼 남의 노동으로 살지 않고 너의 일용할 양식을 위해 노동하도록 너에게 일정한 방법을 명령하셨다."

신이 아담에게 내린 명령인 "너의 이마에 땀 흘려야 먹을 것을 먹으리니"와 바울의 지시인 "일하지 않는 자는 먹지도 말라" 등을 인용하고 있다. 퀘이커교도들은 예로부터 잘 알려져 있듯이 매우 부유한 사람들도 자식에게 직업을 습득할 것을 권하고 있다(이는 윤리적 이유에서 그런 것이지 알베르티가 그랬던 것처럼 공리주의적 이유 때문이 아니다).

16 이것이 감정적 성격의 경건주의와 구별되는 점이다. 슈페너(《신학적 고찰》III, S. 445를 보라)는 그가 전적으로 루터주의적 의미에서 직업 노동이 신에 대한 봉사임을 강조했음에도 (역시 루터

주의적으로) 직업 활동의 불안정은 신과 어긋나는 것임이 고수되었다. 이는 청교도주의에 매우 특징적으로 대립된다.

17 앞의 책, p. 242. "거룩한 의무를 위한 시간을 내지 못하는 자들은 그들의 직업에 태만한 자들이다." 그러므로 특히 도시(합리적 영리 활동을 지향하는 시민 계급의 본거지)가 금욕적 덕의 장소라는 견해가 생겼다. 백스터도 자서전에서 키더민스터의 수직공들에 관해 이렇게 말했다. "그래서 그들이 런던과 계속 상담하고 거래하는 것이 그들의 덕성과 경건심을 신장시키는 데 많은 기여를 했다."(《청교주의 신학자 문집》, p. XXXVIII) 수도에 근접해 있는 것이 덕을 강화시킨다는 것은 오늘날 (적어도 독일의) 성직자에게는 매우 놀라운 것이다. 그러나 경건주의도 유사한 관점을 보였다. 때로 슈페너는 젊은 동료 성직자에게 이렇게 써 보냈다. "최소한 도시의 엄청난 수의 사람 중에는 물론 대다수는 사악하지만 그래도 선을 행하는 몇몇 착한 영혼을 항상 발견하는 반면, 시골 사람들 안에서도 때로 의로운 사람이 전체에 하나도 없을 때가 있음이 걱정스럽다."(《신학적 고찰》 I, 66, p. 303) 농민들은 금욕적인 합리적 생활 방식에도 적합하지 않다는 것이다. 농민을 윤리적으로 찬양하게 된 것은 매우 근대적인 일이다. 금욕의 계급 제약적 성격 문제에 대해 이것과 또 그와 유사한 다른 표현들이 갖는 의미에 대해서는 여기서 다루지 않겠다.

18 예를 들어 다음과 같은 구절이 그렇다(앞의 책, p. 336f.). "신에 대한 보다 직접적인 봉사에 임하지 않는 경우에는 너의 합법적 직업에 전력을 기울여 부지런하라." "너의 직업에서 열심히 노동하라." "네가 신에게 직접 봉사하는 경우를 제외하고 항상 네가 일

해야 할 직업이 있음을 깨달아라."

19 노동과 그 '가치'에 대한 특별한 윤리적 평가가 기독교에 원래부터 있었던 사상이거나 심지어 고유한 사상이 아님은 하르나크가 짤막하게나마 매우 강조하고 있다(《개신교 사회연합 보고*Mitt. des Ev. -Soz. Kongr.*》14, Folge, 1905, Nr. 3/4, S. 48).

20 베네딕트 수도원의 규율 이래로 분명한 것으로 존재하는 이 중요한 대립의 기원이 어디에 있는지는 좀 더 포괄적인 많은 연구가 있어야 파악할 수 있다.

21 경건주의에서도 마찬가지다(슈페너, 앞의 책 III, S. 429~430). 경건주의에 독특한 표현은 다음과 같다. "원죄에 대한 형벌로 우리에게 과해진 직업에 대한 충실은 우리 개인의 의지를 근절시키는 일을 한다. 직업 노동은 이웃에 대한 사랑의 봉사로서 신의 은총에 대한 감사의 의무다(루터주의적 생각이다!). 따라서 그 노동이 억지로, 짜증스럽게 행해지면 신이 만족하지 않는 것이다."(앞의 책 III, p. 272) 그러므로 기독교도는 '세속적 인간처럼 부지런히 자신의 노동에서' 자신을 '중시할 것'이다(III, p. 278). 이는 분명 청교도의 관점보다 뒤지는 것이다.

22 백스터에 따르면 '점잖게 자식을 생식하는 것'이 그 목적이다. 슈페너 역시 비슷한 견해이지만 (달리 억제할 수 없는) 불륜을 피하는 것이 그 부차 목적이라는 조잡한 루터주의적 견해를 인정하는 것이 다르다. 음욕은 성교의 부수 현상으로서 부부간에도 죄스러운 것이며, 예컨대 슈페너의 견해에 따르면 원죄의 결과다. 이 원죄는 그처럼 자연스럽고 신이 원하는 일을 죄악감과 결부되지 않을 수 없는 것, 즉 수치스러운 것으로 만들었다. 여러 경

건주의 교파들의 견해에 따르더라도 기독교적 결혼의 최고 형태는 순결을 보존하는 결혼이고 그다음 형태는 성교가 오직 아이를 낳기 위해서만 행해지는 경우이며, 그리하여 맨 마지막 형태는 순전히 외적인 성애적 이유에서 맺어진 결혼으로서 이는 윤리적으로 축첩이라 간주했다. 그런데 이와 같은 낮은 단계의 결혼에서도 순전히 외적인 이유에서 맺어진 결혼(왜냐하면 어쨌든 합리적 숙고에서 나온 것이기 때문에)이 성애적인 원인을 갖는 결혼보다 우선시되었다. 헤른후트파의 이론과 실천은 이 자리에서 고찰하지 않는다. 합리주의 철학(크리스천 볼프Christian Wolff)은 금욕주의 이론을 이어받아 목적을 위한 수단으로 지정한 것, 즉 음욕과 그 만족이 자기 목적이 되어서는 안 된다고 생각했다.

순수한 위생적 관점을 취한 공리주의로의 변화는 이미 프랭클린도 수행했으며, 그는 예컨대 현대적인 의사적, 윤리적 관점에서 '정조'에 대해 건강에 도움이 되는 정도로 성교를 제한하는 거라고 이해했고, 그 방법에 대해서 이론적으로도 표명했음은 주지의 사실이다. 이 문제가 일반적으로 순수한 합리적 숙고의 대상이 되어버리자 그와 같은 발전이 도처에서 나타났다. 청교도적인 성적 합리주의와 위생적인 성적 합리주의는 서로 매우 다른 길을 갔지만 이 점에서만은 '서로가 동일하다고 생각한다.' 즉 어떤 '위생적인 매춘'(관심의 대상은 매춘 조직과 단속 조직이었다)의 열렬한 대변자는 강연에서 (위생상 유용하다고 간주한) '혼외정사'의 도덕적 정당성을 파우스트와 그레트헨의 문학적 조명에 준거해서 주장했다. 그레트헨을 창녀로 간주하고 열정의 격한 지배를 건강을 위한 성교와 동일시하는 것, 이 두 가지는 청교도의 관점과 완전히 일치한다. 예컨대 성적 금욕의 중요성처럼 미묘한 인격적, 문화적 문제는 '오직' 의사들의 영역에만 속한다는, 종종 탁월한 의사들이 주장하는 완전히 전문가적인 견해도 마찬가지다. 즉 청교도에서는 도덕 이론가가 '전문가'이고 의사는 위생 이론가가 '전문가'인 이상 서로 다르지만, 우리가 보기에는 문제의 해결 '능력'을 전문가연하게 요구하는 원리라는 점에서 (물론 방향은 정반대이지만) 동일하다.

청교도적 관점의 강력한 관념론은 그 모든 점잖음에도 종족 보존의 관점과 순수 '위생적' 관점에서 보더라도 긍정적 결과를 보인 반면에, 근대의 성위생학은 어쩔 수 없는 '선입견 배제'의 요구 때문에 자신의 지지 근거를 망칠 위험에 빠질 수도 있다. 청교도의 영향을 받은 국민의 경우 성관계에 대한 합리적 해석에서 어떻게 (독일의 경우 최고 지식인들에게도 종종 감지되듯이 매우 후진적인 모습으로 발견되는 가부장적 분위기와는 달리) 부부 관계의 이른바 세련화와 정신적, 윤리적 성격 부여, 부부간의 기사도 등이 성장했는가 하는 것은 물론 본 논문의 논의에서 제외했다(여성 '해방'에는 침례교의 영향이 함께 작용했다. 여성의 양심의 자유 보호와 '만인사제론' 사상을 여성에까지 확대한 것은 이 경우에 가부장주의를 최초로 뚫고나온 것이다).

23 백스터에게서 되풀이되어 나타난다. 성서적 전거는 대개 프랭클린을 통해 잘 알려진《잠언》22장 29절이거나, 아니면《잠언》31장 16절에 있는 노동 찬미다. 앞의 책 I, S. 382, S. 377 등을 참조하라.

24 때때로 친첸도르프도 이렇게 말했다. "인간은 살기 위해 일할 뿐

아니라 일하기 위해서도 산다. 그리고 인간이 더는 할 일이 없다면 그 인간은 괴로워하거나 죽는다."(플리트I, S. 428)

25 (인용에 따르면) 모르몬교의 어떤 신조는 다음과 같다. "그러나 태만한 자나 게으른 자는 기독교도일 수 없으며 구원받을 수도 없다. 그런 자는 찔려 죽어 벌통에서 내던져지도록 정해져 있다." 여기에는 분명 수도원과 공장 중간에 위치한 엄청난 기율이 있었다. 이 기율은 개인에게 노동할 것인가 아니면 제거될 것인가라는 선택을 제시함으로써 (물론 종교적 열광과 결합해서, 그 열광을 통해서만 가능하다) 이 종파의 놀라운 경제적 업적을 낳았다.

26 앞의 책 I, S. 380에서 이는 그 증후를 통해 세밀하게 분석되었다. '태만'과 '게으름'이 심각한 중죄인 까닭은 지속적인 성격 때문이다. 백스터는 이를 단적으로 '구원의 파괴자'라고 간주했다(앞의 책I, S. 279~80). 이는 방법적 삶과 정반대된다.

27 앞의 1장 3절 주 5를 참조하라.

28 백스터, 앞의 책 I, p. 108ff. 특히 눈에 띄는 구절은 "질문: 부가 (노동을) 면제시켜주지는 않습니까? 대답: 부는 네가 타인에게 더 많이 봉사할 수 있게 하므로 부를 통해 비천한 노동은 면제받을 수 있다. 그러나 너는⋯⋯ 가장 가난한 자와 마찬가지로⋯⋯ 노동의 봉사에서는 면제되지 않는다⋯⋯."
또한 앞의 책 I, p. 376의 "부자들은 노동을 할 아무런 외적 필요가 없지만 마찬가지로 신에게는 복종해야만 한다⋯⋯ 신은 모든 이에게 엄격히 그것(노동)을 명하셨다." 앞 절의 주 183, 184 등을 참조하라.

29 마찬가지로 슈페너(앞의 책 III, S. 338, 425)도 이러한 이유에서 특

히 너무 일찍 연금을 받으려는 경향은 도덕적으로 위험하다고 하여 배척했고 (이자 취득이 게으름을 낳는다는, 이자 취득의 합법성에 대한 반론을 거부하면서) 이자로 살아갈 수 있는 자도 신의 명령에 따라 노동의 의무가 있다고 강조했다.

30 경건주의도 그렇다. 슈페너는 직업 변경이 문제 되는 경우 항상, 일단 일정한 직업에 종사한 이후에는 그 직업에 머물러 종사하는 것이 신의 섭리에 대한 복종의 의무라고 답했다.

31 인도의 구원 교리가 얼마나 전 생활 방식을 지배하는 대단한 정열로 직업적 전통주의를 부활의 기회와 관련시켰는지는 필자의 "세계 종교의 경제 윤리"에 논의되어 있다. 바로 그 점에서 우리는 단순한 윤리적 이론 개념과 종교를 통한 일정한 방식의 심리적 동인 산출 간의 차이를 알 수 있다. 경건한 힌두교도는 오직 자신이 태어난 카스트의 임무를 전통적으로 이행함으로써만 부활의 좋은 기회에 도달할 수 있었다. 이는 전통주의가 생각할 수 있는 가장 확고한 종교적 단초다. 실제로 인도의 윤리는 이 점에서 청교도 윤리와 정반대이며, 또한 다른 점(신분적 전통주의)에서는 유대교와 정반대다.

32 백스터, 앞의 책 I, S. 377.

33 그러나 그렇다고 세속적 관점에서 역사적으로 도출될 수 있는 것은 아니다. 오히려 세속적 관점에는 '세속'의 우주가 신의 영광에 봉사하기 위한 것이라는 순수한 칼뱅주의적 생각이 작용하고 있다. 경제적 질서는 만인의 복지(다수의 선good of the many, 공동선common good 등)라는 목적에 봉사해야 한다는 공리주의적 함축은, 다른 모든 해석이 (귀족주의적인) 피조물 신격화로 귀결되거나

아니면 신의 영광이 아니라 피조물의 '문화적 목적'에 봉사한다는 사상의 결과였다. 그러나 경제적 질서의 합목적적 형성에 표현되는 바와 같은(앞 절 주 35를 보라) 신의 의지는, 현세적 목적만이 관심의 대상인 한에는 오직 '전체'의 복지, 즉 비인격적 '효용'이어야 한다.

따라서 이미 말했듯이 공리주의는 '이웃 사랑'의 비인격적 변형의 결과이며, 청교도의 '신의 영광을 더하기 위해'라는 원리의 배타성을 통해 세속적 영광이 거부된 결과이기도 하다. 왜냐하면 모든 피조물 숭배는 신의 영광을 파괴하는 것이고 따라서 절대적으로 비난받아야 한다는 사상이 모든 금욕적 프로테스탄티즘을 얼마나 강력히 지배했던가는, '민주적' 성향이 전혀 없던 슈페너조차도 수많은 조회에 대해 칭호의 사용이 도덕적으로 무관하다고(ἀδιάφον) 주장하는 데 주저와 노고를 보이지 않을 수 없었던 사실에서 나타난다. 그는 결국 성서에도 사도가 페스투스Festus 총독에게 각하라는 칭호를 사용했음이 나와 있다는 사실로 안정을 찾았다. 이 사실의 정치적 측면은 본 논문에는 속하지 않는다.

34 토머스 애덤스도 불안정한 자는 자기 집에서도 낯섦을 느낀다고 말했다.(《청교주의 신학자 문집》, p. 77)

35 이에 대해서는 특히 《친구들의 문집The Friends' Library》(ed. W. & Th. Evans, Philadelphia 1837, Vol. I, p. 130)에 있는 조지 폭스의 글을 참조하라.

36 물론 이러한 경향의 종교 윤리가 결코 사실적인 경제 관계의 반영으로 간주될 수는 없다. 직업의 전문화는 그 시기의 영국에서 보다 훨씬 먼저 중세의 이탈리아에서 진행되었다.

37 왜냐하면 신은 (청교도 문헌에서 빈번하게 강조되었듯이) 결코 자신보다 이웃을 더 사랑하라고는 명하지 않으시고 단지 자신만큼 사랑하라 하셨기 때문이다. 따라서 인간은 자기 사랑의 의무도 갖는다. 예를 들어 스스로가 그 이웃이 할 수 있는 것보다 자신의 재산을 더 합목적적이고 따라서 신의 영광을 위해 더욱 잘 이용한다고 여기는 사람은 이웃 사랑 때문에 그 재산을 이웃에게 넘겨줄 의무가 없다.

38 슈페너 역시 이와 유사한 관점이었다. 그러나 그는 (도덕적으로 특히 위험한) 상인의 직업에서 신학으로 바꾸는 경우에도 매우 꺼리는 태도를 취했고, 심지어는 단념시키려 했다(III, S.435, 443, I, S. 524). 슈페너의 확고한 견해에도 (직업 변경의 허가 여부에 대한) 이 문제에 대한 대답이 빈번히 반복되었다는 사실은 일상생활에서《고린도전서》7장에 대한 해석이 실제로 얼마나 구구했던가를 보여준다.

39 이런 유의 주장은 적어도 대륙의 경건파 지도자들의 글에는 나타나 있지 않다. '이득'에 대한 슈페너의 입장은 루터주의('생계'의 관점)와 '상업 번영'의 효용성에 관한 중상주의적 논증 사이에서 동요하고 있다(앞의 책 III, S. 330, 332, 또한 I, S. 418을 참조하라. 연초 재배는 국내에 화폐를 벌어들인다. 그러므로 유익한 것이고 따라서 죄가 아니다!). 그 밖의 여러 구절(III, S. 426, 427, 429, 434)도 참고하라. 그러나 퀘이커와 메노파의 예가 보여주듯이, 이윤을 얻으면서도 신앙을 가질 수 있다는 것, 심지어 높은 이윤(이 점에 대해서는 다시 뒤에 가서 말하겠다)은 독실한 신앙의 직접적 산물일 수도 있다는 것을 지적하는 것을 잊지 않았다(앞의 책, S. 435).

40 백스터의 경우 이러한 견해는 예컨대 그가 살았던 경제적 환경의 반영이 아니다. 그 반대로 그의 자서전이 보여주듯이 그의 내면적 전도 활동의 성공에 결정적이었던 것은 키더민스터에 거주하는 상인들이 부유하지 않고 그저 먹고 입을 것을 벌 뿐이었다는 사실과, 장인들도 '근근이' 먹고 사는 점에서는 그 노동자들보다 결코 낫지 않았던 사실이었다. "복음의 소리를 받아들이는 것은 가난한 자들이다." 토머스 애덤스는 이익 추구에 대해 말하기를 "그(식자)는…… 돈이 사람을 부유케 하지만 보다 선하게 만드는 것은 아님을…… 안다…… 그리고 가득 찬 재화보다는 선한 양심을 지니고 잠드는 것을 택한다. …… 그러므로 정직한 사람이 얻을 수 있는 것 이상의 부를 바라지 않는다"(토머스 애덤스, 《청교주의 신학자 문집》LI.쪽)라고 했다. 그러나 그 이상을 원하기도 했다. 그리고 말하기를 '형식적으로 정직한 모든 이들 역시 정당하다'고 했다.

41 백스터, 앞의 책 I, ch. X, tit. I, Dis. 9(§24). Vol. 1, S. 378, Spalte 2. 《잠언》23장 4절의 '부자가 되려 애쓰지 말라'는, 단지 우리의 육체적 목적을 위한 부를 궁극적 목적으로 삼아서는 안 된다는 뜻으로 해석되었다. 봉건적, 영주적 형태로 사용되는 재산이 혐오스러운 것이지(앞의 책 I, p. 380에 있는 타락한 젠트리 계급에 대한 언급 참조) 재산 자체가 그런 것은 아니다. 밀턴은 《영국 국민을 위한 변호defensio pro populo Anglicano》의 첫 번째 장에서 오직 '중산층'만이 덕의 담당자일 수 있다는 유명한 이론을 주장했다. 여기서 '중산층'이란 '귀족체'와 대립되는 '부르주아 계급'을 염두에 두었으며, 그에 대한 이유는 '사치'나 '궁핍' 모두 덕의 연마에

는 방해가 된다는 것이었다.

42 이 점이 결정적이다. 이에 대해 일반적 언급을 하자면 물론 여기
서도 우리에게 중요한 것은 신학적 윤리 이론이 개념적으로 무
엇을 발전시켰는가 하는 것이 아니라, 신도의 실천적 생활에서
통용된 도덕이 무엇이고 또 직업 윤리의 종교적 정초가 실천적
으로 어떻게 작용했는가 하는 것이다. 적어도 가끔은 가톨릭, 특
히 예수회의 결의론적 문헌에서 (예컨대 이 자리에서는 다루지 않
을 이자의 허용 문제에 관해) 프로테스탄트의 결의론과 많은 점에
서 유사하고 때로는 무엇을 '허용된 것' 또는 '가능한 것'으로 보
느냐 하는 점에서 프로테스탄트를 능가하는 것으로도 보이는 설
명들을 보게 된다(나중에는 종종 청교도들이 예수회 윤리를 자신들
의 것과 근본적으로 동일한 것으로 대조하기도 했다). 칼뱅주의자들
이 가톨릭의 도덕 이론가 토마스 아퀴나스, 클레르보의 베르나
르, 보나벤투라뿐 아니라 동시대인들도 인용했듯이 가톨릭의 결
의론자들도 이단의 윤리를 대체로 언급했다(여기서는 상세히 논
하지 않겠다).

그러나 평신도를 위한 금욕적 생활의 종교적 보상이라는 결정적
사태는 논외로 하더라도 이론적으로도 다음과 같은 심각한 차
이가 있었다. 즉 이와 같은 관용적 관점이 가톨릭의 경우에는 교
회 권위의 승인을 받지 못한 특별히 이완된 윤리 이론의 산물로
서, 이러한 윤리 이론에 대해 가장 진지하고 엄격한 교회 추종자
들이 거리를 취했다. 반면에 프로테스탄트의 직업 사상은 거꾸
로 그 결과에서 금욕적 삶의 가장 진지한 추종자들을 자본주의
적 영리 생활에 이바지하게 했다. 가톨릭에서 조건부로 허용하

던 것이 프로테스탄트에서는 적극적인 도덕적 선으로 여겼다. 이 두 파의 윤리가 갖는 실천적으로 매우 중요한 근본적 차이는 얀센주의 투쟁과 '우니게니투스' 교서 이후의 근대에서 궁극적으로 확정되었다.

43 "너의 성공과 합법적 이익에 가장 적합한 방식으로 일하면 된다. 너의 모든 재능을 신장시켜야 한다…….'' 이는 위 본문에 번역된 문장에 이어지는 말이다. 신의 나라에서 부의 추구와 지상의 직업에서 성공 추구를 직접 비유한 것은 예컨대 제인웨이Janeway, "지상 위의 천국Heaven upon earth",《청교주의 신학자 문집》, p. 275 이하를 보라.

44 트렌트 공의회에 제출한 뷔르템베르크의 크리스토프Christoph 공작의 (루터주의적) 신앙 고백에서도 빈곤의 맹세를 반대하는 주장이 들어 있다. "자신의 신분 때문에 가난한 자는 어쩔 수 없지만 가난한 채로 머물 것을 맹세하는 자는 계속해서 병든 상태로 있을 것을 맹세하거나 나쁜 평판에 머물 것을 맹세하는 것과 같다."

45 백스터, 크리스토프 공작과 신앙 고백. 다음과 같은 구절도 "……부랑자의 삶은 부정직한 것으로 주로 구걸이다"(토머스 애덤스,《청교주의 신학자 문집》, p. 259) 등도 참조하라. 이미 칼뱅도 구걸을 엄격히 금했고 네덜란드의 종교 회의는 탁발 허가증이나 구걸을 목적으로 한 증명서를 극구 반대했다. 스튜어트 시대, 특히 찰스 1세의 로드 체제에서는 당국이 빈민 구제와 실업자에 대한 노동 알선을 체계적으로 형성한 반면에, 청교도의 구호는 "동냥을 주는 것은 자선이 아니다"(나중에 디포Defoe의 유명한 글의 제

목이 되었다)였으며 17세기 말경에 실업자에 대한 '워크하우스 Workhouse'라는 가공할 체제를 시도했다(레오나드Leonard,《영국 빈민 구제의 초기 역사*Early History of English poor Relief*》, Cambridge 1900; 헤르만 레비,《영국 경제사에서의 경제적 자유주의의 토대》, Jena 1912, S. 69ff.를 참조하라).

46 영국 및 아일랜드 침례교 연합회Baptist Union of Great Britain and Ireland 의 회장인 조지 화이트는 1903년 런던 대회의 취임 연설에서 강조하기를 "우리 청교도 교회의 명부에 적힌 자 중 최선의 인물은 종교가 삶 전체에 침투해야 한다고 믿는 사업가들이었다"라고 했다.

47 바로 이 점에 모든 봉건적 견해와 두드러지게 대립하는 부분이 있다. 봉건적 견해에 따르면 (정치적 또는 사회적) 벼락부자의 후손에게만 벼락부자의 성공과 혈통의 인정이 도움이 될 수 있다(특히 하급 귀족을 뜻하는 스페인어 Hidalgo=hijo d'algo, 라틴어로 filius de aliquo에 나타난다. 여기서 'aliquid'란 바로 선조로부터 물려받은 재산이다). 이러한 구별은 오늘날 미국 '민족성'의 급속한 변화와 유럽화 과정에서 매우 희박해졌지만, 사업상의 성공과 영리를 정신적 공적의 징후로 신성시하는 반면 단순한 (상속받은) 재산에 대해서는 아무런 존경도 보내지 않는 위와는 정반대되는 특수한 부르주아적 견해는 오늘날에도 미국에서 가끔 찾아볼 수 있다. 반면에 유럽에서는 (이미 제임스 브라이스가 언급했듯이) 결국 돈으로 모든 사회적 명성을 살 수 있다고 여긴다. 단 재산 소유자가 직접 판매대에 앉지 않고도 필요한 재산 변형(신탁 유증 등)을 수행한다면. 혈통 존중에 대한 반대는, 예를 들어 토머스

애덤스,《청교주의 신학자 문집》, p. 216을 보라.

48 예컨대 패밀리스트Familist파의 창시자인 헨드릭 니클라스Hendrik
Niklaes도 상인이었다. 바클레이,《영국 공화정 시기 종교 집단들
의 내면적 삶》, p. 34를 보라.

49 이는 호른벡에게는 분명한 것이었다. 왜냐하면《마태복음》5장
5절과《디모데전서》4장 8절은 성도들에 대한 순수한 지상의 약
속으로 해석했기 때문이다.(앞의 책, Vol. I, p. 193) "모든 것은 신의
섭리가 낳았지만 신은 믿는 자를 배려하신다Super alios autem summa
cura et modis singularissimis versatur Dei providentia circa fideles."(앞의 책, p. 192)
행운은 '일반적 섭리'가 아니라 그와 같은 특별한 배려에서 나온
다는 투의 설명이 그다음에 나온다. 베일리(앞의 책, S. 191)도 직
업 노동의 성공을 위해 신의 섭리가 필요하다고 말한다. 번영이
'때때로' 신앙생활의 보수라는 것은 퀘이커의 저술에 항상 나오
는 표현이다(예를 들어 1848년의 서술에도 그런 말이 나온다.《기독
교인들에 대한 권면 초록Selection from the Christian Advices》, issued by the
general meeting of the S. of Fr. in London VIth Ed. London 1851, S. 209).
퀘이커 윤리와의 관련은 나중에 다룰 것이다.

50 이처럼 족장들에게 근거를 두는 예(이는 동시에 청교도의 인생관
에 특징적이다)로는 야곱과 에서의 싸움에 대한 토머스 애덤스
의 주석을 들 수 있다(《청교주의 신학자 문집》, p. 235). 즉 그(에서)
의 우행은 장자 상속권을 낮게 평가하여 (이 구절은 상속권 사상의
발전에 대해서도 중요한 것이며, 후술하겠다) "그것을 너무 쉽게 버
렸다는 점에 있다고 하겠다." 그리고 그가 속임수라 하여 매매를
인정하지 않으려 한 것은 믿음이 없는 짓이었다. 그는 '교활한 사

냥꾼이고 황야의 사람'이다. 즉 비합리적으로 사는 야만인이다. 반면에 야곱은 '평지의 천막에서 사는 사람'이며 '은총의 사람' 을 대변한다. 루스벨트Roosevelt의 유명한 글에서도 언급된 바 있는, 유대교와의 내적인 친근감은 퀼러(앞의 책)가 네덜란드의 농민들에게도 널리 퍼져 있음을 밝혔다. 그러나 다른 면에서 (크롬웰의 관용령에 즈음하여) 프린Prynne이 유대교에 반대하여 쓴 글에 분명히 나타나 있는 유대교 윤리에 대한 청교도주의의 반대에 관해서는 다음의 주 58을 참조하라.

51 《농민들의 신앙관과 도덕관에 대하여Zur bäuerlichen Glaubens-und Sittenlehre—von einem thüringischen Landpfarrer.》, 2. Aufl., Gotha 1890, S. 16. 이 책에서 묘사된 농민은 특징적으로 루터주의 교회의 산물이다. 필자는 재차 '루터주의(적)'라고 추가하는 표현을 사용했는데, 그 경우 명민한 독자라면 일반적으로 '농민적' 신앙을 염두에 두고 있음을 알아챘을 것이다.

52 예를 들어 리츨,《경건주의의 역사》 II, S. 158의 인용문을 참조하라. 슈페너는 직업 변경과 이익 추구에 대한 자신의 주저를 항상 《집회서》의 구절로 정당화하고 있다.《신학적 고찰》 III, S. 426.

53 물론 베일리 같은 경우는 그럼에도 외전을 읽을 것을 권하고 있으며, 적어도 여기저기서 외전의 인용문을 볼 수 있다. 물론 당연히 그것은 드물다. 필자는 (우연이겠지만)《집회서》에 그런 구절들이 있었는지 생각이 나지 않는다.

54 버림받은 것이 분명한 자가 외적인 성공을 거두는 경우 칼뱅주의자들(예컨대 호른벡)은 '완고설Verstockungstheorie'에 따라 신이 그에게 성공을 주신 것은 그를 더욱 완고하게 하여 보다 확실하게

타락시키기 위함이라는 확신을 갖고 만족하였다.

55 본 논문에서는 이 점에 대해 깊이 들어갈 수 없다. 여기서는 단지 '합법성'의 형식주의적 성격만이 관심의 대상이다. 구약의 윤리가 자연법에 대해 갖는 의미는 트뢸치의《기독교 교회와 집단의 사회 교리》에 많이 언급되어 있다.

56 백스터(《기독교 지도서》III, p. 173f.)에 따르면, 성서의 윤리적 규범이 구속성을 갖는 것은 ① 그것이 자연법의 '복사'에 불과하거나 ② '자명한 보편성과 영속성'을 가지는 경우에 한한다.

57 예를 들어 다우든(버니언과 관련하여), 앞의 책, p. 39.

58 이에 대해 보다 상세한 것은 필자의 "세계 종교의 경제 윤리"를 참조하라. 특히 제2계명(너를 위하여 아무런 우상도 만들지 말라)이 유대교의 성격적 발전, 즉 감각 문화에 이질감을 느끼는 합리적 성격의 발전에 끼친 엄청난 영향은 여기서 분석하지 않는다. 그렇지만 아마, 놀라운 성과와 대단한 수단으로 유대인 이민자들의 미국화를 수행하는 기관인 미국의 '교육 동맹Educational Alliance'의 한 지도자가 필자에게 모든 종류의 예술적, 사교적 교육을 통해 추구되는 교양인 형성의 제1목적이 '제2계명으로부터의 해방'이라고 말한 것은 언급할 만한 일이다. 이스라엘인들이 모든 신의 인간화(불경스러운 말일지 모르나!)를 거부한 것은 약간 다르기는 하지만 청교도주의에서 같은 방향으로 작용한 피조물 신격화의 금지와 비슷하다.《탈무드》의 유대교의 경우는 청교도 윤리의 기본 특성과도 유사한 점이 있다. 예컨대《탈무드》(뷘세Wünsche,《바빌론 탈무드Babyl. Talmud》II, S. 34)에는 다음을 강하게 강조한다. 즉 율법을 통해 의무화되지 않은 선행보다는 '의

무'감에서 선행을 하는 것이 더 좋으며 신의 칭찬을 듣는다는 것이다. 달리 말해 냉정한 의무 이행이 감정적 박애보다 윤리적으로 높이 평가받는다. 역시 청교도 윤리도, 스코틀랜드 혈통이자 교육을 통해 강한 경건주의적 영향을 받았던 칸트가 결국 그와 유사한 결론에 도달했듯이, 그 점을 받아들이고 있다고 할 수 있다(칸트의 많은 규정이 얼마나 직접적으로 금욕적 프로테스탄티즘의 사상에 관련되는지는 여기서 논할 수 없다). 그러나《탈무드》의 윤리가 동양적 전통에 깊이 물들어 있는 것은 사실이다. 랍비 탄훔 R. Tanchum은 '풍습을 바꾸지 말라'고 했다("미슈나에 대한 게마라의 해설Gemara zu Mischna", 뷘셰의 앞의 책, VII, 1, Fol. 86b, Nr. 93. 여기서 문제 된 것은 일용노동자의 식사다). 단, 이방인에게는 이 의무가 적용되지 않는다.

그러나 유대교에서 계율 이행으로서 '합법성'보다 '합법성'을 증명으로 파악하는 청교도의 관점은 분명 적극적 행위에 대해 더 강한 동기를 제공했다. 물론 유대교에도 성공이 신의 축복을 나타낸다는 사상이 생소한 것은 아니었다. 그렇지만 유대교에서 이중적(내적, 외적) 윤리로 얻어진 근본적으로 상이한 종교적, 윤리적 의미는 바로 이러한 결정적인 점에서 전혀 다른 결과를 낳았다. '형제'에게는 금지되었던 것이 '이방인'에게는 허용되었다. (이미 이러한 이유 때문에) '금지된 자'가 아니라 '허용된 자'들의 성공은 청교도와 같은 의미에서 종교적 증명의 표지나 방법적 생활 형성의 동인이 될 수 없었다. 좀바르트가 자신의 책《유대인과 경제적 삶》에서 종종 잘못 다룬 이 모든 문제는 앞서 인용한 필자의 논문을 보라. 세부적인 것은 여기서 다루지 않는다.

처음에는 매우 이상하게 들릴지 모르지만, 유대교의 윤리는 매우 전통주의적인 성격이 강하다. 세상에 대한 내면적 태도가, 독특한 방식으로 항상 새로운 발전 가능성의 맹아를 내포하는 기독교적 '은총' 사상과 '속죄' 사상을 통해 겪은 격렬한 변화도 역시 여기서는 다루지 않겠다. 구약성서적 '합법성'에 대해서는 예를 들어 리츨,《칭의와 화해에 대한 기독교 교리》II, S. 265도 참조하라.

영국 청교도들에게 유대교도들은 청교도들이 혐오하는 당시의 전쟁, 국가 조달, 국가 독점, 토지 투기, 제후의 건축 투기, 금융 투기 등을 지향하는 자본주의의 대표자들이었다. 실제로 언제나 조심해야 할 유보 조항을 단다면 그 대립은 대체로 다음과 같이 규정될 수 있다. 유대적 자본주의는 투기적인 천민자본주의였고, 청교도의 자본주의는 부르주아의 노동 조직이었다.

59 백스터에게 성서의 진리는 궁극적으로 '신 있는 자와 없는 자의 놀라운 차이', '거듭난 자'와 그렇지 않은 자의 절대적 구별, 그를 믿는 자의 영혼을 구제하기 위한 신의 특별한 배려(물론 '시험'에 들게 하는 방법이 사용될 수도 있지만) 등에서 결과되는 것이었다. 《기독교 지도서》 I, p. 165, Sp. 2, marg.

60 이러한 점을 특징적으로 나타내는 것을 보려면, 버니언이 바리새인과 세리의 비유를 얼마나 비틀어서 자기에 맞게 해석했는가를 읽어보는 것으로 족하다(《바리새인과 세리 *The Pharisee and the Publican*》라는 설교를 보라. 앞의 책, p. 100f). 물론 때로는 루터의 《기독교인의 자유》의 분위기에 접근하는 경우도 볼 수 있다(예를 들어 "율법과 기독교인에 대하여 Of the Law and a Christian",《청교주

의 신학자 문집》, p. 254 이하). 왜 바리새인은 비난받는가? 그는 실제로 신의 명령을 지키지 않는다. 왜냐하면 분명 외적인 사소한 것과 의식儀式만을 생각하는 분파적 신자이기 때문이다(p. 107). 특히 그는 공적을 자기에게 돌리고, 그러면서도 '퀘이커교도들이 하듯이' 신의 이름을 오용하여 자신의 덕을 신에게 감사하며, 죄스러운 방법으로 그 덕의 가치에 입각하여(p. 126) 숨겨진 신의 구원을 두고 다툰다(p. 139f.). 따라서 바리새인의 계율은 피조물 신격화이며, 이는 죄다. 그에 반해 세리는 그의 신앙 고백의 진실성이 보여주듯이 내면적으로 거듭난 자다. 왜냐하면 루터주의적인 죄악감이 약화된 것이 청교도의 특징이듯이 올바르고 성실한 죄의 확신에는 자비의 가능성에 대한 확신이 반드시 있기 때문이다(p. 209).

61 예를 들면 가디너의《헌정 문서Constitutional Documents》에 수록되어 있다(반권위주의적). 금욕에 대한 이러한 투쟁은 예컨대 루이 14세의 경우 포르루아얄과 얀센주의자들의 박해와 비견된다.

62 적어도 보다 세련된 귀족주의적 형태의 생활 향락을 주장한 점에 칼뱅의 관점은 이 경우 본질적으로 보다 온건하다. 성서만이 유일한 제한이다. 성서를 따르고 선한 양심을 보존하는 자는 내면에서 일어나는 생의 향락에 대한 모든 자극을 소심하게 걱정할 필요가 없다.《기독교 강요》Kap. X에 나오는 이런 유의 설명(예컨대 nec fugere ea quoque possumus quae videntur oblectationi magis quam necessitati inservire) 그 자체는 매우 신축성 있는 실천을 가능하게 할 수 있다. 후대에 이러한 결과를 통용하게 한 것은 구제의 확신에 대한 점증하는 불안(다른 자리에서 평가하겠다) 말

고도 '전투적 교회'의 영역에서 칼뱅주의의 윤리적 발전을 담당하게 된 것이 소시민 계급이었다는 사실이다.

63. 토머스 애덤스(《청교주의 신학자 문집》, p. 3)는 예를 들어 '신성한 세 자매'('그중에 사랑이 제일이다')에 관한 설교를, 파리스 역시 아프로디테에게 사과를 건네주었다는 언급으로 시작하고 있다.

64. 소설 등은 '시간 낭비'이므로 읽어서는 안 된다(백스터, 《기독교 지도서》 I, p. 51, Sp. 2). 잘 알려져 있듯이 엘리자베스 1세 시대 이후의 영국에서는 희곡뿐 아니라 서정시와 민요도 시들어버렸다. 청교도주의에서 볼 때 조형 예술에는 억압할 것이 그리 많지 않았던 것 같다. 그러나 분명 매우 뛰어났던 음악적 재능(음악사에서 영국의 역할은 결코 사소하지 않다)은 절대적인 무의 상태까지 소멸되었고, 이 점은 그 이후에도, 현재에도 앵글로색슨족에 남아 있다. 미국에서도 흑인 교회를 제외하고는, 현재 교회가 '신도 유지책'으로 고용하는(보스턴에 있는 트리니티 교회는 1904년 한 해에 8,000달러를 지불했다) 직업 성악가 말고는 대개 독일인의 귀에는 견딜 수 없는 비명이 '교구의 찬송가'로 들리고 있다(네덜란드의 사정도 어느 정도는 마찬가지다).

65. 네덜란드에서도 마찬가지였음은 종교 회의의 의사록에서도 알 수 있다(《라이츠마 총서*Reitsma'schon Sammlung*》 VI, 78, 139 등에 있는 5월제에 대한 결의를 참조하라).

66. '구약성서의 르네상스', 궁극적으로 《이사야서》와 《시편》 22편으로 소급되는 아름다움美에 적대적인 기독교적 감각이 예술에서 추함을 예술적 대상으로 가능하게 하는 데 일조했음이 분명하며, 또한 피조물 신격화에 대한 청교도적 거부가 함께 작용했

음도 쉽게 알 수 있다. 그러나 개별적인 모든 점은 불확실한 것 같다. 로마 교회에서는 전혀 다른 (선동적) 동기가 외적으로는 유사한 현상을 야기했다. 그러나 물론 예술적으로는 결과가 매우 다르다. 렘브란트의 〈사울과 다윗Saul und David〉(마우리츠미술관 소장)를 보면 청교도적 감각의 강한 영향이 직접 감지됨을 알 수 있다. 카를 노이만Carl Neumann의《렘브란트Rembrandt》에 있는 네덜란드의 문화적 영향에 관한 재기 넘치는 분석은 금욕적 프로테스탄티즘이 어느 정도 예술을 장려한 긍정적인 영향을 준 것으로 평가되는지를 분명히 알 수 있는 척도다.

67 네덜란드에서는 이미 17세기 초에(1608년 네덜란드로 도피해온 영국의 '집회주의자Kongregationalist'들은 네덜란드인들이 안식일을 잘 지키지 않는 데에 거부감을 느꼈다), 프리드리히 하인리히Friedrich Heinrich 총독 아래서는 완전히 생활 실천에 대한 칼뱅주의적 윤리의 침투가 비교적 미약했고 금욕적 정신은 약화되었다는 것, 네덜란드 청교도주의의 확장력이 미미했다는 것 등에 대해서는 매우 다양한 원인이 존재하지만 본 논문에서는 상론할 수 없다. 그 원인은 부분적으로 정치 상태(분립주의적 도시 동맹과 지방 동맹)에도 있고 좀 더 취약한 병역 담당 능력에도 있었다(해방 전쟁은 주로 암스테르담의 자본과 용병이 수행했다. 영국의 설교가들은 네덜란드 군대를 예로 들어 바벨탑의 언어론을 예시했다). 따라서 종교 전쟁의 임무는 상당 부분 타인들에게 전가되었고 결과적으로 정치권력에 대한 참여도 상실했다.

그에 반해 크롬웰의 군대는 (부분적으로는 징병되었지만) 시민군이었다. 이 사실을 더 잘 나타내는 것은 바로 이 군대가 (인간은 신의 영광을 위해 양심이 올바르다고 여겨서 싸우는 것이지 군주의 기분을 위해 싸워서는 안 된다는 이유에서) 병역 의무의 폐지를 그 강령에 채택했다는 사실이다. 전통적인 독일의 관점에 따르면 '비도덕적'이라는 평을 받은 영국 군대 제도도 역사적으로 처음에는 매우 '도덕적'인 동기를 가졌고 무패의 군인이기를 바랐다. 이군대는 왕정복고 후에야 왕의 이익을 위하는 것이 되었다.

대전쟁 시기의 칼뱅주의 담당자였던 네덜란드 국민군은 도르트레히트 종교 회의 이후 반세대도 지나지 않아 '금욕적' 성격을 거의 상실했다. 국민군의 생활 방식에 대한 종교 회의의 비난도 여러 군데서 발견된다. 네덜란드어에서 '늠름함'이란 부르주아적, 합리적 '성실'과 도시 귀족적 신분 의식의 혼합이다. 오늘날에도 네덜란드 교회의 좌석이 계급으로 분류되어 있음은 이 교회의 귀족주의적 성격을 나타낸다. 도시 경제의 존속이 공업에 장애가 되었다. 망명자들만이 공업을 담당했기 때문에 오직 일시적으로 번성할 수밖에 없었다. 그러나 네덜란드에서도 다른 곳에서와 동일한 방향으로 칼뱅주의와 금욕주의의 현세적 금욕이 효과적으로 작용했다(다음의 주 86에서 인용될 흐룬 판 프린스터러의 구절이 입증하듯이 '금욕적인 절약 강박'과 같은 의미에서 그렇다).

칼뱅주의의 네덜란드에서 뛰어난 문학이 전혀 부재했다는 것은 물론 우연이 아니다. 네덜란드에 대해서는 예컨대 부스컨 - 휘트 Busken - Huët, 《렘브란트의 나라 Het land van Rembrandt》를 참조하라. 이 책은 로프 Ropp가 독일어로 번역도 했다. '금욕적인 절약 강박'으로서의 네덜란드적 신앙의 의미는 이미 18세기에 예를 들어 알베르투스 할러 Albertus Haller의 묘사에 분명히 나타난다. 네덜란드의 예술 판단의 특성과 그 동기에 대해서는 가령《옛날의 네덜란드 Oud Holland》(1891)에 있는 (1629~1631에 쓰인) 콘스탄티너 호이겐스Const. Huyghens의 자전적 설명을 참조하라(앞서 인용한 흐룬 판 프린스터러의 저작,《네덜란드와 칼뱅의 영향》(1864)은 이 문제에 대해서는 아무런 결정적인 것도 제공하지 않는다). 미국에 있는 뉴네덜란드 식민지는 사회적으로 '후원자'(자본을 제공한 네덜란드인들)의 반半봉건적 지배였다. 따라서 뉴잉글랜드와 달리 '하층 계급'이 이주하기는 어려웠다.

68 청교도적 시 당국이 셰익스피어가 생존하여 그곳에 체류하고 있는데도 어떻게 스트래트포드 언 에이번에 있는 극장을 폐쇄했는지를 상기하면 된다(청교도에 대한 셰익스피어의 증오와 경멸은 쉽게 발견할 수 있다). 1777년에도 버밍엄시는 극장의 허가가 '태만'을 조장하여 상업을 위태롭게 한다며 거부했다(다음의 주 95에 있는 애슐리의 책 S. 7, 8을 참조하라).

69 여기서도 결정적인 것은 청교도들에게 양자택일만이 있었다는 사실이다. 즉 신의 뜻이냐, 아니면 피조물의 허영이냐. 따라서 그들에게는 '도덕적으로 무관한 것'이란 존재할 수 없었을 것이다. 이미 말했듯이 이 관계에서 칼뱅은 달랐다. 사람이 무엇을 먹든 무엇을 입든 (영혼을 욕망의 힘에 종속시키는 결과만 낳지 않는다면) 아무 상관이 없다. '속세'로부터의 자유는 (예수회와 같이) 무관심으로 표현된다는 것이다. 즉 칼뱅에게서는 토지가 제공하는 재화를 관심이나 욕심 없이 사용하는 데서 표현된다는 것이다(《기독교 강요》초판 p. 409ff.). 이는 분명 후대의 엄격주의보다는 루터주의에 결과적으로 가까운 관점이다.

70 이 점에서 퀘이커의 처신은 유명하다. 그러나 이미 17세기 초에 암스테르담에 있는 망명자 교단은 한 목사 부인이 유행하는 모자와 의상을 착용했다 하여 10여 년간 벌집을 쑤셔놓은 것 같은 상태였다(텍스터의《과거 300년의 조합주의》에 재미있게 묘사되어 있다). 이미 샌퍼드의 앞의 책에서도 현재의 남자용 '가발'이 심한 조롱거리였던 '의회파Roundhead'의 가발이며, 마찬가지로 조롱받던 청교도의 남성 의상이 오늘날의 의상과 그 기본 원리에서 본질적으로 같다는 점을 지적했다.

71 이 점에 대해서도 앞서 인용한 베블런의 책,《영리 기업 이론》을 참조하라.

72 항상 이 관점으로 되돌아오는데, 이런 관점에서 다음과 같은 말을 설명할 수 있다. "너 자신과 자식과 친구에게 지출되는 모든 돈은 신의 명령에 따라 그리고 신에게 봉사하고 신을 기쁘게 하기 위해서인 양 지출되어야 한다. 매우 조심하라. 그렇지 않으면 도둑 같은 육체의 자아가 신으로부터 모든 것을 빼앗을 것이다."(백스터, 앞의 책, I, S. 108. 하단 우측) 중요한 것은, 인간이 개인적 목적에 사용한 것이 신의 영광을 위한 봉사에서 감해진다는 것이다.

73 대개 다음과 같은 것이 증거가 될 법하다(다우든, 앞의 책처럼). 크롬웰이 라파엘로의 그림과 만테냐Mantegna의 〈카이사르의 개선 Triumph of Caesar〉을 파괴에서 구한 반면, 찰스 2세는 그것을 팔아버리려 했다. 왕정복고의 사회에서 영국이 국민 문학에 대해 철저히 냉담했거나 아니면 전적으로 거부하는 태도를 취했음은 주지의 사실이다. 궁정에서도 다른 모든 곳에서처럼 베르사유의

영향이 절대적이었다. 청교도주의의 최고 대표자들과 이들의 교
육을 받은 사람들에게 일상 생활의 무반성적인 탐닉의 거부가
끼친 영향을 개별적으로 분석하는 것은 이러한 소론의 테두리
안에서는 결코 이루어질 수 없는 과제다. W. 어빙은 앞의 책(《브
레이스브리지 홀》)에서 그 영향을 일상적 영어로 다음과 같이 규
정했다. "그것(그는 정치적 자유를 염두에 두고 있지만 우리는 청교
도주의를 뜻하는 것으로 본다)은 공상의 유희보다는 상상의 힘을
나타내는 것이다."

우리는 영국의 과학, 문학, 기술적 발명, 기업 활동 등에서 스코
틀랜드인이 차지하는 지위만을 보더라도 위와 같이 약간 협소
하게 규정된 언급이 옳다는 것을 알 수 있다. 기술과 경험 과학
의 발달에 대한 의미는 여기서 논하지 않는다. 그 관계 자체는 일
상생활에서도 곳곳에서 나타난다. 가령 퀘이커교도에게 허용된
'오락'은 (바클레이에 따르면) 친지 방문, 역사책 읽기, 수학적이고
물리학적인 실험, 원예, 사업상의 일이나 세상사에 대한 토론 등
이다. 그 이유는 앞에서 말했다.

74 카를 노이만이 《렘브란트》에서 탁월하게 분석했다. 대체로 위에
서 언급한 내용을 참조할 수 있는 책이다.

75 앞에 인용된 백스터 구절 I, S. 108 이하.

76 가령 미망인이 쓴 전기에 있는 허친슨 대령에 대한 유명한 묘사
(종종 인용된다. 예를 들어 샌퍼드, 앞의 책, S. 57)를 참조하라. 그의
기사적인 덕과 청명한 삶을 구하던 성품에 대해 말한 뒤 다음과
같은 구절이 나온다. "그는 대단히 말쑥하고 청결하고 우아한 습
관을 갖고 있었고, 그러한 것들을 매우 좋아했다. 그러나 그는 일

찍부터 비싼 옷은 결코 입지 않았다." …… 세상에 대해 개방적이고 세련된 교양을 갖춘 청교도의 이상도 그와 똑같았다. 단, 좀 더 특출난 것은 첫째로 시간, 둘째로 '허식'과 오락에 대한 지출 등에 인색한 점이다. 이는 메리 해머Mary Hammer에 대한 백스터의 조사에 나타난다.(《청교주의 신학자 문집》, p. 533)

77 여러 사례 중 특히 필자에게 생각나는 것으로는 사업에서 대단한 성공을 거두고 말년에 갑부가 된 제조업자의 경우다. 고질적인 소화불량 때문에 의사가 그에게 매일 약간의 굴을 섭취하라고 권고했는데 그렇게 하기가 너무나 어려웠다. 이미 살아 있을 때부터 자선을 목적으로 상당한 기부를 했고 인색하지 않았던 점으로 보아 그것은 '탐욕' 같은 것 때문이 아니라 단지 재산을 자신을 위해 사용하는 것이 도덕적으로 위험하다는 '금욕적' 감각의 잔재 때문이었다.

78 작업장이나 사무실, 즉 '직장'과 주거의 분리, 상호와 이름의 분리, 기업 자본과 개인 재산의 분리, '기업'을 일종의 '신비적 단체'로 만드는 경향(적어도 처음에는 회사 재산) 등은 모두 이 방향에 놓여 있다. 이에 대해서는 필자의 《중세 상사의 연구 Handelsgesellschaften im Mittelalter》를 참조하라.

79 이미 좀바르트도 그의 《근대 자본주의》(I, Aufl.)에서 때때로 이 특징적인 현상을 지적했다. 단지 주의할 것은 재산 축적이 서로 매우 다른 두 가지 심리적 근원에서 유래했다는 사실이다. 하나는 그 효과에서 먼 고대로 소급되는 것으로서 상당한 양의 물건을 가진 채 매장되고 싶어 하는 욕구, 특히 재산을 상속받을 많은 자식의 개인적 이익을 희생하고라도 '사업'을 지속시키려는 욕

구에서 표현되며, 마찬가지로 좀 더 순수하고 분명하게 재단이나 세습 재산, 신탁 유증 등에서 나타나는 것이다. 이 경우 중요한 것은 자신이 번 것으로 내세의 이상적인 삶을 살려는 희망 외에도 '가족의 명예'를 유지하려는 희망이 있다. 따라서 소위 창설자의 확대된 인격을 지향하는 공허한 희망으로서, 결국은 그 근본에 이기적인 목적이 있다. 그러나 우리가 여기서 다루고 있는 '부르주아적' 동기는 경우가 다르다. 이 경우 '단념하라, 단념하라'는 금욕적 명제는 적극적인 자본주의적 명제 '돈을 벌어야 한다, 벌어야 한다'로 변화된다. 이 명제는 비합리적인 것으로서 단지 일정의 정언 명법으로 우리에게 지워진다. 이 경우 청교도에게는 인간의 허용이 아니라 오직 신의 영광과 고유한 의무만이 동기다. 그리고 오늘날에는 오직 '직업'에 대한 의무가 그렇다. 어떤 사상을 그 극단적 결과에서 예시하기를 좋아하는 사람이라면 어떤 미국 백만장자의 이론, 즉 자식들이 스스로 노동하고 벌어야 한다는 도덕적 선행을 버리지 않게 하기 위해서 그들에게 그 재산을 남겨주어서는 안 된다는 이론을 상기할 것이다. 물론 오늘날에는 '이론적'인 공상에 불과하다.

80 항상 강조하지만 이것이 퀘이커교도에게 특히 분명히 나타나는 (육체의 억압이라는 순전히 금욕적인 관점 이외에) 궁극적으로 결정적인 종교적 동기다.

81 백스터(《성도의 영원한 안식》12)는 예수회와 유사한 방식으로 이를 거부한다. 즉 육체에는 육체가 필요로 하는 것만을 허락해야 하며 그렇지 않으면 인간은 육체의 노예가 된다는 것이다.

82 이러한 이상은 퀘이커교의 발전 초기에 이미 분명하게 나타나는

데, 그 중요한 점과 관련해서 헤르만 바인가르텐이《영국의 혁명 교회》에서 보여주었다. 그리고 바클레이의 앞의 책, S. 519ff의 상세한 논의도 이 점을 매우 분명하게 보여주고 있다. 다음은 피해야 할 것들이다. ① 피조물적인 허영, 즉 실천적 목적을 갖지 않거나 단지 그 희귀성 때문에 (따라서 허영에서) 평가되는 물건을 과시하는 것, 치장하는 것, 사용하는 것 ② 생활에 필수적인 것과 미래를 준비하는 것 등과는 비교가 되지 않을 만큼의 지출을 좀 더 불필요한 욕구를 위해 하는 것과 같은, 재산의 불성실한 사용. 말하자면 퀘이커교도는 생활상의 '한계 효용 법칙'을 갖고 있었다. "피조물을 적절히 사용하는 것"은 당연히 허용되었다. 즉 재료의 품질이나 견고성에 중점을 두는 것이 '허영'에 이르지 않는 한은 그러한 중점도 허용된다. 이 모든 것은《교양 있는 독자들을 위한 조간 잡지 Morgenblatt für gebildete Leser》, 1846, Nr. 216ff.를 참조하라(특히 퀘이커교의 안락과 견고성은 슈네켄부르거,《소규모 프로테스탄티즘 교회 집단들의 교의 개념》, S. 96f.를 참고하라).

83 이미 말했듯이 우리는 이 책에서 종교 운동의 계급 제약성에 대한 문제는 다루지 않는다(그에 대해서는 필자의 "세계 종교의 경제 윤리"를 보라). 그러나 본문에서 자주 인용한 백스터도 예컨대 '부르주아'의 눈으로 그 시대를 보지 않았음은, 그가 신을 만족시키는 직업 서열에서 학자, 농부, 선원, 옷 장수, 서적상, 양복점 등의 순으로 말했다는 점만 보더라도 충분히 알 수 있다. 그리고 (매우 특징적인 점인데) 앞서 말한 '선원'이 어부뿐 아니라 선주도 포함하는 것이 거의 확실하다. 이 점에서《탈무드》의 많은 격언은 다르다. 예컨대 뷘셰,《바빌론 탈무드》II, S. 20, 21에서 랍비 엘르

아사르Eleasar의 약간 모순적인 말은 어쨌든 다음과 같은 뜻이다. 즉 상업이 농업보다 좋다는 것이다(II, 2, S. 68에서는 추천할 만한 자본 투자로 3분의 1은 토지에, 3분의 1은 상품에, 3분의 1은 현금에 투자하는 방법이 나온다).

경제적(아직도 유감스럽지만 '유물론적'이라는 말을 사용하는데) 해석이 없는 인과적 지식에 만족하지 못하는 사람들을 위해 이 기회에 한마디 하겠다. 즉 필자는 종교적 사상 형성 과정에 경제적 발전이 미치는 영향을 매우 중요시하며, 현재와 같은 문제에서 경제 발전과 종교 사상 간의 상호 적응 과정과 관계가 어떻게 이루어지는가 하는 것은 나중에 설명하겠다. 단, 종교적 사상 내용은 결코 '경제적'으로 연역될 수 없다. 종교적 내용은 (이 점은 분명한데) 나름대로 '민족성'의 강력한 형성 요인이며 독자적인 법칙성과 강제력을 자체적으로 내포한다. 그리고 (루터주의와 칼뱅주의 간의) 가장 중요한 차이는 무엇보다도 종교 외적 계기가 작용하는 한에서 주로 정치적으로 규정된다.

84 베른슈타인은 앞서 인용한 그의 논문에서(S. 681과 S. 625) "금욕은 부르주아의 덕이다"라고 했을 때 이 점을 염두에 두었다. 그의 상론인 앞의 책은 이러한 중요한 관련을 시사한 것으로는 최초다. 단, 그 관련은 그의 예상보다 훨씬 포괄적이다. 왜냐하면 결정적인 것은 단순한 자본 축적이 아니라 직업 생활 전반의 금욕적 합리화이기 때문이다.

미국 식민지의 경우 '금욕적 절약 강박' 때문에 항상 투자 기회를 노리는 자본이 존재했던 청교도적인 북부와, 남부 상황의 대립은 이미 도일이 명백히 강조했다.

85 도일,《미국의 영국인들》Vol. II, ch. 1. 시장을 상대로 한 철물회
사(1643)와 직조업(1659)이 (그리고 수공업의 번성) 식민지 건설
이후 첫 세대의 뉴잉글랜드에 존재한 것은 순수하게 경제적으로
관찰한다면 시대착오이며 그러한 존재는 남부의 형편과, 칼뱅주
의가 지배하지 않는 상태로 완전한 신앙의 자유를 누리던 로드
아일랜드 등과는 매우 대조적이었다. 로드아일랜드에는 더 좋은
항구가 있었지만 1686년에도 지사와 주의회의 보고서에는 다음
과 같은 말이 나온다. "무역에서 커다란 장애는 우리 중에 상인
과 대토지 소유자가 부족하다는 점이다."(아놀드,《로드아일랜드
의 역사*Hist. of the State of R.I.*》, p. 490) 청교도적인 소비 억제로 절약
한 자본을 새롭게 재투자하는 강박적 성격이 기여한 사실은 의
심의 여지가 없다. 여기서는 아직 언급할 게재가 아닌 교회 규율
도 한몫했다.

86 이 사람들이 물론 네덜란드에서 급속히 감소했다는 것은 부스
컨 - 휘트가 설명하고 있다(앞의 책, Bd. II, K. III와 IV). 어쨌든 흐
룬 판 프린스터러(《국사 편람》3, Aufl., §303 Anm., S. 254)는 베스
트팔렌 조약 이후에도 "네덜란드인들은 많이 팔고 적게 소비한
다"고 했다.

87 영국에 대해서는 예컨대 랑케,《영국사*Englische Geschichte*》IV, S.
197에 인용된 왕당파 귀족의 진정서를 들 수 있다. 이 진정서는
찰스 2세의 런던 입경 이후에 나온 것으로 부르주아의 자본을 오
직 상업에만 사용하게 하여 그 자본으로 한 토지 매입을 법적으
로 금지해달라는 것이었다. 네덜란드 '도시 귀족'의 신분은 옛 기
사령을 구입해서 얻은 부르주아 도시 귀족과 '신분'적으로 구별

되었다(이에 대해서는 프루인Fruin, 《80년 전쟁 이후 10년》에 인용한 '도시 귀족은 지대 수익자이지 상인이 아니다'라는 1652년의 탄원서를 참조하라). 이들은 물론 내면적으로는 독실한 칼뱅주의 신앙이 없었다. 그리고 네덜란드 시민 계급의 광범한 범위에서 17세기 후반에 일어났던 악명 높은 귀족 취득과 작위 취득은 이미 이 시대에 영국의 사정과 네덜란드의 사정을 대비시키는 데 매우 신중해야 했음을 보여준다. 네덜란드에서는 상속된 화폐 재산의 우세가 금욕주의 정신을 파괴했다.

88 부르주아의 자본이 영국의 토지를 상당히 구입하자 영국 농업의 번창기가 도래했다.

89 영국 국교회의 지주들은 금세기에도 비국교도를 소작인으로 받아들이지 않는 일이 드물지 않았다(현재 두 교회 파벌은 수적인 면에서 거의 비슷하지만 이전에는 비국교도가 항상 소수파였다).

90 레비(《사회과학 및 사회정책 저널》의 최근, 46호의 S. 605f.에서)의 다음과 같은 지적은 옳다. 수많은 특징으로 추론해볼 수 있는 영국인의 '성격적 소질'에 따르자면, 영국인은 금욕적 에토스와 부르주아적 덕을 수용하기에 타민족보다 오히려 부적합했다. 즉 그 성격은 노골적이고 야비한 생활 향락을 특징으로 한다. 청교도 금욕주의의 힘은 그 극성기에 엄청났기 때문에 금욕주의 추종자들은 그러한 노골적 성격을 완화시킬 수 있었다.

91 도일의 서술에서도 재차 반복되고 있다. 청교도의 입장에는 항상 종교적 동기가 결정적으로(물론 그것만이었다는 것은 아니다) 작용하고 있었다. 식민지는 (윈드롭의 지도 아래) 신사 계급이 매사추세츠로 이주하는 것을, 설령 상원의 세습 귀족이라 하

더라도 그 신사 계급이 교회에 들어오는 경우에만 허용하는 경향이 있었다. 교회 규율을 위해 폐쇄적 이주를 고집했다(거대한 가축 농장에 투자한 국교도 대상인들이 뉴햄프셔와 메인의 식민을 이루었다. 따라서 본 논문에는 사회적 관련이 적다). 뉴잉글랜드의 강력한 '이윤욕'은 이미 1632년에 비난을 받을 정도였다(예컨대 위든Weeden, 《뉴잉글랜드 사회경제사*Economic and social history of New England*》 I, p. 125를 참조하라).

92　이 점은 이미 윌리엄 페티 경의 앞의 책에서 강조했고, 동시대의 모든 문헌에서도 예외 없이 특히 청교도의 종파들, 즉 침례파, 퀘이커, 메노파 등을 부분적으로는 무산 계층으로, 부분적으로는 소자본가 계층으로 규정하면서 대상인 귀족주의와 금융 모험가에 대비시켰다. 그러나 서구 자본주의의 특징인 영리 노동의 부르주아적 사경제적 조직화는 대금융업자, 독점가, 국가 조달업자, 국가 대부업자, 식민지 경영자, 프로모터 등의 손이 아니라 바로 이 소자본가 계층에서 나왔다(가령 어윈Unwin, 《16~17세기의 산업 조직*Industrial Organization in the 16th and 17th centuries*》, London 1914, S.196ff.를 참조하라). 이러한 대립은 이미 동시대인에게도 잘 알려져 있었는데 이 점은 파커Parker의 《청교도들에 대한 담론*Discourse concerning Puritans*》(1641)을 참조하라. 이 글에서는 마찬가지로 투기업자와 궁신 간의 대립도 강조하고 있다.

93　이 점이 18세기, 특히 독립 전쟁 이후에도 펜실베이니아에서 어떤 식으로 표현되었는지는 샤플리스Sharpless, 《정부의 퀘이커교 실험*A Quaker Experiment in Government*》(Philadelphia 1902)을 보라.

94　이는 사우디의 《웨슬리의 생애 및 감리교의 기원과 발전*Leben*

Wesleys》, Kap. 29를 보라. 필자는 모르고 있었는데 애슐리 교수가 편지(1913)에서 지적했다. E. 트뢸치(필자가 이를 알릴 목적으로 그에게 편지를 했다)는 이미 여러 번 그 글을 인용했다.

95 이 구절은 오늘날 이러한 것에 대해 알기를 원하고 또 그 운동의 지도자들이나 동시대인들보다 더 많이 알기를 원하는 사람들에게 읽으라고 권하고 싶다. 이 지도자들과 동시대인들은 자신들이 하는 것을 매우 잘 알고 있었고 위험을 느낀 것은 분명하다. 필자에 대한 몇몇 비판자처럼, 결코 부정할 수 없고 또 지금까지 누구도 부정한 적이 없으며 단지 필자가 그 내적 추진력에 대해 약간 탐구해본 것에 불과한 사실을 그렇게 쉽게 부정하는 것은 유감스러운 일이며 당치도 않다. 17세기에는 그 누구도 이러한 관련을 의심한 적이 없다(맨리Manley, 《6퍼센트의 이자, 검토 *Usury of 6 per Cent. examined*》, 1669, S. 137도 보라). 이미 앞에서 인용한 근대의 저술가들 외에도 H. 하이네나 키츠 같은 시인과 매콜레이, 커닝엄Cunningham, 로저Rogers 등의 과학자, 또는 메튜 아놀드 같은 작가들은 그 관련을 자명한 것으로 여겼다. 최근의 문헌 중에는 애실리Ashley, 《버밍엄의 산업과 상업*Birmingham Industry and Commerce*》(1913)을 보라. 그는 당시에도 필자의 견해에 전적인 동의를 표현했다. 이 문제 전반은 앞의 주 90에서 인용된 H. 레비의 논문을 참조하라.

96 정확히 같은 관련성이 이미 고전적 시대의 청교도들에게도 자명했고 이는 아마 버니언의 책에서 'Mr. Money‐Love'(화폐 애호가)가 다음과 같이 논하는 내용으로도 가장 분명히 입증된다. "부유해지려고, 가령 고객을 더 많이 유치하려고 신앙을 갖는 것

도 괜찮다." 왜냐하면 신앙을 가진 이유가 무엇인지와는 아무 상
관이 없기 때문이다(《천로역정》, Tauchnitz ed., S. 114).

97 디포는 열렬한 비국교도였다.

98 슈페너(《신학적 고찰》, S. 426f., 429, 432ff.)도 물론 상인의 직업이
유혹과 함정으로 가득 찼다고 보면서도 어떤 질문에 대해 다음
과 같이 설명했다. "사랑하는 친구가 상업에 대해 아무런 의혹도
없고 마치 상업이 인류에게 많은 쓸모가 있으며 따라서 신의 뜻
에 따라 사랑을 베푸는 일종의 생활 방식이라 여기는 것을 보면
기쁘다." 이는 다른 여러 구절에서는 중상주의적 논의를 통해 좀
더 자세하게 동기를 받고 있다. 슈페너가 때때로 매우 루터주의
적으로 부유해지려는 욕망,《디모데전서》 6장 8절과 9절,《집회
서》에 입각해(앞을 보라!) 주된 함정이라 하여 무조건 거부될 것
으로 묘사하면서 '생계의 관점'을 취했다면(《신학적 고찰》 III, S.
435), 다른 한편으로는 번영하면서도 신의 축복을 받아 사는 종
파(앞의 주 39)를 지적하면서 다시 그런 관점을 약화시켰다. 그에
게도 근면한 직업 노동의 결과인 부는 위험한 것이 아니었다. 이
관점은 루터주의적 영향 때문에 백스터보다 덜 일관적이었다.

99 백스터는 앞의 책, II, S. 16에서 '답답하고, 게으르고, 육욕적이고,
태만한 자'를 '하인'으로 쓰지 말고 '신앙 있는' 하인의 장점을 추
천하면서, '신앙 없는' 하인이 '표리부동한 하인'이기 때문만이
아니라 특히 '참된 신앙을 가진 하인은 마치 신 자신이 그에게 명
령한 것처럼 신에 대한 복종에서 너의 모든 일을 거들 것이기' 때
문이라는 이유를 들었다. 반면에 다른 이들은 "그것이 양심과는
아무 관계 없다"고 말할 수 있을지도 모른다. 그러나 노동자에게

구원의 표지는 외적인 신앙 고백이 아니라 '의무를 행하려는 양심'이다. 이 경우 위험스럽게도 신의 관심과 고용주의 관심이 동일시되고 있음을 알 수 있다. 슈페너(《신학적 고찰》 III, S. 272)도 그 외의 경우에는 신에 대한 명상에 시간을 할애할 것을 강력히 권하면서도, 노동자들은 매우 적은 자유 시간(일요일에도)으로 만족해야만 한다는 것을 자명한 사실로 전제했다. 영국의 저술가들이 프로테스탄트 이민자들을 '숙련 노동의 개척자'라 부른 것은 옳은 말이다. 레비, 《영국 경제사에서의 경제적 자유주의의 토대》, S. 53에 있는 지적도 참조하라.

100 인간의 척도로 보기에 '부당한' 오직 소수만의 구원 예정과 마찬가지로 부당하지만 역시 신의 뜻인 재화 분배 간의 유사성(분명했다)에 대해서는 예컨대 호른벡의 앞의 책, Vol. I, S.153을 보라. 그 밖에 빈곤은 대개 죄 많은 태만의 징후로 여겼다. 백스터의 앞의 책, I, S. 380을 보라.

101 토머스 애덤스(《청교주의 신학자 문집》, p. 158)도 생각하기를 신이 그렇게 많은 사람을 빈곤하게 두는 것은, 아마도 신의 판단에 따르면 그들이 부가 수반하는 유혹에 대처하지 못하기 때문이라고 했다. 왜냐하면 부는 너무나 자주 인간에게서 종교를 몰아내기 때문이다.

102 앞의 주 45를 참조하라. 그리고 거기에 인용된 H. 레비의 저작도 참조하라. 모든 서술에 이와 동일한 점이 나타나 있다(위그노에 대해서는 맨리Manley의 서술이 그렇다).

103 영국에서도 마찬가지였다. 예를 들어 로Law의 《진지한 부름 Serious call》(1728)에 입각해서 빈곤, 정조, (원래는) 세속으로부터

의 고립 등을 설교한 경건주의가 있었다.

104 백스터가 도착했을 당시 키더민스터 교구는 절대적으로 부패해 있었고, 그곳에서 그의 활동은 목회의 역사상 거의 전례가 없이 성공적이었다. 동시에 금욕이 대중을 노동에, 마르크스주의적으로 말해 '잉여 가치'를 생산하도록 훈련시켜 그것을 자본주의적 노동 관계(가내 공업, 수직업)에서 사용하는 것을 최초로 가능하게 한 전형적인 사례이기도 하다. 따라서 그 인과 관계는 매우 일반적이다. 백스터의 측에서 보자면 그는 그의 피보호자들을 자신의 종교적, 윤리적 관심을 위해 자본주의의 톱니바퀴 안에 집어넣은 것이다. 자본주의 발전의 측면에서 보면 종교적, 윤리적 관심은 자본주의 '정신'의 발전을 위해 있는 것이다.

105 또 한 가지 덧붙일 말은, 많이 논해지는 이른바 중세 수공업자들이 '자신이 만든 것'에 대해 가졌던 '즐거움'이 어느 정도 심리적 동인으로 강조될 수 있을지는 의심스럽다. 어쨌든 분명한 것은 금욕이 이러한 (오늘날 자본주의를 통해 재차 파괴된) 현세적인 세속적 자극을 박탈하여 내세로 지향시켰다는 점이다. 직업 노동 자체는 신의 뜻이다. 오늘날 노동의 비인격성, 즉 개인적 관점에서 볼 때 기쁨이 적은 무의미성도 종교적으로 해명된다. 성립기의 자본주의는 자기의 양심을 위해 경제적 착취를 감수하는 노동자를 필요로 했다. 오늘날 자본주의는 확고한 위치에 있으므로 내세적인 보상 없이도 노동 의욕을 강제할 수 있다.

106 이러한 대립과 발전에 대해서는 앞서 인용한 H. 레비의 책을 보라. 영국에 특징적인 여론의 매우 강력한 반反독점적 태도는 역사적으로 왕에 대한 정치적 권력 투쟁(장기 의회는 의회에서 독점

가를 축출했다)과 청교도주의의 윤리적 동기, 17세기 금융업자에 대립된 부르주아적 중소 자본주의의 경제적 이익 등이 결합하여 나왔다. 1652년 8월 2일의 군대 선언과 1653년 1월 28일의 수평파 청원은 소비세, 관세, 간접세의 폐지와 토지에 대한 단일 과세의 도입 등을 제외하고도 '자유 무역', 즉 국내의 무역에 대한 모든 독점주의적 제한이 인권 침해라며 폐지할 것을 촉구했다. 이미 '대항고'도 유사한 것을 촉구했다.

107 레비,《영국 경제사에서의 경제적 자유주의의 토대》, S. 51f.도 참조하라.

108 본 논문에서는 그 종교적 근원을 밝히지 않은 요소들, 특히 (신용에 대한 프랭클린의 말인) 정직이 최선의 정책이다 따위의 명제에도 청교도적 기원이 있다는 것은 본 논문과는 다른 맥락에 속한다. (이에 대해서는 필자의 "프로테스탄티즘의 분파들과 자본주의 정신"을 보라). 이 자리에서 그것에 대해 말할 수 있는 것은 론트리J. A. Rowntree의 다음과 같은 언급이다(《퀘이커교의 과거와 현재 Quakerism, past and present》, pp. 95~96, 이는 베른슈타인이 필자에게 일러 주었다). "프렌드파의 사람들이 행한 고귀한 성령의 직업이 세속적 사무의 거래에서 보이는 기민성과 요령 등과 병행된 것은 우연의 일치인가, 결과인가? 참된 신앙은 성실성을 보증하고 신중과 조심의 습관을 장려하여 상인의 성공을 돕는다. 이것들은 지속적인 부의 축적을 위한 필수 조건들로, 상업적 세계에서 지위와 신용을 얻는 데 중요한 행복들이다."(필자의 앞의 논문 참조) '위그노처럼 성실하게'라는 말은, 17세기에 템플W. Temple 경을 놀라게 한 네덜란드인의 준법성, (1세기 후에) 이러한 윤리적 습득

을 하지 못한 대륙인과 대비된 영국인들의 준법 정신처럼 속담
으로 사용되었다.

109 빌쇼프스키Bielschowsky의《괴테》, Bd. II, Kap. 18에 잘 분석되어
있다. 과학적 '우주'의 발전은 예컨대 빈델반트도 그의《독일 철
학의 전성기*Die Blütezeit der deutschen Philosophie*》(Bd. II, der《근대철
학사*Gesch. d. neueren Philosophie*》)에서 유사한 사상을 표현했다.

110 《성도의 영원한 안식》, Kap. XII.

111 "그 노인은 연 7만 5,000달러의 수입이 있는데도 쉴 수 없는 것
일까? 없다! 창고 앞의 마당을 400피트 확장해야만 한다. 왜? 그
의 생각은 그것으로 만사가 잘될 거라는 것이다. 저녁에 부인과
딸이 모여 책을 읽을 때, 그는 빨리 잠자리에 들고 싶어 한다. 그
는 일요일에 5분마다 시계를 바라본다. 일요일이 빨리 끝나기를
바라는 것이다. 얼마나 잘못된 삶인가." 이는 오하이오주 한 도시
의 어떤 유력한 포목상의 사위(독일에서 이민을 온)가 장인을 평
가한 내용이다. 그 '노인'은 아마 이 평가를 분명 전적으로 이해
할 수 없다고 여겼을 테고 독일인의 무력을 나타냈다고 생각했
을 것이다.

112 브렌타노(앞의 책)가 이 설명(발표 당시의 것 그대로 수정하지 않은
것이다)만 제대로 봤어도 필자가 인문주의적 합리주의의 독자적
중요성을 의심하지 않았음을 알 수 있었을 것이다. 인문주의가
순수한 '합리주의'가 아니었음을 보린스키Borinski가《뮌헨 학술
아카데미 논집*Abhandl. der Münchener Ak. der Wiss.*》(1919)에서 새로
이 강조했다.

113 벨로브Below의 학술 강연 "종교 개혁의 원인들*Die Ursachen der*

Reformation"(Freiburg 1916)은 이 문제가 아니라 종교 개혁 일반, 특히 루터의 종교 개혁을 다룬다. 본 논문에서 다루는 주제, 특히 본 연구를 둘러싼 논쟁은 최근에 헤르멜린크Hermelink,《종교 개혁과 반종교 개혁*Reformation und Gegenreformation*》을 지적할 수 있다. 물론 이것은 다른 문제를 우선으로 다룬다.

114 왜냐하면 이상의 서술은 신중하게 오직 '물질적' 문화생활에 대한 종교적 의식 내용의 영향이 분명하게 존재하는 관계만을 취급했기 때문이다. 이를 넘어서서 근대 문화의 모든 '특징'을 프로테스탄트의 합리주의에서 논리적으로 '연역'하는 형식적 '구성'을 전개하는 것은 쉬운 일일 수도 있다. 그러나 그런 종류의 일은 '사회 심리'의 '통일성'과 그것을 하나의 공식에 환원시킬 수 있다고 믿는 유형의 호사가들에게 더 어울린다. 단지 언급할 것은, 우리가 고찰한 발전 이전의 자본주의 발달기 역시 도처에서 방해하는 것이었든 촉진하는 것이었든 기독교적 영향을 받았다는 사실이다. 이것이 어떤 종류의 것인가는 다른 논문에서 다루었다. 위에서 약속한 여러 가지 문제 중에서 일부를 이 잡지에서 다룰 수 있을지 여부는 이 잡지의 계획상 불확실하다. 그러나 이 책처럼 다른 (신학적, 역사적) 저작에 심하게 의존해야 하는 두꺼운 단행본을 저술할 마음은 별로 없다(이 문장은 발표 당시 그대로 둔다).

종교 개혁 이전의 '초기 자본주의' 시대에서 생활의 이상과 현실 간의 긴장에 대해서는 최근에 슈트리더Streider,《자본주의 조직 형태의 역사에 관한 연구*Studien zur Geschichte der Kapitalist Organisationsformen*》(1914), Buch II가 나왔다(앞서 좀바르트가 사용한 것으로 인용되었던 켈러의 글과는 반대된다).

115 필자는 이 문장과 그 바로 앞의 문장, 앞의 주 등이 본 논문의 목
적에 대한 모든 오해를 불식시키기에 충분하다고 생각했기 때문
에 더는 추가할 말이 없다. 위에서 말한 계획을 따라 원래 계속하
려고 한 연구를 필자는 우선 종교와 사회의 보편사적 연관에 대
한 비교 연구의 결과를 써보는 것으로 바꾸었다. 그 이유는 일정
정도 우연한 면이 있는데 특히 E. 트뢸치의《기독교 교회와 집단
의 사회 교리》(1912)의 출판 때문이었고(이 책은 필자가 다루려고
한 것을 신학자가 아닌 필자로서는 따를 수 없는 방식으로 해결했다),
다른 부분적 이유는 본 논문의 고립적 성격을 없애고 논문을 문
화 발전의 전체 안에 위치시키기 위해서였다. 위의 비교 연구의
결과가 "세계 종교의 경제 원리"다. 그리고 "프로테스탄티즘의
분파들과 자본주의 정신"은 본 논문에서 사용한 '종파' 개념을
해명하고 동시에 근대의 자본주의 정신에 대한 청교도의 교회
개념의 의미를 설명하기 위한 것이다.

옮긴이 박성수

고려대학교 철학과와 동 대학원에서 공부했고 〈칸트의 미적 판단력 비판에 관한 연구〉로 박사 학위를 받았다. 고려대학교와 강원대학교에서 강의했고 한국해양대학교 교수를 지냈다. 《영화 이미지의 미학》(공저), 《들뢰즈와 영화》, 《디지털 영화의 미학》 등을 썼고, 《사회과학의 논리》(위르겐 하버마스), 《사회사상사》(앨런 스윈지우드), 《과학과 정신분석학》(지크문트 프로이트, 공역) 등을 우리말로 옮겼다.

프로테스탄트 윤리와 자본주의 정신

제 1 판 1쇄 발행	1988년 5월 20일
제 5 판 1쇄 발행	2023년 8월 30일

지은이	막스 베버
옮긴이	박성수
펴낸곳	(주)문예출판사
펴낸이	전준배
출판등록	2004.02.12. 제 2013-000360호
	(1966.12.2. 제 1-134호)
주소	04001 서울시 마포구 월드컵북로 21
전화	393-5681
팩스	393-5685
홈페이지	www.moonye.com
블로그	blog.naver.com/imoonye
페이스북	www.facebook.com/moonyepublishing
이메일	info@moonye.com
ISBN	978-89-310-2326-8 04080
	978-89-310-2274-2 (세트)

잘못 만든 책은 구입하신 서점에서 바꿔드립니다.

문예출판사® 상표등록 제 40-0833187호, 제 41-0200044호